哲學門

第二十卷(2019年)第一册

总第三十九辑 Vol.20 No 1, 2019

Beida Journal of Philosophy

CSSCI 来源期刊（集刊类）

北京大学出版社
PEKING UNIVERSITY PRESS

图书在版编目(CIP)数据

哲学门.总第三十九辑/仰海峰主编.—北京:北京大学出版社,2020.6

ISBN 978-7-301-30190-6

Ⅰ.①哲… Ⅱ.①仰… Ⅲ.①哲学—文集 Ⅳ.①B-53

中国版本图书馆CIP数据核字(2020)第086956号

书　　名	哲学门(总第三十九辑) ZHEXUE MEN (ZONG DI-SANSHIJIU JI)
著作责任者	仰海峰　主编
责任编辑	吴　敏
标准书号	ISBN 978-7-301-30190-6
出版发行	北京大学出版社
地　　址	北京市海淀区成府路205号　100871
网　　址	http://www.pup.cn　新浪微博:@北京大学出版社
电子信箱	pkuwsz@126.com
电　　话	邮购部010-62752015　发行部010-62750672　编辑部010-62757065
印 刷 者	三河市北燕印装有限公司
经 销 者	新华书店
	787毫米×1092毫米　16开本　21.25印张　344千字
	2020年6月第1版　2020年6月第1次印刷
定　　价	69.00元

哲學門
第二十卷(2019)第一册

目 录

论坛:因明学

沙门宗《因明正理门论注》对“可得相似”的解释 …… 师茂树 著 李薇 译/1

护法与清辨运用“所缘”为因的诸比量 …… 茅宇凡/19

论东亚因明传统 …… 汤铭钧/33

印、汉因明中的概念衍化:以因同品、因异品为例 …… 陈 帅/51

《摄真实论》与《细疏》中的“非限定说” …… 王俊淇/67

论文

超穷构造与几乎不交双射函数族 …… 裘江杰/85

从《春秋》到六经:廖平的“素王”新说
——以前二变为中心 …… 王文军/97

由技进于道
——试论《庄子》的道技之辩 …… 黄子洵/113

从《春秋繁露》看改制与古礼的关系
——以苏舆和康有为对“三统说”的解读为例 …… 汪 凤/141

墨家圣王叙事研究 …… 王华超/155

论董仲舒的“自然政治”思想 …… 黄若舜/181

真砚不损:文人砚铭的意义世界 …… 李 溪/209

海德格尔的“大地”与康德的“物自身”
——《艺术作品的本源》第二节的一个新的解读视角 …… 王庆节/225

从幻相到实在
——试论胡塞尔物感知进路中动感与
视觉、触觉的配合机制 …………………………… 王　继/241
贺麟结合我国文化传统对功利主义的发展 …………………… 王　英/259
再论《理想国》与《欧德谟伦理学》中的“功能论证” …………… 刘　玮/271

书评

曹峰:《中国古代“名”的政治思想研究》 ……………………… 袁　青/283
丁四新:《英语世界的早期中国哲学研究》 ……………………… 叶树勋/288
王中江:《自然和人:近代中国两个观念的谱系探微》…………… 吕存凯/297
俄罗斯哲学的远与近——兼评“当代俄罗斯哲学译丛” ………… 景剑峰/307
陈肖生:《辩护的政治:罗尔斯公共辩护思想研究》……………… 惠春寿/321

书讯

[加]艾伦·梅克辛思·伍德著,曹帅译:《西方政治思想的社会史:
自由与财产》 ……………………………………………………………… 66
[日]小林武著,白雨田译:《章太炎与明治思潮》…………………………… 96
[加]罗伯特·阿尔布瑞顿著,李彬彬译:《政治经济学中的
辩证法与解构》…………………………………………………………… 112
唐文治、顾实撰,李为学整理:《中庸讲疏两种》 ………………………… 140
(明)方孔炤、(明)方以智撰,郑万耕点校:《周易时论合编》 ……………… 180
[日]小野泽精一、福永光司、山井涌编,李庆译:《气的思想——中国
自然观与人的观念的发展》 …………………………………………… 208

Contents

Forum: *Hetuvidyā*

Shamen zong's Explication of *Upalabdhisama* in his *Commentary to Nyāyamukha* …………………… Shigeki Moro (tr. Li Wei)/1

Several Inferences with a Similar Reason of "Cognitive Object (* *Ālambanāt*)" Used by Dharmapāla and Bhāviveka …………………………………… Mao Yufan/19

On the East Asian *Hetuvidyā* Tradition ……………………… Tang Mingjun/33

Conceptual Evolution of the Science of Reasons in Sanskrit and Chinese Sources: Some Reflections on the Concepts of *Yin Tongpin* and *Yin Yipin* …………………… Chen Shuai/51

Aniyamapakṣa in *Tattvasaṃgraha* and its *pañjikā* ……………… Wang Junqi/67

Articles

Transfinite Construction and the Almost Disjoint Families of Permutations ……………………………………… Qiu Jiangjie/85

From the Chun-Qiu to the Six Classics: Liao Ping's New Theory of "Su Wang" —Centered on Former Two Changes …………………… Wang Wenjun/97

From the Technique to the Dao —The Differentiation between Dao and Technique in *Zhuangzi* ……………………………………… Huang zixun/113

An Investigation to the Relationship between Reform and Ancient Ritual in "Chunqiu fanlu" —Taking Su Yu and Kang Youwei as an Example of Interpretation of "Three Unifications" ……………………… Wang Feng/141

Study of the Mohist Sage-king Narrative …………………… Wang Huachao/155

On Dong Zhongshu's Thinking of "Politics of Nature" …… Huang Ruoshun/181

The Thing: On Chinese Literati's Ink Inscriptions …………………… Li Xi/209

Heidegger's "Earth" and Kant's "Thing-in-itself": A New Perspective of Reading the 2nd Section of Heidegger's "The Origin of Artworks" …… Wang Qingjie/225

From Phantom to Reality—A Tentative Analysis on the Cooperation of Kinesthesis, Vision and Touch in Husserl's Approach to the Perception of Thing …… Wang Ji/241

To Understand He Lin's Review on Utilitarianism as a Whole …… Wang Ying/259

Ergon Argument in *Republic* and *Eudemian Ethics*: A Restatement …… Liu Wei/271

Reviews

Cao Feng, *The Political Thought of Ming in Ancient China* …… Yuan Qing/283

Ding Sixin, *Frontiers of Studies on Ancient Chinese Philosophy Written in English* …… Ye Shuxun/288

Wang Zhongjiang, *Nature and Human: A Genealogical Study of Two Ideas in Modern China* …… Lü Cunkai/297

Early and Recent Russian Philosophy—The Extracts from the Series of Works of Contemporary Russian Philosophical Translation …… Jing Jianfeng/307

Chen Xiaosheng, *The Politics of Justification: A Study on John Rawls' Thought of Public Justification* …… Hui Chunshou/321

Information

Ellen Meiksins Wood, *Liberty and Property: A Social History of Western Political Thought from the Renaissance to Enlightenment* …… 66

Kobayashi Takeshi, *Zhang Taiyan and Meiji Thoughts* …… 96

Robert Albritton, *Dialectics and Deconstruction in Political Economy* …… 112

Tang Wenzhi, Gu Shi, *Two Explanations of Zhongyong* …… 140

Fang Kongzhao, Fang Yizhi, *Collection of Contemporary Discussions about Zhouyi* …… 180

Konosawa Seiichi, Fukunaga Kouji, Yamai Waki, *Thoughts of Qi: The Development of Nature and People's Conceptions in China* …… 208

哲学门(总第三十九辑)
第二十卷第一册
北京大学出版社,2019年6月

沙门宗《因明正理门论注》对“可得相似”的解释*

师茂树　著　李　薇　译**

提　要:东亚佛教研究中,对以敦煌文献为首的一些藏外佛典的研究也是必不可少的。因明研究同样如此。《圣语藏经卷》中有一新出资料,题为沙门宗《因明正理门论注》,成书于9世纪的日本,在东亚的因明研究中占有重要的地位。本书的作者“沙门宗”可能是日本三论宗的元兴寺圆宗。本文介绍了该书的特征,及其中对“可得相似”的注释。可得相似为《因明正理门论》中所举十四种过类(jāti)之一。《注》主要引用了圆测(613—696)、定宾(8世纪)的注释,并且呈现出与这两种注释不同的倾向:圆测与文轨著《因明入正理论疏》相同,而定宾的注释结构则与《因明入正理论》中“似比量”的构成很相似。相较而言,沙门宗可能更加重视圆测的解释。

关键词:藏外佛教文献　佛教逻辑学　过类(jāti)

---

*　本文为日本学术振兴会(JSPS)科研费JP18H00609的阶段性成果。

** 师茂树,男,1972年生于日本大阪,日本花园大学教授。关西大学文化交涉学博士。日本佛教学会理事,日本印度学佛教学会评议员,日本佛教史学会评议员等。李薇,北京大学哲学系(宗教学系)博士后。

一 序

东亚佛教研究一直以汉传佛教文献为中心。随着20世纪前半叶《大正新修大藏经》《卍续藏经》等的编纂出版,东亚佛教研究有了很大发展。这些大藏经如今已被整理为电子数据库,如SAT、CBETA等,不只是在东亚佛教研究中,在其他相关领域,如历史学、文学等领域也发挥着重要的作用。

另外,东亚佛教研究中,以敦煌文献为首的一些没有入藏的佛典的研究也是必不可少的。因明研究也是如此。与窥基《因明入正理论疏》并称的文轨《因明入正理论疏》只有部分存于《卍续藏经》之中,但是近年随着赵城金藏[①]及敦煌文献[②]中残简的发现,使得其全貌更加明晰。[③] 另外,元晓《判比量论》一直是唯识比量研究的重要文献,近年来随着新写本断简的发现,也成为了研究热点。[④] 同时,以国际佛教学大学院大学为中心的关于日本古写经及新出资料的研究等,亦是文献批判不可欠缺的重要资料。[⑤] 日本的寺院里留存了很多平安时代开始制作的"私记""短释"等文献群,其中含有大量的因明文献[⑥],这方面的研究还没有实质性进展。相信今后随着敦煌文献及日本古写经研究的展开,东亚佛教研究及因明研究会取得显著性的进步。

《圣语藏经卷》中有一新出资料题为沙门宗《因明正理门论注》(以下称《注》)。本文将着重考察此文献中对于十四过类之一的"可得相似"的注释情

① 日华佛教研究会:《赵城金藏因明论理门十四过类疏翻刻》,京都:日华佛教研究会,1934年。《赵城金藏》,第119册,No. 1553。

② 武邑尚邦:《因明学:起源と变迁》,京都:法藏馆,1986年(杨金萍、肖平译,《因明学的起源与发展》,北京:中华书局,2008年)。

③ 参见沈剑英:《敦煌因明文献研究》,上海:上海古籍出版社,2008年。

④ 参见金星喆:《오치아이 소장 『판비량론』 필사본의 교정과 분석[落合博志氏所藏〈判比量论〉作者的校订和分析]》,《불교학보[佛教研究]》,2016年第74期(DOI: 10.18587/bh.2016.03.74.271)。金永锡:《원효 『판비량론』의 새로운 발굴: 고토미술관 및 미츠이기념미술관 소장본을 중심으로[元晓〈判比量论〉的新发见:以五岛美术馆、三井记念美术馆所藏本为中心]》,《불교학보》,2017年第81期(DOI: 10.18587/bh.2017.12.81.93)。岡本一平:《新出資料梅渓旧藏本·元暁撰〈判比量论〉断簡について》,《불교학보》,2018年第83期(DOI: 10.18587/bh.2018.06.83.89)。

⑤ 因明文献的研究,如室屋安孝:《汉译〈方便心论〉の金刚寺本と兴圣寺本をめぐって》,《日本古写经研究所研究纪要》,2016年第1期(http://id.nii.ac.jp/1153/00000349/)。

⑥ 参见后藤康夫:《东アジアにおける佛教论理学の展开》,《岐阜圣德学园大学佛教文化研究所纪要》,2018年第18期(http://id.nii.ac.jp/1550/00002064/)。

况。《因明正理门论注》是《因明正理门论》的注释书,成书于日本。其中很多引文来自圆测(613—696)、定宾(8 世纪)[①]等人的著作,在东亚的因明研究中占有重要地位。与《因明入正理论》相比,《因明正理门论》的注释书很少,所以从这个角度来讲,《注》作为陈那(Dignāga)论理学的研究资料,也有着很高的研究价值。

二 《注》的概要与特征[②]

概 要

《圣语藏经卷》为东大寺尊胜院的经藏,通常被称为《圣语藏》,是隋唐、奈良时代到南北朝时期的佛典写本集合。《注》是抄录本,抄录在《法华略抄》(圣语藏经卷第 V 类,甲种写经,No. 1916)第 10—37 纸的背后,也正因此近来才被发现。现阶段,《注》的辑录工作已接近尾声,正在进行校订工作,计划在此之后公布[③]。

该书是陈那《因明正理门论》的注释书,缺前半部分,只有第三卷下半及第四卷。《因明正理门论》的目录如图 1 所示[④]。内容上来讲,残留下来的注释部分从十四过类的④无异相似的中间(释“所言应一成无异者”[⑤])开始。

此写本并不是作者直接书写下来的原本,是抄录本。第 35 纸背面第 24—25 行[⑥]写有:

---

① 定宾的传记可参照师茂树:《论理と历史:东アジア佛教论理学の形成と展开》,京都:ナカニシヤ株式会社,第 383—392 页。

② 师茂树:《圣语藏所收の沙门宗〈因明正理门论注〉について》,《东アジア佛教研究》,2015 年第 13 期。本节的内容与之有重复,亦有订正。

③ 翻刻工作使用了宫内厅正仓院事务所编的《宫内厅正仓院事务所所藏圣语藏经卷(彩色电子版)》(《宮内庁正倉院事務所所蔵 聖语蔵経巻 カラーデジタル版》,东京:丸善出版,2000 年)。同时,翻刻作业也得到了花园大学大学院郑美景同学的协力帮助。校订时也在共同研究“印度佛教论理学的东亚世界中的受容与展开:因明学的再评价”(インド仏教论理学の東アジア世界における受容と展開:因明学の再評価を目指して,JP15H03155,研究代表者:护山真也),及“印度论理学与东亚因明的架桥《因明正理门论》再检讨”(インド论理学と東アジアの因明を架橋する“因明正理门论”の再検討,JP18H00609,研究代表者:小野基)的研讨会上,得到了很多有意义的建议。在此深表谢意。

④ 《因明正理门论》的科段可参考郑伟宏:《因明正理门论直解》,北京:中华书局,2008 年。

⑤ 《因明正理门论本》,SAT,T32, no. 1628, p. 4, a27。

⑥ 以下《因明正理门论注》的引文皆由笔者做了些许加工,如修改为现今通用的字体,加上句读,分出行段等。

因明正理门论注卷第三

因明正理门论注卷下末　　　　沙门宗撰

卷第三之后接卷下末一语是很不自然的,可能抄录所用的写本就是这种卷一—卷四与卷上本、卷上末、卷下本、卷下末的表记混用的形式。但是卷下末的末尾(第10纸里第31—32行)却写有:

因明正理门论注卷第四

　　　　宽平五年三月中旬朗上人本写取已了

可见书中表记之混乱。这里是《因明正理门论》本文的结尾,所以可认为《注》有四卷。

宽平五年为公元893年①,其中的"朗上人"为何人并没有其他线索,笔者认为有可能是药师寺的长朗(802—879)②,他曾著有《因明正理门论疏记》(已散佚)一书。

著　者

该书的著者为"沙门宗",具体情况不详。但是该书的引用文献多为日本的文献,可推测"沙门宗"为居住在日本的学僧,如:

然"如前二因"者,邕《记》上云"言生智了"。测、宾同也。周《记》上云"言、义二因。即此二因而能照显所立宗义"。《灯抄》第二云"且轨法师云,一言二义,名'如前二因'。由言说义故所作中,若言若义,于其所立无常宗义令其得成,明知有已了因"。《平记》第二云"芳野《前记》云'言了因、义了因,名为二因'。《后记》云'言因、义因为二因也'"。此等同《抄》。更思智、言。(第20纸里27—31行)

这里所引用的"《灯抄》第二"指的是善珠(723—797)的《因明论疏明灯

① 师茂树曾认为是"宽平二年",今依杉本一树:《圣语藏经卷纪年铭集成(一)》,《正仓院纪要》,1985年第7辑订正。在此深切感谢室屋安孝告知这一资讯。

② 参照武邑尚邦:《因明学:起源と变迁》,第89页;富贵原章信:《日本唯识思想史:富贵原章信佛教学选集第三卷》,东京:国书刊行会,1989年,第267页等。

0. 序
1. 能立・宗・似宗
2. 因・似因
3. 喻・似喻
   i. 同法喻・异法喻

（以上）神泰《理门论述记》现存的部分

   ii. 似喻
   iii. 二喻，因三相
   iv. 古因明的弊病
4. 能立・似能立唯悟他
5. 现量・比量
6. 能破・似能破
   i. 十四过类
      ① 同法相似
      ② 异法相似
      ③ 分别相似
      ④ 无异相似
      ⑤ 可得相似
      ⑥ 犹豫相似
      ⑦ 义准相似
      ⑧ 至不至相似
      ⑨ 无因相似
      ⑩ 无说相似
      ⑪ 无生相似
      ⑫ 所作相似
      ⑬ 生过相似
      ⑭ 常住相似
   ii. 十四过类总评
   iii. 负处

（④至iii.）《注》现存的部分

图1 《因明正理门论》与注释书

抄》(其中轨法师为文轨)[1]。《平记》不详,但在藏俊(1104—1180)《因明大疏抄》中有引用元兴寺愿晓(?—874)的《因明义骨》(已散佚)[2],其中就有关于《平记》的记载,笔者认为《平记》有可能为元兴寺平备的著作。“芳野《前记》”与“《后记》”应是一个系列,芳野有可能指的是神睿(?—737)[3]。这些都是日本学僧的著作,所以此书应是在日本成立的文献。

① 善珠《因明论疏明灯抄》卷第二本,SAT,T68,no. 2270,p. 256,b19-22。其中引用的“轨法师”之后的部分,在文轨《因明入正理论疏》卷一中能找到相似的记载:“三义了因,谓以有所作等义,故能显无常等宗,故《理门》云‘如前二因,于义所立’也。” CBETA,X53,no. 848,p. 683,c6-8。

② 如“《义骨》上云。问:三相俱阙之意何?答:《平记》云……”(T68,no. 2271,p448,c22)等。同时,藏俊《因明大疏抄》中《平记》的用例皆从《因明义骨》中间接引用。也就是说,藏俊的时代已经有可能不能直接参照《平记》了。

③ 武邑尚邦:《因明学:起源と变迁》,第60—61页。

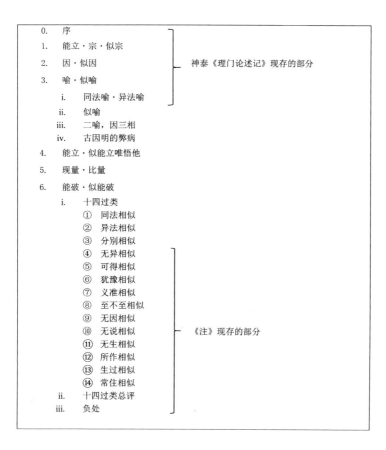

另外,日本有《一乘佛性慧日抄》(T2297)一书,此书中主要批判了法相宗的五姓各别说等说法,其署名便是“元兴寺沙门宗撰”。这一“沙门宗”被学者认为与《大乘三论师资传》的作者“香山宗”为同一人①,有可能是元兴寺的圆宗。从时间上来看,这也与卷第四末尾处所写的“宽平五年”并无矛盾。

日本的三论宗与法相宗并称,两宗辈出因明学者。比较有代表性的学僧如大安寺庆俊,他著有法宝《一乘佛性究竟论》的注释书、《因明入正理论文轨疏记》(已散佚);又如被称为“根本因明师”的东大寺渐安(8—9 世纪)②;还有东大寺观理(894—974),他曾著《因明四相违私记》(T2275)等书。同时,元兴寺也出现了很多因明人才,如护命(750—834)、明诠(789—868)等。这样看来,元兴寺的圆宗著有因明著作也是极其自然的。

《注》的特征

众所周知,东亚的因明学并不是以陈那《因明正理门论》为中心,而是以商羯罗主的《因明入正理论》及其注释窥基的《因明入正理论疏》为中心展开的。单说唐、新罗时期撰写《因明正理门论》注释书的学僧,就能举出普光、神泰、圆测、文轨、净眼、玄范、憬兴、胜庄、定宾、文备、道证、崇俊等人,但现存下来的只有神泰写的《理门论述记》的前半部分(T1839)(参图 1)。在日本更是以《因明入正理论》为中心,而关于《因明正理门论》,近世(江户时代)之前仅有护命等人做过几部注释(已佚)③。从这个角度来看,成书于 9 世纪的《注》,作为《因明正理门论》的注释书,是有很大的参考及研究价值的。

同时,《注》中多有对圆测、定宾著作的引用,尤其值得注意的是其中对圆测疏(可能是《因明正理门论疏》)逐字逐句的引用。圆测的因明研究一直以

---

① 伊藤隆寿:《香山宗撰〈大乘三论师资传〉について》,《印度学佛教学研究》,1979 年第 27 卷第 2 号(DOI: 10.4259/ibk.27.796)。

② 参照师茂树:《论理と历史:东アジア佛教论理学の形成と展开》,第 170—171 页。

③ 依武邑尚邦:《因明学:起源と变迁》,近世成立的《因明正理门论》的关联著作仅有:真言宗丰山派荣性(1768—1837?)的《因明正理门论注释》3 卷,净土真宗(高仓学寮系)圆澄(1685—1726)的《因明正理门论记》2 卷,同德成(1750—1816)的《因明正理门论讲义》1 卷、《因明正理门论闻记》2 卷、《因明正理门论科》《因明正理门论考决》5 卷、《因明正理门论讲录》,净土真宗(本派学林系)宝云(1791—1847)的《因明正理门论新疏》4 卷、《因明正理门论新疏闻记》1 卷、《因明正理门论新疏记》,同庆忍(1816—1883)的《因明正理门论新疏》,智乘(宗派生没年不详)《因明正理门论记》,大年(宗派,生没年不详)《因明正理门论文句(理门论除阇勒)》1 册等。除此之外,还有笔者发现的净土真宗(本派学林系)月珠(? —1856)的《因明正理门论义要》1 卷。

来并没引起广泛的关注①,笔者亦期待可以从该书的引文中窥探一二。

除此之外,本书中还有对文轨②、道邑、《梵本释论》《平记》《芳野前记》《后记》等作品的引用。其中引《梵本释论》如下:

(a) 问:如择灭涅槃亦由勤发而非灭坏,何言若生若显皆灭坏邪?

答:《梵本释论》云:如声从勤发者,近因等起。能业之心为勤勇说。此勤勇更无间隔,即起声故名勤勇发,瓶等亦尔。择灭无为,虽远由勤勇,能道显得起证灭,方便道无间等非求灭,勤勇心故具散心求灭,勇勇之心隔无量,定非勤勇心,故不名勤发性也。(第24纸里12—16行目)

(b) 此中如前次第异者,宾云:此明文次异古、分二,此征也。

此中者牒。此至非至等两伪之文,接义准后,与古不同。以其古师将至非至,接同法等四过之后,故不同也。

如前等者,前初文中,陈那即将可得相似,接同法等四过之后,与古不同。以其古师将至非至,接同法等四过之后,故不同也。此间不同亦如前文。亦叙庄严,《梵本释论》有两释,云不异前明。具如彼也。(第22纸里27—32行目)

(c) “由俱说名似因阙故。所以者何?非理诽拨一切因故”,此释立过次第,与旧不同所以。以此二种并是似阙义类相似故,不依次。以彼二种拨一切因皆令成阙,以一切因皆有此过故。

测云:第二释似因阙。有二,初释次第,若具说过,如《入理》说“若不实显能立过言”乃至“名似能破”,欠减两释。一云,七句是阙减,是陈那释如前已说。一云,古师七句为阙,依陈那宗但说六句如常。今于此中且说因阙,而此所说如前次第。

《梵本释论》自有两释。一云,如前七似过类能破同故,异古因明所说次第。此二亦尔,以俱说名似因阙故,异因明师所说次第。二云,如前古师次第异者,此二皆是似因阙故。所以者何,此二皆是非理诽拨一切

① “圆测虽称不上因明家,但《明灯抄》中有近二十处言及西明云,藏俊在《大疏抄》中也有相关记载。但是《因明义断》《因明入正理论纂要》等却毫无言及,有可能在当时圆测的因明研究并不被人所知。”武邑尚邦:《因明学:起源と变迁》,第43页。

② 关于文轨的引用大多可在《因明入正理论疏》找到对应记载。但也有找不到的:“非爱言者,轨法师云敌论违于立者之情名为非爱。西明法师亦同此说。”(第23纸里11—12行)

因故。此后两释,宾前所叙庄严义也。(第22纸里32—40行目)

此处(a)与文轨《因明入正理论疏》中引用《梵本理门释论》的内容相似,可能是从文轨疏引用过来的[1]。(b)与(c)是《因明正理门论》的过类顺序,议论的是与《如实论》等文献的不同之处,只是至今为止,笔者仍没有在其他文献找到这一引用的根据[2]。玄奘门下的文轨等弟子有可能听闻一些印度传承的主张,但沙门宗直接见到并引用《梵本释论》的可能性是很小的,所以(b)(c)有可能与(a)相同,引自文轨或其他唐代文献。

三 《注》中可得相似的解释

原文辑录

《注》中可得相似一段的内容辑录如下:

· 各行冒头的数字是写本中的行数。

· 《因明正理门论》的本文用粗体字表示。

· 人名用下画线标识,书名为波浪线。

· 句读符号为笔者所加。译者根据中文出版要求,对标点符号做出调整。

(第35纸里)

19 **显所立余因**

20 **名可得相似者**[3] 此第五过。测同。有二。此初标也。**谓若显示所立宗法,余**

---

① 日华佛教研究会:《赵城金藏因明论理门十四过类疏翻刻》,第16页;沈剑英:《敦煌因明文献研究》,第387页。

② 宫坂有胜:《ダルマキールティの生涯と作品 上》,《密教文化》,1970年第93期(DOI: 10.11168/jeb1947.1970.93_L1);或渡边重朗:《正理门论註释者:PV4.27试论》,载《佛教思想论集:奥田慈应先生喜寿记念》,奥田慈应先生喜寿记念论文集刊行会编,京都:平乐寺书店,1976年。曾提及Manorathanandin(生卒年不详)所著的*Pramāṇavārttika*的注释书中有"正理门论注释者"的梵文断片,但与本文中所提及的"梵本释论"并不一致。

③ 《因明正理门论》,T32,no.1628,p.4,b13。

21 **因可得,是则说名可得相似**[1] 此正释过。谓如论者立声无常,勤勇发故。

22 便有敌论横出过言,此因不然,电等无常非勤勇,更有因故,谓可见等,

23 既更有因可得,明知前因不然。

24 因明正理门论注卷第三

25 因明正理门论注卷下末 沙门宗撰

26 测云,此后释也。有二。初即略释。**示现**等者,谓无常等所立宗法。言**余因**者,谓现

27 见等勤发之余故名**余因**。谓立论者立声无常,乃至既更别有余因可得,

28 故知勤发非无常因。宾云,有三。初牒颂,可知。二总释。**谓若**等者,释初三字。

29 谓所立无常为宗中法也。**余因可得**者,又释颂中**余因**两字。谓已有勤发一因,

30 更有现见等余因,同成一无常宗。是故宗下更有因可得也。**是则**等者,释颂第

31 八句中五字,将为结名。彼本意云,一因有两宗[2],名为共不定,亦应一宗有两因,名

32 为共不定。**谓有说言,如前成立声是无常,此非正因。于电光等,由现见等**

33 **余因可得无常成故**[3] 此正指事。显敌论者更举异因,显前因过。测云,第二指事

34 重释。有二师释,即分为二。初即敌论显前因过。谓敌论云,如立论者勤发故因,非是

35 正因。所以者何。**于电光等**,虽是无常,然**现见等余因可得无常**

---

① 《因明正理门论》,T32,no.1628,p.4,b13-14。
② 底本“字”订正为“宗”。
③ 《因明正理门论》,T32,no.1628,p.4,b14-16。

成故。谓彼电光及

36 灯焰等定是无常,由世现见急有急无,是无常故。**等**者等义。空中风等现

37 见可闻或有无故。彼立量云,电光空风应是无常;由现见闻或有无;犹

38 如云等也。**以若离此而得有彼此非彼因**[1] 此释前因不成所以。以离此勤发之因,

(第34纸里)

01 于电等上有彼无常宗法,故知此勤发之因非彼无常之因。此敌论者所出之过,

02 其理不然。我但说言勤勇所发皆是无常,不言无常必勤勇发。自可电等无

03 常之义更有别因,常可即令勤勇所发不证无常。于同品中,但须定有,非遍有

04 故,此过名似。测云,后释所由。谓若离此勤勇发因,于电等上有彼无等。即同抄说。

05 宾云,三节。一牒真,**如前成**等。二伪难。**此非正**者,此勤发非正因也。**于电**等者,谓电

06 光等亦是无常,与声闻宗而别有因。彼比量云,声及电光灯焰空中风等皆是

07 无常;以勤勇发,及现暂见,或暂触触风捻[2]不恒见触故;如瓶及烟云暖等。谓

08 烟云暂见,暖暂身触。此中四宗立三因,如次配属初一中二后一。若不尔者,

09 互不成因。喻中四喻亦如次也。三述妄情。**若以离此**等者[3],谓声无常立勤发

① 《因明正理门论》,T32,no. 1628,p. 4,b16-17。
② 意思不详。没有"触风捻"三字文意亦通。
③ 《因明正理门论》:"以若离此",同上。

10 因,电同无常而得有彼暂见之因。离此声宗有彼电宗,即令此离勤发非

11 彼电光等无常因。具如彼也。**有余于此别作方便。谓此非彼无常正因,由不**

12 **遍故,如说丛林皆有思虑有睡眠故**[1] 此又叙古释。谓有无知敌论,与前

13 比量更出过言,汝所立因有不遍宗过,以电等无常非勤发,因既不遍,便有

14 一分不成之过,应更立因,谓所作等。**如说丛林**等者,此举尼乾所立一切草等有

15 心比量,标不遍因,以显前过。此所立过名为似者,以不应故。尼乾所立一切草木

16 皆悉有亦眠故之因不成可尔,我既不立一切无常,但立声是则遍满。无过言

17 过故言相似。测云,第二有余敌论,于此余因可得过中,别作语言方便说言,谓此勤

18 勇所发性因非无常因,由不遍在于电光等无常品故,应用所作遍无常

19 因。彼引例云,昵健陁说一切丛林皆有思虑;有睡眠故;犹如人等。如合欢树俱

20 物头花,如是水陆二种花等夜则花合昼[2]则花开。由是愚人谓有睡觉。

21 然此睡因不遍丛林,以不遍故非有虑思。今勤发因不遍电无常品故

22 亦非正因。然说此过为相似者,彼声论等唯立语业能诠表,声以为常住。为破

23 彼执故,能诠声是无常;勤勇发故;犹如瓶等。电光风铃树响等声

---

① 《因明正理门论》,T32,no.1628,p.4,b17-19。

② 底本“書”订正为“昼”。

无有

24 诠表,声论等本不计为常,故今不须成立无常。若成立者,立已成故。今勤发

25 因遍是宗法,而言不遍故成相似。此即一分似不成因。宾云,别作方便云,因

26 不遍无常之宗,对宗更有余因可得,明知不遍即一分两俱不成,或名一分阙

27 因。即引尼健一切丛林皆悉有命,乃至彼难疑别子。但见尸利沙林,此云头

28 花,似头发故名之。此方即名合昏树,中天之南呼若多那树。其叶及

29 拘物头花夜合朝敷,即谓水陆所生花叶有睡眠故,立诸丛林皆有思

30 虑,睡眠为因。因即不遍,以其更有非睡眠因现可得故。故汝勤发之因应

31 同此过。具如彼也。皆同本疏,广如彼也。

内容分析

可得相似(* *upalabdhisama*)为《因明正理门论》中所举十四种过类(*jāti*)中的一类①。过类是与正论证(真能立)相对的错误论难(似能破)中的一种,在《因明正理门论》之前的印度论理学、讨论术中便已存在。

过类在《因明正理门论》或《集量论》(*Pramāṇasamuccaya*)等陈那的著作中就有说明,但《因明入正理论》中却没有言及,所以在东亚并不受重视。但是并不意味着没有关于过类的研究。现存的文献来看,文轨《因明入正理论疏》②、净眼《因明入正理论后疏》③、藏俊《因明大疏抄》卷41等都有关于过类的解说。《注》是现存为数不多的《因明正理门论》的过类段的注释,意义重大。

---

① 陈那论理学中《因明正理门论》过类段的地位与意义可参小野基:《〈因明正理门论〉过类段偈颂の原文推定とその问题点》,《印度学佛教学研究》,2017年第66卷第1号(DOI: 10.4259/ibk.66.1_456)。

② 参见日华佛教研究会:《赵城金藏因明论理门十四过类疏翻刻》,沈剑英:《敦煌因明文献研究》等。

③ 参见武邑尚邦:《因明学:起源と变迁》;沈剑英,同上。

《因明正理门论》中,作为“声是无常;勤勇无间所发故”这一正论证所对应的可得相似的事例,举了两个错误的论难:

·【第一论难】

谓有说言:如前成立声是无常,此非正因,于电光等,由现见等余因可得无常成故,以若离此而得有彼,此非彼因。①

稻妻(电)等为无常,通过直接知觉(现见,* *pratyakṣa*)等其他原因(余因)也可证明(可得无常成)。即使没有 A(勤勇无间所发故)也可得到 B(声是无常),那么 A 就不是 B 的原因(因)。所以“勤勇无间所发故”这一理由(因)也不是正当的理由。

·【第二论难】

有余于此别作方便,谓此非彼无常正因,由不遍故。如说丛林皆有思虑,有睡眠故。②

“勤勇无间所发故”这一理由并不能证明所有的“*x* 是无常”(如说稻妻为无常,但并非由“勤勇无间所发故”所导致)。所以“勤勇无间所发故”这一理由不是正当的理由。正如耆那教徒(Jaina)所说的论式“丛林皆有思虑,有睡眠故”,“睡眠”并不是所有树的特点,所以不能称其为正当的理由。

《正理经》(*Nyāyasūtra*)、《正理经注》(*Nyāyabhaṣya*)中的论难与第一论难相同,《如实论》和《论轨》(*Vādavidhi*)中论难与第一论难及第二论难相同,所以 Frauwallner 认为陈那《因明正理门论》参照了《论轨》③。沙门宗则在《注》中将这两个论难举为“古释”(第 34 纸里 12 行)。

与此相对,圆测的注释中,将《因明正理门论》原文的结构理解为(括号里为《因明正理门论》原文):

1 标(显所立余因名可得相似者)

---

① 《因明正理门论》,T32,no. 1628,p. 4,b. 14-17。

② 《因明正理门论》,T32,no. 1628,p. 4,b. 17-19。

③ Erich Frauwallner, “Vasubandhu's Vādavidhiḥ”, *Wiener Zeitschrift für die Kunde Süd-und Ostasiens*, 1957(1)。参见桂绍隆:《因明正理门论研究[六]》,《广岛大学文学部纪要》,1984 年第 44 期(DOI: 10. 15027/27798)。小野基:《Vādavidhiの誤难论とディグナーガの批判》,《インド论理学研究》,2017 年第 10 期。

2 释

2－1 略释(谓若显示所立宗法余因可得。是则说名可得相似)

2－2 指事重释

2－2－1【第一论难】

2－2－1－1 敌论显前因过(谓有说言,如前成立声是无常,此非正因。于电光等由现见等余因可得无常成故)

2－2－1－2 释所由(以若离此而得有彼,此非彼因)

2－2－2【第二论难】有余敌论(有余于此别作方便。谓此非彼无常正因由不遍故,如说丛林皆有思虑有睡眠故)

定宾的注释中,虽有很多不明确之处,但可知他所理解的文章结构为:

1 牒颂(显所立余因名可得相似者)

2 总释(谓若显示所立宗法余因可得。是则说名可得相似)

3【第一论难】

3－1 牒真(谓有说言,如前成立声是无常)

3－2 伪难(此非正因。于电光等由现见等余因可得无常成故)

3－3 述妄情(以若离此而得有彼,此非彼因)

4【第二论难】别作方便(有余于此别作方便。谓此非彼无常正因由不遍故,如说丛林皆有思虑有睡眠故)

两者之间有很大的差异。

第一论难的注释

圆测对第一论难的注释中,将"于电光等"的"等"理解为稻妻之外的风等,他建立了以下的论式①。

· 电光应是无常;由现见或有或无故;犹如云。

· 空中风应是无常;由现闻或有或无故;(无喻)。

这里所举的风的例子参照了《如实论》或文轨疏。《因明正理门论》有"可得相似",《如实论》则有对应的"显别困难"。《因明正理门论》说"电光应是

① 第35纸里37—38行。实际上,应为"彼立量云,电光空风应是无常;由现见闻或有无;犹如云等也",这里分为两段,有文字补充。

无常;由现见或有或无故”,《如实论》则说“如电光风等,不依功力生,亦为无常所摄”[①]。文轨《因明入正理论疏》中“可得相似”的说明也与“显别困难”多有重合。我们虽然不知道圆测疏与文轨疏的前后关系,却可以找到一些圆测参考并依据文轨的记载,之后也将论及。

《注》中,除了对“等”的解释,其他的解释内容基本是《因明正理门论》本文的另种说法,所以此处用“即同抄说”(第 34 纸里 4 行)来省略详细的说明(有可能是沙门宗所作的省略,而不是圆测)。我们并不清楚“抄”指的是哪部文献,有可能为第 30 纸里 26 行所举的“西明法师即依轨法师理门抄释”。其中西明法师指的是圆测,轨法师为文轨,这句话的意思是说圆测依据参考了文轨的《理门抄》。只是在目录文献中并没有关于文轨著有《因明正理门论抄》的记载。另外,善珠《因明论疏明灯抄》中也有“轨法师理门抄”的记载[②],其他还有“理门论问答抄”[③]“问答抄”[④]等用例,但还不能确定是否就是文轨的《理门抄》。总之,不管是圆测还是沙门宗,在很大程度上都可能参照了文轨的著作。

定宾在对第一论难的注释中写道:第一论难的作者其实是认为“声是无常;勤勇无间所发故”这一论式犯了共不定过失。

“共不定”指的是理由(因)可适用于在同类例、异类例(世界中的事物都可被认识)的过失,如“声常;所量性故”。换而言之,则是定宾所说的“一因有两宗,名为共不定。亦应一宗有两因,名为共不定”(第 35 纸里 31—32 行)。其中前半部分“一因有两宗”的根据为《因明正理门论》的“于电光等”的“等”。定宾与圆测都认为“等”表示着复数的论式,可整理为下面的四个论证式[⑤]:

1. 声是无常;以勤勇发故;如瓶。

2. 电光是无常;以现暂见,不恒见故;如烟。

---

① 《因明正理门论》,T32,no. 1633,p. 32,a11。

② 《因明论疏明灯抄》,T68,no. 2270,p. 234,a15。

③ 同上书,p. 256,c24-25;p. 324,b28。

④ 同上书,p. 257,a24。

⑤ “彼比量云:声及电光灯焰空中风等皆是无常。以勤勇发,及现暂见或暂触不恒见触故。如瓶及烟云暖等。”(第 34 纸里 6—7 行)

3. 灯焰是无常;以现暂见,不恒见故;如云。

4. 空中风是无常;以现触见,不恒触故;如暖。

这里的2与3是因为同一理由成立,是"一因有两宗"。

后半部分的"一宗有两因"指的是:针对"x 是无常"这一主张(宗),"以勤勇发故""现见或有或无故"等多个理由(因)都可以使其成立。这与第二论难有些重复,也说明了定宾虽不认同第二论难,但依旧存在他认为第二论难指责"声是无常;勤勇无间所发故"这一正论式同时也犯了共不定过失的可能性。

与圆测和定宾相同,沙门宗也认为第一论难不成立,并给出了理由:"我但说言勤勇所发皆是无常,不言无常必勤勇发。"[①]也就是说即使 $p \to q$ 成立,也不能说明 $q \to p$ 一定成立。可以说沙门宗对第一论难论理问题的理解是正确的。

第二论难的注释

圆测对第二论难的注释中写道:第二论难的作者说"声是无常;勤勇无间所发故"论式犯了不成因的过失,但他认为这一论难也是错误的[②]。也就是说,第二论难的作者认为耆那教徒所立的"一切丛林皆有思虑;有睡眠故"这个论证式犯了不成因的过失,而"声是无常;勤勇无间所发故"这一论式也犯了同样的过失。

不成因指的是缺"因三相"中的第一相所犯的过失。第二论难作者认为,如上面所举耆那教徒的论式,睡眠只限于一种叫作尸利沙(* *śirīṣa*)的树[③],不应说"一切丛林皆有睡眠",因为没有达到第一相,所以不成因。

定宾则更加具体,他直接说第二论难作者所认为的过失其实是不成因中"两俱不成"的过失,即"一切丛林皆有睡眠"无论对于立论者(耆那教徒)还是对论者(佛教徒等)皆不成立。

---

① 第34纸里2行。同时小野基:《Vādavidhiの誤难论とディグナーガの批判》也曾指出,这样的反论在《如实论》中也有出现。"我说声等有依功力生者悉是无常,不说一切无常皆依功力生。"《如实论》,T1633,32,b2-4。

② "此即一分似不成因。"(第34纸里25行)

③ 圆测说"合欢树俱物头花"(第34纸里19—20行),定宾说"尸利沙林,头花,合昏树,若多那树等"(同27—28行)。

沙门宗也反对第二论难：“我既不立一切无常”（第34纸里16行），认为佛教徒的“勤勇无间所发故”仅仅是“声是无常”的论证，不是所有存在之无常性的论证。可以说这一反论亦是妥当的。

最后沙门宗又说以上的解释与《本疏》相同。《本疏》在《注》中反复出现，应是在《注》之前成立的《因明正理门论》的注释书，具体的文献名却不得而知。

四　小结

本文介绍了沙门宗《注》的特征及其中“可得相似”的注释。

从中可见，沙门宗《注》主要引用了圆测、定宾的注释，并且呈现出与两种注释不同的倾向。从引用来看，圆测应与文轨著《因明入正理论疏》相同，在注释《因明正理论疏》时参考了《如实论》等文献。而定宾的注释中则说：第一论难错误地认为正论式犯共不定过失、第二论难同样错误地认为正论式犯两俱不成过失，这一注释的结构与《因明入正理论》种“似比量”的构成很相似。而沙门宗的解释中却没有言及“共不定”与“两俱不成”两种过失，因此可以说，至少从以上“可得相似”的注释来看，相比于定宾的解释，沙门宗可能更加重视圆测的解释。

今后笔者也将继续分析本注疏中其他部分的注释，以检讨上述假说是否成立。

五　缩略语

T（《大正新修大藏经》，东京：大藏出版；SAT，http://21dzk.l.u-tokyo.ac.jp/SAT/）

X（《卍新纂续藏经》，东京：国书刊行会；CBETA，http://www.cbeta.org）

《注》（沙门宗《因明正理门论注》）

Shamen zong's Explication of *Upalabdhisama* in his *Commentary to Nyāyamukha*

Shigeki Moro (tr. Li Wei)

Abstract: It has been demonstrated that Buddhist scriptures not contained in major Tripitakas, such as the Dunhuang manuscripts, are important to study East Asian Buddhism including Buddhist logic (*yinming*). Shamon Shū's commentary of *Nyāyamukha or Inmyō shōri mon ron chū (Yinming zhengli men lun zhu)* found in the *Shōgozō* manuscripts of Tōdaiji temple seems to be written in the 9th century Japan. It is reasonable to suppose that Shamon Shū was Enshū of Gangōji temple, a scholar monk of the Japanese Sanlun school. In this paper, I would like to introduce the characteristics of *Inmyō shōrimon ron chū*, especially its interpretation of **upalabdhisama*, a *jāti* or "wrong counterargument" described in Dignāga's works. Shamon Shū seems to place importance on Woncheuk (Yuance), as well as Dingbin, to understand **upalabdhisama*, although both show different interpretations.

Key words: Non-canonical Buddhist texts, Buddhist logic, jāti

哲学门(总第三十九辑)
第二十卷第一册
北京大学出版社,2019 年 6 月

护法与清辨运用“所缘”为因的诸比量*

茅宇凡**

提　要:护法和清辨之间尽管由于不同的哲学立场而发生过争论,但他们在因明论式的应用上很可能存在相互借鉴的情况。他们都曾以“所缘”或其近义词作为理由(因,hetu)来构建三支论式。除了拥有相似的理由,这一系列比量还共同享有相似结构的宗命题和喻例。因此,从这些比量中可以归纳出一个普遍的论证模式。不过,严格来说,清辨的比量是从对手(瑜伽行派)前设出发推导出矛盾结果的归谬论证;而护法则是从自宗立场出发辩驳对手的论证。

关键词:所缘　比量　因明　护法　清辨

一　引言

护法(Dharmapāla,约 530—561)[①]和清辨(Bhāviveka[②],约 490—570)[③]是

* 本文初稿承蒙复旦大学汤铭钧、湖南大学陈帅、中国人民大学王俊淇诸位老师提出宝贵的修改意见,特此感谢!

** 茅宇凡,男,1986 年生,上海大学社会科学学部哲学系讲师。

① 宇井伯壽:《印度哲學研究》第五卷,東京:岩波書店,1965 年,第 128—132 页。E. Frauwallner, “Landmarks in the History of Indian Logic”, *Wiener Zeitschrift für die Kunde Süd-und Ostasiens* 5, 1961, pp. 132-134.

② 江岛惠教:《Bhāvaviveka/Bhāviveka/Bhavya》,《印度學佛教學研究》,38—2,1990 年。

③ 宇井伯壽,前引文献,第 149 页。

印度中期大乘佛教的主要论师,两者几乎同时,分别主张唯识和中观的立场。[①] 从后世的传说与现存的文献看,双方存在过针锋相对的争论。相传清辨曾找护法辩论却被护法委婉地谢绝,于是发愿往见慈氏菩萨。[②] 清辨在他的著作《中观心论》(*Madhyamakahṛdaya-kārikā*,简写 MHK)及其注释《思择炎》(*Tarkajvālā*,简写 TJ)第五章、《般若灯论》(*Prajñāpradīpa*,简写 PP)第二十五章附录以及《大乘掌珍论》(* *Karatalaratna*,简写 KR)中批判了瑜伽行派的学说。而护法也在《大乘广百论释论》中针对清辨《般若灯论》的"无生缘起"等说法展开驳斥。[③]

玄奘翻译了清辨《大乘掌珍论》(以下简称《掌珍论》),其中的一些内容被玄奘的后学所注意,如窥基在《成唯识论述记》就屡次提到清辨的观点,并引用《掌珍论》的说法。[④] 也有弟子将护法与清辨的争论总结为"空、有"之争。[⑤] 在太贤所辑的《成唯识论学记》中保存了当时新罗僧人对清辨与护法争论的三种看法:[⑥]第一种是圆测的说法——清辨和护法之间确实存在着争论;第二种是顺憬的说法,他认为二师实际上没有争论。第三种是元晓的看法,他说二师只是言语表达上的争论,实际所指的意思是一致的,这好像同一座佛塔只不过是下面粗上面细一样。三师的说法,以圆测的论述最为详细并且也比较符合清辨和护法的思想。无论如何,尽管清辨和护法争论的具体情形已不得而知,但从玄奘后学的引述中我们可见此一"轶事"为当时东亚佛教学圈所熟知。

当代有学者根据清辨自己的一些表述猜测他对瑜伽行派的批评可能是

---

① 一般认为护法是"有相唯识论"的代表,其学说后由玄奘大师传入中国,并成为东亚唯识的主流观点。清辨的学说被后世西藏佛教《学说纲要书》(Grub mtha',宗义书)认为是自立量中观(Svātantrika-Madhyamaka)和经量行中观(Sautrāntika-Madhyamaka)。参考梶山雄一:《中观思想的历史和文献》,《中观思想》,李世杰译,北京:华宇出版社,1985 年,第 38—71 页。

② 参《大唐西域记》卷第十,CBETA,T51,no. 2087,第 930—931 页。本文引用《大正藏》均出自中华电子佛典协会(Chinese Buddhist Electronic Text Association,简称 CBETA)电子佛典集成光碟(2014)。

③ 梶山雄一:《清辨·安慧·護法》,《密教文化》64—65,1963 年,第 151—154、158 页。

④ 《成唯识论述记》,CBETA,T43,no. 1830,第 236 页中栏—下栏。

⑤ 《成唯识论了义灯》卷一:"然护法菩萨千一百年后方始出世,造此论释及《广百论释》。清辨菩萨亦同时出造《掌珍论》。此时大乘方诤空、有。"CBETA,T43,no. 1832,第 660 页上栏。又云:"西明云至千二百年清辨菩萨依诸般若及龙树宗。造《般若灯论》《掌珍论》等,破无著等有相大乘。当时护法依《深密》等成立有宗,破彼空义。"CBETA,T43,no. 1832,第 673 页中栏。

⑥ 参《成唯识论学记》,CBETA,X50,no. 818,第 27 页上栏—中栏。

为了系统化龙树(Nāgārjuna)中观学的二谛思想,同时也是为了将自宗的学说与主流的瑜伽行派学说区别开来。[①] 因此,从哲学立场上看清辨与护法或者说唯识宗的争论焦点在于二谛说;表现在双方对二谛"有""无"的看法正好是相反的。清辨在世俗谛上认为存在实有的法(有);护法认为不存在(无)实法,即遍计所执性是无。在胜义谛上清辨认为一切都是空(无);护法认为不能连圆成实性(有)也完全否定。以此为基调双方在三性说、认识对象等问题上都存在争议和分歧。

尽管清辨和护法在佛教哲学立场上持有相反的观点,但双方在论证式(即因明论式)的运用上却不乏相似之处,比如清辨在《掌珍论》伊始就提出了有关"空性"的两个偈颂[②],也是该论的总纲领,现将两颂写成三支比量如下:

I-A 宗:真性,有为[法是]空,
因:缘生故,
喻:如幻。

I-B 宗:无为[法]无有实,
因:不起[故],
喻:似空花。

护法在《大乘广百论释论·破根境品》中破外道所执的实体对象时也用了两个相似的论式[③],改写成三支比量如下:

II-A 宗:诸有无法,非实有体,
因:从缘生故,
喻:犹如幻事。

II-B 宗:诸无为法亦非实有,
因:以无生故,
喻:譬似龟毛。

如果玄奘的翻译是忠实的话,那么 I 和 II 这两组的比量可以说酷似。[④] 其中,I-A 和 II-A 仅宗的后陈否定的表达是不同的,且 I-A 多了简别语"真性";此外,因和喻完全一样。至于 I-B 和 II-B,它们的宗完全相同,而因和喻可以视作同义的表述和同类的事物。也就是说,这两对比量中真正有差别的只有I-A

---

① 参见 Paul Hoornaert, "An Annotated Translation of Madhyamakahṛdayakārikā/ Tarkajvālā V. 1-7",《金沢大学文学部論集》(行動科学・哲学編)19, 1999, pp. 127-128 以及 M. D. Eckel, "Bhāvaviveka's Critique of Yogācāra Philosophy in Chapter XXV of the Prajñāpradīpa", *Miscellanea Buddhica* (*Indiske Studier* 5), 1985, p. 25。

② 《大乘掌珍论》,CBETA,T30,no. 1578,第 268 页中栏。

③ 《大乘广百论释论》,CBETA,T30,no. 1571,第 225 页上栏。

④ 这两组相似比量的发现参见江岛惠教:《『大乘広百論釈論』に於ける論理学的方法》,《佛教學》2,1976 年,第 39—41 页。

和 II-A 的宗。从中可见,护法和清辨在论证式的运用上有很深的渊源。除了这两对高度相似的比量,还有一组以“所缘”作为理由的论证式具有诸多共通的特征,将是本文重点考察的对象。

二　运用“所缘”为因的六对比量

清辨在《大乘掌珍论》中针对瑜伽行派“所缘真如”的观点建立了两个比量加以批判,它们都运用了“所缘故”作为理由。这两个比量也出现在藏译本《般若灯论》中,鉴于两处文献几乎一致[①],为了行文讨论的方便,以玄奘《掌珍论》的汉译为主[②]:

1-a	宗:彼真如非真胜义, (《灯论》作:彼所缘真如是虚妄而非真实) 因:是所缘故, 喻:犹如色等。	1-b	宗:缘真如智非真出世无分别智, (《灯论》作:缘真如智非无分别;或不应具有胜义的所行境) 因:有所缘故及有为故。 喻:如世缘智。 (《灯论》作:比如眼识)

《成唯识论》在总破“我执”时曾运用一对比量论证对“实我”的认知——“我见”——不可能达成,这对比量同样使用了“所缘故”作为因[③]:

2-a	宗:“我见”所缘定非“实我”, 因:是所缘故, 喻:如所余法。	2-b	宗:诸“我见”不缘“实我”, 因:有所缘故, 喻:如缘余心。

鉴于《成唯识论》具有“杂糅”的性质,不确定上述比量一定出于护法;不过,在护法的《大乘广百论释论·破我品》中有与第2组很相似的表述[④]:

---

① 对于《般若灯论》和《掌珍论》有关这组比量高度相似文献的考察及其义理分析请参见茅宇凡:《清辨对瑜伽行派“所缘真如”说的批判》,《西藏研究》,2017年第2期。

② 《大乘掌珍论》,CBETA,T30,no.1578,第274页下栏。

③ 《成唯识论》,CBETA,T31,no.1585,第2页上栏。

④ 江岛惠教:《『大乘広百論釈論』に於ける論理学的方法》,第38页;又《大乘广百论释论》,CBETA,T30,no.1571,第196页中栏。

3-a　宗：一切“我”非“实我”性，
　　 因：是所知故，
　　 喻：如一切法。

3-b　宗：诸“我见”定不缘“我”，
　　 因：自他境相互有无故，
　　 喻：如青黄等能缘之心。

《广百论释》这段破我执有五个“立量”，以3-a和2-a相似度最高；考虑到3-b的宗、喻和2-b有相似性姑且也把它加上。① 护法最后总结这些比量说：“是故‘我见’不缘‘实我’，诸所计‘我’无实性相……如病眼境定非实有；不可以‘我见’所缘证立此‘我’实有常住。”②也就是说，不能用“实我”是“我见”的认识对象作为理由来证明“我”的实在性，因为可作为对象的都不是实有的。由此可见，《广百论释》破我执的五个比量中3-a的因是最贴合护法立量初衷的。

另外，《成唯识论》和《广百论释》在破外道法执时都用到了类似于“所缘故”的因。先举《成论》二例如下：

4-a　宗：外道余乘所执诸法异心心所非实有性。③
　　 因：是所取故，
　　 喻：如心、心所。

4-b　宗：能取彼（即所执诸法）觉亦不缘彼，
　　 因：是能取故，
　　 喻：如缘此觉。

5-a　宗：彼实等非缘离识实有自体现量所得，④
　　 因：许所知故，
　　 喻：如龟毛等。

5-b　宗：缘实智非缘离识实句自体现量智摄，
　　 因：假合生故，
　　 喻：如德智等。

① 其余三个比量分别如下：
自身我见不随自我自相而起。（宗）不缘余我自相生故。（因）如所余缘所有心等。（喻）
又自身我应不为缘。（宗）发自我见汝许我故。（因）如他身我。（喻）
又一切我非我见境。（宗）诸余有法所不摄故。（因）犹如一切兔角等无。（喻）

② 《大乘广百论释论》，CBETA，T30，no. 1571，第196页中栏。

③ 《成唯识论》，CBETA，T31，no. 1585，第6页下栏。此二量为总破外道余乘法执。

④ 《成唯识论》，CBETA，T31，no. 1585，第3页中栏。此二量为破斥胜论派（Vaiśeṣika）的句义（Padārtha）是实有的说法。

护法《大乘广百论释论·破根境品》也有与3a和4a相似的比量①:

6-a 宗:又所执法应非实法,
因:是所知故,
喻:犹如色等。

这六组比量在时间上的先后顺序比较难确定。从数量上来说,护法使用"所缘故"因或采用相似概念(所知、所取)多达五组,清辨仅一组(若将《般若灯论》中的相似比量也算在内,那么也只有两组)。从整体的形式上看,包括宗的结构、使用的喻例、用词等,第1组和第2组达到高度相似,几乎堪称翻版。从所在文献的时间上看,《掌珍论》和《般若灯论》应属清辨后期的著作,晚于《中观心论》第五章之后。② 另外,如前述护法《广百论释》卷十曾引述清辨《般若灯论》的思想,由此可推知护法当时对清辨的一些主要观点有所了解;③但也不能据此确定认为《广百论释》其他所有的内容都晚于清辨。最后,《成唯识论》与《广百论释》的2a和3a,4a和6a具有很高的相似性,可确定为是护法的比量。

其实清辨在《中观心论》和《般若灯论》中还批评过一个以"所知"为因的唯识比量。《中观心论》第五品第27颂云:

如果[有人]想要证成[如下比量]:外境以心为自性(*cittasvabhāva*),由于[外境]是识境(*vijñānaviṣaya*)故,如等无间[缘]。④

---

① 《大乘广百论释论》,CBETA,T30, no. 1571, p. 225a10-12。又江岛惠教:《『大乗広百論釈論』に於ける論理学的方法》,第40页。

② 江岛惠教认为《般若灯论》和《掌珍论》是晚于《中观心论》的作品。斋藤明认为《中观心论》确定先于《掌珍论》,但可能与《般若灯论》同时并行成立,甚至也不排除晚于《般若灯论》的可能。(斋藤明:《『中観心論』の書名と成立をめぐる諸問題》,《印度學佛教學研究》,53—2,2005年,第169页。)另外,就笔者的考察,第1组比量出现在《掌珍论》和《般若灯论》中的形式几乎一模一样,引用的经证也一样。尽管《中观心论》中也有相似思想的表述,但具体的表达不完全一致,也未建立三支比量。据此,笔者认为《中观心论》应是清辨早期思想的表述。

③ 又如引言中第I组和第II组比量,鉴于清辨使用第I组比量统摄他整个《掌珍论》的论述,作为其论证的核心,且完全符合他"二谛"的思想,可谓深深融入其哲学论证体系中,因此不太像从他人处借鉴过来的。而护法的第II组比量仅仅用于破外道的法执,它与护法整体思想的内在关联不太明确;因此,笔者认为很可能是护法借鉴了清辨的比量。

④ MHK 5.27: cittasvabhāvo bāhyo 'rtho (Hoornaert 2001: bāhyārtho) yadi sādhyo vivakṣitaḥ / vijñānaviṣayatvena tad yathā samanantaraḥ //27// Christian Lindtner (ed.), *Bhavya's Madhyamakahṛdaya (Pariccheda Five)*, The Adyar Library and Research Centre, The Theosophical Society, 1995, p. 27.

> [论曰:]此中外境是有法,它(外境)“以心为自性”是被证成的它的[所立]法。“由于是识境故”是说明因。“如等无间缘”是喻。所谓等无间缘是指相似心、心所无间灭,由彼有其他心、心所生起,[前者]就成为[后者的]缘性。假如[你们以为]因为它(等无间缘)也是识境,就以心为自性;如此,由于外境也是识境之故,也应是以心为自性……①

这个比量的三支论式可以归结如下:

7-a　宗:外境是以心为自性,
　　因:是识境故,
　　喻:比如等无间缘。

清辨在《般若灯论》中也引述了相似的比量:“有说:色等实体以心为自性,是识境故,比如等无间缘……”②该比量的因“识境”(也即“识的对象”)可以视作“所缘”的同义词。清辨认为这个理由有不确定因的过失。比如心所(如受等)是有别于心识自身的,即不以心为自性③,但心所也可以作为心识的对象,

---

① MHK/TJ 27: gal te smra 'dod bsgrub bya ba // phyi don sems kyi dngos nyid de // rnam par shes pa'i yul yin phyir // dper na de ma thag bzhin no //zhes bya ba 'di la phyi rol gyi don ni chos can no // de sems kyi ngo bo nyid yin par sgrub pa ni de'i chos so // rnam par shes pa'i yul yin phyir / zhes bya ba ni gtan tshigs kyi don du phyir zhes smos so // dper na de ma thag pa'i rkyen bzhin no zhes bya ba ni dpe ste / sems dang sems las byung ba mtshungs pa de ma thag tu 'gags pa rnams ni de las gzhan pa'i sems dang sems las byung ba rnam skye ba'i rkyen gyi dngos por 'gyur bas de ma thag pa'i rkyen zhes bya'o // gal te de yang rnam par shes pa'i yul yin pa'i phyir sems kyi ngo bo nyid yin pa de bzhin du phyi rol gyi don yang rnam par shes pa'i yul yin pa'i phyir sems kyi ngo bo nyid yin no zhe na / Paul Hoornaert, “An Annotated Translation of Madhyamakahṛdayakārikā/ Tarkajvālā V. 27-54”,《金沢大学文学部論集》(行動科学・哲学編)21, 2001, p.149。另,英译可参 M. D. Eckel, *Bhāviveka and his Buddhist opponents*, Harvard University Press, 2008, pp.240-241;中译可参吕澂译,肖永明整理:《中观心论・入决择瑜伽师真实品》,《世界哲学》2011年第6期,第77页。

② PP: gang dag 'di skad ces dngos po gzugs can rnams ni sems kyi ngo bo nyid yin te / rnam par shes pa'i yul yin pa'i phyir / dper na de ma thag pa'i rkyen bzhin no zhes zer na / See Christian Lindtner, “Bhavya's Controversy with Yogācāra in the Appendix to Prajñāpradīpa, Chapter XXV”, Tibetan and Buddhist Studies Commemorating the 200th Anniversary of the Birth of Alexander Csoma de Kőrös, vol. 2, ed. by Louis Ligeti, Budapest: Akadémiai Kiadó, 1984, p.90.

③ 清辨在《般若灯论》中引述《中边分别论》的说法认为心识认知对象的自体,而心所如受等则认知对象的差别属性,两者各别。参见 M. D. Eckel, “Bhāvaviveka's Critique of Yogācāra Philosophy in Chapter XXV of the Prajñāpradīpa”, p.65。又,心与心所是不是体性各别,瑜伽行派内部有不同的说法。《成唯识论》中所表现的护法即主张心所有其各别的自性,当然这只是就世俗谛而言;若就胜义谛,心与心所是不一不异的。参见 Paul Hoornaert,“An Annotated Translation of Madhyamakahṛdayakārikā/ Tarkajvālā V.27-54”, p.168。

因此“是识境故”是不定因。当然,清辨运用受心所的例子有商榷之处。可惜这个比量在瑜伽行派的文献中似乎很难找到相对应的资料;或许可以猜测这个比量相较于护法的其他几组比量是瑜伽行派早期使用“所缘”为因的尝试。

三 六组比量论证模式的相似性及其特性

(一)六组比量的论证模式

前述1—6组比量除了都在因中使用了“所缘”或与“所缘”相近的概念外,它们的宗和喻之间也有类似性,也就是说这些比量的论证模式有一定的规律可寻。

首先,所有这些比量的宗的后陈——所立法都是否定形式的。比较比量7a我们就会发现,后者的宗有明显的区别——所立法是肯定性的,这说明它的宗命题以“立”为目的;而前6组系列比量的宗是以“破”为目的的。就所立法否定的内容来说,基本可以分为两类:第一类所否定的是实在性这样一种性质,或者说是作为实体的存在,包括主体(“我”)或客体(“法”);其中第1组的所立法比较特殊,唯识宗并不认为“胜义”具有实在性或是实在的存在,不过,宽泛地说,胜义也可以算是某种存在(无为法)。第二类所否定的是认知实在(无论是“我”还是“法”)的知见,可以视作一种特殊的认识能力或行为。为了方便讨论,笔者在文中已将属于第一类所立法的比量列为a类,而将属于第二类所立法的比量列为b类。相对于这两类所立法,宗的有法和所立法也会发生相应的变化。我们很容易会发现a类比量的宗有法都是广义上可以作为对象(客体性质)的法,比如“实我”“真如”也是一类特殊的法;而b类比量的宗有法都是某一认识行为(主体性质),比如“我见”或“缘某某智(觉)”等。a类比量的所立法一般都是对性质或体性的否定,即“非(不是)……”;而b类比量的所立法一般都对动作行为的否定,主要是“不缘(不认知)……”(只有第5组除外)。其次,a类比量的因都是“是所缘故”或所缘的同义词“所知”“所取”,因的意思是说宗有法是“认识对象”的缘故。b类比量的因主要是“有所缘故”或同义词“能取”(除3b和5b),因的意思是说宗有法“具有认识对象”或“能认知”的缘故。最后,a类比量的喻一般都是“法”,但范围各有不同,这可能与宗有法或论证策略有关。其中,2a和3a的范围最广,几乎涵盖了所有的法,其他则都是特定范围的法,如1a和6a特指色法,4a特指心、心所法,5a特指一类不存在的法。b类比量的喻则都是某种认识能力,2b和4b涵盖范围广,1b、3b和5b特指某一类认识活动的心或知觉。通过以上简单的分析,我们大致可以将a类和b类的三支比量模式概括如下:

Ga	宗:XX[法]不是实在(/体)的[法],	Gb	宗:XX[知]不能认知实在(/体)
	因:由于是认识对象的缘故,		因:由于有认识对象的缘故,
	喻:比如某某XX[法]。		喻:比如某某XX[知]。

其实Ga的宗命题蕴涵了Gb的宗命题,换言之,Gb的宗命题可以转写为Ga宗命题的形式,即“XX[知]不是认识某某实体的知觉”(类似5b)。利用这样形式化的比量只需要在XX处代入不同的变元即可形成具有针对性破敌的比量。

(二)因和所立法的不相离关系

通过归纳“所缘故”因系列比量的论证模式,我们发现这系列比量中有一个通用的立量模式(G组);假如要考察这一系列比量的逻辑效力,我们只需先从分析G组比量入手,就可以获得事半功倍的效果。其实Gb的宗又可以转写为Ga的宗,因此,我们主要考察Ga即可。对于陈那已降,法称以前的佛教逻辑,判断一个三支比量是否有效,首先看它是否满足“因三相”。在Ga中,“因第一相(遍是宗法性)”是变元与“认识对象”的关系,需要视具体情况而定,但由于“认识对象”包含的范围极广,可以说只要是存在的事物都可以作为认识对象,因此我们基本可以认为因第一相是可满足的。因此,关键在于因第二相和第三相,也就是因和所立法之间的不相离关系,并且因和所立法又都是Ga的不变项,故而这系列以“所缘”为因比量的因二、三相是能确定的。

Ga的同品是非实在性的法,故而只需要举出有某某法(立敌双方所共许)既不是实在性的、同时又是认识对象就能满足因第二相“同品定有”。这样的例子应该不难找到。Ga的异品是实在性的法,因此若要满足因第三相“异品遍无”需说明一切实在性的法都不是认识对象。我们也可以将该表述转换成为等价的同喻和异喻,或有助于理解。同喻即“若是认识对象,则非实在性的法”,异喻即“若是实在性的法,则不是认识对象”。从同喻和异喻我们发现 Ga 的因第三相其实表达的是实在性的法(实我、法)和认识对象(所缘)在外延上完全排斥的关系,或者说是实在性和可知性(作为可认知对象的属性)完全不相容的关系。此不相容的关系对唯识宗来说不言而喻,但对于实在论者而言是否成立则要打上一个问号。比如,佛教内的实在论者——说一切有部承认原子(paramāṇu,极微)是终极实在的(paramārtha-sat,胜义有),而原子作为构成物质世界的最小单位是不可再分的、看不见的实体。当原子聚集在一起时,它们所构成的粗色(比如分子)就是可认知的对象,但由原子聚集而成的粗色在有部看来也是实在的。[①] 有部只承认部分的实法(单个极微)是不可知见的(即无法成为眼识的认识对象),而作为对象的集聚极微是否也是实体正是他们和唯识宗争论的焦点。因此,实在性和可知性的完全不相容关系并不适用于有部。又比如,佛教外的胜论学派承认实在的句义是现量的认识对象,这点《成唯识论》也提到了[②],这也是为什么 5ab 加了许多限定语对宗命题进行调整的原因。即便不考虑印度哲学中实际存在的例子,我们也很容易设想实在论者既承认某实体又承认它可被认知,因为两者在逻辑上并没有本质的矛盾。综上,Ga 的因对他派而言并不满足第三相,而有不定的过失。[③]

然而,窥基和其他弟子的注释并没有提到这些比量有“不定因”的过失。我以为这并不是唯识论者有意为之[④],而是他们从自宗的角度看,这些比量都

① 参见 K. L. Dhammajoti, *Sarvāstivāda Abhidharma*, Centre of Buddhist Studies, The University of Hong Kong, 2009, p. 201。

② 《成唯识论》,CBETA,T31,no. 1585,第 2 页下栏。

③ 承蒙汤铭钧兄指正,此处有一个论辩技巧的问题:Ga 的宗有法可以是一个穷尽某一学派所有实体范畴的全称概念(诸如 4a 和 5a);此时,护法则利用陈那因明“除宗有法”的规则,构成异品成为空集,也就自然符合了因第三相异品遍无性。此技巧不得不说有实用上的便利和可能,我目前对此有两点简单的看法,详细的讨论则留待以后。首先,Ga 的宗本质上是一个归纳得来的命题,宗有法即便是一个全称概念也是从一个个具体的比量中归纳得来的。即便 Ga 的宗有法找不到异品,从属于 Ga 的一个个特称命题的特殊有法则很容易找到异品。比如,5a 的宗有法“彼实等”可以分成实、德、业等,而以“实”为有法构成的宗命题的异品就可以是“德”或“业”。这些异品就需要受到因第三相的检证。其次,异品自然空集的命题很容易被举出相应的“法自相相违”比量,因此该量本质上仍可能是一个具有不决定因的比量。

④ 比如他们在解释这些比量时都提到论敌质疑有“相符过”,并没有故意回避,而是勉强做了回应。如《成唯识论述记》,CBETA,T43,no. 1830,第 249 页上栏;《成唯识论演秘》,CBETA,T43,no. 1833,第 831 页下栏等。

没有“不定因”的过失。换句话说,如果利用汉传因明特有的“自比量”“他比量”的说法,这些比量本质上都属于自比量,因而可以视为避免了相应于“共比量”的过失。不过需要注意的是,窥基认为“自比量”一般使用“自许”“我”等字眼作为简别语;而他比量一般用“汝执”等作为简别语。[①] 但反观六组比量中的第4、5、6组,它们的宗命题里都加了“所执……”或“彼……”等简别语。一则,加了简别语说明这些比量都不是单纯的共比量,或者说它们作为共比量多少会发生疑问。二则,假如仅依据窥基利用简别语的标准来判定,它们应属于他比量;如此他比量的因第三相也不会被实在论接受,因此同样犯了“不定”的过失,也就不具有“破他”的功能了。况且,窥基自己对自比量和他比量的界定也有许多模糊甚至自相抵牾的地方。[②] 笔者以为,关于自比量和共比量的判定不能仅仅依据不同学派的概念或加之于其上的简别语,而是要视比量的因三相所涉及的判断是否仅仅符合自宗的学说,或是仅仅符合他派的学说,或是论辩双方都认可的说法。如此则可以澄清不少界定上的混淆。[③]

以4a为例,宗支不仅在有法上加了“外道余乘所执”并且还添加了诸法“异心、心所”的限定。[④] 就是说,外道等所执着的、不同于心、心所的法并没有实在性,因为它们都是认识对象的缘故。该因的背后其实意许了唯识宗自身对“所缘”和“实有”的理解:认识对象不脱离心、心所;而完全独立的实在则无须依赖任何事物(包括心、心所)。某物只要能够作为认识对象,就说明它需要依赖认识活动,即与心、心所发生了联系,因而不会是独立自存的实体。所

---

① 郑伟宏:《汉传佛教因明研究》,北京:中华书局,2007年,第221页。

② 同上书,第223、227页。

③ 自比量和他比量的判准涉及印、汉传统因明的比较研究,甚至这种说法本身的合法性都有待更进一步的考察。《门论》《入论》和玄奘本人并没有提到自、他比量的说法。或许可以猜测这种说法是奘门弟子在分析、运用具体论辩中面对问题时所提出的论辩技巧上的改良,当然也不排除直接承自玄奘口授的可能性。无论如何,从“所缘”为因的系列比量中我们似乎可以发现一些自比量、他比量思想发展的苗头和线索。

④ 窥基认为,“异心、心所”应属于所立法,作用是除去宗有法中的心、心所法以及防止心、心所若作为所立法,宗支就会有“一分相符”的过失。《成唯识论述记》,CBETA,T43,no.1830,第292页中栏。这样的解释显然十分牵强。如果本来就是简别宗有法中的内容,为什么不直接承认是宗有法的一部分呢?况且,“异心、心所”和“非实有性”对唯识宗自身而言是一对矛盾的说法,如果都放在一起岂不是自语相违?再有,该比量的同喻是“心、心所”,也就是说心、心所不属于宗有法,已在宗有法中式被简除了。因此,应当将“异心、心所”视作直接对宗有法的简别语。

以,4a 中“异心、心所”等简别语与其说是为了简别那些“实法”是“外道余乘所执”的法,而非唯识宗所承认的存在;毋宁说是为了说明自宗意许那些被执着为实法的事物实际上是不离心、心所的认识对象,而非真正的实体。同样的简别方法又见于 5a,论主直接将“离识实有自体”放在所立法里,而对方既然承认宗有法“实句义”是认识对象(因);那么,它当然就不会脱离心识而独自存在,也就无法被某种只把握“离识实有自体”的知觉活动来认取。在此,论主同样意许了“实有”的内涵是“离识”,而“离识”又等同于完全独立于认识,两者不发生任何关系(包括作为认识的对象)。如此在内涵上历经几个转折的意许是否能被实在论者所接受呢?或许要打上一个问号。无论如何,在因与所立法的关系之中意许了唯识宗自身学说的比量应当视作自比量,尽管它避免了立量上“不定因”的过失,但难免有乞求论题之嫌。

至于 2ab 和 3a,它们的宗支没有使用简别语,或许是因为宗有法所含“我见”“一切我”等字眼,一看便知与佛教“无我”的立场相悖,当然若加上“彼所执”等简别语意义会更明了。倘若由于未使用简别语就视它们为共比量,那么宗支就犯了错误。对 2a 来说,既然宗有法已经含有“所缘”,又再以“所缘”作为因,则有循环论证之嫌。又 3a 宗支“我”非实我的说法也有自语相违之嫌。但是,如果将“我见所缘”和“我”都视为护法自己意许的识转变的“我相”或“诸蕴相”就没有上述的问题了,其实这一点《成唯识论》和《广百论释》在这些比量后面都做了补充说明。[①] 另外,如果不将 2a 视为自比量,理由“所缘”和所立法“非实我”之间在因第三相上同样存在“不定”的问题。综上可见,护法以“所缘”为因的第 2—6 组比量都是建立在自宗对“所缘”和“实有”相排斥关系的理解之上的自比量。

反观与第 2 组结构十分相近的第 1 组比量,由于立量者身份的改变,所立的比量恰恰是针对唯识宗的学说;也就是说,清辨的比量是不折不扣的他比量。以 1a 为例,宗的前后陈、因、喻都是双方共许的,因第二、三相也是双方都承认的;但遍是宗法性(“真如是所缘”)是护法宗唯识承认的,而清辨不承认,因为后者认为真如空性是无为法,没有体性,当然也不是认识的对象。用现

---

① 《成唯识论》:“是故我见,不缘实我,但缘内识变现诸蕴,随自妄情种种计度。”CBETA,T31,no. 1585,第 2 页上栏。又《大乘广百论释论》,CBETA,T30,no. 1571,第 196 页中栏。

代逻辑的视角来看,清辨从对方认可的命题出发推导出一个与对方前设相反的结果,是典型的归谬论证。尽管1a 和2a 在形式上很相似,且都是以“破”为目的,但两者本质上是不同的。就是说,护法是从自宗立场出发来反驳对方的自比量;而清辨是从对方认可的命题出发得出归谬结论的他比量。显然从破敌的效果上来说,1a 无疑更胜一筹。虽然我们没有充足的文献证据证明清辨和护法在运用“所缘”作为因这一点上是谁影响了谁,但从学理上我们或许可以做这样的猜想:比量7a 是唯识宗早期运用识境(认识对象)来证立“唯识”命题的比量,清辨在反驳它的同时找到了真如作为所缘的特例,用来驳斥护法宗唯识,并且重新构造了宗支“真如非胜义”。尽管这一例子只能反驳唯识理论的一小部分(真如胜义实有),但对于护法而言,他却从“所缘”中发现了可资借鉴的、符合唯识宗教义的、带有普遍性的破敌比量。除了可以基本固定因和所立法的内容,护法还在宗有法的位置上使用集体性的复数名词,比如“所执诸法”“一切我”等;实质上他有意无意地将清辨归谬论证的他比量悄悄转化为从自宗立场出发的自比量。在《成唯识论》中,护法自己(也可能是玄奘)或许也意识到了有不极成的问题,因而在宗支的前后陈中加入不少简别语,一来表明宗有法等概念是敌方所执,而我方另有所许;再来表明整个比量是我方站在自宗角度所出的自比量。

四 结语

通过上文对于清辨、护法使用“所缘”为因的六组比量的分析,我们将可以明确获得的几点论断归结如下:

(1)以“所缘”为因的系列比量可以归纳出固定化的论证模式(见Gab),它们都是以论破为目的,因和所立法有相对固定的内容,宗有法和喻的位置可以填入不同的变项。

(2)之所以能从一系列比量(第2—6组)中抽离出一个固定模式的论证是因为护法有意无意地将以“所缘”为因的驳论证普遍化,形成一个定型的论辩套路;清辨的比量(第1组)虽然在形式上与固定模式很相似,但本质上是一个特例论证。

(3)护法使用“所缘”为因的系列比量(第2—6组)是从自宗立场出发来

驳斥论敌,因此本质上是自比量,这也是这些比量多夹带简别语的原因;若视为共比量,则难免不定因的过失。而清辨的第1组比量完全是从对方立场出发得到的归谬论证,是不折不扣的他比量。尽管缺少明确的文献证据表明在使用"所缘"为因这一点上是谁先影响了谁,但显然清辨比量的论破效果要优于护法。

此外,从这些"所缘"因系列比量上我们或许可以找到玄奘及其后学对于简别语使用、自他比量之区分的一些早期线索。当然这还有待于更多文献的佐证和深入的分析。

Several Inferences with a Similar Reason of "Cognitive Object (* *Ālambanāt*)" Used by Dharmapāla and Bhāviveka

Mao Yufan

Abstract: Although there are some debates between Dharmapāla and Bhāviveka because of their different standpoints of Buddhist philosophy, Dharmapāla and Bhāviveka are probably mutually influenced on the argument forms of Hetuvidyā. Both of them have used similar reasons of "cognitive objects" to establish syllogisms of Buddhist logic. Besides the similar reasons, these syllogisms also share the similar structures and examples. Hence, a general syllogism form can be summarized from a series of similar inferences. However, strictly speaking, Bhāviveka' s reasoning is a reduction to absurdity, whereas Dharmapāla' s reasoning is a refutation based on the doctrines of Yogācāra School.

Key words: cognitive object (ālambana), syllogism, Buddhist logic (Hetuvidyā), Dharmapāla, Bhāviveka

哲学门(总第三十九辑)
第二十卷第一册
北京大学出版社,2019 年 6 月

论东亚因明传统*

汤铭钧**

提　要:在陈那以前以《瑜伽师地论》为代表的逻辑学说,兼容知识论与辩论术两个思想方向的大背景下,印–藏量论传统(*Pramāṇa* tradition)在其中择取了知识论的研究进路,以推论("为自比量")为核心来组织学说。东亚世界的因明传统(*Hetuvidyā* tradition)在其中择取了辩论术的研究进路,以论证("能立")为核心来组织学说。这是两个朝不同方向发展的传统。"因明"的源头尽管可以追溯到《瑜伽师地论》的"因明处",但"因明"传统的主要阐释者是东亚世界中、日、韩三国的古代学僧。"因明传统"是东亚文化圈中的印度逻辑学–知识论传统。

关键词:因明　逻辑学–知识论学派　玄奘　陈那

---

* 本文为 2013 年国家社科基金青年项目"基于陈那早期著作的佛教因明–量论探源"(编号:13CZJ012)、2016 年国家社科基金重点项目"玄奘因明典籍整理与研究"(编号:16AZD041)阶段性研究成果。是笔者在为冯耀明教授(香港科技大学)主编的《中国逻辑哲学:道指南》(*Dao Companion to Chinese Philosophy of Logic*)一书撰写的章节"汉传佛教中的因明"(*Yin ming* 因明 in Chinese Buddhism)英文稿前半部分的基础上补充改写而成。在英文稿撰写过程中,冯耀明先生向笔者提出了许多逻辑学方面的专业建议。其中一部分已采纳入英文稿以及本篇,另一些建议则留待将来进一步思考。此外,钱立卿博士(上海社会科学院)帮助笔者消除了文中一处逻辑上错误的表述。陈帅博士(湖南大学)费心审阅全文,提出数条修改意见。谨此一并致谢!

** 汤铭钧,1982 年生,复旦大学哲学学院宗教学系青年副研究员。

一　因明传统在古代东亚世界的形成

"因明"是梵语 *hetuvidyā* 一词的汉语翻译。一般认为,*hetuvidyā* 的意思是关于逻辑理由(*hetu*,因)的科学或学问(*vidyā*,明)。这是无著(Asaṅga,约315—390)编纂的著名的佛教百科全书式著作《瑜伽师地论》(*Yogācārabhūmi*)中,对于逻辑学,或更准确地说,有关推理与论证的理论的命名。"因明"的首次系统阐述见于该书的"因明处"(*Hetuvidyāsthāna*)一章。其中"因明"的定义为:

> 梵文:*hetuvidyā katamā. parīkṣārthena yad vidyamānaṃ vastu.* 古译:云何因明处?谓于观察义中诸所有事。[①] 今译:什么是因明?[这门学问探讨]任何与[批判性]考察这一目的有关的实际的事项。

这一章只是当时种类繁多的辩论手册中的一种,对当时的印度逻辑学还谈不上什么实质性的贡献。在古代印度,逻辑学不同于哲学与宗教的教条("内明"),是印度各派哲学共通的思想工具和辩论方法。它拥有众多名称,如"探究"(*ānvīkṣikī*)、"辩论"(*vāda*,论议)、"方法"(*nyāya*,正理)、"推理"(*tarka*,思择、如实)以及后来的"有效认知的手段"(*pramāṇa*,量)等等。"因明"只是这些名称中的一种。逻辑学能恰如其分地称为"佛教的"逻辑学,还要归功于陈那(Dignāga,约 480—540)在该领域做出的独特贡献。[②] 正是陈那撰写的《因轮抉择论》(*Hetucakraḍamaru*)、《正理门论》(*Nyāyamukha*)与《集量论》(*Pramāṇasamuccaya*)等一系列著作,标志着印度逻辑向形式逻辑的理念迈进过程中的重要一步。陈那以后印度各派的逻辑学与知识论学者,都必须正视陈那的学说才能有新的进展。因此,陈那被当代学者誉为"印度中世纪逻辑

---

① 矢板秀臣:《仏教知識論の原典研究》,成田山新勝寺,2005 年,第 98 页;《瑜伽师地论》,T30,no. 1579,p. 356, a11-12。

② "陈那"是"陈那迦"的缩写(见文轨:《因明入正理论疏》,支那内学院,1934 年,卷四页二七左)。"陈那迦"是梵语 *diṅ-nā-ga* 的音译。*diṅ-nā-ga* 是 *dignāga*(域龙、方象)一词根据梵语词内连声规则的另一种发音。"陈"在公元 600 年前后长安地区的发音是/ḍ' i̯ĕn /(Bernhard Karlgren, *Grammata Serica Recensa*, Museum of Far Eastern Antiquities, 1957, pp. 106-107),对应 *diṅ-nā-ga* 中的 *diṅ-*。感谢余柯君博士(复旦大学)向我解释"陈"字读音的古今演变!

学之父"[1]。

中国[2]因明传统的主要奠基人是玄奘(602—664)及其弟子。尽管在玄奘以前,已有至少两部逻辑学文献译为汉语,即《方便心论》(472 年译)和《如实论》(550 年译)。但这两部著作对当时中国人的影响几近于无。而当玄奘于公元 645 年抵达长安的时候,他从印度带回了 657 部著作。其中,有 36 部是关于逻辑学的[3],不过唯有 2 部被玄奘译为汉语,即商羯罗主(Śaṅkarasvāmin,约 500—560)的《入正理论》(*Nyāyapraveśa*,647 年译)和陈那的《正理门论》(649 年译)。

事实上,"因明"这一名称在现存的印度逻辑学文献中,仅见于《瑜伽师地论》。我们甚至无法确认陈那和商羯罗主确曾使用过 *hetuvidyā* 或它的某种形式。从现有材料来看,二人似乎从未用它来命名自己的学说体系。[4] 但是,在佛教瑜伽行派的东亚传统即"法相宗"中,《瑜伽师地论》毫无疑问是最核心的论典。玄奘本人即"法相宗"的实际创始人。在玄奘传播瑜伽行派佛学的生涯中,《瑜伽师地论》无疑占有极核心、极崇高的位置。采用"因明"来总称印度佛教关于推理和论证的思想学说,应该是玄奘为与《瑜伽师地论》的命名保持一致而作出的选择,从而暗示这门学问实际上统摄在《瑜伽师地论》的整个思想框架中。因此,我们不妨根据佛教逻辑学-知识论学派从南亚次大陆到东亚世界的各个传统的自我理解,将这一学派的印-藏传统称为"量论传统"(*Pramāṇa* tradition),将玄奘开启的整个东亚传统称为"因明传统"(*Hetuvidyā* tradition)。"量论传统"与"因明传统"之间,实际上存在着一系列区别。

在留学印度时,玄奘在不同场合,跟随不同的老师,学习过很多遍《正理门论》《集量论》和《入正理论》。[5] 而且,在即将归国的时候,玄奘还提出了著名的"唯识比量",在戒日王于曲女城举办的大辩论会上,成功捍卫了瑜伽行

---

① Satis Chandra Vidyabhusana, *A History of Indian Logic*, Calcutta University, 1921, p. 270.

② 本文使用的"中国"概念,取其文化含义,指当时中国的汉语文化圈而言,下同。

③ 见《大唐西域记》,T51,no. 2087,p. 946, c15-22。

④ 汉译《正理门论》中,"因明"一词出现过两次——"旧因明师"和"破古因明论"。二词分别指过去的逻辑学家和(陈那本人)反驳过去的逻辑学理论的著作。但由于这两处不存在对应的《集量论》段落或者梵文残片,故而无从确定陈那原文的确使用过 *hetuvidyā* 一词或它的某种形式。此外,在玄奘译《观所缘缘论》中,还出现过"因明者"一词。今勘该论藏译及相关梵文材料,可知此"因明者"实即"因论师"(*gtan tshigs pa*,*haituka*)。

⑤ 见郑伟宏:《汉传佛教因明研究》,北京:中华书局,2007 年,第 94—97 页。

派的观念论主张。当玄奘翻译《正理门论》和《入正理论》时,他针对这两部书,为其翻译团队和弟子们提供了丰富的口头阐释(口义)。[①] 中国的第一代因明作家正是诞生于这样一个背景下。他们为《正理门论》和《入正理论》撰写的注释,正是基于玄奘关于因明的口义。鉴于玄奘在印度的求学经历,我们完全可以想象他关于因明的口义有多么丰富。出自中国第一代因明作家之手的著作,约有 20 余部。然而,这些著作大多已经散佚。保存下来有一定篇幅的著作仅有四部,即神泰(公元 7 世纪)的《因明正理门论述记》(缺后半部)、文轨(约 615—675)的《因明入正理论疏》(后半部乃今人辑佚而成)、以及略晚于文轨的净眼(公元 7 世纪)《因明入正理论略抄》和《因明入正理论后疏》。后两书前后衔接,构成对《入正理论》全文的注释。这些著作是我们研究玄奘所传因明的第一手材料。

窥基(632—682)作为玄奘佛学的著名继承人,属于中国的第二代因明作家。他的《因明入正理论疏》不仅广泛参考了第一代作家的著作,而且还整合了玄奘后来向他单独传授的内容。[②] 这就使该书成为玄奘所传因明的集大成之作,因此被誉为《因明大疏》。窥基以后的因明著作,大多是对《因明大疏》的注释,或是对其中若干专题的研究。不仅窥基的弟子慧沼(650—714)与再传弟子智周(668—723)的著作如此,因明传统的日本追随者们的著作也大多如此。与窥基以前的因明著作相比,《因明大疏》更为系统和全面。当然,其中对问题的解释也更为错综复杂。总的来看,该书似带有建立一个佛教逻辑学体系的目的。窥基以前第一代因明学者的著作,与窥基的"大疏"相对,便被总称为"古疏"。与"大疏"相比,"古疏"没有那么强的体系性,更像当时徒众听受玄奘口义所记的笔记。但是,我们也没有十分的把握,将《因明大疏》中不见于"古疏"的内容全部归属于窥基本人,因为窥基据说曾得到玄奘后来的单独传授。更仔细地来看,"古疏"与"大疏"之间的差异事实上也不能完全用窥基本人的发挥来解释。区分《因明大疏》中哪些内容来自玄奘,哪些是窥基的发挥,仍是一项艰巨的工作。无论如何,《因明大疏》与各种"古疏"的对照阅读,极有助于我们认识因明传统的不同历史层次和学说层次。

---

① 见文轨:《因明入正理论疏》,卷一页二左至右;郑伟宏:《汉传佛教因明研究》,第 86—90 页。

② 见郑伟宏:《因明大疏校释、今译、研究》,上海:复旦大学出版社,2010 年,第 4—7 页。

事实上，因明传统并不专属于中国。它是佛教逻辑学-知识论学派在整个东亚世界（中、日、韩三国）范围内的分支。一方面，早在玄奘回到长安之初，在长安就已有来自韩国（时新罗）的杰出学僧，如著名的圆测（613—696）。圆测后来成为玄奘弟子，属于中国的第一代因明作家。来自韩国的道证（7—8世纪）从学于圆测门下，学成以后返回故乡。太贤（735—744 年间活跃）是道证在韩国的弟子。此外，还有元晓（617—686），虽然从未到过中国，但毫无疑问是一位思想敏锐的因明学者，以其针对玄奘"唯识比量"的"相违决定量"著称于世。这四位韩国学者都撰写过因明著作。另一方面，因明又通过日僧道昭（629—700）和玄昉（？—746）传布到日本。两人都曾留学中国。道昭是玄奘弟子，玄昉是智周弟子。道昭和玄昉各自开启了日本因明研习的南寺传和北寺传。中古时期日本的因明学者中，最著名的莫过于善珠（723—797）和藏俊（1104—1180）。善珠撰有《因明论疏明灯抄》，藏俊撰有《因明大疏抄》。《明灯抄》是窥基《因明大疏》的全文注解，《大疏抄》是《因明大疏》的分专题研究。两书为了说明窥基的观点，大量引用窥基以前和以后因明学者的残章断句，特别是窥基以前第一代因明作家的文字。而被引用的著作已大多不存于世，仅见于日本因明著作尤其是《明灯抄》和《大疏抄》两书的援引。

唐代见证了因明在中国的黄金时代。据统计，唐代一共产出了大约 78 部因明著作。其中一些还出自当时在中国的韩国学僧之手。尽管其中大部分著作已不存于世，仅从数量上来看已颇为惊人，足以说明当时的中国人对来自印度的推理和论证理论曾一度多么痴迷。在中国，对佛教逻辑的研习在唐武宗 845—846 年间的灭佛运动以后，便随着法相宗的衰落而衰落。[①] 在玄奘的指导或者"护持"下写成的第一代和第二代因明作家的著作逐渐在中国销声匿迹。以至到了明代，当时的知识分子对因明重新发生兴趣的时候，他们手边没有一部唐代因明著作可以参考。这一窘境使得明代的因明著作存在这样或那样的问题。据统计，约有 18 部因明著作撰写于宋代，约 6 部因明著作撰写于明代。相比之下，因明传统在日本从未中断。唐代诸师的因明著作在日本得到保存与孜孜不倦的研究。据统计，到 20 世纪早期为止，日本学僧

① 参见武邑尚邦：《因明学——起源と変迁》，法藏館，2011 年，第 56 页。

一共撰写了大约289部因明著作。[①] 这一数量非常惊人。正是要感谢日本历代学僧的努力,因明在近代才有可能重回中国。窥基《因明大疏》从日本回到故土,于1896年在金陵刻经处重新刊行,标志着因明研究在近代中国复兴的开端。

玄奘虽然不是佛教逻辑学文献的唯一翻译者,但他的确是唯一一位在中国(汉地)传播佛教逻辑学并取得成功的人。在中古中国,除了为数不多的译本以外,玄奘几乎是有关印度佛教逻辑学的一切信息的源头。当然,大部分因明译本也正是出自玄奘的翻译团队,在玄奘的指导下完成的。唐代的所有因明著作都直接或间接地基于他的口义。后来中、日、韩三国的学者,如果研究因明而不回溯到唐代的因明著作便如同盲人摸象,不可能取得任何实质性的成果。对今日研究者而言,仍可以奉为金科玉律的是:中国的第一代和第二代因明作家的著作,是认识和理解因明最有价值的一手文献,哪怕这些著作之间时常可见这样或那样的不一致。

《正理门论》和《入正理论》是东亚因明传统的两大根本典籍。《入正理论》的作者商羯罗主据说是陈那的弟子。其《入正理论》追随了《正理门论》的整个理论框架,是基于陈那理论的一部逻辑学入门手册。因此,上述两大根本典籍的主要内容即陈那的逻辑学–知识论学说。但是,玄奘所传的因明学说实际上不限于这两部书中阐述的内容。玄奘甚至根据陈那晚期的《集量论》,有时还从陈那以后印度本土新发展的理论的角度,重新阐释陈那早期的《正理门论》和商羯罗主的《入正理论》。[②] 与此同时,大约在公元7世纪的印度,法称(Dharmakīrti,约600—660)以重新诠释陈那的方式,全面革新了佛教的逻辑学–知识论学说。经其革新,佛教逻辑学逐渐剥离了各种辩论术方面的考虑,同时存在论和知识论的意味则被加强。正是法称的逻辑学和知识论,在此后直至13世纪消亡的印度佛教中,一直被奉为佛教逻辑学–知识论学派的主流思想,得到传承与弘扬。他的著作还传播到西藏,构成了藏传佛教逻辑学的理论基础。在印–藏量论传统中,法称无疑是实质上最核心的人物。法称

---

① 上述统计皆据武邑尚邦:《因明学——起源と变迁》,第356—346页,“中国与日本的因明学者及其著作一览”。

② 详见汤铭钧:《汉传因明的“能立”概念》,载《宗教学研究》,2016年第4期。

的影响如此之大,以至其后的学者都习惯借他的眼睛来看陈那。然而,法称的名字在中国直到义净(635—713)才被提到。尚无证据表明,他对因明传统有过任何影响。因此,作为一项工作假设,东亚因明传统可以视为主要传承了法称以前的印度佛教学者的陈那解释,是一个尚未受到法称影响的陈那传统。

实际上,陈那以后、法称以前印度的大部分佛教逻辑学著作都已散失。这些著作为法称的巨大成功所掩盖。关于陈那和法称之间印度佛教逻辑学发展与演进的认识,很大程度上取决于我们从因明传统得到的信息。但要注意的是:一方面,在缺少印度方面任何形式的文献学证据印证的情况下,我们并无十分的把握将因明传统对印度理论的记述和解释看作印度历史上真实发生过的事情;另一方面,当无法在现有文献中找出证据来证明因明中某项理论的印度来源时,我们也同样没有十分的把握将这项理论简单视为佛教逻辑学在中国的新发展。很多情况下,我们无法确切区分在因明传统中哪些是印度的,哪些是中国的。边界其实相当模糊。

二　以"能立"为核心的基本理论框架

《正理门论》和《入正理论》的基本理论框架,与《集量论》及量论传统中的大部分著作都不相同。这两部书采用了一个在因明传统中称为"二义八门"的理论框架。后一类量论传统的著作则大多采用"二量"的理论框架。所谓"理论框架",即一门学科对自身所要探讨的基本主题的界定。一个框架中的各项主题之间有主次、轻重之别。在一个框架中,什么主题被置于首要地位,从一个很重要的方面反映了该框架的基本致思方向及其核心思想任务所在。

"二义"(二种目的)即"悟他"(向他人传递知识)与"自悟"(使自己获得知识)。这两种目的之下,各有四项研究主题。"悟他"之下有:演证(*sādhana*,能立)、反驳(*dūṣaṇa*,能破)、虚假的演证(*sādhanābhāsa*,似能立)与虚假的反驳(*dūṣaṇābhāsa*,似能破)。"自悟"之下有:知觉(*pratyakṣa*,现量)、推论(*anumāna*,比量)、虚假的知觉(*pratyakṣābhāsa*,似现量)与虚假的推论(*anumānābhāsa*,似比量)。一共八项主题,称为"八门"。"二量"的理论框架包含“现量”和“比量”。“比量”进一步分为两种:以自己为目的的推论(*svārthānumāna*,为自比量)和以他人为目的的推论(*parārthānumāna*,为他比量)。“为自比量”指未经言语表达、作为内心思维过程的推论,对应“二义八门”框架中的“比量”。“为他比量”指推论的言语表达,对应“二义八门”框架中的“能立”。

这里,我们主要关注这两个理论框架对推论(“比量”=“为自比量”)及其表达为一定语言形式的论证(“能立”=“为他比量”)各自地位的不同理解。实际上,不论“二义八门”框架中“比量”与“能立”的区分,还是“二量”框架中“为自比量”与“为他比量”的区分,均大致相当于今日逻辑学中推论与论证的区分(inference/argument distinction)。“比量”“为自比量”相当于推论,“能立”“为他比量”相当于论证。论证即“具有一定结构、用于表现一则推论的一组命题”。①

在“二量”框架中,唯有“为自比量”被视为真正意义上的“比量”,“为他比量”仅在某种间接的意义上才称为“比量”。因为,在“二量”框架中,一则推论的语言表达并不视为直接意义上的推论,它本身只是一则语言表达。立论方自己心中先已作出的推论(“为自比量”),以及通过相应的语言表达,想在对手心中引发的那一则推论(“为自比量”),才是真正意义上的“比量”。从因果关系的角度来看,语言表达是原因,对手心中引发的那一则“比量”则是结果。正如法称所说:“结果所具有的[‘比量’这一]名称[现在被应用]到[它的]原因之上的缘故。”(*kāraṇe kāryopacārāt*,《正理滴论》第三品第二条,王森译:此于因位,安立果名)作为原因的语言表达(“为他比量”),仅仅是根据它的结果(“为自比量”)来命名,才称为“比量”。因而,“为他比量”只是因为起到了传递“为自比量”的作用,才称为“比量”。这就意味着:唯有推论是真正意义上的“比量”,因而是一种“量”,即“有效认知的手段”,而论证只是这一手段在语言层面的承载者。在“二量”的理论框架中,唯有推论被赋予独立的知识论意义,是人类理性认识的直接体现,而论证只是“分有”了推论的知识论意义。

这一思想最早可追溯到陈那的《集量论》。陈那在印度逻辑史上首次提

① Irving M. Copi & Carl Cohen, *Introduction to Logic*, Pearson Education, Inc, 2005, p. 7.

出“为自比量”与“为他比量”这对区分时,便已明确意识到两种“比量”之间的这种主次之分。在该书第三章“为他比量品”的开头,陈那便郑重提出:

> 正如在自己这里,从具备三相的[推论]标记(*rtags*, *liṅga*, 相),产生了对有标记者(*rtags can*, *liṅgin*, 有相,即所立法)的认识;在他人那里,也想要这样从[同一个]具备三相的[推论]标记,产生[相同的]对有标记者的认识的情况下,对于[这个]具备三相的[推论]标记的表达,就是为他比量(*gźan gyi don gyi rjes su dpag pa*, 以他人为目的的推论)。[这一语言表达也称为“比量”,这是]由于[通过这一表达,在他人心中产生的]结果(*'bras bu*, *kārya*)所具有的[“比量”这一]名称(*btags pa*, *upacāra*, 假立言说)[现在被应用]到[它的]原因(*rgyu*, *kāraṇa*)之上的缘故。①

相比之下,在“二义八门”框架中,则是“能立”(论证)构成了理论探讨最重要的关注点,而“比量”(推论)只是附带地、简短地被提到。正如窥基下述引文所说的那样,唯有论证才是真正意义上的“能立”,推论对构造这样一个“能立”而言,只是各项准备性步骤(“立具”)之一。窥基说道:

> 立义之法:一者真立,正成义故。二者立具,立所依故。真因喻等,名为真立。现比二量,名为立具。故先诸师,正称能立。陈那以后,非真能立,但为立具,能立所须。②

本段讨论回溯到印度逻辑学中“能立”一词的最一般含义“证成一个主张的手段”。这一含义直接对应该词的词源含义“成立(*SĀDH*)的手段(*-ana*)”。陈那以前的逻辑学文献中,的确有许多要素都归在最一般含义的“能立”概念中,其中便包括“现量”和“比量”。例如,《瑜伽师地论》《显扬圣教论》及《大乘阿毗达磨集论》三书都主张有八种“能立”:

> 《瑜伽师地论》:能成立法有八种者:一立宗、二辩因、三引喻、四同类、五异类、六现量、七比量、八正教量。《显扬圣教论》:能成法八种者:一立宗、二辩因、三引喻、四同类、五异类、六现量、七比量、八至教。《大

---

① 北川秀則:《インド古典论理学の研究——陈那(Dignāga)の体系》,臨川書店,1985 年,第 470,3—7 页。感谢 Tom J. F. Tillemans 教授提醒我注意量论传统对比量的这一重要观点!

② 郑伟宏:《因明大疏校释、今译、研究》,第 83 页。

乘阿毗达磨集论》:能成立有八种:一立宗,二立因,三立喻,四合,五结,六现量,七比量,八圣教量。①

无论上述哪一个版本的"八能立",都对"能立"作为手段所服务的那样一种"证成"(justification)采取广义的理解,认为:一个主张的"证成"既可以是知识论意义上的证成(认知主体对一个主张基于一定证据的确证),也可以是辩论术意义上的证成(说服对手接受这一主张)。基于这一广义的"证成"概念,"现量""比量"和"正教量"("圣教量"),便构成了知识论意义上的"证成"手段;"宗""因""喻""同类""异类"乃至"合""结"诸要素,便构成了辩论术意义上的"证成"手段。对应这一广义"证成"概念的"能立",可称为广义的"能立"概念,即:在任何一种意义上(知识论或辩论术)证成一个主张的手段。

与这一广义的"能立"概念相比,窥基提出的"真立"(真正意义上的"能立")可视为一种狭义的"能立"概念。狭义之"狭",在于缩减了对"证成"的理解。从广义的"能立"概念到狭义的"能立"("真立")概念的过渡,实际上基于对"证成"采取一种狭义的理解,即认为:一个主张的"证成"就是在一场辩论中说服对手接受这一主张,而不是认知主体对这一主张在知识论意义上基于一定证据的确证。狭义的"能立"作为证成的手段,其"证成"便仅仅指辩论术意义上的"证成"。正因此,宗、因、喻或仅仅因、喻构成的一组语言表达,才被认为是真正意义上的"能立"("真立")。而"现量"和"比量"原先被视为知识论意义上的证成手段,现在则被视为辩论术意义上的"证成"的准备性步骤("立具"),即立论方提出一个论证以前在思维中的预备环节。尤其是"比量"现在也排除在"能立"之外。这意味着:唯有论证是对一个主张的"证成",而推论只是这种"证成"的辅助。

据记载,玄奘曾在印度反复学习过《集量论》,他不会不知道《集量论》中"为自比量""为他比量"的著名区分,不会不知道"二量"的理论框架。然而,不仅玄奘的学术传人窥基而且整个东亚因明传统,却好像对"为自比量"与"为他比量"这对概念非常陌生。这可能是因为窥基确实不了解"为自比量"

---

① 《瑜伽师地论》,p. 356, c17-19;《显扬圣教论》,T31, no. 1602, p. 531, c17-18;《大乘阿毗达磨集论》,T31, no. 1605, p. 693, b28-c1。

"为他比量"的区分。[①] 也可能在他看来,"为自"与"为他"的区分完全对应"二义八门"中"悟自"与"悟他"的区分,"为自比量"与"为他比量"的区分完全对应"二义八门"中"比量"与"能立"的区分。至于"为自比量"才是真正意义上的"比量"的思想,则在他看来并不重要。假如再考虑到商羯罗主的确知晓陈那的《集量论》[②],那么,为什么商羯罗主仍要采用"二义八门"的理论框架,为什么还要在其《入正理论》的整个理论体系中给予"能立"(论证)以首要地位,更可能的解释似乎是:当时的印度学界就是从辩论术的视角而非知识论的视角,来理解、继承与重组当时以陈那为代表的印度佛教逻辑学-知识论学派的整个思想体系的。而这就构成了玄奘当时在印度学习和理解陈那思想的一个重要历史背景。玄奘只是将这一辩论术的思想立场,在传译陈那的逻辑学-知识论思想的同时一并传来中国,传给了他的弟子们而已。因而,东亚因明传统采取的辩论术的思想立场,极有可能反映了当时印度学界对陈那逻辑学-知识论学说的理解方式。

总之,正是论证("能立")而非推论("比量")构成了"二义八门"理论框架的核心。因明传统的学者实际上就是在这一框架之下开展研究。"二量"框架关注推论,从知识论的视角立论;"二义八门"框架关注论证,从辩论术的视角立论。两者事实上并不矛盾。但由于视角不同,便使得双方对一系列问题的思考方式,乃至整个理论体系的建构,均呈现出截然不同的面貌。这是我们将佛教逻辑学-知识论学派的东亚传统称为"因明传统"以区别于印-藏"量论传统"的一个重要理由。

三　三支作法及其论证思路

在印度逻辑中,一则论证("能立")总是在一场辩论中,由一位立论者

---

① 因明文献中提到与"为自比量""为他比量"类似的区分,据笔者所知,仅见于《因明大疏》的下述段落:"如自决定已,悕他决定生,说宗法、相应、所立,余远离。此说二比:一自、二他。自比处在弟子之位。此复有二:一相比量,如见火相烟,知下必有火;二言比量,闻师所说比度而知。于此二量自生决定。他比处在师主之位,与弟子等作其比量,悕他解生。上之二句,如次别配。"见郑伟宏:《因明大疏校释、今译、研究》,第305页。此处的"自比"和"他比"大致对应于"为自比量"和"为他比量"。

② 见汤铭钧:《陈那、法称因明推理学说之研究》,上海:中西书局,2016年,第79页。

(*vādin*,立)向一位敌论者(*prativādin*,敌)提出的。在因明传统中,一则好的论证可完整表述如下:

表 1 三支作法

宗:	声是无常,今译:声是无常的。
因:	所作性故。今译:因为[声]是所作的。
同法喻:	若是所作,见彼无常,如瓶等;今译:凡所作的都被观察到(*dṛṣṭa*, observed,见)是无常,如瓶等。
异法喻:	若是其常,见非所作,如虚空。今译:凡恒常的都被观察到非所作,如虚空。

上述论证中,宗命题(宗,*pakṣa*)"声是无常"可视为一个主谓结构的命题,谓项"无常"是对主项"声"的限定。这一限定关系应为立论者所主张而为敌论者所反对,因此辩论才得以发生。主项"声"也可在间接的意义上称为"宗",因为它是宗命题的一部分。它的另一个名称是"有法"(*dharmin*),因为在立论方看来,它是谓项"无常"所示的那种属性(*dharma*,法)的具有者。谓项所示的那种属性(法,"无常性")称为"所立法"(*sādhyadharma*)或"所立"(*sādhya*)。用 P 表示主项(*pakṣa*),S 表示谓项(*sādhya*),整个宗命题的逻辑形式便可表述为:$(x)(Px \rightarrow Sx)$。

为说服敌论者接受"无常"对"声"的限定关系或者说"声"对"无常"的持有关系,立论者就必须援引为立、敌双方共同承认为主项"声"所具有的一种属性(法)。上述论证中"所作性"正是这样一种属性,为立论者援引,作为论证"声是无常"的"因"(*hetu*)。三支论证式的第二个命题"因为[声]是所作的"(所作性故),由于以"所作性"为谓项,故而整个因命题也可称为"因"。区分起见,整个因命题可称为"因言",谓项"所作性"称为"因法"。用 H 表示"因"(*hetu*,"所作性"),整个因命题可初步刻画为:$(x)(Px \rightarrow Hx)$。需要留意,因命题实际上带有存在含义:存在某个既体现主项(P,"声")又体现谓项(H,"所作性")的个体。这层存在含义表达为:$(\exists x)(Px \wedge Hx)$。将它与上述初步刻画合取,因命题的完整逻辑形式便可表述为:$(x)(Px \rightarrow Hx) \wedge (\exists x)(Px \wedge Hx)$。

为说明"因法"(所作性)与"所立法"(无常性)之间的逻辑联系,立论者接下来应提出"喻"(*dṛṣṭānta*)。"同法喻"和"异法喻"(简称"同喻"和"异喻”)均由一个普遍命题(general proposition)[①]与印证该命题的若干个体组成。在因明文献中,两者分别称为“喻体”和“喻依”。在梵语文献中,无论命题还是个体一概称为“喻”。“同喻体”和“异喻体”均旨在表现理由(H,因)与所立(S)之间的“不相离性”(*avinābhāva*)。“不相离性”即:在所立(如“无常性”)不存在的场合(*vinā*,无),理由(如“所作性”)也不存在(*abhāva*,则不生)。[②]其逻辑形式为:$(x)(\neg Sx \rightarrow \neg Hx)$。“同喻体”从正面证据(如“瓶等”)的角度揭示“不相离性”,以“瓶等”为例证肯定了凡是理由存在的地方,所立也存在。逻辑形式为:$(x)(Hx \rightarrow Sx)$。“异喻体”从反面证据(如“虚空”)的角度揭示“不相离性”。以“虚空”为例证否定了所立不存在的场合理由仍存在的可能性。逻辑形式为:$(x)(\neg Sx \rightarrow \neg Hx)$。

以上“同喻体”和“异喻体”的形式化仍不完整,需进一步修正和补充。首先,“同喻体”和“异喻体”尽管都以一般的方式对论域中的对象进行概括,但并非全称命题(universal proposition)。两命题概括的论域不是无限制的全集,而是辩论双方就“常”“无常”问题已形成确定知识的对象范围。“同喻体”不是说:“凡所作的都是无常”;而是说:“凡所作的都被观察到/已观察到(*dṛṣṭa*, observed,见)是无常。”立、敌双方就其常与无常必定无法形成共识的对象,便是辩论的主项“声”。正因双方就声是否无常发生分歧,辩论才会发生。此“声”即辩论双方就“常”“无常”问题尚未形成确定知识(见)的那一个或那一类对象。因而,如果一对象满足命题$(x)(Hx \rightarrow Sx)$(“对任一x,如果x是所作的,x就是无常的”),并且辩论双方都能就此形成共识,那么该对象就不能是主项(P)“声”。据此,“同喻体”的形式便应修正为:$(x)(\neg Px \wedge Hx \rightarrow Sx)$(“对任一$x$,如果$x$不是声,并且是所作的,$x$就是无常的”),“异喻体”的形式也应修正为:$(x)(\neg Px \wedge \neg Sx \rightarrow \neg Hx)$(“对任一$x$,如果$x$不是声,并且不是无常的,$x$就不是所作的”)。其次,“同喻体”实际上带有存在含义:至少存在一个体,既体现理由又体现所立。“瓶”正是这样一个存在的个体,既体现理

---

① “普遍命题”(general proposition)是对一定论域内存在的某种事态的概括(generalization)。只有当论域是全集时,“普遍命题”才成为“全称命题”(universal proposition)。

② 在窥基《因明大疏》中,有提到宗的主项与谓项之间“互相差别不相离性以为宗体”,见郑伟宏:《因明大疏校释、今译、研究》,第131页。在印度逻辑中,“不相离性”一般用于刻画两种属性之间的逻辑联系,而不用于刻画个体(有法)与属性(法)之间的关系。本文取该术语在印度逻辑中的一般用法。

由“所作性”又体现所立“无常性”。通过它就肯定了“所作性”与“无常性”在实在世界中“共同出现”的可能性。该存在的个体同时体现“所作性”与“无常性”,也必须是辩论双方的共识,尤其是它体现“无常性”这一点。因此,这一个体不能是主项“声”。据此,这层存在含义应刻画为:$(\exists x)(\neg Px \wedge Hx \wedge Sx)$(“存在 x,x 不是声,并且 x 是所作的,并且 x 是无常的”)。将它与上述“同喻体”的逻辑形式合取,“同喻体”的完整形式为:$(x)(\neg Px \wedge Hx \rightarrow Sx) \wedge (\exists x)(\neg Px \wedge Hx \wedge Sx)$。“异喻体”则不带有存在含义,其完整形式为:$(x)(\neg Px \wedge \neg Sx \rightarrow \neg Hx)$。[①] 综上所述,整个三支论证式的完整逻辑形式便表达如下:

表 2 三支作法的逻辑形式(P = *pakṣa* 宗、S = *sādhya* 所立、H = *hetu* 因)

宗:	$(x)(Px \rightarrow Sx)$
因:	$(x)(Px \rightarrow Hx) \wedge (\exists x)(Px \wedge Hx)$
同法喻:	$(x)(\neg Px \wedge Hx \rightarrow Sx) \wedge (\exists x)(\neg Px \wedge Hx \wedge Sx)$
异法喻:	$(x)(\neg Px \wedge \neg Sx \rightarrow \neg Hx)$

可见,整个论证并不体现任何一种演绎(deduction)的理念。为保证从“(同法)喻”命题与“因”命题的合取能推导出“宗”,必须默认:P 所代表的辩论主题,应当对“不相离性”($(x)(\neg Sx \rightarrow \neg Hx)$)为真而言不构成“唯一的例外”。[②] 该预设无法通过“同喻”或“异喻”乃至两者的合取来证明。两者只能保证“不相离性”在 P 所示事物以外的范围内(如对除“声”以外的所有个体而言)有效。在有其他证据已证明辩论的主题对“不相离性”为真构成“唯一例外”的情况下,该预设就必须撤回。

因明文献对这一论证思路背后的基本想法,存在如下解释:

> 有法“声”上有二种法:一不成法,谓“无常”;二极成法,谓“所作”。以极成法在声上故,证其声上不成无常亦令极成。[③]

① 参见 Claus Oetke, *Studies on the Doctrine of Trairūpya*, Universität Wien, 1994, p. 24。

② Claus Oetke, “Ancient Indian Logic as a Theory of Non-Monotonic Reasoning”, *Journal of Indian Philosophy*, 24 (1996), p. 474.

③ 文轨:《因明入正理论疏》,卷一页十三右至十四左。

“声是所作”为辩论双方共同承认(共许)。因而“所作性”相对于“声”是一种得到确立的(极成、成)属性。“声是无常”则尚未得到辩论双方共同承认,尤其为敌论所不承认。因而“无常性”相对于“声”是一种尚未确立的(不成)属性。同时,如果一个体可用于检验“所作性”与“无常性”之间的“不相离性”,那么或者“无常性”或者“恒常性”,两者之中必有一种相对于这一个体而言是得到确立的。瓶就是这样一个个体,相对于它,不仅“所作性”而且“无常性”都是得到确立的属性。根据印度形上学,虚空是一种实体,相对于它,不仅“非所作性”而且“非无常性”(恒常性)都是得到确立的属性。[①] 因此,瓶和虚空便能归在“同喻体”和“异喻体”的论域中,用于检验“所作性”与“无常性”之间的“不相离性”。相比之下,主项“声”无论如何也不能归在“同喻体”和“异喻体”的论域中。因为不论“无常性”还是“恒常性”,相对于声都是尚未确立的属性。因此,“同喻体”和“异喻体”的论域便被说成“一切除宗以外有、无法处”[②],即除了主项(*pakṣa*,宗)以外一切存在和不存在的个体的场合。现在,立论者要说服敌论者接受“声是无常”这一主张,用因明的术语来说,就是要使“无常性”相对于“声”而言也成为得到确立的(极成)属性。根据因明文献的上述解释,整个论证思路便能重述如下:

表 3　因明对三支作法的认知解读

同法喻:	对声以外的任一个体,如果“所作性”对它而言是得到确立的,那么“无常性”对它而言也是得到确立的,例如瓶等个体。
异法喻:	对声以外的任一个体,如果“无常性”的否定(“非无常性”)对它而言是得到确立的,那么“所作性”的否定(“非所作性”)对它而言也是得到确立的,例如虚空。
因:	现在,“所作性”对“声”是得到确立的。
宗:	“无常性”对“声”也应是得到确立的。

这一认知解读的基本想法是:论证必须基于辩论双方既已形成的共识。认知主体通过一则推论获取新知,实际上是对他先已掌握的知识进行合理扩张的结果。无论如何,辩论不发生在真空中,求取新知必须基于现有的知识。

① 即便是在不承认“虚空”存在的辩手那里也是如此。因为在佛教逻辑学中,一个不存在或被认为不存在的个体便不具有任何属性,自然也不具有“所作性”与“无常性”。

② 郑伟宏:《因明大疏校释、今译、研究》,第 253、269 页。

四　结论

“因明”的源头尽管可追溯到《瑜伽师地论》“因明处”,但“因明”传统的主要阐释者是东亚世界中、日、韩三国的古代学僧。“因明传统”是东亚文化圈中的佛教逻辑学–知识论传统。可初步推定,该传统主要继承了公元6世纪、7世纪间印度学界对陈那的逻辑学与知识论思想的诠释、整合与重组。在以《瑜伽师地论》为代表的逻辑学说兼容知识论与辩论术两个思想方向的背景下,印–藏量论传统择取了知识论的进路,以推论(“为自比量”)为核心组织各项学说。东亚世界的因明传统择取了辩论术的进路,以论证(“能立”)为核心组织各项学说。这是两个朝向不同方向发展的传统。

从因明传统对三支论证式的分析中可以看到:该传统强调论证必须基于辩论双方在辩论之初已有的共识。这种共识在本质上是双方在辩论情境中对一定事态作出的口头承认(许,*abhyupagama*),因而带有辩论术的特征。从知识论的角度来看,该传统对三支论证式总体思路的阐释,也可理解为主张新知来自我们对现有知识所作的合理扩张。这种扩张的合理性来源于默认了:人类知识是以逻辑上融贯的方式扩张的。任何接触到的新事物,在尚未遭遇反证以前都应默认为与现有的知识不发生矛盾。

当代研究者将印度关于 *pramāṇa*(量)的学说、藏传关于 *tshad ma*(量)的学说皆一概称为“因明”,甚至用“因明”来统称从印度到日本的整个佛教逻辑学–知识论学派,这其实和我们今天用“佛教逻辑学–知识论”一样,都是一种方便的说法。假如因为命名相同便忽略了实质上存在的种种差异,那就得不偿失了。笔者相信,随着对因明的精细的历史文献学研究的逐步开展,东亚因明传统与印–藏量论传统之间的异同将以更丰富、更立体的面貌呈现在我们面前。

On the East Asian *Hetuvidyā* Tradition

Tang Mingjun

Abstract: This paper is to give a brief account of the formation and some basic features of the East Asian tradition of Buddhist logic as well as its relation to the Indian tradition. In contrast with the Indo-Tibetan *pramāṇa* tradition, the East Asian tradition can be regarded as a *hetuvidyā* tradition. This tradition was mainly established by Xuanzang (602-664 CE) and his disciples through the translation of the *Nyāyapraveśa* of Śaṅkarasvāmin (ca. 500-560 CE) and the translation of the *Nyāyamukha* of Dignāga (ca. 480-540 CE). The tradition was later spread to Korea and Japan and flourished there.

Although the *Nyāyapraveśa* and the *Nyāyamukha* are the two fundamental texts of the tradition, what was taught by Xuanzang is not limited to the theories elaborated in these two treatises. He even reinterpreted the texts according to later views expressed in Dignāga's last magnum opus, the *Pramāṇasamuccaya*, and expounded the texts from the perspective of new developments even after Dignāga. However, Dharmakīrti (ca. 600-660 CE) was unknown to the Chinese until Yijing (635-713 CE). He had no influence on the *hetuvidyā* tradition. Therefore, as a working hypothesis, the *hetuvidyā* tradition can be regarded as mainly a tradition following the Indian interpretation of Dignāga before Dharmakīrti.

Inference-for-oneself (*svārthānumāna*) or simply inference is the foremost concern of the logical studies in the Indo-Tibetan tradition. Demonstration (*sādhana*) or argument is the foremost concern of the logical studies in the East Asian *hetuvidyā* tradition. According to the exposition in the *hetuvidyā* tradition, the basic idea of a three-membered argument is that arguments should be based on what both sides in debate have already agreed. One arrives at a piece of new knowledge through inference actually by means of extending what has already been known to him. It is deemed that one cannot argue in a vacuum.

Key words: *hetuvidyā*, Logico-Epistemological School, Xuanzang, Dignāga

哲学门(总第三十九辑)
第二十卷第一册
北京大学出版社,2019年6月

印、汉因明中的概念衍化:以因同品、因异品为例*

陈　帅**

提　要:《因明正理门论》及《因明入正理论》是印度因明发展史中的两部重要典籍,集中展现了陈那的理论。这两部论典经唐代玄奘法师译介入中国后,以其为基础,产生了多种汉传因明注疏,逐渐形成了汉传佛教的因明传统。此中,以窥基的《因明入正理论疏》最具代表性。在这一过程中,因明学的概念由梵文翻译为汉文,并由中国注释者加以诠释,从梵文文本中迁移到汉语语境,成为汉传因明体系的一部分,并随之出现新的衍化。例如,梵文 *sapakṣa*、*vipakṣa* 由玄奘翻译为同品、异品,而窥基《因明入正理论疏》等唐疏在解释这二者时,使其分化成宗同品、因同品及宗异品、因异品两组概念。本文以因同品、因异品为例,探究窥基等注释者的相关理解与诠释,借此来考察因明学自印度传入中国过程中的概念衍化。

关键词:因明　因同品　因异品　概念衍化

* 本文为2019年国家社会科学基金青年项目"唐代因明对梵文原典的诠释与发展研究"(批准号:19CZJ016)、中央高校基本科研费资助项目"佛教哲学的论证模式及相关文本解读"(编号:531118010301)阶段性研究成果。

** 陈帅,1987年生,湖南大学岳麓书院助理教授。

一 引论

因明,梵文为 *hetuvidyā*,发源于古印度,是专注于逻辑推理、论辩及认识论的一门学问。其现存最早的详细记录可见于医学著作《遮罗迦本集》(*Caraka-saṃhitā*)及婆罗门教正理派的根本经典《正理经》(*Nyāyasūtra*)等,经正理等派弘扬、发展,并逐渐被包括佛教在内的众多印度教派所接受。佛教的陈那(Dignāga)论师是因明发展过程中的重要人物,他在简化因明论式的同时,通过对喻支形式及因轮(*hetucakra*)理论等方面的说明来强化因明论证的有效性。陈那的因明理论主要记述在自撰的《因明正理门论》(*Nyāyamukha*,后文简称《门论》)及其弟子商羯罗主(Śaṅkarasvāmin)的《因明入正理论》(*Nyāyapraveśa*,后文简称《入论》)等文本中。《门论》《入论》经玄奘汉译而传入中国,神泰等"译寮僧伍竞造文疏"①,逐渐形成了汉传的因明传统。② 玄奘弟子窥基的《因明入正理论疏》虽较晚成③,但最为著名,该疏详细注解《入论》,并广泛总结、批评前人观点,被后世尊称为《因明大疏》(后文简称《大疏》)。

印度因明传播到汉传佛教的过程可以划分为两个阶段:首先是翻译者对《入论》《门论》两部论典梵文原文的汉译;其次是注释者对二论汉译文本的诠释。梵文因明文本及其中的概念、理论等经译师玄奘翻译为汉文,再由神泰、文轨、窥基等注释者加以阐发,从梵文文本中迁移到汉语语境内,在此过程中不断衍化,进而构成了汉传的因明传统。此种衍化体现了中国本土文化对印度异文化的吸收与调整,是因明乃至佛教哲学"中国化"的一个方面。

梵文《入论》中的 *sapakṣa*、*vipakṣa* 概念在因三相等关键理论中扮演重要角

---

① 慧立、彦悰:《大唐大慈恩寺三藏法师传》,《大正藏》第50册,第2053号,第262页中。

② 除《因明正理门论》《因明入正理论》两部著作外,尚有其他著作也在汉传因明传统的形成中充当了重要的理论来源,例如玄奘之前译师所译介的《方便心论》《如实论》及玄奘汉译的《瑜伽师地论》《大乘阿毗达磨集论》等文本中与因明相关的部分章节。然而,汉传因明传统绝大部分著作以注释、阐发《因明正理门论》《因明入正理论》二者为重心。因此,相较之下,可以将此二论视作汉传因明传统之基础。

③ 目前并不确定窥基究竟于哪一年开始写作《大疏》,但是疏文中记录了乾封年间(666—668)新罗顺憬法师寄来了其为玄奘唯识比量而做的决定相违比量,如果假设这一内容并非窥基后来补入,那么《大疏》的写作不应早于公元666年,即乾封元年。另外,窥基终其一生并未真正完成《大疏》,疏文自喻过开始的部分由其弟子慧沼续补而成。

色,玄奘将其汉译为“同品”“异品”,而窥基《大疏》等唐疏则进一步将同品、异品分为宗同品、因同品及宗异品、因异品。本文将以汉传因明中因同品、因异品概念为线索,考察从梵本《入论》到奘译《入论》再到窥基《大疏》的相关诠释,并辅以《门论》①及其他唐疏材料,探讨印汉因明迁移中的概念衍化。

二　从 *Sapakṣa*、*Vipakṣa* 到奘译《入论》《门论》中的同品、异品

汉传因明中的同品、异品概念出自玄奘所翻译的《入论》及《门论》。《入论》汉译于唐贞观二十一年(647),《门论》则稍晚,译成于唐永徽六年(655)。② 同品、异品二者首见于奘译《入论》对因三相中对同品定有性及异品遍无性的说明。《入论》在列举了因三相后为此两个概念下定义并举例,其梵文原文及奘译如下:

kaḥ punaḥ sapakṣaḥ| ko vā vipakṣa iti|| sādhyadharmasāmānyena samāno

① 依据李学竹发表于《中国藏学》2008 年第 1 期的《西藏贝叶经中有关因明的梵文写本及其国外的研究情况》一文,罗布林卡仍保存有《门论》梵文本,但目前学界尚无缘得见。桂绍隆等学者在进行《集量论》梵本重构工作的同时尝试重构《门论》梵本,已公布部分成果。

② 关于玄奘翻译《门论》之年代,有三说,列举如下:

一、《大唐内典录》的贞观二十一年(647)说:

《因明正理门论》(十二纸)

……

上八论并贞观二十一年玄奘从驾于翠微宫内译。

见道宣:《大唐内典录》,《大正藏》第 55 册,第 2149 号,第 296 页上。

二、《开元释教录》的贞观二十三年(649)说:

《因明正理门论本》一卷

见《内典录》,大域龙菩萨造,初出,与义净出者同本,贞观二十三年十二月二十五日于大慈恩寺翻经院译,沙门知仁笔受。

《因明入正理论》一卷

见《内典录》,商羯罗主菩萨造,贞观二十一年八月六日于弘福寺翻经院译沙门知仁笔受。

见智昇:《开元释教录》,《大正藏》第 55 册,第 2154 号,第 556 页下。

三、《大唐大慈恩寺三藏法师传》的永徽六年(655)说:

(永徽)六年夏五月庚午,法师以正译之余又译《理门论》,又先于弘福寺译《因明论》。此二论各一卷,大明立破方轨、现比量门,译寮僧伍竞造文疏。

见慧立本、彦悰笺:《大唐大慈恩寺三藏法师传》,第 262 页中。

虽然学界对贞观二十三年(649)说采用较多,但罗炤曾详细总结先前学者观点并考析此三种说法,认为永徽六年(655)之说正确。详见罗炤:《玄奘译〈因明正理门论本〉年代考》,《世界宗教研究》,1981 年第 2 期。本文采取罗炤(655)的观点,但此问题并非本文关注点所在,故从略。

'rthaḥ sapakṣaḥ | *tadyathā anitye śabde sādhye ghaṭādir anityaḥ sapakṣaḥ* || *vipakṣo yatra sādhyaṃ nāsti* | *yan nityaṃ tad akṛtakaṃ dṛṣṭaṃ yathā ākāśam iti* ||[①](云何名为"同品""异品"？谓所立法均等义品说名"同品"。如立无常，瓶等无常是名"同品"。"异品"者，谓于是处无其所立。若有是常，见非所作，如虚空等。[②])

同品定义由玄奘翻译为"所立法均等义品"，较为简洁。句中 *sādhyadharmasāmānyena* 为具格，即"藉由与所立法相等"。该定义梵文可直译为"藉由与所立法相等而相同的义品"，即指由于同样具有宗中主项有法上所要论证的属性而与有法相同的对象。《入论》随后以论证无常为例，举瓶等无常者为同品。此处玄奘虽未译出梵文原有的宗有法声——*śabda*[③]，但并不影响文意。异品定义奘译为"于是处无其所立"，指不存在所要论证之属性的对象，如没有无常之属性的虚空等。

就玄奘所译因明中"同品""异品"二词本身而言，其梵文原型 *sapakṣa* 及 *vipakṣa* 由 *pakṣa* 分别与表示相同的前缀 *sa-* 及表示相异的前缀 *vi-* 组合而成。[④]在汉传因明传统所依据的《入论》《门论》陈那因明体系中，*pakṣa* 包含多种含义。首先，*pakṣa* 可指整个宗支。例如，《入论》中解释能立（*sādhana*）时说"*tatra pakṣādivacanāni sādhanaṃ*"[⑤]，奘译为"此中宗等多言名为'能立'"，[⑥] *pakṣa* 对应奘译"宗"，即与因支、喻支一同构成能立论式的宗支。与此相似，《门论》第一颂中说"宗等多言说'能立'"，依据 G. Tucci、M. Jambuvijaya 及

① M. Jambuvijaya. ed., *Nyāyapraveśakaśāstra of Baudh Ācārya Diṅnāga: With the Commentary of Ācārya Haribhadrasūri and with the Subcommentary of Pārśvadevagaṇi*, Motilal Banarsidass, 2009, pp. 2-3.

② 商羯罗主造，玄奘译：《因明入正理论》，《大正藏》第32册，第1630号，第11页中。

③ 原文中 *śabda* 为单数依格形式，即 *śabde*。

④ 前缀 *sa-* 及 *vi-* 可代表 *samāna* 及 *visadṛśa*，如8世纪印度耆那教学者 Haribhdadra 在其《入论注》(*Nyāyapraveśakavṛtti*)中将 *sapakṣa* 解释为"*samānaḥ pakṣaḥ sapakṣa iti*"，将 *vipakṣa* 解释为"*visadṛśaḥ pakṣo vipakṣaḥ*"，详见 M. Jambuvijaya. ed., *Nyāyaprave śaka śāstra of Baudh Ācārya Diṅnāga: With the Commentary of Ācārya Haribhadrasūri and with the Subcommentary of Pār śvadevagaṇi*, p. 23。

⑤ M. Jambuvijaya. ed., *Nyāyapraveśakaśāstra of Baudh Ācārya Diṅnāga: With the Commentary of Ācārya Haribhadrasūri and with the Subcommentary of Pārśvadevagaṇi*, p. 2.

⑥ 商羯罗主造，玄奘译：《因明入正理论》，第11页中。

桂绍隆等学者的梵文重构[①]，奘译此处指代宗支的“宗”字亦来自*pakṣa*。[②] 其次，*pakṣa* 可指宗支的两个构成部分，即有法（*dharmin*）和能别（*viśeṣaṇa*）。例如，《入论》因三相中的遍是宗法性，梵文为 *pakṣadharmatva*，指因须为宗支中的主项有法之法，即以 *pakṣa* 指代有法。《门论》在阐释因支时同样将因视作宗法，[③]陈那对此种“宗”的用法加以解释：

> （问：）岂不总以乐所成立合说为“宗”，云何此中乃言“宗”者唯取有法？（答：）此无有失，以其总声于别亦转，如言“烧衣”。或有“宗”声唯诠于法。[④]

《门论》前文以“宗”指代宗支，此处便据此设问，要求解释为何以“宗”仅指代主项有法。陈那的理由是指代宗支总体的“宗”也可以用于表示宗支中的个别部分，就像人们说“烧衣”时也可仅表示烧了衣服的一部分而非整件衣服。并且，陈那补充了“宗”只指代法——能别的情况。

显然，表示整个宗支的含义并不适用于 *sapakṣa* 及 *vipakṣa* 中的 *pakṣa*。如果依照第二种含义，可将 *sapakṣa* 及 *vipakṣa* 直译为“同于宗有法者”及“异于宗有法者”。但是，玄奘汉译《入论》却并没有采取这种翻译，而是译为“同品”“异品”。这并非意译式的发挥，而是依据于陈那因明体系中 *pakṣa* 的另一种特殊含义。《门论》在同品、异品定义中补充解释了“品”：

> 此中若品与所立法邻近均等，说名“同品”，以一切义皆名“品”故。

---

① G. Tucci 将此处重构为 *pakṣādivacanānīti sādhanaṃ*，见 G. Tucci, *The Nyāyamukha of Dignāga: The Oldest Buddhist Text on Logic, after Chinese and Tibetan Materials*, Harrassowitz, 1930, p. 5, fn. 2. M. Jambuvijaya 重构为 *pakṣādivacanāni hi sādhanaṃ*，转引自桂绍隆：《〈因明正理门论〉研究【一】》，《广岛大学文学部纪要》1977 年总第 37 期，第 109 页。桂绍隆 2016 年 8 月发表于六届北京（国际）藏学研讨会的“Recovering a Sanskrit Text of the Nyāyamukha of Dignāga”研究报告（未正式出版）中，重构为 *pakṣādivacanāny āha sādhanaṃ*。

② 桂绍隆指出，世亲及正理派、弥曼差派区别了 *pakṣa* 及 *pratijñā* 两个概念，前者指宗支的内容，而后者指宗支的文字表述，而陈那却被没有进行这种区分。因此，陈那逻辑中作为宗支的 *pakṣa* 概念带有一定程度的混淆。详见 S. Katsura（桂绍隆），“*Pakṣa*, *Sapakṣa* and *Asapakṣa* in Dignāga's Logic”, *Hōrin*, 11 (2004), p. 120。

③ 例如，“因与似因多是宗法”。见大域龙（陈那）造，玄奘译：《因明正理门论本》，《大正藏》第 32 册，第 1628 号，第 1 页中。该句梵文为 *hetuḥ tadābhāso vā prāyaḥ pakṣadharma eva bhavati*，见桂绍隆：《〈因明正理门论〉研究【一】》，第 119 页。“宗法”即 *pakṣadharma*。

④ 大域龙（陈那）造，玄奘译：《因明正理门论本》，第 1 页中。

若所立无,说名"异品"。[1]

陈那此处说明任何对象都可以称作"品",将"同品"解释为"与所立法邻近均等"的"品","异品"则指没有所立法者。"品"对应 *sapakṣa* 及 *vipakṣa* 中的 *pakṣa*[2],指一类对象的集合。与此相同,《入论》中解释共不定因过的问题在于"常、无常品皆共此因",梵文为 *tad dhi nityānityapakṣayoḥ sādhāraṇatvād anaikāntikam*[3],"品"即 *pakṣa*,亦表示具有常或无常之一性质的对象集合。依据陈那因明体系中 *pakṣa* 的这一特殊含义,玄奘将 *sapakṣa* 及 *vipakṣa* 直译为"同品"及"异品"。

综上所述,在奘译《入论》及《门论》中,依据是否具有与所立法相同之性质来判断同异,同品及异品表示相同的对象集合及相异的对象集合。

三　从同品、异品到《大疏》中的因同品、因异品

窥基《大疏》等唐疏对同品、异品的相关解释中,除依据于宗中所立法的同、异品之外,还另有一组依据于因法的同、异品。前一组被称作"宗同品"与"宗异品",而后一组则被称作"因同品"与"因异品"。本节从《大疏》的相关阐释切入,并借助其他文献材料,考察唐代因明对因同品、因异品概念的理解与阐发。

(一)《大疏》中的因同品

关于同品,《大疏》对宗同品、因同品的区分详见于解释《入论》"同品定有性"处:

同品有二:一、宗同品,故下论云"所立法均等义品是名'同品'";二、因同品,下文亦言"若于是处显因同品决定有性"。然论多说宗之同品名

---

① 大域龙(陈那)造,玄奘译,前引文献,第1页下至第2页上。

② 该句梵文暂无,但桂绍隆依据金铠藏译本将《集量论》中相对应的同品定义重构如下:

tatra pratyāsatteḥ sādhyadharmasāmānyena samānaḥ [*pakṣaḥ*] *sapakṣaḥ sarvo 'rthaḥ pakṣa iti kṛtvā* /

与《门论》相参照,"品"对应 *pakṣa*,"同品"对应 *sapakṣa*。详见 S. Katsura (桂绍隆), "*Pakṣa*, *Sapakṣa* and *Asapakṣa* in Dignāga's Logic", p. 121, fn. 9。

③ M. Jambuvijaya. ed., *Nyāyapraveśakaśāstra of Baudh Ācārya Diṅnāga*: *With the Commentary of Ācārya Haribhadrasūri and with the Subcommentary of Pārśvadevagaṇi*, p. 5.

为"同品"，宗相似故；因之同品名为"同法"，宗之法故。何须二同？因之在处说宗同品，欲显其因遍宗、喻故；宗法随因说因同法，显有因处宗法必随故。[①]

这一段落可以分为两个部分：首先，基于不同的文本依据而区分了两种不同的同品；其次，说明为何必须如此区分出两种同品。

就此处两种同品概念的文本依据而言：宗同品依据于《入论》中的同品定义，与《入论》的同品概念相对应；因同品则以《入论》同法喻（同喻）说明中的"若于是处显因同品决定有性"作为证明。然而，窥基用以证明因同品的文本依据却并不符合梵文原意。该处梵文原文读作：

... tāvat yatra hetoḥsapakṣa evāstitvaṃ khyāpyate |[②]

"若"译自不变词 *tāvat*；"于是处"译自不变词 *yatra*；"显"译自单数第三人称致使动词被动语态 *khyāpyate*；"因"译自单数属格名词 *hetoḥ*；"同品"译自单数依格名词 *sapakṣe*，由于下一个词以元音 *e* 开头，而根据连音变化规则而变为 *sapakṣa*；"决定"译自不变词 *eva*；"有性"译自单数体格名词 *astitvaṃ*。因此，该句亦可进一步翻译为"若于是处显因在同品中的决定有性"。由此可见，此句中的"同品"实际上表示在同品中，"因"与"同品"不应连读为一个词，更不能合成一个概念。然而，窥基却将三字连读，将"因同品"作为一个独立概念，并解释"'因'者即是有法之上共许之法，若处有此名'因同品'"[③]，将因同品作为具有因法的对象集合。

窥基列举两种同品并引用文本依据后，根据《入论》中相应概念的使用，进一步将宗同品和因同品分别明确为"宗同品"和"因同法"：宗的同品由于"宗相似"而名"同品"，所以是"宗同品"；因的同品由于因是"宗之法"而名为"同法"，所以是"因同法"。可见，宗同品与因同品二者的侧重并不相同，前者强调其作为宗中主项有法之同类集合的角色，而后者则更强调宗中有法之法——能够起到论证作用之因法的存在。

---

① 窥基：《因明入正理论疏》，《大正藏》第 44 册，第 1840 号，第 103 页下至第 104 页上。

② M. Jambuvijaya. ed., *Nyāyapraveśakaśāstra of Baudh Ācārya Diṅnāga: With the Commentary of Ācārya Haribhadrasūri and with the Subcommentary of Pārśvadevagaṇi*, p. 3.

③ 窥基：《因明入正理论疏》，第 109 页中。

依据上述说明,窥基回答了“何须二同”的疑问。宗同品概念作为宗有法的同类集合,侧重于展示因法遍在于宗有法及同喻的喻例(同喻依)上;因同品概念表示因法存在,通过进一步说明宗中所立法的存在,以展示论证中“说因宗所随”[①]的因法、宗法间随逐关系。

然而,《大疏》对因同品的阐发却有自相龃龉之处。《大疏》下文在对两种同品的补充说明中,将因同品解释为“有此宗处决定有因”[②]。与前文相比,此种解释有两点值得注意:其一,若对应于《入论》中基于宗法的同品定义,因同品则应基于因法,若有因法即因同品,《大疏》下文亦言“‘因’者即是有法之上共许之法,若处有此名‘因同品’”,然而此处却将因同品解释为“有此宗处决定有因”,并非仅有相同的因法,还另须有相同的宗法。其二,《大疏》上文将因同品与宗同品相对比,以因同品侧重表现宗法随逐因法之关系,然而此处则以因同品表示有宗处定有因,指向了因三相的第二相——同品定有性。[③]

《大疏》中的因同品概念作为二种同品之一,与宗同品相对。虽然疏文声称这一概念以汉译《入论》为文本依据,但实际上却并不符合梵文原本。并且,《大疏》的解释也并不完全明确:一方面,因同品应只具有与宗有法同样的因法,用以证明“说因宗所随”的因法、宗法随逐关系;另一方面,《大疏》也将其解释为“有此宗处决定有因”,同时具有与有法相同的宗法和因法,并转而显示同品定有性。

(二)《大疏》中的因异品

《大疏》同样将异品分为宗异品及因异品:

> 此亦有二:一、宗异品,故下论云“异品者,谓于是处无其所立”;二、因异品,故下论云,“异法者,若于是处说所立无,因遍非有”。然论多说宗之异品名为“异品”,宗类异故;因之异品名为“异法”,宗法异故。何须二异?因之无处说宗异品,欲显其因随宗无故;宗之无处说因异品,显因

---

① 即同喻中“合(*anvaya*)”之关系。

② 窥基:《因明入正理论疏》,第104页上。

③ 该句之后,《大疏》认为“实同品正取因同,因贯宗喻体性宽遍,有此共许因法之处不共许法定必随故”,将因同品视作真正的同品,同时也再次以因同品侧重于展示宗法随逐因法之关系。详见窥基:《因明入正理论疏》,第104页上。

无处宗必先无。①

本段疏文与上节相同,先基于不同的文本依据来区分出宗异品与因异品,再说明为何需要两种异品。宗异品概念依据于《入论》中的“异品”定义;因异品直接引用《入论》的异法喻(异喻)定义,但引文却并没有直接出现“因异品”的字样,窥基应是以“因遍非有”作为因异品。《大疏》并没有为因异品提供直接的文本证据。在解释《入论》中异喻“若有是常,见非所作,如虚空等”部分时,《大疏》将“见非所作”释为“举因异品,兼释遍无”②,以“见非所作”作为因异品,说明因异品即无因法者。

在对“何须二异”的解释中,宗异品侧重于展示因法不会存在于无宗法处,而通过先说明无宗法再引入因异品,则可借因异品概念展示“宗无因不有”③的宗法、因法关系。

与因同品处疏文类似,《大疏》对因异品的解释仍有自相矛盾之处。《大疏》下文言“无此宗处定遍无因,名‘因异品’”④。按照这一说明,因异品不仅要求无因法,也同样要求不能具有宗法。并且,因异品被解释为无宗法处遍无因法,转而对应于因三相中的第三相——异品遍无性,而非直接对应于“宗无因不有”之宗法、因法关系。

按照《大疏》的解释:“因于有、无说宗同、异,宗成顺、违说因同、异,故于宗、因同、异不定”⑤,二者作用不同,宗同品、宗异品用以在论证中说明因法相应的有无情况,而因同品、因异品则是为了与或顺或违之宗法来配合展现“说因宗所随,宗无因不有”的合、离逻辑关系。但奇怪的是,《大疏》又分别以“有此宗处决定有因”及“无此宗处定遍无因”解释因同品及因异品,使二者基于因法之外还需兼顾宗法,并转而对应因三相中的同品定有性及异品遍无性。

(三)因同品、因异品概念的可能来源

因同品概念同样出现在早于《大疏》的庄严寺文轨《因明入正理论疏》(后文简称《庄严疏》)中。可惜该疏留存并不完整,我们仅能从现存文字中窥探

---

① 窥基:《因明入正理论疏》,第 106 页上。

② 同上书,第 108 页上。

③ 即异喻中“离(*vyatireka*)”之关系。

④ 窥基:《因明入正理论疏》,第 106 页上。

⑤ 同上书,第 107 页中。

其相关阐释。在解释异法喻定义中的"显因同品决定有性"时,《庄严疏》也将"因"及"同品"相结合:

> "因"者谓即遍是宗法因。"同品"谓与此因相似,非谓宗同名"同品"也。①

虽然《庄严疏》此处并没有直接使用"因同品"这一词汇,但是已明确说明"'同品'谓与此因相似",基于因法才被称为的同品,而非宗法。而在后文解释《入论》中给同法喻举例的"谓若所作,见彼无常,譬如瓶等"处,《庄严疏》言"'谓若所作'即前'显因同品'也"②,将表述因法的"所作"解释为"显因同品"。可见,《庄严疏》也同样是将"因同品"作为一个独立概念,是基于因法的同品。

文轨曾于玄奘译场中学习因明,按《庄严疏》所记:

> (玄奘法师)旋踵东华,颇即翻译。轨以不敏之文,慕道肤浅,幸同入室,时闻指掌,每记之以汗简,书之大带。③

玄奘法师翻译《入论》时,文轨有机会亲临现场,记录了相关讲解。④ 因此,《庄严疏》很可能直接保留、依据了玄奘当时的相关讲解。《大疏》对文轨《庄严疏》等前人注疏虽多有批评⑤,但见解相似甚至相同之处则更多⑥,因同品即其中一例。《庄严疏》已将"显因同品"合读,并使用了因同品概念,与后来的《大

---

① 文轨:《因明入正理论疏》,《卍续藏》第53册,第848号,第686页中。

② 同上书,第686页中。

③ 同上书,第680页下。并据沈剑英校勘本校改,详见沈剑英:《敦煌因明文献研究》,上海:上海古籍出版社,第319页。

④ 据前文所引《大唐大慈恩寺三藏法师传》,随玄奘译出《入论》及《门论》,"译寮僧伍竞造文疏"。玄奘译场众僧可以说是因明这门学问在中国最早的一批阐释者和弘扬者。依据武邑尚邦的整理,玄奘之弟子或同时代人至少著作了十二种《入论》注疏及十一种《门论》注疏。详见武邑尚邦:《因明学的起源与发展》,杨金萍、肖平译,北京:中华书局,2008年,第25—38页。

⑤ 窥基《大疏》中对前人注疏批评之处一般并不直接点出批评对象,但慧沼、智周等窥基传人在注释《大疏》时,多会予以说明,例如慧沼《因明义断》及智周《因明入正理论疏前记》《因明入正理论疏后记》中有多处说明所讨论对象属轨法师(文轨)之见解。

⑥ 南京支那内学院于1934年刊印《因明入正理论庄严疏》,其附言论及《大疏》与《庄严疏》之间关系:"基疏晚出,损益旧闻与轨同异亦独多。沼、周诸师于基破轨之处皆有注记,至于所同略而不谈。实则通途矜为基师创说者,如四宗,如六因,如因同、异品,如能立过绮互,如四相违分合等,皆已见于轨疏。基即非从轨说,亦必同禀奘传。不勘两家,源流安见?"转引自郑伟宏:《汉传佛教因明研究》,北京:中华书局,第116页。

疏》相同。①

至此就产生了另一个问题:既然《大疏》和较早的《庄严疏》均有类似的概念阐发,那么是出于玄奘相同的传授,还仅是各位注释者在师授之外的类似理解?

玄奘自己并没有直接留下任何解释文字,因而无法得知玄奘自身对相关概念如何理解。前文已经分析了同品及异品概念的梵文及玄奘的汉译,二者仅与宗中所立法相关而无关因法,与《庄严疏》及《大疏》的因同品、因异品概念有明显的差别。此外,就目前可见的梵文材料来看,并没有对应于因同品、因异品的梵文术语被普遍接受并使用。然而也不能完全排除一种可能性,即印度确实已经出现了因同品、因异品概念并由玄奘接受且回国后传授给弟子。②

在玄奘的传授之外,文轨、窥基等因明注释者仍然可能为这对概念找到文本依据(至少是字面上的)。正如前文所见,《大疏》及《庄严疏》阐释因同

---

① 值得注意的是,唐代净眼《因明入正理论疏略抄》直接批评了文轨对"显因同品决定有性"的解读,并指出不应将"因"与"同品"合读,而应是显示因的同品决定有性:"'显'谓说也。显说何事?谓'显因'也。显因何相?显第二同品定有性也。"然而这一解读并没有被《大疏》承袭。此外,净眼也同样在阐释中使用了因同品和宗同品概念。详见净眼:《因明入正理论疏略抄》,伯希和敦煌写本 2063 号,第 145 至 159 列。

② 汤铭钧在梵语文献 *Hetutattvopadeśa* 中发现了一例 *hetor vipakṣaḥ* 词组,且被定义为宗因双异:

> However, we find some clues for this misconception even in Indian sources. As we find, the *Hetutattvopadeśa* (HTU) of Jitāri gives the following definition of *vipakṣa*:
>
> > *ko vā hetor vipakṣaḥ /yatra sādhyābhāvena hetor abhāvo niyamena kathyate /yathākāśādiriti//*
> >
> > And what is the vipakṣa of reason (*hetor vipakṣaḥ*)? [They are things] where the reason is said to be absent by necessity in virtue of the absence of the inferable, like ether, etc.

此 *hetor vipakṣaḥ* 可译为"因的异品",并且按照这一定义,此 *hetor vipakṣaḥ* 必须同时既无因法也无宗法。虽然目前仅发现此一则证据,但已存在印度当时确实有因同品、因异品概念的可能性。

此外,T. Tillemans 曾引用 Mokṣ-ākaragupta 的 *Tarkabhāṣā* 对 *sapakṣa* 的解释:

> *samānaḥ pakṣaḥ sapakṣaḥ / pakṣeṇa saha sadṛśo dṛṣṭāntadharmīty arthaḥ/*
>
> *Sapakṣa* are instances which are similar (*samāna*), that is to say, subjects which are examples (*dṛṣṭāntadharmin*) that are similar to the *pakṣa* [i. e. to the subject].

见 T. Tillemans, "On *Sapakṣa*", *Journal of Indian Philosophy* 18 (1990), p. 55。汤铭钧指出此处材料将 *sapakṣa* 解释为宗因双同的喻例,并且上述 *hetor vipakṣaḥ* 及此 *sapakṣa* 定义与唐疏有所相似,详见 M. Tang, "A study of Gomyō's 'Exposition of Hetuvidyā': Text, translation and comments (1)", In *Logic in Buddhist Scholasticism. From Philosophical, Philological, Historical and Comparative Perspectives*, ed. by G. Paul, Lumbini International Research Institute, 2015, pp. 309-310。

品时,以《入论》中“显因同品决定有性”为依据。而奘译《门论》中,也确实出现了“因异品”的字样:“世间但显宗、因异品同处有性为异法喻,非宗无处因不有性,故定无能。”①此句属于陈那对其他学派因明理论的批评,指出其失误在于仅在异喻中列举无宗法、无因法,却没有建立二者之间的逻辑联系,因而无法起到论证效用。虽然目前并未能还原出此句汉译的梵文原文,不确定此处陈那确实使用了宗异品、因异品概念,还是仅表示无宗法、无因法,但确实可以为因异品提供汉语的文本依据。以这些文本依据为基础,可能先后的注释者均产生了类似的理解,也可能作为后来者的窥基认同了先前注释者文轨的见解,并将其承袭下来。

由于当前文本证据并不充足,笔者建议保留多种可能性。因同品、因异品概念可能是窥基等注释者依据自己对汉译文本的解读而发挥出的新概念,此概念甚至可能来自于不恰当的汉字断读,与梵文原意有所偏离。这一对概念也可能确实已存在于当时的印度因明理论之中,虽然目前并没有充足的直接证据,但还不能彻底排除这种可能性。

(四)因同品、因异品概念对《大疏》的影响

无论因同品、因异品概念究竟源自何处,对于《门论》《入论》原本的理论体系来说,此二者都是不可否认的新枝节。《大疏》并非仅仅在概念阐释的层面加以发挥,而是将其应用于逻辑理论体系的具体分析之中。

《大疏》在阐发同法喻定义“显因同品决定有性”时,将其分为“显因同品”和“决定有性”两部分,组合成四种情况并分别加以分析,以说明该定义必须完整表述:

> 唯言“因同品”,不说“定有性”,即九句中诸异品有,除二、五、八余六句是……
>
> 若言“定有性”,不说“因同品”,亦即是九句中同品非有,四、五、六是……
>
> 若非“因同品”亦非“定有性”,即九句中异品非有,二、五、八是……
>
> 若“显因同品”,亦“决定有性”,即九句中同品亦有句,除四、五、六余

---

① 大域龙(陈那)造,玄奘译:《因明正理门论本》,第3页上。

六句是……[1]

《大疏》在九句因[2]的框架下分别考察：言“因同品”、不言“定有性”，即九句因中异品有因的六种情况；不言“因同品”、言“定有性”，即同品非有因的三种情况；不言“因同品”、不言“定有性”，即异品非有因的三种情况；言“因同品”、言“定有性”，即同品有因的六种情况。总结来看，《大疏》言“因同品”即表明有因，言“定有性”即表明在同品(《大疏》之宗同品)中，不言“因同品”即等于无因，不言“定有性”便不在同品中，即转而表示是在异品(《大疏》之宗异品)之中。

由此可见，此处的因同品概念实际上仍然是被用来描述因在宗同品、宗异品的存在与否。进而，“显因同品决定有性”意即因在宗同品中有。如前文所述，《入论》中该句原意为“显因在同品中的决定有性”。相比之下，虽然将“因”与“同品”连读而使用了因同品的概念，《大疏》借此而阐发的解释与《入论》原意并无不同。

《大疏》并没有在逻辑体系的分析中直接使用因异品概念，但从其中因同品概念的使用来看，并没有改变《入论》原来的逻辑理论结构。

《大疏》之后的汉传及日本因明学者继承使用了因同品、因异品概念，而现代学者则陆续对此二者提出了质疑。吕澂指出《大疏》中的因同品、因异品“全由误解而来，不足信据”，其后的种种阐发也是“触处葛藤，莫由拔豁”，因此应当加以简别。[3] 熊十力赞同吕澂的观点，认为将同品、异品“更析为宗同异、因同异，便苦支离”。[4] 陈大齐则在承认《大疏》相关解释烦琐且混乱的基础上，认为如果能确定其意义而无所混淆，也可以“有助于阐述”。[5]

---

① 窥基：《因明入正理论疏》，第 109 页中至下。

② 引文中的“九句”指九句因，即同品(《大疏》之宗同品)有因、非有因、有非有(部分地有)因三种情况，异品(《大疏》之宗异品)有因、非有因、有非有因三种情况，相互组合构成九种关系。其中只有第二句(同品有因、异品无因)及第八句(同品有非有因、异品无因)属于正因，其他七句均有过误。

③ 吕澂、虞愚：《因明纲要 · 因明学》，北京：中华书局，2006 年，第 26 页脚注 6 及第 42 页脚注 3。《因明纲要》初版于 1926 年。

④ 熊十力：《唯识学概论 · 因明大疏删注》，上海：上海书店出版社，2008 年，第 222 页。《因明大疏删注》初版于 1926 年。

⑤ 陈大齐：《因明大疏蠡测》，北京：中华书局，2006 年，第 49—51 页。该书初版于 1938 年。

四　结论

玄奘将梵文《入论》中的 *sapakṣa* 及 *vipakṣa* 翻译为“同品”及“异品”，依据是否具有与所立法相同之性质来判断同异，分别表示与主项有法相同的对象集合及相异的对象集合。文轨《庄严疏》在解读《入论》“显因同品决定有性”一句文字时，认为此处的“同品”为因同而非宗同，进而将“因同品”作为独立概念。窥基《大疏》同样以《入论》该句作为文本依据，认为存在因同品概念，将同品概念区分为宗同品及因同品，并将异品概念区分为宗异品及因异品。在唐疏的阐释中，《入论》的同品、异品概念发生了分化，产生了因同品、因异品等新概念。

《庄严疏》及《大疏》对因同品概念的理解很可能源自注释者对《入论》汉译文本的解读，将“因”与“同品”合读，偏离了梵文原意，然而也不能完全排除印度确实已有因同品、因异品概念并由玄奘接受后传入中国的可能性。有趣的是，虽然《大疏》将因同品应用于对《入论》的理论分析之中，这一新概念却并没有使《入论》原本的逻辑理论结构发生改变。

印度的因明体系被翻译、引入中国后，中国的注释者在自身知识积累、语言习惯等因素的影响下进行解读与诠释。在此种诠释之中，概念发生了新的衍化。梵文的 *sapakṣa* 及 *vipakṣa* 概念从印度迁移到中国，由玄奘汉译为同品、异品，再经文轨、窥基等注释者诠释，衍化出因同品、因异品等新概念。此类新概念是梵文原有的概念、词汇与中国佛教注释者的理解、诠释相结合的产物。因而，与其将之视作汉传注疏中乖谬于梵文原意的错误理解，不如在跨文化传播的脉络中，将这种概念迁移、衍化的结果作为因明学在中国一侧发展出的新枝。

Conceptual Evolution of the Science of Reasons in Sanskrit and Chinese Sources: Some Reflections on the Concepts of *Yin Tongpin* and *Yin Yipin*

Chen Shuai

Abstract: The *Nyāyamukha* and *Nyāyapraveśa*, which present the theories of Dignāga, are two of the most important works in the development of the science of reasons in India. Based on Xuanzang's translations of these two texts, a number of Chinese commentaries were written, and a Chinese tradition of the science of reasons was gradually formed. The *Yinming ruzhengli lun shu* by Kuiji can be regarded as the most significant one among these Tang commentaries. In this manner, concepts in the science of reasons were translated from Sanskrit into Chinese and then interpreted by Chinese commentators. They were thus migrated from Sanskrit texts into Chinese context and so became parts of the Chinese tradition of the science of reasons. Conceptual evolution appeared accordingly. For example, *sapakṣa* and *vipakṣa* were translated as *tongpin* and *yipin* by Xuanzang, but in Kuiji's *Yinming ruzhengli lun shu* and some other Tang commentaries each of these two concepts was further divided into two, i. e., *zong tongpin*, *yin tongpin* and *zong yipin*, *yin yipin*. Taking the concepts of *yin tongpin* and *yin yipin* as instances, this paper is to examine relevant understanding and interpretation by Kuiji and other commentators, with the purpose of investigating the conceptual evolution of the science of reasons in Sanskrit and Chinese sources.

Key words: the Science of Reasons, *Yin tongpin*, *Yin Yipin*, Conceptual Evolution

书讯

《西方政治思想的社会史:自由与财产》

[加]艾伦·梅克辛思·伍德(Ellen Meiksins Wood)著,曹帅译

译林出版社,2019 年 4 月

艾伦·梅克辛思·伍德是一位著名的马克思主义学者,她于 1962 年从加州大学伯克利分校获得斯拉夫语言学士学位,随后又在加州大学洛杉矶分校获得博士学位。1967 年至 1996 年,伍德在加拿大约克大学格兰登学院教授政治学,后因其卓越的学术贡献入选加拿大皇家学院。她曾长期担任《新左翼评论》的编辑,并于 1997 年至 2000 年和马格多夫、保罗·斯威齐共同担任社会主义杂志《每月评论》的编辑。伍德的主要研究领域为西方政治思想史、马克思主义政治理论。其著作主要有 *The Retreat from Class: A New 'True' Socialism*(1986 年,中文版译为《新社会主义》)、《民主反对资本主义》《资本主义的起源》《西方政治思想的社会史:公民到领主》等。

《西方政治思想的社会史:自由与财产》是伍德以社会史的视角和语境进路来重新讲述政治理论史的其中一卷,主要是讨论从文艺复兴到启蒙运动这一历史时期西方的政治思想史,以及这一历史时期中财产权与国家权力之间所出现的新的紧张关系。全书共分为八章,分别探讨了现代国家的形成、文艺复兴时期的城市国家、宗教改革、西班牙帝国和荷兰共和国、法兰西绝对主义、英格兰革命等重要的社会历史事件,并结合马基雅维利、路德、加尔文、格劳秀斯、斯宾诺莎、让·博丹、孟德斯鸠、卢梭、洛克等"经典的"政治思想家对其各自所处时代和环境的回应,完成了从文艺复兴到启蒙运动期间西方政治思想发展脉络的梳理。伍德基于更为宽泛的语境主义研究路径,为我们研究西方政治思想史提供了一个新的研究视角和阐释路径,同时也为学者进一步研究财产权同国家权力之间的关系提供了广阔的社会史和政治思想史背景供以参考,具有重要的理论意义和学术价值。(关祥睿)

哲学门(总第三十九辑)
第二十卷第一册
北京大学出版社,2019 年 6 月

《摄真实论》与《细疏》中的“非限定说”*

王俊淇**

提　要:佛教量论中的“非限定说”是一种关于如何确认知识真伪的学说。该学说认为,人类一般知识的真有些是自律的,有些是他律的。本文以寂护、莲花戒论师的《摄真实论》及其《细疏》为中心,考察“非限定说”的理论背景与细节。本文认为,佛教的“非限定说”是法称“量是非不一致的认识”定义与弥漫差派鸠摩利罗自律真学说的妥协产物。

关键词:真　自律　他律　鸠摩利罗　《摄真实论》

一　问题所在

在知识论中,知识的真、伪如何被确定,是一个基础而重要的话题。对于佛教知识论——“量论”(pramāṇavāda)而言,就更是如此。在佛教量论中,这个问题,首先牵扯到如何定义正确认识、正确知识(量)的问题,进而关联到佛教承认有多少种正确认识,即量的分类问题。而更重要的是,与其他印度古典的哲学学派一样,佛教的量论一方面承担着“立自破他”的宗教传教使命;另一方面,出于对解脱所需的智慧的追求,佛教量论被整合到从烦恼走向出

*　本文系中国人民大学科学研究基金(中央高校基本科研业务费专项资金资助)项目成果“月称《明句论》第一品研究”(19XNB027)阶段性研究成果。

**　王俊淇,1989 年生,中国人民大学哲学院、佛教与宗教学理论研究所讲师。

离的过程之中。这使得量的真伪问题不单单局限于知识论的层面,更与佛教的烦恼论、解脱论深深地结合在一起。因此,量的真伪是佛教量论的重要议题之一。

佛教量论对量真伪问题的着手点在于自律(svatas)与他律(paratas)的区分,即从考察量是在自律上,还是在他律上成立(siddhi)开始,并最终形成了"非限定说"(aniyamapakṣa)。按照《摄真实论》(*Tattvasaṃgraha*)及其《细疏》(*-pañjikā*)的解说,"非限定说"指的是,对量的真的确定并不是一向自律或者一向他律的,而是有的自律,有的他律。例如,《细疏》说道:

> [《摄真实论》2944 颂所说的]"对论者"指的是佛教徒。他们主张有些量是自律的,如(1)自证现量、(2)瑜伽师的认识、(3)对目的实现的认识、(4)比量、(5)拥有反复的现量。因为,此[拥有反复的现量]只在自律上被确定。因为由反复之力,已经除去了迷乱的原因。有些[量]是他律的,如(1')从作为争论基础的[《吠陀》]教令而生的认识,以及(2')迷乱的原因尚未被除去的现量。因为没有得到对反复以及对有效作用的认识。①

在这里,《细疏》的作者莲花戒(Kamalaśīla)借弥漫差派之口,罗列了对论者佛教徒所承认的哪些量拥有自律的真,哪些拥有他律的真。其中的"(1')从作为争论基础的[《吠陀》]教令而生的认识"是从弥漫差派的立场所总结的佛教对《吠陀》教令认识的看法,实际上从佛教立场来看,佛教徒既不承认《吠陀》教令的权威,更不会将该认识独立出来。因此,佛教的"非限定说"指的是,除了迷乱的原因尚未除去的现量外,其他的五种认识都是自律的。那么,既然(1)自证现量、(2)瑜伽师的认识、(3)对目的实现的认识、(5)拥有反复

---

① parair iti bauddhaiḥ| taiḥ kiñcit svataḥpramāṇam iṣṭam, yathā — svasaṃvedanapratyakṣaṃ, yogijñānam, arthakriyājñānam, anumānam, abhyāsavac ca pratyakṣam, tad dhi svata eva niścīyate, abhyāsabalenāpahastitabhrāntikāraṇatvāt | kiñcid anyataḥ, yathā — vivādāspadībhūtaṃ codanājanitaṃ jñānam, pratyakṣaṃ cānapagatabhrāntinimittam; abhyāsārthakriyājñānayor anavāptatvāt | TSP p. 938

本文所用《摄真实论》与《细疏》的底本为 Swami Dwarikadas Shastri 的 1968 年校订本,所有的偈颂编号与页码皆根据该底本。参见,Swami Dwarikadas Shastri, *Tattvasaṅgraha of Ācārya Shāntarakṣita with the Commentary 'Pañjikā' of Shri Kamalashīla Vol. 1*, Bauddha Bharati Series, Varanasi: Bauddha Bharati, 1968; *Tattvasaṅgraha of Ācārya Shāntarakṣita with the Commentary 'Pañjikā' of Shri Kamalashīla Vol. 2*, Bauddha Bharati Series, Varanasi: Bauddha Bharati, 1968。

的现量、(2')迷乱的原因尚未被除去的现量五种同为现量,即佛教所主张的无分别无错乱的,对对象的直接知觉,为何它们会分化出两种截然不同的类型呢?

其次,对于正确认识(量),寂护之前的佛教量论大师法称(Dharmakīrti)给出了如下定义——“量是非不一致的认识”(pramāṇam avisaṃvādi jñānam),那就是说,判定一个认识是否为真,依赖于“一致”这一结果是否被认识到。即判断某一认识是否能够成为量,依赖于对其“一致”结果的其他认识。这样的一种“他律”色彩浓重的主张如何在其后学中转变而成为“非限定说”呢?

以上两点是本文所要探求的问题所在。为了考察上述问题,本文选取《摄真实论》(*Tattvasaṃgraha*)及其《细疏》(*-pañjikā*)为研究对象。它们的作者分别是寂护(Śāntarakṣita, 725—788)、寂护弟子莲花戒(Kamalaśīla, 740—795),二人在藏传佛教中被视为瑜伽行中观派的代表人物。选取该文献的理由在于:(一)在《摄真实论》第二十五章“观自律真品”(*Svataḥprāmāṇyaparīkṣā*)中,寂护以三百余颂的篇幅,详细地考察了弥漫差派鸠摩利罗(Kumārila, 6世纪中叶)[①]等人的自律真论,并为佛教的“非限定说”(aniyamapakṣa)提供辩护。因此,《摄真实论》及其《细疏》为我们提供了足够丰富的材料。(二)学界还没有对寂护、莲花戒“非限定说”辩护的详细研究,只有少数简要的介绍性研究,如 Matilal (1968, 134—135)、宇野惇 (1984, 1986)、稲见正浩 (1993, 86—87)、小野基 (2012, 181—182)[②]等。因此,对于寂护、莲花戒“非限定说”的细节尚有考察的必要。

---

① 由于鸠摩利罗(Kumārila)与法称(Dharmakīrti)在学问上的相互影响关系,学界一般认定二者为同时代人。关于法称的活跃期,学界之前一般采纳 Frauwallner (1961)所推定的600—650年之说。因此,鸠摩利罗也应该活跃在这一时期。然而,近年来,Krasser (2012)在考察了清辩、法称与鸠摩利罗三者关系的基础上,提出了6世纪中叶说。本文采纳 Krasser 的新说,将法称与鸠摩利罗的活跃期一并推定为6世纪中叶。参见,Erich Frauwallner, “Landmarks in the History of Indian Logic”, *Wiener Zeitschrift für die Kunde Südasiens* 5 (1961); Helmut Krasser, “Bhāviveka, Dharmakīrti and Kumārila”, in *Devadattīyam: Johannes Bronkhorst Felicitation Volume*, Bern · Berlin · Bruxelles · Frankfurt am Main · New York · Oxford · Wien: Peter Lang, 2012, pp. 535-594。

② Matilal, Bimal Krishna, “Indian Theories of Knowledge and Truth”, Review of Gaṅgeśa's Theory of Truth. by Jitendranath Mohanty, *Philosophy East and West* 18, no. 4 (1968), pp. 321-333. 稲見正浩:《仏教論理学派の真理論:デーヴェーンドラブッディとシャーキャブッディ》,载《原始仏教と大乗仏教:渡辺文麿博士追悼記念論集》,前田恵学主编,京都:永田文昌堂, 1993年,第85—118(L)页。(转下页)

二 作为第五种理论的“非限定说”

佛教文献中对与量相关的自律、他律问题的系统讨论,最早可以追溯到龙树的《廻诤论》(*Vigrahavyāvartanī*)①。在该论中,龙树以归谬法驳斥了实在论者对量的主张②,并最终得出如下的结论:无论在自律还是他律上,实在论者主张的量都无法成立(k.51)③。姑且抛开龙树讨论的细节问题,从总体来

(接上页)宇野惇:《インドにおける真理論》,《広島大学文学部紀要》,1984年第44期,第20—42页。宇野惇:《インドにおける真理論-続》,《広島大学文学部紀要》,1986年第45期,第74—93页。小野基:《真理論——プラマーナとは何か》,载《認識論と論理学》(シリーズ大乗仏教 第九巻),東京:春秋社,2012年,第155—188页。石村克(2017)是迄今对《摄真实论》与《细疏》第二十五章“观自律真品”最系统的研究,包括了最新的梵文校订本、藏文校订本、日文翻译以及科段。但该论文截止于第2845颂及其注释,包括了鸠摩利罗对“真是量的本质能力”的主张以及来自佛教方面的批判,尚未涉及佛教本身的“非限定说”。参见石村克:《『タットヴァサングラハ』「自律的真理論検討」章の研究(1)〈真〉としての本性的な能力》,《比較論理学研究:広島大学比較論理学プロジェクト研究センター研究成果報告書》,2017年第15期,第91—158页。

① 中观归谬派的月称论师(Candrakīrti)在《中论赞》(*Madhyamakaśāstrastuti*)第十颂中,明确将《廻诤论》视为阿阇梨龙树的作品。汉译的《廻诤论》“翻译记”也将该论定为龙树作品。在藏传佛教中,《迴诤论》被视为龙树“五正理聚”之一。因此,尽管鸠摩罗什翻译的《龙树菩萨传》并没有提到这部作品,但学界依然将之视为龙树的真实作品。该论的梵文写本现存,拉丁转写本参见 Yoshiyasu Yonezawa, “Vigrahavyāvartanī: Sanskrit Transliteration and Tibetan Translation”, *Journal of Naritasan Institute for Buddhist Studies*, 31 (2008), pp. 209-333。

② 该论的第5—6两颂记录了实在论者的前主张。其中,实在论者认为若如中观论者所说“一切皆空”的话,那么,量本身也是空的,而自性空的量又如何能够使人认识一切事物呢?同样,作为所量(prameya)的一切事物也是空的,自性空的所量又如何被量所认识到呢?由此,实在论者从量与所量实在的角度,构建了针对“一切皆空”主张的归谬论法。

③ 龙树对量自律他律问题的讨论,可以做出如下的科判:

自律批判	k. 32	无穷尽过失
	k. 33	无因偶成过失
	kk. 34-39	自立立他火喻不成
	kk. 40-41	结论
他律批评	kk. 42-45	量依于所量批判
	kk. 46-50	量与所量相互依存批判

首先,(一)如果某一量1的成立依靠于另一个量2的话,那么量2的成立进一步依存于量3,从而形成无穷尽的过失。而(二)如果认为量的成立不需要由别的量保证,那么,为何作为事物的一部分的量自成,而另一部分的所量必须由量所成立呢?量与所量之间的不一致性(vaiṣamikatva)无法被解释。这也就是无因偶成的过失。为了规避上述两种过失,实在论者以著名的譬喻火喻为例,认为(转下页)

看,龙树以“无穷尽”与“依存性”为视角,讨论自律、他律。这样的两个视角在《摄真实论》所记载的弥漫差派与佛教的论辩中,依然可见。但是,龙树关注的是“量”本身在自律或他律上的成立(siddhi, prasiddhi),而在后世的量论中,问题意识被转移到量的真(prāmāṇya, pramāṇatva)与伪(aprāmāṇya, apramāṇtva)的自律、他律之上,并且暧昧的“成立”一词被拓展到存在论(ontological)、知识论(epistemological)以及实践论(operational)等多种层面。

完成这一问题意识转变的正是印度哲学正统派弥漫差派的论师鸠摩利罗(Kumārila)。鸠摩利罗与佛教量论大师法称(Dharmakīrti)为同时代人,学界普遍承认他们二人之间有着紧密的学术交流①。在他们之前,佛教量论的集大成者陈那(Dignāga, 470—530),尽管已经系统性地完成了整合与建立佛教量论体系的工作,但他几乎完全没有定义过什么是正确认识(量),更没有进一步讨论量的真伪如何成立。随后继承陈那衣钵的法称在《释量论·成量品》(*Pramāṇavārttika Pramāṇabhūta*)第一颂中,给出了量的经典定义:“量是非不一致的认识。非不一致指的是必然于目的的实现。”②在《正理滴论》(*Nyāyabindu*)的开头,法称说:“一切人类目的的达成(siddhi)皆以正确认识为前提。因此,此[正确的认识]被要求习得。”③这里的“正确认识”(samyagjñāna)指的正是现比二量。另一方面,在《定量论》(*Pramāṇaviniścaya*)的一开头,法称在解释为何现比二量是正确认识时,说道:“因为基于此[现比

(接上页)量如同自照照他的火一样可以自成成他。针对此观点,(三)龙树以“火能自烧烧他”与“暗能自遮遮他”的荒谬结论,类比火的自照照他,并根据“火中无暗”这一常识,否定了实在论意义上的火能除暗。上述的三点构成了龙树的自律批判。

在他律批判中,龙树首先指出(四)在量、所量二者中,量是能成,而所量是所成,如果量的成立依赖于所量的话,就颠倒了二者所成与能成的关系。而(五)量与所量二者相互依存之说,如同父子相生一样荒谬。此两点构成了龙树对量的他律批判。

① 《布顿佛教史》等作品甚至认为法称与鸠摩利罗有亲属关系。

② pramāṇam avisaṃvādi jñānam, arthakriyā sthitiḥ | avisaṃvādanaṃ … 参见 Rāhula Sāṅkṛtyāyana, “Pramāṇavārttikam by Ācārya Dharmakīrti”, *The Journal of the Bihar and Orissa Research Society* 24 (1938), p.19.

③ samyagjñānapūrvikā sarvapuruṣārthasiddhir iti tad vyutpādyate || 参见 Dalsukhbhal Malvania, *Paṇḍita Durveka Miśra's Dharmottarapradīpa: Being a Sub-Commentary on Dharmottara's Nyāyabinduṭīkā, a Commentary on Dharmakīrti's Nyāyabindu*, Patna: Kashiprasad Jayaswal Research Institute, 1955, p.1。

二量],在判定了对象之后采取行动之人,不会就目的的实现而不一致。”[①]从上述的种种文句来看,法称将判定认识真伪的标准,放置在某一认识之后的目的实现(arthasiddhi, arthakriyā)之上。例如,对火的认识的真伪,要依赖于认识者取暖等等目的是否被实现,才能够被确定。因此,可以说,就人类的一般认识、知识的真而言,法称的立场是他律论的,即“真”的确定要进一步依赖于其他认识、知识。不过,这是我们从法称作品中推演出的结论,而法称本人并没有正面讨论过知识的真伪问题。

相比于法称,鸠摩利罗在其作品《首卢柯颂释》(*Ślokavārttika*)[②]第二章“教令章”(*Codanā*)中,将知识的真与伪二者各自匹配于自律与他律,从而形成了(1)真自律、伪自律(kk. 34ab,37ab);(2)真他律、伪他律(k. 34cd);(3)真他律、伪自律(kk. 38-46);(4)真自律、伪他律(kk. 47-61)的四种可能情况,正式确立了印度哲学中知识真伪议题的传统。鸠摩利罗自己的主张是第四项:真自律、伪他律。在“教令章”中,他从存在(utpatti)、知识(jñapti)、实践(pravṛtti)三个层次阐述了真何以自律。简要而言,在存在论上,“真”是量自身(svayam)的能力(śakti),尽管量本身是由诸原因产生的,但作为量的能力的“真”不依赖于原因。例如,瓶的生起依赖于诸原因,但是瓶子盛水的能力不是由瓶的原因产生的。在实践上,基于诸原因,量产生之后,会自主地(svayam)对结果发挥功用[③]。在知识论上,真他律论面临着无穷尽的过失,因为知识$_1$的真,要观待于知识$_2$对知识$_1$原因清净性(śuddhi)的确定,进而知识$_2$的真

---

① na hy ābhyām arthaṃ paricchidya pravartamāno 'rthakriyāyāṃ visaṃvādyate | 参见 Ernst Steinkellner, *Dharmakīrti's Pramāṇaviniścaya Chapters 1 and 2*, Sanskrit Texts from the Tibetan Autonomous Region, Beijing-Vienna: China Tibetology Publishing House, Austrian Academy of Science Press, 2007, p. 1。

② 鸠摩利罗的《首卢柯颂释》(*Ślokavārttika*)是对《弥漫差经》1. 1. 1-32 的复注,原书用首卢柯(śloka)韵律的颂文写成。

③ svataḥsarvapramāṇānāṃ prāmāṇyam iti gamyatām | na hi svato 'satīśaktiḥkartum anyenaśakyate || 47

ātmalābhe hi bhāvānāṃ kāraṇāpekṣitā bhavet | labdhātmanāṃ svakāryeṣu pravṛttiḥsvayam eva tu || 48 ŚV

[试译]应当知道:“一切量的真都是自律的。”因为不在自律上存在的能力不可能由他物产生。因为在事物生起之时,依赖于诸原因。但是,对于已经生起的[量]而言,只会自主地对自身的结果发挥功用(pravṛtti)。

《首卢柯颂释》(*Ślokavārttika*)的梵文校订本,参见 Kei Kataoka, *Kumārila on Truth, Omniscience, and Killing Part 1: A Critical Edition of Mīmāṃsā-Ślokavārttika Ad 1. 1. 2 (Codanāsūtra)*, vol. 814, Österreichische Akademie Der Wissenschaften, Philosophisch-Historische Klasse, Wien: Verlag der Österreichischen Akademie der Wissenschaften, 2011, p. 10。

要观待于知识$_3$对知识$_2$原因清净性的确定,从而造成了无穷尽的过失——即知识$_n$的真,观待于知识$_{n+1}$对知识$_n$原因清净性的确定①。鸠摩利罗就此而作出了声明:量的真必须是自律的。

由于鸠摩利罗对他律真的尖锐批评,佛教量论迅速做出了回应。法称弟子天主觉(Devendrabuddhi)与再传弟子释迦觉(Śākyabuddhi)分别在《释量论细疏》(*Pramāṇavārttikapañjikā*)以及《释量论释》(*Pramāṇavārttikaṣīkā*)中,确立了如下区分:(1)最初的现量:真他律;(2)反复的现量:真自律;(3)对目的实现的认识:真自律;(4)比量:真自律。② 从而,不同于鸠摩利罗在《首卢柯颂释》中所枚举的(1)真自律、伪自律(kk. 34ab,37ab);(2)真他律、伪他律(k. 34cd);(3)真他律、伪自律(kk. 38-46);(4)真自律、伪他律(kk. 47-61)之分类,佛教量论形成了第五种理论,即莲花戒所说的"非限定说"(aniyamapakṣa):

> 此[四种主张]之中,对于佛教徒而言,没有任何冲击。因为佛教徒不承认此四者中的任一主张,而是承认"非限定说"。即[自律与他律]两种情况都存在。有的是自律的,有的是他律的。这在之前已经解释过了。正因为如此,[鸠摩利罗]对四种主张的解说都是不合理的。因为第五种"非限定说"也是可能的。③

---

① jāte 'pi yadi vijñāne tāvan nārtho 'vadhāryate | yāvat kāraṇaśuddhatvaṃ na pramāṇāntarād gatam || 49
tatra jñānāntarotpādaḥ pratīkṣyaḥkāraṇāntarāt | yāvad dhi na paricchinnāśuddhis tāvad asatsamā || 50
tasyāpi kāraṇeśuddhe tajjñāne syāt pramāṇatā | tasyāpy evam itītthaṃ ca na kvacid vyavatiṣṭhate || 51ŚV *Ibid.*, pp. 11-12.
[试译]若说:"尽管识$_1$已经生起了,但只要原因的清净性尚未被其他量$_2$所认识到,那么就不能确定对象",这种情况下,不得不期待基于其他原因的其他认识$_2$的生起。因为只要[认识$_1$的原因的]清净性尚未被断定,那么[认识$_1$的原因的清净性]就近乎于无。此[认识$_2$]的原因也清净的话,该认识之中有真。对此[认识$_3$]而言,同样如此。那么,这样就会有无穷尽。

② 参见,稲見正浩:《仏教論理学派の真理論:デーヴェーンドラブッディとシャーキャブッディ》,载《原始仏教と大乗仏教:渡辺文麿博士追悼記念論集》,前田恵学主编,京都:永田文昌堂,1993 年,第 85—118(L)页。

③ tatrāpi na kācid bauddhasya kṛtiḥ, na hi bauddhair eṣāṃ caturṇām ekatamo 'pi pakṣo 'bhīṣṭaḥ; aniyamapakṣasyeṣṭatvāt | tathā hi - ubhayam apy etat kiñcit svataḥ, kiñcit parata iti pūrvam upavarṇitam | ata eva pakṣacatuṣṭayopanyāso 'py ayuktaḥ; pañcamasyāpy aniyamapakṣasya sambhavāt | TSP p. 981.

三 《摄真实论》与《细疏》中的“非限定说”

与鸠摩利罗从存在论、知识论、实践三个层次讨论真伪问题不同,寂护与莲花戒的“非限定说”所讨论的,主要以知识论层面上的真伪的“确定”(niścaya)为绝对的中心,偶尔兼及存在论与实践论层面,但他们坚决反对鸠摩利罗的实在论预设:真=量的本质(svābhāvika)能力(śakti)。寂护在《摄真实论》第2816—2831颂中,从追问“本质之物”为何义开始,总结了事物与能力的设定都面临缺陷,从而反对了鸠摩利罗的实在论预设。例如,若“本质之物”意味着常住、无原因的话,那么,因为量本来就应该具有能力,而非依赖于原因,从而(1)量也应当是常住的;(2)即使不需要自身的诸原因,具有了本质能力的量也依然能够发挥作用,产生结果①。但无疑,对于弥漫差派而言,常住或无原因的量同样是不被接受的。另一方面,如果“本质之物”意味着这样的能力只凭借量自身的原因而生起,绝不依存于其他原因的话,那么为何在已经生起了的量之中,要单独设定能力呢?更何况这样的能力与量脱离,无法被称为“本质之物”②。从而,寂护与莲花戒反驳了鸠摩利罗将真视为量的本质能力(śakti)的观点。但是,寂护与莲花戒二人并没有完全反对“真=量的能力(śakti)”这一框架,一方面,在《摄真实论》第十九章1606—1618颂与第二十四章2514颂及其注释中,他们明确表达了能力与持有能力之物不二之说,另一方面,莲花戒明确说到“[最初现量]产生此[之后认识]的能力被称为真”(tatprāpaṇaśaktiḥ prāmāṇyam ucyate)。

---

① svābhāvikyāṃ hiśaktau syān nityatāhetutātha vā | pramāṇānāṃ ca tādātmyān nityatāhetute dhruvam || 2819
sadābhāvo 'tha vābhāvo 'hetutve 'py anapekṣaṇāt | ataḥ kāryaṃ tadāyattaṃ kādācitkaṃ na yujyate || 2820
dṛśyate ca pramāṇānāṃ svarūpaṃ kāryam eva ca | kādācitkam ataḥ śaktir yuktā svābhāvikī na vaḥ || 2821.
[试译]因为若能力是本质之物,那么,诸量应该是常住的,或没有原因的。由于[作为本质之物的能力与量]是同一的,故[量]必然是常住的,或无原因的。若[量]无原因的话,那么[量]应该一直存在或者一直不存在。因为[量]不依赖于原因。因此,依存于此[量]的结果绝不可能是一时的。然而,可以看到,诸量的本身与结果都是一时的。因此,你们[弥漫差派Bhaṭṭa派所主张的]“作为本质之物的能力”是不合理的。

② yan nāmottarakālaṃ hi rūpam ādhīyate paraiḥ | tad bhāvāntaram eveti na tasyātmopadiśyate || 2828.
[试译]因为如果在[量生起]之后,由别的[原因]带来了[量]的本质的话,那么,此[本质]就应该是别的事物。这样,[能力]就不会被称为此[量]的本质。

(一)来自鸠摩利罗的批判

按照《摄真实论》与《细疏》,佛教量论主张的“非限定说”可以用如下表格表示:

自律	(1)自证现量、(2)瑜伽师的认识、(3)对目的实现的认识、(4)比量、(5)拥有反复的现量
他律	(6)迷乱的原因尚未被除去的现量

佛教量论认为,例如某人一开始产生了对火的现量,由于此认识者是否存在眼疾等迷乱的原因在这一时刻尚无法确定,因此,这样的现量其实有着成为伪的可能,因此称之为“迷乱的原因尚未被除去的现量”。为了确定这一最初现量的真,就必须依赖于随后的“对目的实现的认识”,例如认识到火可以实现“燃烧”之目的后,就可以确定最初对火的认识是真的。这样的主张不仅让我们想起了法称本人的态度,前文已述,法称的诸部作品都表达了人类的一般知识的真都要依赖于对其“一致”的认识。法称的这一想法在“非限定说”中作为特例,而被部分保留下来。这也就造成了佛教量论与弥漫差派鸠摩利罗最大的分歧点——佛教为他律论留下了口子。针对于此,鸠摩利罗批判道,既然佛教徒也承认其他的现量的真是自律的,那么凭什么会认为同样作为现量的最初认识劣于它们呢?

> 因为正如最初的认识(=迷乱的原因尚未被除去的现量)依赖于它的一致性$_1$,同样一致性$_1$会进一步被一致性$_2$所追求。然而,如果承认[最初现量之后的]某个[认识]的真只是自律的,那么,出于何种理由[你们佛教徒]歧视(记恨)最初的[现量]如此的状态呢?如果这样的话,现量等的真依赖于美质(guṇa),并且若没有量,任何的美质都不会存在。因此,对于寻求判定了美质的其他量$_1$之人而言,此[其他量$_1$]的真依存于为其他[量$_2$]所判定的美质。正如最初的[现量是他律的],其他的[现量]同样是[他律的]。因此,如前,对这些种种的[现量],如此主张的[佛教徒]会有无穷尽[的过失]。我们[弥漫差派]则不会有无穷尽[的过失]。如果不认为对美质$_1$的认识$_2$的真依赖于美质$_2$,那么,最初的对对象的识$_1$也不依赖于对美质$_1$的量知$_2$。因此,即使是在长久思考后,如果必须承认有的真是自律的话,这时,最好是在最初[现量]中确立[自律的真]。对

> 于你们[佛教徒]而言,对一致性与美质的识$_2$之中,有什么殊胜处使得最初的[现量$_1$]劣于此[认识$_2$]呢?因此,在任何[认识]之中,自律的真都是作为普遍规则而被确立的。①

鸠摩利罗批判的核心在于,既然承认种种现量同为现量,那么在认为最初现量的真为他律的情况下,其他的现量的真也应该是他律的,但这就造成了"无穷尽"的过失。另一方面,在承认了其中有的现量的真是自律的情况下,佛教徒有什么理由拒绝承认最初现量的真也是自律的呢?因此,鸠摩利罗看来,佛教徒无法统一各种现量的真伪判断理论,这是佛教非限定说的核心问题。

(二)《摄真实论》与《细疏》对鸠摩利罗批判的回应以及"非限定说"的确立

在《摄真实论》中,非限定说就以此鸠摩利罗的批判为线索而展开。从内容上看,为最初现量的他律真进行的辩护占据了绝大多数的篇幅,这与该说直接面临弥漫差派的诘难密不可分。与此相对,自证现量的自律真几乎没有被提及,具有反复的现量与瑜伽师现量被合在一处,对它以及比量自律真的讨论作为附论,被插入到对最初现量他律真的辩护的间隙中。以下,本文按照(1)最初现量的他律真、(2)对目的实现的认识的自律真、(3)拥有反复的现量与瑜伽现量自律真、(4)比量的自律真为顺序,考察它们是如何被寂护与

---

① yathaiva prathamaṃ jñānaṃ tatsaṃvādam apekṣate | saṃvādenāpi saṃvādaḥ punar mṛgyas tathaiva hi || 2853
kasyacit tu yadīṣyeta svata eva pramāṇatā | prathamasya tathābhāve pradveṣaḥ kena hetunā || 2854
evaṃ yadi guṇādhīnā pratyakṣādipramāṇatā | guṇāśca na pramāṇena vinā santi kadācana || 2855
tato guṇaparicchedi pramāṇāntaram icchataḥ | tasyāpy anyaparicchinnaguṇāyattā pramāṇatā || 2856
yathaivādye tathānyatrety anavasthaiva pūrvavat | tatra tatraivam icchanto na vyavasthāṃ labhemahi || 2857
guṇajñānaṃ guṇāyattaprāmāṇyam atha neṣyate | ādyam apy arthavijñānaṃ nāpekṣeta guṇapramām || 2858
ato dūram api dhyātvā prāmāṇyaṃ yat svataḥ kvacit | avaśyābhyupagantavyaṃ tatraivādau varaṃ sthitam || 2859
saṃvādaguṇavijñāne kena vābhyadhikena te | ādyasya tadadhīnatvaṃ yadbalena bhaviṣyati || 2860
tasmāt svataḥpramāṇatvaṃ sarvatrautsargikaṃ sthitam | 2861ab.

该批判在被第2957颂进一步精简为:

nanu ko 'tiśayas tasya prāktanād asti, yena tat | parataḥ pūrvavijñānam iva nābhyupagamyate || 2957.

[试译]不。与之前的[认识$_1$]相比,此[对目的实现的认识$_2$]有何卓越性呢?凭借此[卓越性],此[之后的认识$_2$],不被认为像它之前的识$_1$一样。

莲花戒所确立的。

(1)最初现量的他律真与(2)对目的实现的认识的自律真

首先,关于最初现量的他律真,以及对目的实现的认识的自律真,寂护针对鸠摩利罗,做出了如下的辩护:

> 回答:实物所具有的一致性被称为“真”。并且,此[一致性]的特征并不异于带有目的实现之显现的认识$_2$。并且,带有目的实现之显现的认识$_2$被清晰地自证,被考察了此[目的实现]之未来心确定。因此,由于正确地确定了此自律的真,故不依赖于之后的达成目的实现之认识$_3$。那么,如果认识成为了量,那么此拥有结果之显现的最初认识$_1$之中的真也可以基于此理由而被确定。①

根据莲花戒的《细疏》,寂护的上述回应可以大致分为三个层次:实践论、知识论与存在论。首先,莲花戒在此引入了法称对量的定义——“量是非不一致的认识”(pramāṇam avisaṃvādi jñānam),并解释说,“一致”指的正是目的的实现,因此谨慎之人为了实现目的而考察量。但是,当目的实现之时,以火为例,当燃烧、烹饪等人类的目的被实现之时,为了追求目的实现而行动之人就不会再有什么期待了。莲花戒从实践论角度说明了,最初现量$_1$的真的确定要依赖于随后的对一致性的认识$_2$。但是,对一致性的认识$_2$不会进一步依赖于之后的认识$_3$,原因就在于谨慎之人只是为了实现自己的目的而考察最初的现量$_1$,当在认识$_2$的阶段,目的已经被满足的情况下,谨慎之人并不会进一步

---

① ucyate—vastusaṃvādaḥ prāmāṇyam abhidhīyate | tasya cārthakriyābhyāsajñānād(°kriyābhāsa° MS) anyan na lakṣaṇam || 2958

arthakriyāvabhāsaṃ ca jñānaṃ saṃvedyate sphuṭam | niścīyate ca tanmātrabhāvyāmarśanacetasā || 2959

atas tasya svataḥ samyak prāmāṇyasya viniścayāt | nottarārthakriyāprāptipratyayaḥ samapekṣyate || 2960

jñānapramāṇabhāve ca tasmin kāryāvabhāsini | pratyaye prathame ’py asmād dhetoḥ prāmāṇyaniścayaḥ || 2961.

关于2958颂的异读,参见 Suguru Ishimura, “Kumārila and Śāntarakṣita on saṃvāda: The Agreement with a Cognition and the Agreement with a Real Entity.” *Journal of Indian and Buddhist Studies* 66(3), (2018), pp. 1004-1009。

有什么期待了[①]。所以,谨慎的认识者只会止步于对目的实现的认识$_2$,从实践上不会有无穷尽的过失。

而在知识论层面,莲花戒进一步明确说道,对目的实现的认识$_2$就其自身,作为自证现量,只凭借自身而显现,并且在无间之后,如所经验到的,使考察认识得以生起,由此对目的实现的认识被确定[②]。"未来心"或"考察认识"是寂护、莲花戒在这里引入的新概念。同样的概念也见于后文将要讨论的"具有反复的现量"之中,因此,这个概念对理解它们的自律真极其重要。如果"对目的实现的认识"的真要依赖于这样的"考察认识"才能够被确定,那么前者的真就应该是他律的,如何还能够被称为自律的呢?对于这一显在的问题,与寂护、莲花戒同时代的佛教论师法上(Dharmottara)也许可以为我们提供一种可能的解答。法上曾提出,纯粹的现量由于离分别,因此是不能够确认其自身,如"以对蓝的觉知为特征",它必须仰仗于现量随后产生的"确认知"(niścayapratyaya)或"分别知"(vikalpapratyaya)或"判断"(adhyavasāya)。如果缺乏这一确认知,那么现量即使存在,也近乎于无[③]。寂护与莲花戒在《摄真实论》中数次提及的"未来心"或"考察认识",与法上明确提出的"确认知"有着相似的生起次序与构造,并且在确认它们之前的现量上也发挥着相似的功能。如果这样的解读可行的话,就意味着,由于确认知由现量之力所直接

---

① ayam atra saṅkṣepārthaḥ —pramāṇaṃ hi nāmāvisaṃvādi jñānam ucyate, "pramāṇam avisaṃvādi jñānam" iti vacanāt | sa(na S) cāvisaṃvādo 'rthakriyālakṣaṇa eva, tadarthatvāt pramāṇacintāyāḥ; yato 'rthakriyārthī pramāṇam apramāṇaṃ vānveṣate prekṣāvān na vyasanitayā | sā cārthakriyā dāhapākādinirbhāsajñānodayalakṣaṇā; tadutpādād evārthakriyārthinaḥ pravṛttasyākāṅkṣānivṛtteḥ | TSP p. 942.

[试译]就此,要义如下:因为基于[法称]"量是非不一致的认识"之言,而将所谓的量称为非不一致的认识。并且,非不一致正是以目的实现为特征。因为对量的考察是为了此[目的之实现]。因为寻求目的实现的谨慎之人追求量或非量,并不是出于疯狂。而目的实现以具有燃烧、烹饪等显现的认识的生起为特征。只有基于它的生起,寻求目的实现而采取行动之人的期望才会停止。

② tac cārthakriyājñānam ātmasaṃvedanapratyakṣatayā svayam evāvirbhavati, spaṣṭānubhavatvāc cānantaraṃ yathānubhavaṃ parāmarśajñānotpattyā niścitam iti svata eva siddham | TSP p. 942.

③ 见于法上《正理滴论释》(*Nyāyabinduṭīkā*)1.21 的注释。参见,西沢史仁:《ダルモーッタラの直接知覚論:その独自性と理論的背景》,《印度學佛教學研究》,2015 年第 63 卷第 2 期,第 1005—1000 页;三代舞:《ダルモーッタラにおける対象認識:分別と無分別のあいだ》,《久遠 研究論文集》,2012 年第 4 期,第 26—40 页;沖和史,《ダルモーッタラ著『正理一滴論註』(*Nyāyabinduṭīkā*)第一章における知覚判断》,载《仲尾俊博先生古稀記念:仏教と社会》,京都:永田文昌堂,1990 年,第 137—160 页;中須賀美幸:《ダルマキールティの知覚判断説と仏教真理論におけるその受容》,《哲学》,2015 年第 67 期,第 71—84 页。

产生,与现量有着极其密切的关系,因此,由这样的“确认知”对之前现量进行的确认,并不被算作是“由量$_2$确认量$_1$为真”这一模式的“他律”,而是被当做“自律”的。因此说“对目的实现的认识”的真是自律的。

最后,在存在层面上,就最初现量$_1$与之后对目的实现之认识$_2$之间的因果关系,莲花戒解释说,现量$_1$是认识$_2$的原因,现量$_1$产生认识$_2$的能力被称为了“真”。现量$_1$所具有的如此的“真”在其结果认识$_2$尚未知的情况下,是无法被确定的,而是在之后的认识$_2$发挥功用之后,才能被确定①。因此,最初现量的真是他律的。

就最初现量他律真的必然性,寂护进一步解释道:

> 因为若最初[的认识]不以实物为对象,那么,以实物的一致性为特征的第二[认识]不会发挥功用。因为它的原因(=最初现量)不存在。因为对将无忧花等判定为火之人来说,具有燃烧、烹饪的显现的识绝不会生起。或者[具有燃烧等显现的识]生起的情况下,绝对不会有与火异类之物。因为火只以与其结果相应为特征。因此只要具有目的实现之显现的认识$_2$不生起,就有产生对最初[现量$_1$]是否是量的怀疑。因为[可能]有迷乱的原因。在此[最初现量$_1$]之中,有(1)之后看不到结果;(2)认识到[与错误认识的]类似性;(3)认识的缺陷等迷乱的原因。但是,当具有结果显现的识$_2$生起之时,此[迷乱的原因]不会存在。因为认识到了直接依存于实物的[目的]实现。②

① yat punaḥ pūrvakaṃ tat kāraṇabhūtaṃ jñānaṃ, tasya ca(na S) tatprāpaṇaśaktiḥ prāmāṇyam ucyate | sā ca śaktir anabhyāsād aviditakāryair avadhārayituṃ naśakyata ity uttarakāryajñānapravṛttyā niścīyata iti prathamasya parataḥprāmāṇyam ucyate || TSP p. 943.
[试译]进一步,在[认识$_2$]之前的是作为[认识$_2$]原因的认识$_1$,此[认识$_1$]所具有的,能够带来此[认识$_2$]的能力,被称为真。并且,因为[认识$_1$]无有反复,此真不能够为尚未知结果之人所确定。因此,通过之后对结果的认识$_2$的发挥功用,[认识$_1$的真]被确定。因此,最初的[现量$_1$的真]被称为他律真。

② ādye hy avastuviṣaye vastusaṃvādalakṣaṇam | dvitīyaṃ na pravarteta yasya hetor asambhavāt || 2962
aśokastabakādau hi pāvakādhyavasāyinaḥ | na dāhapākanirbhāsi vijñānaṃ jātu jāyate || 2963
jātau vā na vijātīyaṃ jvalanāt tat prasajyate | tatkāryayogyatāmātralakṣaṇatvād vibhāvasoḥ || 2964
tasmād arthakriyābhāsaṃ jñānaṃ yāvan na jāyate | tāvad ādye 'pramāśaṅkā jāyate bhrāntihetutaḥ || 2965
anantaraṃ phalādṛṣṭiḥ sādṛśyasyopalambhanam | mater apaṭutetyādi bhrāntikāraṇam atra ca || 2966
kāryāvabhāsivijñāne jāte tv etan na vidyate | sākṣād vastunibaddhāyāḥ kriyāyāḥ prativedanāt || 2967.

按照上述的解释,寂护为最初现量的他律真所作的辩护集中于一点,那就是最初的现量可能存在迷乱的原因。例如,黄疸病人将白色贝壳看做是黄色的。当最初的认识产生之时,他无法排除迷乱的原因,也就无法确认自己的认识是否为真。必须要等待之后是否有"对目的实现的认识",才能够判定最初认识的真伪。这也就造成了最初现量与其他各种量在自律他律上的根本分歧。

(3)拥有反复的现量与瑜伽师现量的自律真

拥有反复的现量指的是认识者在经历了多次重复的认识之后,熟悉对象的情况下,对对象的现量认识。瑜伽师现量指的是瑜伽师在修习四圣谛过程中产生的现量,由于瑜伽师的修习同样基于了反复、数习之力,因此在《摄真实论》及其《细疏》中被合并在一起讨论。如莲花戒说道:

> 基于反复之力,正如瑜伽师或者熟悉宝珠、银等之人的识,其迷乱的因已经被排除,具备了清晰的显现而生起,同样,在其他情况下,基于反复之力,凭借其拥有着极其清晰的显现,迷乱的怀疑已被排除的[认识$_1$]生起了的话,立刻使得确定了同种类的共同[显现]的考察认识$_2$生起,同时确定了[认识$_1$]不同于不以此[显现]为对象的异类[认识]。因此说,它的真只是自律的。①

按照寂护的解说,广义的"具有反复的现量"包括了瑜伽师现量以及日常生活中熟悉对象之人的现量两种情况,而狭义的"具有反复的现量"指的是则是后者。由于同样都基于反复、数习之力,所以瑜伽师以及熟悉珠宝等之人的认识被放置在一起讨论。首先,这两种认识之所以被认为拥有自律的真,原因在于,不同于可能包含着迷乱原因的最初现量,此两种认识中迷乱的可能已经被数习之力所排除,并且带有清晰的显现而生起。因此,这两种认识不再需要随后的对目的实现的认识$_2$去确定其真。另一方面,"具有反复的现量"与"对目的实现的认识"一样,都产生了随后的"考察认识",并被该"考察

① abhyāsabalena yathā yogināṃ maṇirūpyādiṣu vā tadvidāṃ dūrīkṛtabhrāntinimittam eva sphu ṭ apratibhāsaṃ prajāyate vijñānam, evam anyatrāpy abhyāsabalāt sphuṭatarapratibhāsatayā nirastavibhramāśaṅkam upajāyamānam, avyavadhānena sajātīyasādhāraṇādhyavasāyinaṃ parāmarśapratyayaṃ janayad vijātīyato 'tadviṣayād vyāvṛttam avasīyata iti svata eva tasya prāmāṇyam ucyate | TSP p. 944.

认识”所确定。因此,与“对目的实现的认识”一样,“具有反复的现量”所谓的自律真,其内在同样包含了他律真的构造。

此外,莲花戒展示了一种对具有反复的现量的自律真的可能反驳,即它是一种推理:

主张　　此具有反复的认识是真的。

证因　　因为相似性。

莲花戒认为,相似性应当指的是火拥有燃烧之结果一事。反论者主张,认识者在反复认识过程中,总是看到火拥有着燃烧之结果,因此可以通过这样多次重复的经验,推理出对火的认识是真的。莲花戒回应说,如果相似性是基于反复之力的,那么为何真不可能直接基于反复之力呢?为何会对真有特殊的偏见呢?因此,具有反复的认识可以直接求助于反复之力,而无须再借由相似性之证因了①。

(4)比量的自律真

在解说具有反复的现量之中,莲花戒简单地提到了比量的自律真:

正如由于看到了与实物相结合的证因,故比量认识生起了,因此,正

---

① yas tu manyate—“abhyāsavatyām api pravṛttau tādrūpyalakṣaṇaliṅgadarśanād anumānata evārthaprāpaṇaśaktilakṣaṇaprāmāṇyaniścaya iti sarvatra paratahprāmāṇyāvasāyaḥ, na kvacid eva svataḥ” iti, tan na buddhyāmahe; tathā hi-asaṅkīrṇatādrūpyalakṣaṇaliṅganiścaya eva kuto bhavati? iti vaktavyam | abhyāsād iti cet? evaṃ tarhi yady abhyāsabalād vijātīyākāravyavacchedena sajātīyasādhāraṇam asaṅkīrṇaṃ sārūpyam avasīyate, bhrāntikāraṇābhāvāt, kaḥ prāmāṇye pradveṣo yena tad anubhūtaṃ bhrāntikāraṇavirahe 'pi nādhyavasīyata iti syāt | ... athāgnyādipadārthakāryatā? sā kathaṃ niściteti vaktavyam? tatsiddhyartham aparaliṅgāntaram anusarato 'navasthā syāt | athāpi syād—abhyāsabalād eva pratyakṣato liṅgānusaraṇam antareṇāpi svata eva sā siddheti? evaṃ tarhi yady abhyāsasyedṛśaṃ sāmarthyam abhyupagamyate, tadāśaktiniścayo 'py abhyāsabalād evāntareṇāpi liṅgānusaraṇaṃ bhavatīti kiṃ nābhyupagamyate | TSP pp. 944-945.
[试译]但是,有人认为:“尽管行为是带有反复的,但基于对具有相似性特征的证因的认识,只是基于推理,确定了以实现目的之能力为特征的真。因此,确定了所有的[认识]的真都是他律的,没有任何[认识的真]是自律的。”[回答]我们不这么认为。即应该说,基于什么确定了以未混淆的相似性为特征的证因呢?如果说基于反复,那么,[我们]会说:“如果基于反复之力,通过排除不同的行相,同类的、共同的、未混淆的相似性被确定了。因为没有迷乱的原因。对于真,有什么歧视(记恨)呢?由于[歧视],尽管排除了迷乱的原因,所经验到的[真]未被确定。”……如果[相似性]指的是火等事物具有的[燃烧等]结果一事,那么应该问,它如何被确定呢?为了它的成立,寻求其他证因之人会有无穷尽[过失]。如果说:“只是基于反复之力,基于现量,即使不寻求证因,它也可以自律地成立。”如果这样的话,为何不认为:“若承认这样的反复的力量,那么,基于反复之力,即使不寻求证因,也可以确定能力(śakti = 真)。”

是由于间接地确定了[比量是]实物的结果,故[比量]有自律的真,而非基于相似性的力量。因为否则的话,会有无穷尽的[过失]。同样,在这里的真也只是自律的。①

对证因的认识依赖于实物(vastu),而比量生起进一步依赖于对证因的认识。因此,比量与实物之间构成了如下的关系:

实物(vastu)→对证因的认识(liṅgadarśana)→比量(anumānajñāna)

因此说,在间接意义上,比量是实物的结果。而比量的真由它作为实物结果这一点来担保。显然,莲花戒的这一说明属于存在论的层面,即从因果关系的角度保证了比量的真是自然具足的。

四 结论

本文简要地介绍与辨析了佛教量论"非限定说"提出的背景,以及寂护、莲花戒师徒二人为此所作的辩护。

首先,从背景来看,"非限定说"有两大思想上的源泉:

1. 法称"量是非不一致的认识"的定义。法称的该定义带有明显的他律色彩。在非限定说中,该定义主要被保留在最初现量的情况之中,从而形成了最初现量的真为他律之说。

2. 弥漫差派鸠摩利罗的自律真主张。在印度量论之中,鸠摩利罗一举建立了真伪的自律他律议题。他以"无穷尽"过失的可能,反驳了真的他律理论。

佛教量论的"非限定说"作为上述两大思想潮流的混合体,表面上一方面维护了法称对量的传统定义,一方面又有效规避了鸠摩利罗对他律真论中

---

① yathānumānajñānasya vastupratibaddhaliṅgadarśanabalenotpatteḥ pāramparyeṇa vastukāryatāvasāyād eva svataḥprāmāṇyaṃ na sārūpyabalād, anyathā hy anavasthā syāt; tathehāpi svata eva prāmāṇyaṃ syāt | TSP p. 945.

类似的说法也见于《摄真实论细疏》第十八章"观比量品"中,莲花戒说:"因为从拥有三相的证因生起的认识(=比量)间接地结合于实物之中,因此,与现量一样,[比量]是非不一致的。"(yatas trirūpaliṅgajaṃ yaj jñānaṃ, tat pāramparyeṇa vastuni pratibaddham, ato 'visaṃvādakaṃ pratyakṣavat | TSP p. 523.)

“无穷尽”过失的指责。但可以说,“非限定说”是理论妥协的产物,不仅没有贯彻法称对量的定义,更没有成功避免鸠摩利罗的指控。例如,由于量是非不一致的认识,并且“一致性”被解释为实物所具有的目的实现,那么“对目的实现的认识”、比量等本身作为量,应该有着自己的目的的实现。但寂护与莲花戒完全没有考察它们如何完成自己的“目的的实现”。上文还曾提到,弥漫差派可能会提出“为何歧视(记恨)最初现量”之责难。即使寂护与莲花戒从实践论、知识论、存在论三个层面做出了回护,但依然没有正面回应为何其他认识与最初现量有着不同的确认过程。

其次,寂护与莲花戒在解释“对目的实现的认识”以及“拥有反复的认识”时,引入了“未来心”或“考察认识”,一方面允许它们确认之前的认识的真,另一方面由于不承认它们为量,似乎有效地规避了量$_2$确认量$_1$的真的模式。但这样的理论不恰恰证明了真是他律的吗?但为了规避鸠摩利罗提出的“无穷尽”过失,又不得不维持“自律真”的宣称。这些都显示出非限定说本身的妥协性。也许这正是促成后来佛教量论中慧作护(Prajñākaragupta)“未来原因说”等新理论出现的重要原因之一。

Aniyamapakṣa in *Tattvasaṃgraha* and its *pañjikā*

Wang Junqi

Abstract: In Buddhist *Pramāṇavāda* tradition, the Unrestricted Theory (*aniyamapakṣa*) concerns with how we can determine the validity or invalidity of knowledge. According to it, some general knowledge of humans' is intrinsically valid, but some is extrinsically valid. This paper investigates the theoretical background and details of this theory, based on Śāntarakṣita and Kamalaśīla's *Tattvasaṃgraha* and *-pañjikā*. In the end, this paper concludes that the Unrestricted Theory is a compromise between Dharmakīrti's definition of *Pramāṇa* and Kumārila's intrinsic validity theory.

Key words: *prāmāṇya, svatas, paratas, Kumārila, Tattvasaṃgraha*

哲学门(总第三十九辑)
第二十卷第一册
北京大学出版社,2019 年 6 月

超穷构造与几乎不交双射函数族*

裘江杰**

提 要:“几乎不交子集族(ad 族)”以及“极大几乎不交子集族(mad 族)”是无穷组合中的基本概念,在已有的研究中表现为几种形式,并且与数学其他领域中的一些概念有自然的联系。在对可数无穷对称群的余有穷子群的讨论中,促发对几乎不交双射函数族的研究,目前已取得不少相对深入的成果;或许由于其产生自相对抽象的领域,其中几个基本结果的初始证明相对抽象,本文则借助超穷构造方法给出它们相对简单而直观的新证法。

关键词:几乎不交 余有穷 超穷构造

“几乎如何”在数学与逻辑中形成一族自然而基本的概念①。在集合论中,“几乎不交”这个概念最早似乎可以追溯到康托尔(Cantor)的时代②。自上个世纪 70 年代以来,相对于某个给定的无穷集的“几乎不交子集族(ad 族)”以及“极大几乎不交子集族(mad 族)”的相关问题,作为基数不变量理论

---

* 本成果受到中国人民大学 2018 年度“中央高校建设世界一流大学(学科)和特色发展引导专项资金”支持。

** 裘江杰,1978 年生,中国人民大学哲学院副教授。

① 比如在分析学中有“几乎处处连续”、在概率论中有“几乎处处收敛”这样的概念。

② 请参看论文“Short Complete Nested Sequences in $\beta\mathbb{N}\setminus\mathbb{N}$ and Small Maximal Almost Disjoint Families”中的相关表述。

的一部分,得到了相对充分的研究①;与此同时,在数学和逻辑的一些相关领域的研究中也出现与此概念相关的研究。一个典型的例子是,当把自然数集的幂集 $P(\omega)$“等同”于自然数集子集的特征函数集 $2^{\omega}=\{0,1\}^{\omega}$ 时,由于后者可以赋予通常的拓扑②,从而也自然把“几乎不交”问题与相关的拓扑性质联系起来了,这方面的一个经典结果是,Mathias 证明,不存在 $P(\omega)$ 的无穷的分析的 mad 子族③。

本文关注的问题派生自群论研究中,对可数无穷对称群的一类子群的讨论;或许由于其起源于抽象代数领域,这一研究方向上的几个基本结果都是通过存在性证明获得的,因此相对抽象;另一面,这一研究方向目前大致属于公理集合论中的无穷组合方向,在此,ZFC 系统提供给我们各种强有力的超穷构造手段与方法,本文的目的则是,借助这些超穷构造方法,通过具体地构造出相应的数学对象,从而给出前述基本结果的相对直观的新证法。

下面首先介绍几个基本概念。

定义 1④

(1) $\mathrm{sym}(\mathbb{N})$ 表示由所有自然数上的双射组成的集合,它在函数的复合下构成一个群(无穷对称群)。

(2)对任意的不同的 $f,g\in\mathrm{sym}(\mathbb{N})$,称它们几乎不交,若 $\{n\mid f(n)=g(n)\}$ 是有穷集。

(3) $A\subseteq\mathrm{sym}(\mathbb{N})$ 称为一个几乎不交族(ad 族),若对任意不同的 $f,g\in A$,它们几乎不交。

(4) $A\subseteq\mathrm{sym}(\mathbb{N})$ 称为一个极大几乎不交族(mad 族),若它为 ad 族且不真包含于任何其他的 ad 族。

(5) $f\in\mathrm{sym}(\mathbb{N})$ 称为余有穷的(cofinitary),若它只有有穷个不动点。

(6) $G\leqslant\mathrm{sym}(\mathbb{N})$ 称为余有穷群,若它的非单位元的元素都是余有穷的。

---

① 上个世纪 80 年代中期以前的综述性的简介可以参看文献“The Integers and Topology(*Handbook of Set-Theoretic Topology* 第三章)”;相对晚近的介绍可以参看文献“Combinatorial Cardinal Characteristics of the Continuum”(*Handbook of set theory* 第六章)。

② 在 $\{0,1\}$ 上赋予离散拓扑,2^{ω} 为前者的积拓扑,那么它同胚于所谓的 Cantor 空间。

③ A. R. D. Mathias, Happy Families, *Ann. Math. Logic* 12 (1977), no. 1, 59-111.

④ [2]定义. I. 23-25。

sym(ℕ)是ω^{ω}的真子集,因此其基数不超过$2^{\aleph_0}$,不过由下面的命题 1 可立得,sym(ℕ)的基数恰为$2^{\aleph_0}$。

命题 1 存在从ω^{ω}到 sym(ℕ)的单射。

证:如下定义映射 F:$\omega^{\omega}\to$sym(ℕ),对任意的 $f\in\omega^{\omega}$,F(f)为由无穷个轮换组成的函数,

$$F(f)=(0,1,\cdots,f(0)+1)(f(0)+2,\cdots,f(0)+f(1)+3)\cdots$$

不难验证 F 为单射。□

命题 2[①] $G\leqslant$sym(ℕ),若 G 为非平凡余有穷群,则它也是 ad 族。

证:假设 G 为非平凡余有穷群,但是它不是 ad 族,那么有相异的 $f,g\in G$,它们并非几乎不交,即$\{n|f(n)=g(n)\}$为无穷集,那么$f^{-1}og$将有无穷多个不动点,与题设矛盾。□

命题 2 将群论中的相关概念与“几乎不交族”联系起来,下面则是本文关注的基本结果。

命题 3 $A\subseteq$sym(ℕ)为一个 ad 族,若它是可数无穷的,则它不是 mad 族。

据[2],命题 3 最早以群论术语表述,并被相对抽象的方法所证明[②]。[3]中的一个主要结果是,在 MA(ω_1)下,所有的 mad 族的基数都为$2^{\aleph_0}$[③];其中使用的马丁公理(Martin's axiom)是一种强有力的超穷构造法[④],它本身独立于 ZFC 公理系统,但是它的一个弱化版本 MA(ω_0)则是 ZFC 系统的一个定理;因此我们可以依据[3]中主要结果的证明里的方法[⑤],借由 MA(ω_0)得到命题 3 的一个相对具体的证明。

首先介绍 MA(ω_0)方法中需要用到的一些概念。

定义 2[⑥] 一个偏序是一个对(P,≤),其中 P 非空,≤为 P 上的二元关系,满足如下条件:

---

① [2]定理. I. 26,稍有改动。

② [2] 定理. I. 27。

③ [3]定理 1.4;其中仍然以群论的语言表述。

④ 马丁公理不仅仅在无穷组合中,在分析、拓扑,甚至代数中都有广泛的应用;可参看文献 Fremlin, David H. (1984). Consequences of Martin's Axiom. *Cambridge Tracts in Mathematics*, no. 84. Cambridge: Cambridge University Press。

⑤ 使用到的具体的偏序集稍有不同。

⑥ [1]定义 2.1;文献[1]有新版“K. Kunen: *Set Theory*[M], Revised ed. Edition, College Publications, 2011”。

(1)(自反)对任意的 $p\in P,p\leqslant p$;

(2)(反对称)对任意的 $p,q\in P$,若 $p\leqslant q$ 并且 $q\leqslant p$,则 $p=q$;

(3)(传递)对任意的 $p,q,r\in P$,若 $p\leqslant q$ 并且 $q\leqslant r$,则 $p\leqslant r$。

定义 3①设$(P,\leqslant)$是一个偏序。

(1)$p,q\in P$,称 p 与 q 相容,记为 $p\parallel q$,若存在 $r\in P$ 使得($r\leqslant p$ 并且 $r\leqslant q$),否则称 p 与 q 不相容,记为 $p\perp q$;

(2)$D\subseteq P$,称 D 在 P 中稠密,若对任意的 $p\in P$,存在 $q\in D$ 使得 $q\leqslant p$;

(3)$G\subseteq P$,称 G 为 P 的滤子,若它满足:

①$\forall p,q\in G(p\parallel q)$,

②$\forall p\in G,\forall q\in P(p\leqslant q\Rightarrow q\in G)$。

命题 4②$(MA(\omega_0))$设$(P,\leqslant)$是一个偏序,设D_n为 P 的稠密子集,$n<\omega$,那么有 P 的滤子 G,使得对任意的 $n<\omega,D_n\cap G$。

命题 4 是命题 3 的这一证法的关键,接下来我们进行相关的构造,给出命题 3 的第一个证明③。

命题 3 的基于 $MA(\omega_0)$的证明:

任取 $A\subseteq sym(\mathbb{N})$为一个可数无穷的 ad 族。

令 $P=\{(f,F)\mid f$ 为 ω 到 ω 的有穷部分单射,F 为 A 的非空有穷子集$\}$;定义$\leqslant$为 P 上的二元关系:$(h,H)\leqslant(f,F)$ 当且仅当 $H\supseteq F,h\supseteq f$ 并且对任意的 $g\in F(h\cap g\subseteq f)$。

为了表述上的清晰,下面把证明分成三个子命题。

子命题 1 $\leqslant$为 P 上的偏序。

证明:易见 P 有自反性与反对称性,只需说明传递性也成立。

设$(g_1,F_1)\leqslant(g_2,F_2)$并且$(g_2,F_2)\leqslant(g_3,F_3)$。

那么 $g_1\supseteq g_2$并且 $g_2\supseteq g_3$,因此 $g_1\supseteq g_3$。同理可得,$F_1\supseteq F_3$。

任取 $h\in F_3$,那么 $h\in F_2$,因此 $h\cap g_1\subseteq g_2$,进而 $h\cap g_1\subseteq h\cap g_2$;但是 $h\cap g_2\subseteq g_3$,因此 $h\cap g_1\subseteq g_3$。□

---

① [1]定义 2.2-2.4。

② [1]引理 2.6(C)。

③ 尽管这个证明是构造性的,但是其中最后得到的双射是不清晰的,在后面我们还会给出一个更加具体的构造性证法。

对 $h \in \mathcal{A}$，令 $C_h = \{(f,F) \in P \mid h \in F\}$。对 $n < \omega$，令 $D_n = \{(f,F) \in P \mid n \in \mathrm{dom}(f)\}$；令 $E_n = \{(f,F) \in P \mid n \in \mathrm{ran}(f)\}$。

子命题 2　C_h、D_n、E_n 都在 P 中稠密。

证：C_h、D_n 在 P 中稠密易见，下面说明 E_n 也如此。

任取 $p = (f,F) \in P$，假设 $n \notin \mathrm{ran}(f)$。

F 为 $\mathcal{A}$ 的非空有穷子集，枚举其中的元素为 $h_0, \ldots, h_m, 0 \leqslant m$。

取 $a_0, \ldots, a_m, 0 \leqslant m$ 使 $h_i(a_i) = n$，$i = 0, \ldots, m$；令 $b = \max\{a_0, \ldots, a_m\} + 1$，令 $g = f \cup \{(b,n)\}$，令 $q = (g,F)$。

易见 $q \leqslant p$ 并且 $q \in E_n$。□

令 $\mathcal{D} = \{C_h \mid h \in \mathcal{A}\} \cup \{D_n \mid n < \omega\} \cup \{E_n \mid n < \omega\}$。由于 $\mathcal{A}$ 为可数集，因此 $\mathcal{D}$ 也是可数的，那么据题 4，有 P 的滤子 G，使得对任意的 $D \in \mathcal{D}$，$G \cap D \neq \varnothing$。

令 $f_G = \bigcup\{f_p \mid p = (f_p, F_p) \in G\}$。

由于 G 为 P 的滤子，那么各 f_p 相容，因此 f_G 为 ω 到 ω 的部分映射；又由于所有 f_p 都是单的，因此 f_G 也是单射。

对任意的 $n < \omega$，$G \cap D_n \neq \varnothing$ 并且 $G \cap E_n \neq \varnothing$，这样 $n \in \mathrm{dom}(f_G)$ 并且 $n \in \mathrm{ran}(f_G)$，因此 f_G 是从 ω 到 ω 的双射。

最后只需说明 f_G 与 $\mathcal{A}$ 中的每个元素几乎不交，下面的子命题完成这一任务。

子命题 3 对任意的 $h \in \mathcal{A}$，f_G 与 h 几乎不交。

证：任意取定 $h \in \mathcal{A}$，那么 $G \cap C_h \neq \varnothing$；取定 $(f,F) \in G \cap C_h$。下面说明 $f_G \cap h \subseteq f$。

任取 $(m,n) \in f_G \cap h$，则有 $p = (f_p, F_p) \in G$ 使得 $(m,n) \in f_p$。

(f,F) 与 (f_p,F_p) 都在 G 中，因此有 $r = (f_r, F_r) \in G$ 使得 $(f_r,F_r) \leqslant (f_p,F_p)$ 并且 $(f_r,F_r) \leqslant (f,F)$。

由 $(f_r,F_r) \leqslant (f_p,F_p)$ 及 $(m,n) \in f_p$ 得 $(m,n) \in f_r$。

由 $(f_r,F_r) \leqslant (f,F)$ 及 $h \in F$ 得 $f_r \cap h \subseteq f$，因此 $(m,n) \in f$。□

上面给出的命题 3 的证法只是表明，如果 sym(ℕ) 的一个可数无穷子集是 ad 族，则它不会是极大的，其本身并未给出具体的可数无穷的 ad 族的例子。[3]指出存在着基数为 $2^{\aleph_0}$ 的 ad 族，但是原始出处给出的仍然是相对抽象的证明①,因此找寻具体的 ad 族仍然是有意思的探讨,下面的命题完成这一任务。

命题 5 存在可数无穷的 ad 族。

证:注意到ℕ与ℤ是等势的,因此可以取定 g 为它们之间的双射。对任意的 $n \in \mathbb{N}$,取f_n为ℤ上的映射,使得对任意的 $x \in \mathbb{Z}$,$f_n(x) = x + n$。

令$h_n = g^{-1} \circ f_n \circ g$,令 $A = \{h_n \mid n \in \mathbb{N}\}$,则它为 sym(ℕ)的可数无穷的子集合。

任取 $m \neq n \in \mathbb{N}$,任取 $x \in \mathbb{N}$,则有$f_m(g(x)) \neq f_n(g(x))$,进而$g^{-1}(f_m(g(x))) \neq g^{-1}(f_n(g(x)))$,即$h_m(x) \neq h_n(x)$。

这说明 A 是一个 ad 族。□

在通常的几乎不交子集族的研究中,我们知道这样的一个基本结果:存在着有穷的极大几乎不交子集族,比如$\{2N, 2N+1\}$;然而下面的命题告诉我们,对于几乎不交双射函数族,情况是不同的。

命题 6 任何有穷的几乎不交双射函数族都不是极大的。

证:任取$g_0 \cdots g_k$为一族几乎不交的双射;下面递归构造映射f_n族,$n < \omega$。

第 i 步,取$f_i = g_i$,$i < k$

第 n+1 步,设$f_0 \cdots f_n$已得,$n \geq k$。

下面也逐步递归构造f_{n+1}。

第 0 步,取$f_{n+1}(0) = \min(\mathbb{N} \setminus \{f_0(0) \cdots f_n(0)\})$。

第 m+1 步,取$f_{n+1}(m+1) = \min(\mathbb{N} \setminus (\{f_0(m+1) \cdots f_n(m+1)\} \cup \{f_{n+1}(0) \cdots f_{n+1}(m)\}))$。

如上构造得到的f_{n+1}与之前的映射$f_0 \cdots f_n$都是不交的,易见它也是单射,因此只需说明它的值域为ℕ。这由下面的子命题保证。

子命题 对任意的 $m \in \mathbb{N}$,m 在小于等于 m+n+1 步被放入到f_{n+1}的值域中。

对 m 归纳。

首先考虑 m=0。

① [3]定理 1.2;原始出处见文献"P. J. Cameron, Cofinitary Permutation Groups, *Bulletin of the London Mathematical Society* 28 (March 1996), 113-140"命题 10.4。

假设从 0 到 n 步,0 都未被放入f_{n+1}的值域中。那么对每个 $i\in\{0\cdots n\}$,都有 $j\in\{0\cdots n\}$ 使得$f_j(i)=0$。

由于$f_0\cdots f_n$都是双射(进而为单射),因此总共恰好 n+1 次取值为 0,因此对每个 $j\in\{0\cdots n\}$,对每个 $x\geq n+1$,$f_j(x)\neq 0$,因此 $\min(\mathbb{N}\backslash(\{f_0(n+1)\cdots f_n(n+1)\}\cup\{f_{n+1}(0)\cdots f_{n+1}(n)\}))=0$,从而$f_{n+1}(n+1)=0$。

其次考虑 m>0。

设对每个 i<m,i 在小于等于 i+n+1 步被放入到f_{n+1}的值域中。

设从 0 到 m+n 步,m 都未被放入的值域中。那么$f_{n+1}(0),\cdots,f_{n+1}(m+n)$中有 n+1 个数大于 m。

设$f_{n+1}(i_j)>m$,$j\in\{0\cdots n\}$。

那么对每个 $j\in\{0\cdots n\}$,$m\in\{f_{n+1}(i_j)\cdots f_{n+1}(i_j)\}$。

因此已发生 n+1 次取值为 m,进而对每个 $x\geq n+1$,$f_j(x)\neq m$,因此 $\min(\mathbb{N}\backslash(\{f_0(m+n+1)\cdots f_n(m+n+1)\}\cup\{f_{n+1}(0)\cdots f_{n+1}(m+n)\}))=m$,从而$f_{n+1}(m+n+1)=m$。□

由命题 6,立即可以得到下面的推论,它比命题 5 强。

推论 7 设 f 为 ω 到 ω 的双射,则存在可数无穷的 ad 族 A 使得 $f\in A$。

命题 6 证明中的构造方法给了我们一些启发,自然让我们去考虑是否也可以用此方法证明命题 3,稍微考察一下,不难发现此方法本身不可直接使用①,但是将所谓的优先方法的想法与之结合则可完成任务。

优先方法是一种组合构造方法,更精确而言,这是一个有着从相对简单到极其复杂的谱系的方法族,它们的最基本的思想是把一个相对复杂的要求想办法"打散"成可数无穷多个小的相对简单的要求,然后利用有穷与无穷之间的张力逐个满足这些要求,进而构造得到满足最初复杂要求的对象②。

下面给出命题 3 的借助优先方法的构造性证明,相较于前面基于 MA(ω_0)的证法,这一证明的优点是直接构造出了一个具体的双射 g。

命题 3 的借助优先方法的证明:

---

① 例如,一族可数无穷的 ad 族f_n,$n<\omega$ 使得$f_n(n)=0$,使用命题 6 中的方法则无法保证 0 在所欲构造的映射的值域中。

② 我们这里只需要使用最简单的有穷损害优先方法,关于此方法更详细更深入的介绍可参看文献《可计算性理论》(杨东屏、李昂生著,北京:科学出版社,1999 年)第四章。

设 $A \subseteq \mathrm{sym}(\mathbb{N})$ 为一个可数无穷的 ad 族。枚举 A 中元素为 f_n，$n<\omega$，下面构造一个映射 $g \in \mathrm{sym}(\mathbb{N})$，但是对每个 $n<\omega$，g 与 f_n 几乎不交。

按照优先方法的思路，我们把上面的要求“打散”成如下两族可数无穷多个简单要求：

E_n：g 与 f_n 几乎不交；

D_n：n 放入到 g 的值域中。

构造的总体思路是这样的：从空集开始构造 g，逐步满足 D_n，即把 n 放入到 g 的值域中去；假想在构造初始时每个 E_n 都已成立，但是在满足 D_n 的过程中有可能会被损害①，构造的关键是它们只被损害有穷次，这保证可数无穷步后它们是被满足的。

第零步避免 E_0 被损害：令 $g(0)=1-f_0(0)$。

第一步避免 E_0 被损害同时满足 D_0：令 $g(1)=\min(\mathbb{N}\backslash\{f_0(1),g(0)\})$。

易见构造避免了 E_0 被损害，只需说明同时也满足了条件 D_0。

假若 $g(0)=0$，则满足 D_0；若不然，$g(0)=1$，那么 $f_0(0)=0$，但是 f_0 为双射，因此 $f_0(1)\neq 0$，因此 $\min(\mathbb{N}\backslash\{f_0(1),g(0)\})=0$，因此 $g(1)=0$，满足 D_0。

第 2n 步，避免 $E_0\cdots E_n$ 被损害：这时已得 $g(0)\cdots g(2n-1)$，同时避免 $E_0\cdots E_{n-1}$ 被损害；令 $g(2n)=\min(\mathbb{N}\backslash(\{f_0(2n)\cdots f_n(2n)\}\cup\{g(0)\cdots g(2n-1)\}))$。

此步依然避免 $E_0\cdots E_{n-1}$ 被损害，同时开始避免 E_n 被损害。

第 2n+1 步，仍要避免 $E_0\cdots E_n$ 被损害，同时满足 D_n：

令 $g(2n+1)=\min(\mathbb{N}\backslash(\{f_0(2n+1)\cdots f_n(2n+1)\}\cup\{g(0)\cdots g(2n)\}))$。

易见构造仍然保证避免 $E_0\cdots E_n$ 被损害，只需说明同时也满足了条件 D_n。

若 $n\in\{g(0)\cdots g(2n)\}$，则已满足 D_n。

因此只需讨论 $n\notin\{g(0)\cdots g(2n)\}$ 情形。

据上面构造，已得 $\{g(0)\cdots g(2n)\}\supseteq\{0\cdots n-1\}$；因此集合 $\{g(0)\cdots g(2n)\}$ 中有 n+1 个大于 n 的数；在这些数被放入到 g 的值域时，在 $f_0\cdots f_n$ 的相应取值出现一次 n，由于它们都是双射，因此总共有 n+1 次取到 n，因此已被穷尽。这样，对每个 $j\in\{0\cdots n\}$，对每个 $x\geq 2n+1$，$f_j(x)\neq n$，因此 $\min(\mathbb{N}\backslash(\{f_0$

① 即有 i、m，使得 $g(i)=m=f_n(i)$；当然此时 E_n 并未被完全破坏，不过我们仍然沿用这一常用的说法。

$(2n+1)\cdots f_n(2n+1)\}\cup\{g(0)\cdots g(2n)\}))=n$，因此 $g(2n+1)=n$，从而满足D_n。□

把命题 7 与上面的证明结合起来可以得到如下的结果。

命题 8 假设 CH 成立，设 f 为 ω 到 ω 的双射，则存在基数为$2^{\aleph_0}$的 ad 族 A 使得 $f\in A$。

证：任取 f 为 ω 到 ω 的双射；据命题 7，可得可数无穷的 ad 族 B 使得 $f\in B$；然后利用上面证明中的构造方法把 B 扩张称为基数为 $\aleph_1$ 的 ad 族 A。□

一个自然的问题是，是否可以找到具体的基数为$2^{\aleph_0}$的 ad 族①？下面的命题给出一个例子。

命题 9 存在基数为$2^{\aleph_0}$的 ad 族。

证：取 $T=2^{<\omega}$，为所有有穷 01 串组成的集合，以真前段关系为其中元素间的关系，则 T 是一棵可数无穷高的完美二叉树，那么它有$2^{\aleph_0}$条支。

如下逐步用有穷的自然数序列替换 T 中的元素。

第 0 步，用 0 替换 T 的第 0 层的唯一元素 Ø。

第 n 步，取数2^n-1、2^n、…、$2^{n+1}-2$，共2^n个数，取2^n个这些数上的置换，使之“两两不交”；然后用这些置换替换掉 T 的第 n 层上的2^n个元素。

3 6 5 4
4 3 6 5
5 4 3 6
6 5 4 3
1 2
2 1
0

图 1

例如，上图为前三层的一种替换。

设 S 为替换完成后得到的树，它依然有$2^{\aleph_0}$条支。把每条支上的置换“组

① 前面也提到，文献“P. J. Cameron, Cofinitary Permutation Groups, *Bulletin of the London Mathematical Society* 28 (March 1996), 113-140”命题 10.4 给出了一族基数为$2^{\aleph_0}$的 mad 族，但是其是以相对抽象的方式给出的。

合”起来，则得到一个 ω 到 ω 的双射，把这些双射收集起来，记为 A，那么据构造可知，这些双射两两几乎不交，因此 A 是 ad 族，并且它的基数为$2^{\aleph_0}$。□

不过，如上构造得到的 ad 族不是极大的，我们如下构造一个从 ω 到 ω 的双射 h：

对每个 $n<\omega$，依次截取通常排序的自然数序列的第 $n+1$ 个前段，这一段有2^{n+1}个自然数，让同一段里的前2^n个数与后2^n个数对换，则 h 与 A 中的每个映射都不交。

1　0　4　5　2　3…

图 2　h 的前几位

当然，依据 Zorn 引理，可以把 A 扩展为一个 mad 族，后者的基数自然也是$2^{\aleph_0}$，但是这样由选择公理得到的集合的“面目”是不清晰的，因此，我们或许仍然可以问下面的问题：

问题 1：是否可给出一个具体的基数为$2^{\aleph_0}$的 mad 族？

参考文献

[1] K. Kunen, Set Theory: An introduction to Independence Proofs, *Studies in Logic and the Foundations of Mathematics*, vol. 102, North-Holland Publishing Co., Amsterdam, 1980.

[2] B. Kastermans, Cofinitary Groups and Other Almost Disjoint Families of Reals, Ph. D. Thesis, May 2006, University of Michigan.

[3] Y. Zhang, Maximal Cofinitary Groups, *Arch. Math. Logic*, 39, 2000, pp. 41-52.

Transfinite Construction and the Almost Disjoint Families of Permutations

Qiu Jiangjie

Abstract: The concepts of almost disjoint families and maximal almost disjoint families are the natural and fundamental ones in the infinite combinatorics, which has been developed as several forms in the existing research, and have a natural connection with some of the concepts in other fields of mathematics. The study of almost disjoint families of permutations, which promoted from the study of cofinitary subgroups of the infinite symmetric group, now has some deep results, but several basic theorems of it have relatively abstract proofs. Using some simple transfinite constructions, we give more concrete proofs.

Key words: almost disjoint, cofinitary, transfinite construction

书讯

《章太炎与明治思潮》

[日]小林武著,白雨田译

上海:上海人民出版社,2018 年

《章太炎与明治思潮》是第一部详尽研究章太炎与其所接受的明治日本学术的著述,也是国内翻译出版的第一部日文章太炎研究著作。该书作者小林武毕业于大阪大学文学部中国哲学系,现为京都产业大学教授,是日本著名章太炎研究专家,另著有《章太炎与清末的功利思想》等。

本书分为四个部分,分别是序章“从封闭的世界走向开放的世界”、第一章“章太炎与明治思潮”、第二章“《民报》时期的章太炎与明治思潮”和第三章“章太炎《齐物论释》的哲学”。旨在探讨章太炎的知识营构与日本明治思潮之间的关系,并考察其学问与思想之间的关联。最终明确了章太炎与明治思潮的关系,叔本华对章太炎的影响,以及姉崎正治与中江兆民对章太炎的影响等三点。作者通过仔细研读章太炎的《訄书》和《民报》时期论著,对比其中引用西方思想文字和明治时期姉崎正治、中江兆民等著作,阐释章太炎思想的发展历程,说明西洋近代思想及明治思潮等全球化知识环境与章太炎思想的碰撞交流。

本书是上海人民出版社推出的“章学研究论丛”中之一本,是研究章太炎早年(即明治维新后至辛亥革命前夕)思想与学术的力作,具有开创性的意义。(马卓文)

哲学门(总第三十九辑)
第二十卷第一册
北京大学出版社,2019 年 6 月

从《春秋》到六经:廖平的“素王”新说
——以前二变为中心

王文军*

提　要:通过将“素王”与《商颂》相联系,廖平在六经中为“素王”找到了依据,从而证成了孔子的素王身位,而将“知命”与“受命”勾连起来的做法又使此身位获得了前所未有的提升。同时,伴随着对“素王受命”的重新诠释,“素王”一义被廖平从《春秋》扩展至六经,而其最终结果就是六经皆为“素王之制”。廖平以“素王”为管钥,建构出了一套新的经学体系及其说方式,这种建构出自一种乱世衰制中的文明隐忧,而其背后所彰显的则是一种文明的主体性意识。

关键词:素王　六经　廖平　新说

“素王”是廖平早期经学思想中的一个重要内容,在这期间他以“素王”为核心,从《春秋》到六经,构筑了一套全新的“素王改制”学说。在这个学说中,六经皆为“素王之制”,孔子以它们为载体,制治法、开教化,从而自身也成为一个独一无二的神圣存在。不过,由于对传统素王说作了较大改造,廖平的素王学说也呈现出一种前所未有的面貌。在笔者看来,这种新的面貌所体现的并非简单的义理开新,而是晚清经学家在共同的时代难题前的焦虑与挣扎,而对此一问题的梳理无疑将对我们理解晚清经学变革,进而探究近代中

*　王文军,1985 年生,北京市社会科学院哲学所助理研究员。

国文明的“古今之变”产生积极的意义。本文以廖平经学前二变为中心，从素王之义、素王受命、素王身位以及素王之制四个方面对廖平的素王学说作出考察，希望借此厘清廖平“素王说”的新意所在，进而挖掘出其背后的思想史意义。

一 素王之义

“素王”一词来自《春秋公羊》学，是对孔子的一种称谓。所谓素者，空也，意谓孔子无王者之位，却有王者之德，故而为素王。廖平的“素王”新说，首先就来自他对素王之义的重新诠释，而这种诠释又随着其经学立场的改变而变化。在一变时期，廖平虽然主张“《春秋》本素王”，但对于素王所指，他并不持《公羊》学的立场：

> 素王本义非谓孔子为王。素，空也；素王，空托此王义耳。《论语》曰：“如有用我者，其为东周乎？”又曰：“其或继周者，虽百世可知。”今之所谓素即此“如有”，“其或”之义，设此法以待其人，不谓孔子自为王，谓设空王以制治法而已。①

从廖平的叙述来看，这里他虽然也以“空”来解“素”，但是和《公羊》学家的讲法是非常不同的。在《公羊》学家那里，素王所指就是孔子，而在廖平看来，素王是孔子为“制治法”而设的一个“空王”。② 同时，对于“素王”一词的来源，廖平也持不同的观点。一般而言，“素王”本为道家术语，最早见于《庄子·天道》：“夫虚静恬淡寂寞无为者，万物之本也。……以此处上，帝王天子之德也，以此处下，玄圣素王之道也。”③而在廖平看来，虽然“素王”之明文最早见于《庄子》，但它实际上却有更早的源头。《史记·殷本纪》有伊尹言“素王及九主之事”之语，《索隐》将这里的“素王”解释为：“素王，太素上皇，其道质

---

① 廖平：《何氏公羊解诂三十论》，《廖平全集》第9册，舒大刚、杨世文主编，上海：上海古籍出版社，2015年，第2145页。

② 不过，这种观点虽然表明廖平此时并非今文经学的立场，但从中似乎也能看出其日后思路的一丝端倪：孔子虽然不自为王，然而却能设一个空王来为后世立法，这实际上也就宣告了孔子的地位高于后世之王。

③ 王叔岷：《庄子校诠》，北京：中华书局，2007年，第469页。

素,故称素王。”①廖平则径直将其拿来解释《春秋》之“素王”:

> 《殷本纪》伊尹说汤以素王之法,与《春秋》素王义同。史公素王妙论,亦以伊尹为主,岂“素王”二字亦从伊尹来耶?说者以素为从质之义,史公论范、计,亦质家意,岂素王为伊尹说朴质之教,孔子欲改周文,仿于伊尹从质之意而取素王,故《春秋》多用殷礼耶?②

在廖平看来,《公羊》学家所言的“素王”实际上就来来自于《殷本纪》中提到的伊尹对商汤陈说的“素王之法”,而孔子作《春秋》“改文从质”也正是对伊尹“从质之意”的一种效仿。这样,通过将《公羊》学的“改周之文,从殷之质”放进《殷本纪》的解读,廖平就为“素王”一词找到了更早的来源;但同时,由于将《索隐》中略显道家意味的“素王”概念吸纳进了《春秋》学说当中,廖平所言的“素王”又与传统《公羊》学不尽相同。因此,在第一变时期,“素王”一词在廖平这里实际上呈现出某种双重内涵:其一,素王并非孔子,而是孔子所设之“空王”。在廖平看来,孔子要“制治法”,必然需要通过王者来进行(因为只有王者才有此资格),于是孔子就设一个“空王”来立法,这样“素王”实际上就成为孔子立法的某种符号,它本身则不具有实际意义。其二,作为“空王”的素王,其最终的落脚点乃是所谓“治法”,此“治法”遵循《春秋》“改周之文,从殷之质”的原则,但其来源则是孔子对伊尹“朴质之教”的效仿。

可以看到,在经学第一变时期,廖平对“素王”所持的观点其实是比较“保守”的,他此时虽然言素王,但并不以其指代孔子。然而到了第二变,随着经学立场转向今文经学,素王在廖平眼中开始直接指向孔子。廖平为何会有如此转变?后文将会述及,先来看此时廖平眼中的素王。在作于二变时期的《知圣篇》开篇,廖平开宗明义:“孔子受命制作,为生知,为素王,此经学微言,传授大义。”③不过,相比于以往今文经学家对孔子素王的接受,廖平还多做了一项工作,那就是对孔子素王的证成。廖平采取的方法是多角度的,如通过《论语》中孔子感叹“文不在兹”以及“凤鸟不至,河不出图”来阐明孔子自知已秉受天命而为素王;又如通过孔子告颜子参用四代、告子张“百世可知”之

---

① 司马迁:《史记》,北京:中华书局,2014 年,第 123 页。
② 廖平:《今古学考》,《廖平全集》第 1 册,舒大刚、杨世文主编,上海:上海古籍出版社,2015 年,第 63 页。
③ 廖平:《知圣篇》,《廖平全集》第 1 册,舒大刚、杨世文主编,上海:上海古籍出版社,2015 年,第 324 页。

语来说明孔子有改作微言,从而证明其素王身位;此外还通过《孟子》中宰我、子贡评价孔子“贤于尧舜远矣”“生民以来未有”以及《中庸》中“仲尼祖述尧舜、宪章文武”的说法来证明孔子实乃“集群圣之大成”。

然而除此之外,还有一个重要的角度,那就是直接从六经中找寻孔子素王的证据。为此,廖平引入了《诗经·商颂》:“素王之说,义本《商颂》。《殷本纪》伊尹说汤以素王之道,此一义也。明文始于《庄子》云‘在下则为玄圣素王’,所谓空王也。”①这段论述似乎像是对自己之前关于“素王”观点的某种总结。不过,与前说相比,此说最大的不同乃是将“素王”直接溯源于六经。在廖平看来,关于素王,无论是《殷本纪》的说法,还是《庄子》的说法,实际上都本于《诗经·商颂》。然而,这又有什么依据呢?

> 纬云“孔子受命为黑统”,即玄鸟、玄王;《庄子》所谓“玄圣”“素王”之说,从《商颂》而寓之。《文王》篇“本支百世”即王鲁;“商之孙子”,即素王。故屡言受命、天命,此素王根本也。②

我们知道,《公羊》学中有“黑白赤”三统的循环迭代理论,其中夏为黑统、商为白统、周为赤统,孔子“新周、故宋、以《春秋》当新王”,因而承袭的应该是黑统。而在纬书中,孔子又多被描述为“黑帝之子”或“玄圣”,如《春秋演孔图》云:“孔子母徵在梦感黑帝而生,故曰玄圣。”③因此,所谓“孔子受命为黑统”实际上是《公羊》三统说与纬书神学的一种结合。然而,廖平为什么要将其和《诗经·商颂》联系起来呢?这是因为《商颂》中有“天命玄鸟,降而生商”的讲法(《史记·殷本纪》对此亦有述及),而作为殷商王族后裔的孔子在汉代纬书体系中,又早已被视为“黑帝之子”或“玄圣”,因此在廖平看来,孔子作为素王,本身是一种血统意义上的受命,是对“神圣血统”的承袭。

由此,通过将“素王”与《商颂》相联系,廖平就在六经中为“素王”找到了证据,从而证成了孔子的素王身份。不过,需要注意的是,廖平的这种证成方式实际上是通过吸纳纬书神学,从而在血统上证明孔子受命为素王,这一点和传统《公羊》学家从“西狩获麟”的角度来理解“素王受命”是非常不一样

---

① 廖平:《知圣篇》,《廖平全集》第1册,舒大刚、杨世文主编,上海:上海古籍出版社,2015年,第326页。
② 同上书,第330页。
③ 赵在翰辑:《七纬》,北京:中华书局,2012年,第367页。

的。事实上，这正是廖平所要着力摆脱的，因为在他看来，孔子受命为素王本身就是对其“天命”的某种自知与自觉，并不需要通过“西狩获麟”才能达成，正是在这一立场下，廖平对“素王受命”作出了新的论证。

二　素王受命

“素王受命”一般来自今文经学家尤其是《公羊》学家对孔子的理解，因此在探究廖平关于“素王受命”的理论之前，有必要对此作一简单回溯。“素王受命”一说肇端于西汉董仲舒，而其成立之关键就是“西狩获麟”。《公羊传》哀公十四年云：“春，西狩获麟。何以书？记异也。……麟者，仁兽也，有王者则至，无王者则不至。孔子曰：‘孰为来哉！孰为来哉！’反袂拭面涕沾袍。……西狩获麟，孔子曰：‘吾道穷矣。’”[①]从《传》文来看，“西狩获麟”并非某种嘉瑞，倒是更具灾异色彩。[②]然而董仲舒却通过重新解读，使其成为了孔子受命的关键证据：“有非力之所能致而自致者，西狩获麟，受命之符是也。然后托乎《春秋》正不正之间，明改制之义。”[③]将“西狩获麟”视为孔子受命的符瑞，董仲舒的这一解读实际上让“受命”和“获麟”之间呈现出了巨大的意义空间：一方面，麟虽然“非其时而来”，但它确实又是一种圣王符瑞，此实为董仲舒以“西狩获麟”为孔子“受命之符”理论的根源所在；另一方面，麟的死亡虽然预示着夫子将没、周之将灭，但因“获麟”而受命的孔子却也因此以素王身位作《春秋》，为后世立下一王大法。因此，以“西狩获麟”为孔子“受命之符”虽为董仲舒之创造，但它确实把握到了“西狩获麟”这一事件中某种微妙的意蕴，在理论上也契合《公羊传》中的孔子形象，因而能被时儒接受，并形成了《公羊》学的“素王受命”学说。

由此看来，“西狩获麟”实为理解“素王受命”的关键所在，正是有了“西狩获麟”，孔子才得以受命，其素王身位也才得以成立。然而，在廖平这里，这一

---

① 何休注，徐彦疏：《春秋公羊传注疏》，《十三经注疏》（7），阮元编，台北：艺文印书馆，2013 年，第 355—357 页。

② 《春秋通论·春秋》云：“绝笔获麟，《公羊》以为受命制作，有反袂拭面，称吾道穷之事，则是灾异，并非祥瑞。”皮锡瑞：《经学通论》，北京：中华书局，2001 年，第 29 页。

③ 苏舆：《春秋繁露义证》，北京：中华书局，1992 年，第 157 页。

观点发生了根本的变化。上文述及在经学第一变时,廖平并不视孔子为素王,因此受命问题并未引起他的关注;不过到了第二变,随着经学立场的改变,这一问题开始进入到廖平的论域,然而正如前文所言,他并不从"西狩获麟"的角度来理解受命:

> 孔子知命在周游之前,于畏匡引文王,于桓魋言天生,实是受命,故自卫返鲁,作《诗》言志,以殷末寓素王之义,明三统之法。特后来以《诗》之空言,未能明切,恐后人失其意,故再作《春秋》,实以行事。……制作知命,当以五十为断,非因获麟乃起。①

在廖平看来,孔子言"知命"实际上就是"知其受命",但此事并非因"西狩获麟"而起,而是在孔子五十岁、周游列国之前已经明确知道自己将要受命制作,因此才有了作六经的行为,孔子言"知天命"即是言此。廖平认为,孔子作《诗》是寓"三统之法"于其中②,但由于《诗》是空言,不够明切,因此又作了《春秋》,以实事证之。在他看来,这既印证了孟子"《诗》亡而后《春秋》作"(《孟子·离娄下》)的说法,又符合司马迁所引孔子"我欲载之空言,不如见之于行事之深切著明"(《史记·太史公自序》)的自白。由此,在廖平这里,"素王受命"就与"西狩获麟"脱离关系,而与"知命"联系在了一起。之所以如此处理,是因为在廖平看来,受命与否并不必然要通过符瑞来证明,圣人对于自己受命是自知的,而这也就等于告诉我们圣人不但与天相互感通,而且与凡人之间存在着根本的区别。

不得不说,廖平的这种圣人观和宋明以降"圣人可学而至"的主流立场是大异其趣的。实际上,这种观点更加接近汉代以前的圣人观,汉代以前虽然也讲"圣人可学",但"圣人是可学的并不意味着即是可至的,因为圣人之为圣人,有着超出学之外的因素,即是天命"③。而在廖平看来,宋儒以"心性之学"沟通天人的做法虽然可以让人性在根基上获得某种超越性的依据,但也恰恰因此消解了圣人的神圣性,"神圣性的丧失必然导致圣人形象的世俗化。而

---

① 廖平:《知圣篇》,第334页。

② 在廖平看来,"素王"本于《商颂》,《鲁颂》体现为"王鲁",而进《周颂》于前则为"新周"之义,因此《诗经》中周、鲁、商三《颂》所传达的正是《春秋》"王鲁、新周、故宋"的三统之说。

③ 王锦民:《古学经子——十一朝学术史述林》,北京:华夏出版社,2008年,第15页。

圣人形象的世俗化又必然导致经典神秘性的丧失。丧失了神秘性的经典,自然也就很难让人相信有什么‘微言大义’、‘素王之法’寓于其中了”①。这当然是一心推崇孔子与六经的廖平不愿意看到的,因此他才会如此强调凡圣之别。

然而,廖平如此解读孔子“受命”,实际上还有一个更重要的目的,那就是进一步将孔子与六经联系在一起,从而充分证成六经皆为孔子所作,而具体做法就是将“知命”与“受命”勾连到一起。在廖平看来,既然孔子五十岁时已知道自己秉受天命,那么他后来关于六经的所有行事(而不只是作《春秋》)就都可以视为某种秉承天命的圣王制作,由此,通过改变“受命”的内涵,“孔子作六经”的观点就被廖平彰显了出来。廖平的这种做法我们并不陌生,较早的常州学派宋翔凤就对此作出过相似的诠释。实际上,孔子“知命”与“受命”原是两个不同的命题,对这两个命题的不同偏重与诠释在某种程度上颇能折射出儒学在“汉宋”之间的不同脉络及其张力,宋翔凤将“知命”与“受命”勾连起来以沟通《公羊》学与《论语》的做法,亦可以作如是观。不过,对于廖平而言,这种勾连或许还有更深的意义:当孔子“受命”与“西狩获麟”脱离关系,“素王”一词就被廖平从《春秋》中拉出,而将“知命”与“受命”直接勾连,则完成于“知命”后的整个六经就都成为了“素王”制作的表现,由此带来的首要变化就是“素王”的边界和内涵都被极大地扩充了——孔子的身位获得了前所未有的提升。

三　素王身位

通过对“素王受命”的重新解读,廖平使“素王”一词不再局限于春秋,而是延伸至整个六经,在他看来,孔子既然受命为素王,那么六经就都可视为素王制作。由此,在廖平眼中,孔子于六经不再有“作”与“述”的区别,而六经本身也不再有帝王、周公或史臣之分属,整个六经体系作为一个同条共贯的整体,所体现的乃是素王孔子的一套整全的治法:

---

① 李长春:《“素王”与“受命”——廖平对今文经学“受命”说的改造与发展》,《求是学刊》,2011 年第 2 期。

> 素王事业,与帝王相同,位号与天子相埒。《易》与《春秋》,则如二公也;《诗》《书》《礼》《乐》,则如四辅条例也。欲为之事,全见六艺。①

而伴随着这种思路,廖平对"素王"一义作出了远超《公羊》学家的强调。在经学第一变时,廖平仅认为"《春秋》本素王",而到了第二变他则认为"素王"不仅仅是《春秋》理论的基点,而且是整个六经的根本所在:"素王一义为六经之根株纲领,此义一立,则群经皆有统宗,互相启发,针芥相投。自失此义,则形体分裂,南北背驰,六经无复一家之言。"②因为对于此时的廖平而言,孔子已绝不仅仅只是"获麟"而作《春秋》意义上的"受命之王",而是代天立言,用整个六经为世间制作根本治法的"天命之王"。在这个意义上,孔子素王的身份虽然没有改变,但其地位却获得了极大的提升,而就这种提升而言,廖平可以说是为"素王"赋予了前所未有的意义。

从经学史的角度来看,孔子的身位问题一直在历代经学家的视域中处于一个非常核心的位置,这是关于孔子"圣与王"或"德与位"的一场持久争论。表面上,这一争论体现的仅仅是孔子生命际遇的尴尬以及后世儒者对它的不同态度,但实际上,它所传达出的正是儒家最原初的精神信仰——"圣王合一"("德位合一")③。而《公羊》学素王说的出现实际上就是为了弥合孔子"德位不一"的所带来的信仰裂痕以及建构儒家理想的政教秩序——通过对孔子素王身位的确立,不但解决了"孔子贬天子、退诸侯、讨大夫之行为的正当性问题"④,而且使"圣王合一"("德位合一")的信仰得以延续,并因此形成了一套基于"素王改制"的《春秋》政治学说。不过,就其理论来看,所谓素王,就表明孔子并非真实的王,而且即使孔子为素王,也始终带有一丝无奈的意味:孔子有德无位、想要施行却不可得,从而只能通过作《春秋》"加王心""立王法"。然而,在廖平这里,孔子为素王这件事非但毫无此意味,相反,孔子却因此更显伟大:

---

① 廖平:《知圣篇》,第341页。

② 同上书,第324页。

③ 就六经体系所呈现出的上古政教来看,"圣"与"王"在历史的演进中一直是合一的,从尧舜禹的禅让,到夏商周的革命,王者得位的方式虽然不同,但其背后的逻辑却是统一的,那就是"圣必王"或"大德必得其位"(《中庸》)。然而到了孔子这里,孔子"有德无位"的现实遭遇使得这种逻辑出现了断裂,由此形成了一种持久的理论张力,在笔者看来,此张力可以成为我们理解儒家政教传统的一条关键线索。

④ 王光松:《在"德"、"位"之间》,上海:华东师范大学出版社,2015年,第71页。

> 缘文明之制,由渐而开,自尧舜至于文武,代有圣人为之经营,至周大备。天既屡生圣人,为天子以成此局,不能长袭其事,故笃生一匹夫圣人,受命制作,继往开来,以终其局。而后继体守文,皆得有所遵守。又开教造世以为之辅,故百世可以推行。①

在廖平看来,文明是逐渐开化的,而在这一过程中,圣人皆有各自的使命。如果说从尧舜禹到夏商周,圣人的使命是经营天下以趋文明之制,那么到了孔子的时代,文明之制已备,圣人的使命就变成了制作法度以终前圣之局,进而开创文明之教,使其百世推行。由此,在廖平这里,孔子作为“圣王”这一局面的终结,不但没有因其有德无位的现实遭遇而形成某种理论困境,反而因此获得了更为非凡的意义:孔子以独一无二的素王身份屹立于历史长河,承前启后、继往开来,从而获得了不但高于以往圣王、更高于后世时王的崇高地位,孔子身上的“圣—王”紧张关系更是成为了其伟大的最佳注脚。“古圣皆有神怪实迹,圣与天通,人与鬼谋,故能成‘平定’之功,……至孔子时,先圣开创之功已毕,但用文教,已可长治久安,故力绝神怪,以端人心,而正治法。”②在廖平看来,“圣王合一”的历史局面虽然在孔子这里终结,但孔子却也因此完成了两个更为伟大的功业:其一,素王改制。就此而言,孔子以六经为载体,参用四代之制,从而在“政”的层面上造就百世文明之制。其二,圣人创教。就此而言,孔子端人心、正治法,从而在“教”的层面上开创万世文明教化。因此,在廖平眼中,“孔子根本无须成为真正的帝王;制作的意义大于任何现世的伟业;‘空王’的地位高于任何实际的王权”③。廖平称孔子“道冠百王,师表万世”正在于此。

通过对“素王”的重新诠释,孔子的身位获得了前所未有的提升,他不再只是一个有德无位、想要施行却不可得,从而只能通过作《春秋》以“自见于后世”的空王,而是一个因制作六经而开创万世治法的永恒圣王,这自然是廖平的意图,然而,他的目的并不止于此。从“《春秋》本素王”到“素王一义为六经之根株纲领”,伴随着对“素王”的强调,六经于素王的意义亦被不断彰显,而

---

① 廖平:《知圣篇》,第 339 页。
② 同上书,第 341 页。
③ 李长春:《“素王”与“受命”——廖平对今文经学“受命”说的改造与发展》。

其最终结果就是六经皆为素王之制。这才是廖平的最终目的,他要将“素王之义”最终落实于“素王之制”。

四　素王之制

所谓“制”者,制度也。在廖平眼中,制度是裁成万物、无所不包的,六经之精要亦在制度。① 而在六经制度中,廖平又最为重视《王制》,并将其视为理解六经的钥匙。在经学第一变时,廖平认为“今、古之分,全在制度,不在义理”②,而区分的关键就在于正确理解《王制》。到了第二变,廖平进一步认为“六经要旨,以制度为大纲,而其辨等威、决嫌疑,尤为紧要”③,此时的六经制度更是全然以《王制》为中心。廖平为何会如此重视《王制》?④ 首要原因自然来自于他的“重要发现”——“《王制》为《春秋》大传,千古翳沉,不得其解,以《穀梁》证之,无有不合。”⑤同时,俞樾以“《王制》为《公羊》礼”的说法对他形成了关键的启发⑥,从而最终让廖平达成了对《王制》前所未有的独特见解:《王制》为《春秋》礼传。

不过,促使廖平从《王制》入手实际上还有一个更重要的问题意识,那就是以礼制分判今古文经学。我们知道,经学发展至东汉之际,今古文两家可以说是势同水火,今文家注经不采古文经之说,而古文家对于今文之说也是

① 廖平对制度的重视是在晚清经学发展的内在理路中形成的,具体来说有两个重要的背景:其一,《公羊》学发展。乾嘉以后,常州《公羊》学派勃兴,然而发展至刘逢禄、宋翔凤之后,却又转变为两种不同的取向:一种以经术论政,虽多“非常异义可怪”之论,然颇有西汉遗风,以龚自珍、魏源为代表;另一种注重考辨礼制,虽然采用的是汉学的功夫,但对《春秋》不为无补,以凌曙、陈立为代表。而廖平对《春秋》的理解,恰恰奠基于这一转变,从其对礼制的重视来看,他受后者影响显然更大。其二,今古文之别。晚清讨论今古文之别的学者不乏其人,然而不同的经学立场与治学旨趣使得这一问题始终得不到很好的解决。在廖平之前,陈寿祺《五经异义疏证》已经注意从礼制角度来考辨今古文家法之异同,虽然未得其本,但这种方式无疑对廖平产生了较大影响。实际上,后者在某种程度上正是廖平“以制度言今古”的经学体系得以建立的重要基础。

② 廖平:《今古学考》,第79—80页。

③ 同上书,第336页。

④ 实际上,廖平并非清代首位重视《王制》的学者,清初姚际恒在其《礼记通论》中就已认为《王制》重于《周礼》,而耿极也曾作《王制管窥》来阐发自己心目中的“先王之道”。不过,将《王制》视为理解六经之钥匙,在清代乃至整个经学史上,廖平恐怕是第一人。

⑤ 廖平:《穀梁春秋经传古义疏》,《廖平全集》第6册,舒大刚、杨世文主编,上海:上海古籍出版社,2015年,第20页。

⑥ 章可:《〈礼记·王制〉地位的升降与晚清今古文之争》,《复旦学报(社会科学版)》,2011年第2期。

绝口不言，直至东汉末年，郑玄杂采今古文之说遍注群经，这一壁垒才得以打破。然而，郑玄注经大多以《周礼》为本，他视《周礼》所载为周制，诸经礼制凡不合于《周礼》者，皆断为夏、殷古制，此举虽然调和了六经礼制的矛盾，但也因此留下了混淆今古文家法的问题。伴随着清代经学的复兴，今古文之争重新出现，郑玄的观点受到越来越多的批评，而廖平则本于自己对《王制》的独特理解，对其作出了新的解读。然而值得注意的是，如果说之前关于《王制》的争论只是一个所谓混淆家法的问题，那么到了廖平这里，这一问题还进一步上升成为区分今古文经学的根本所在：

> 郑君注《礼记》，凡遇参差，皆以为殷、周异制。原今、古之分，实即此义。郑不以为今、古派者，盖两汉经师已不识《王制》为今学之祖，故许君以《公羊》“朝聘”为虞夏制，郑君以《王制》为殷礼。但知与《周礼》不合，而不知此为孔子手订之书，乃改周救文大法，非一代所专，即今学之本也。①

在廖平眼中，今古文之分的关键就在于礼制的差异，古学以《周礼》为本，今学则以《王制》为宗。不过，由于两汉经师已经不识《王制》之学，故而才有郑玄将其断为殷制之误。得益于俞樾的《王制》之说，廖平视《王制》为孔子手订的素王之制，其中蕴含着孔子“改周救文”之大法，故而为“今学之祖”。这样，通过廖平的重新解读，《王制》就作为《周礼》的对立面，走上了晚清今古文之争的舞台。

伴随着经学立场向今文经学的转变，廖平斥《周礼》等古文诸经为伪，而《王制》的地位则得到了进一步提升——从“今学之祖”上升为“六艺之纲领”。在廖平看来，《王制》作为《春秋》礼传，阐发的乃是孔子在《春秋》中订立的制度，这些制度并非仅仅来自某一个具体朝代，而是孔子斟酌损益四代之制而形成的《春秋》新制。郑玄因《王制》与《周礼》不合就将前者断为殷制，这种做法实际上正表明其不通于《春秋》“素王”之学（尽管郑玄也言孔子素王），而这种不通所带来的真正后果并不仅仅是违经反传，更是对孔子素王之制的遮蔽。

---

① 廖平：《今古学考》，第56页。

> 孔子作《春秋》,存王制,《礼记·王制》乃《春秋》旧传。孔子既作《春秋》,复作此篇,以明礼制,故所言莫不合于《春秋》。先儒不得其解,因与《周礼》不合,疑为殷制。不知乃《春秋》制,中备四代,非独殷礼也。《春秋》制度,皆本于此。①

从今古文之争来看,廖平以礼制区分今古的做法,是对郑玄混淆今古问题的重新处理,而以《王制》对立《周礼》乃至统摄群经的做法,则让他建构出了一种全新的经学体系,就此而言,"廖平实际上是以《王制》为滤网,过滤出去的杂质称为'古文经',剩下纯而又纯的则称为'今文经'"②。不过,从《公羊》学角度来看,如果说郑玄以《周礼》为本注解群经对《公羊》学的"素王改制"问题形成了某种遮蔽或搁置,那么廖平以《王制》区分今古文乃至统摄群经,则让此问题再一次显露出来。我们不能说这是对郑玄的扭转,但通过这种转换,《公羊》学的"素王改制"一义确实获得了前所未有的意义。更为重要的是,当廖平以"素王改制"的原则来审视和甄别六经,他就为我们提供了一个打开经典世界新的方式,通过这种新的方式,六经的性质及其相互关系都得以重塑,最终,不光是《王制》,整个六经皆为素王之制:

> 孔子统集群圣之成,以定六艺之制,则六艺自为一人之制,而与帝王相殊。故弟子据此以为"贤于尧舜者远",实见六艺美善,非古所有。以六经为一王之大典,则不能不有素王之说;以孔子为圣、为王,此因事推衍,亦实理如此。③

如果说廖平经学第一变对《王制》的关注是出于某种经学立场的"洞见",那么他在二变时期以《王制》统摄六经、进而强调整个六经皆为素王之制,则传达出更为深刻的问题意识:晚清中国,时势暴变,在古今中西之争这种"三千年未有之大变局"下,儒家学说的主体性和解释力都受了前所未有的挑战,"面对新的以基督教和西方哲学而来的西方教化体系即将登场的时代,廖平明确认识到了传统的儒教体系必须经过一次有系统的学术重构去应对这个挑战……而如果要建设一个完整系统的儒教体系,第一个也是最大的问题就

---

① 廖平:《何氏公羊解诂三十论》,第2138页。

② 傅正:《古今之变:蜀学今文学与近代革命》,上海:华东师范大学出版社,2018年,第50页。

③ 廖平:《知圣篇》,第328页。

是怎么理解孔子的问题”[①]。因此,在此时的廖平看来,“素王”所关乎的不再仅仅是一个“今古异制”的问题,而是如何重新理解孔子以及六经的问题,特别是当这种理解被放置在一个关乎文明存续的时代大背景之下,此问题就更以前所未有的方式被凸显出来。由此,我们看到廖平以“素王”作为管钥,建构出了一套全新的经学言说方式,在这套言说方式中,作为素王的孔子不再是有德无位的空王,而是挺立于经典世界的永恒圣王;而作为素王之制的六经,也不再是先王政典的有限遗存,而是孔子为世间定立的百世之制。

五 结语

行文至此,我们大致厘清了廖平经学前二变“素王”新说的内在逻辑。最后,还是回到第一小节搁置的那个问题,廖平对“素王”的理解为何会有如此转变?他又为何会如此解读“素王”?在笔者看来,这其实是出自一种乱世衰制中的文明隐忧,而这也正是晚清以降的经学家所共有的思想面相。不过,在这样的面相下,廖平对“素王”的重视以及重新解读则又彰显出两个重要的目的:其一,呼唤改制。这当然是传统《公羊》学言“素王改制”的重要主题,不过,在廖平的重新诠释下,此一主题的内涵则又发生了新的变化:在第一变时,廖平言“素王改制”基本上遵循传统《公羊》学“改文从质”之义。而到了第二变,他则对此一义有了新的解读:“‘文质’即中外、华洋之替字。中国古无质家,所谓质,皆指海外,一文一质,谓中外互相取法,为今天下言之,非古所有。”[②]由此,对于廖平所处的时代,所谓“改文从质”就有了别样的内涵:

> 以今日之中国论,则诚所谓文敝,先师所谓周末文敝者,为今之天下言也。服习孔教久,则兵食之事多从简略,故百世以下,则以文质合中为一大例。[③]

所谓“文质合中”,就是“文质”互相师法、互相补充,从而最终形成一种“文质彬彬”的局面。之所以如此解读“改制”,乃是因为廖认为在他所处的时

---

① 汪亮:《作为素王的孔子——廖平孔子观研究》,《贵阳学院学报》(社会科学版),2016年第1期。

② 廖平:《知圣篇》,第330页。

③ 同上书,第356页。

代,泰西"兵食之政"已极修明,而这对于文教已敝的中国而言,不啻为一良补。为此,他从《公羊》学"文质"理论出发,对中西关系作出了新的解释,在这种解释下,西法变成了对中国之"文"而言的"质",是对中国"文敝"的一种纠正和补充。因此,廖平对"素王"的强调,实际上就是为了呼唤新的改制;当然,此改制之原则,早以被素王孔子言明。

其二,也是更为重要的,即尊孔保教。面对坚船利炮裹挟而来的西方政教文明,廖平意识到要想文明得以存续,必须力保儒家之教化,而儒家教化之精粹就在六经,此所谓"保教"也;同时,二千年儒家教化全系于孔子,华夏文明传统也多因孔子开出,因此要想保住儒家教化,则又必须先尊孔子,此所谓"尊孔"也。因此,在廖平眼中,保教即尊孔、尊孔及保教,此实为一体两面之事,而通过张大孔子素王之义,进而将六经都定为素王之制,就是为了将二者紧紧连接在一起。正如廖平自己所言:"平毕生所学,专以尊经、尊孔为主。"①而通过尊孔保教,廖平所寻求的并不仅仅是孔子及其教化下的文明中国在此危机时代的存续,更是要让西人服习孔子之教,并最终以之"合通地球":

> 合通地球,不能再出孔子,则以海外通中国,沾孔子教化,即如孔子再生。今日西人闻孔子之教,即与春秋时闻孔子之言相同。学者不见孔子为生以前之中国,观于今之西人,可以悟矣。②

如果说传统素王说是一种变革诉求的隐微表达或一种基于思想信仰的理论建构,那么廖平的素王说除了具有这一层面的意义之外,还在另外一个维度上彰显出其新的价值,那就是当一种文明传统面临倾覆危险时,对于此文明的奠基者,我们应该如何安顿?对于其开创的教化传统,我们又该如何继承和更新?就此而言,廖平对素王身位的提高,以及对六经体系的重塑,其背后彰显的实际上是一种文明的主体性意识。恰如作为后辈的王国维之《殷周制度论》以及陈寅恪之《隋唐制度渊源略论稿》,虽然关注的主题与研究的方式已大为不同,但其中所蕴含的"制度嬗变中的文明关怀"(刘小枫)却是一以贯之的。

---

① 廖平:《孔经哲学发微》,《廖平全集》第3册,舒大刚、杨世文主编,上海:上海古籍出版社,2015年,第1067页。

② 廖平:《知圣篇》,第356页。按:就此而言,廖平虽然已具备某种全球文明的视野,但他的立场仍然是"前现代的",并没有超出传统的夷夏观。

From the Chun-Qiu to the Six Classics: Liao Ping's New Theory of "Su Wang"

—Centered on Former Two Changes

Wang Wenjun

Abstract: By linking "Su Wang" with "Shang Song", Liao Ping found the basis of "Su Wang" in the Six Classics, thus proving Confucius's "Su Wang" status; and the practice of linking "Zhi Ming" with "Shou Ming" has made this status an unprecedented promotion. At the same time, with the re-interpretation of "Su Wang Shou Ming", the meaning of "Su Wang" was extended from the Chun-Qiu to the Six Classics by Liao Ping, and the final result is that the six Classics are all the "Su Wang system". Liao Ping took "Su Wang" as the key to construct a new system of Confucian classics and its way of expression. This kind of construction comes from the hidden worries of civilization in the chaotic times and the decline of system, and behind it is a kind of subjectivity consciousness of civilization.

Key words: Su Wang, the six classics, Liao Ping, new theory

书讯

《政治经济学中的辩证法与解构》

[加]罗伯特·阿尔布瑞顿著,李彬彬译

北京:北京师范大学出版社,2018 年 5 月

罗伯特·阿尔布瑞顿(Robert Albritton),加州大学伯克利分校学士,加州大学洛杉矶分校硕士、博士。自 1969 年博士毕业之后,他一直在加拿大约克大学政治学系任教,现为该系荣休教授。罗伯特·阿尔布瑞顿的主要研究领域是马克思主义政治经济学、辩证法以及日本马克思主义理论研究。其主要著作有 *A Japanese Reconstruction of Marxist Theory*(麦克米伦出版社,1986 年),*A Japanese Approach to Stages of Capitalist Development*(麦克米伦出版社,1991 年),*New Socialisms: Futures beyond Globalization*(劳特利奇出版社,2004 年)等。

《政治经济学中的辩证法与解构》一书是研究马克思主义政治经济学及其方法的一部力作,其核心目的是重新界定马克思主义政治经济学。作者深受日本著名《资本论》研究学者宇野弘藏和关根友彦对马克思经济学的理解的影响,尝试借助"宇野学派"的"分析层次理论"来重新建构《资本论》中的科学,进而在马克思所开辟的"政治经济学"的新科学中同时容纳"辩证法"和"解构"。全书共分为六章,分别探讨了资本独特的本体论,比较了黑格尔的辩证法和关根友彦的"资本的辩证法",进而展开了同黑格尔主义的马克思主义、法兰克福学派的批判理论、韦伯的反本质主义经济学、阿尔都塞的结构主义以及德里达的解构主义之间的对话。本书将日本马克思主义理论研究的成果内化于对资本的辩证法理论的建构和对资本逻辑的深层结构的分析之中,进而尝试为马克思主义的政治经济学奠定科学的解释基础,这不仅让我们在了解日本学界关于马克思主义的政治经济学研究方面拓宽了视野,同时也为学者进一步研究资本逻辑的结构、辩证法理论等重要理论问题提供了必不可少的参考,具有一定的理论意义和学术价值。(关祥睿)

哲学门(总第三十九辑)
第二十卷第一册
北京大学出版社,2019年6月

由技进于道*

——试论《庄子》的道技之辩

黄子洵**

提　要:在庄子看来,人们滞于技而忘道等问题不能归咎于技艺本身,而是源于人们对有用性的过度关注,将“用”视为“技”存在于世的唯一维度与根本目的,进而形成技—用的关系模式。庄子从未将道与技视作对立的双方。因而,道技之辩并不等同于舍技而求道,而是呼吁人们从技—用的关系模式中跳脱出来,恢复技的本真状态。技艺本应成为物之“天理”与“固然”呈现与展开的一种理想方式。庖丁解牛独特的叙述模式实现了视角的翻转——从庖丁的主观体验回转到“天理”与“固然”,试图说明技艺是事物之本相展开的过程,而非定睛于匠人的自我体验。

关键词:庄子　用　道技之辩　天理　固然

《庄子》论及各式各样的技,如斫轮、解牛、游泳、削木、凿井等。同时,《庄子》对技艺的态度也非常多样化。杨儒宾先生曾指出:“道家对技艺的观点很复杂,表面上看来有两歧的现象。我们读《庄子》的外杂篇,比如说《马蹄》

---

*　鸣谢:在校期间,笔者选修了李若晖先生开设的“战国诸子思想专题研究”课程以及才清华先生开设的“老庄精读”课程。两位先生体大思精,对原典进行了深刻的阐释与创发,让笔者对先秦道家思想产生了极大兴趣。文章写作期间,张汝伦先生不辞辛劳多番提点指正,让笔者受益匪浅。文章能够完成,功劳应归于以上诸位先生。文章发表前夕,专家评审提出了几项中肯的建议,对笔者的帮助尤大,谨再致谢。

**　黄子洵,1990年生,复旦大学哲学学院博士研究生。

《骈拇》《胠箧》诸篇，确实可以看到庄子对文明的严厉批判。……却又拥有最多赞美技艺（包含运动与艺术创作在内）的材料，这两组材料似乎是矛盾的。”①

初看上去，这种多样且复杂的态度似乎直接印证了《庄子》文本出于众人之手②。这造成了当下庄学界的一个主流观点，即将《庄子》视作由不同倾向与立场的文本构成的混合物③。既然文本出自不同的作者，面对相同问题，自然会形成不同甚至自相矛盾的见解。顺着这一逻辑，本文不妨将《庄子》论“技”的章节进行分门别类的探究。

然而，促使笔者思考的是，对看似矛盾的文本进行分门别类的研究，是否会导致某种程度的遮蔽？文本表面上的矛盾或相悖是否存在着一以贯之的整体性？如果我们试图从文本整体性这一角度来看待以上问题，这种表面的矛盾或相悖恰恰为我们提供了契机，让我们可以从文本的张力中窥见《庄子》

---

① 杨儒宾：《技艺与道——道家的思考》，《原道》，2007年第1期，第255页。

② 基于内外杂篇真伪问题的考证，现当代学者对《庄子》内七篇的重视远重于外篇与杂篇。部分学者倾向于将内篇与外杂篇看做独立的两部分。立足于内篇来研究庄子，立足于外篇杂篇来研究庄子后学几乎成了学界通约。如刘笑敢先生在《庄子哲学及其演变》中以内七篇研究庄子哲学，以外篇与杂篇研究庄子后学。陈清春先生的《六合内外：庄子内篇道论研究》、爱莲心的《向往心灵转化的庄子》单纯立足于内七篇来研究《庄子》哲学。单纯研究外篇杂篇的有刘荣贤先生的《庄子外杂篇研究》。促使笔者思考的是，如果我们因作者真伪问题将内篇与外杂篇视为独立、无内在关联的两个部分来研究，是否会对我们理解《庄子》的思想造成负面影响？毕来德先生指出，“《庄子》一书当中，那些文本真伪颇有疑义的部分，往往也包含了一些绝妙的篇章，不被评注各家重视，因为被人怀疑为伪作。这样过于谨慎的态度，其实是种障碍。我们应该是不带过多成见先去接触文本，尽可能地理解文本，之后才在更好的基础上，去提出文本的时间及作者问题。”（毕来德：《庄子四讲》，宋刚译，北京：中华书局，2009年，第115页。）因此，本文倾向于采取释义学的立场，尝试着将《庄子》文本视为一个整体。经典文本一旦形成，便在一定程度上脱离了其作者，而成为一个独立的存在者，成为一个意义敞开的空间。外杂篇的确出现不少偏激措辞，但若综合上下文具体语境细细推敲，外杂篇始终未推翻内七篇之论。钟泰先生曾指出，内七篇乃《庄子》之纲维，外杂篇乃《庄子》之羽翼。以内七篇权衡外杂篇，其得失长短可知也。对于技道关系，《养生主》有深入探讨，因此，《养生主》自然成为本文探究的关键所在。在此基础上，笔者也尝试综观内、外、杂篇，分析《庄子》不同文本中探讨“技”的多样而复杂的态度，以期实现更广阔的诠释空间。

③ 史华慈的立场极具代表性。“各篇自身似乎也是单独段落的选集，而不是完整的统一体。‘内篇’中有许多段落，对其进行风格分析后发现，所代表的竟不属于历史人物庄子的其他思想路线，尽管后面（指外篇和杂篇）的许多章节似乎反而在风格和思想上都接近于庄子及其弟子。”他进一步引用了葛瑞汉所作的风格分析及关锋的研究成果，认为庄子文本中可辨认出以下四种思潮：历史人物庄子的思潮，既代表了弟子也代表了老师的思想；《老子》的原始主义思潮，尤其体现于第8—11章；一种似乎接近于杨朱的“利己主义”；最后一种是“诸说混合”的思潮。史华慈称其为“黄老”的思潮。本杰明·史华慈：《古代中国的思想世界》，程钢译，南京：江苏人民出版社，2003年，第223—224页。

内在理路的深邃与博大。经典往往会有看似矛盾或相悖的思想。这是其复杂性的体现。

对此，毕来德主张的是一种复调解读的方法，即对每一个单独的段落都加以分析，并且就这一个段落本身进行思考。之后，再去把这一段落与书中别的与它呈现某种契合，或是产生一定共鸣的段落，比照起来进行研究。这样的解读方式，使解读变成多声部的解读，而思考也随之变成多声部的复调思考①。

那么，如何将复调解读应用于本主题的探究？本文首先将区分庄子论"技"的不同层次：《庄子》分别从哪些层面来论技？在何种意义上，庄子对技艺持批评态度？在何种意义上，《庄子》对技艺持赞扬的态度？《庄子》论技的复杂态度背后隐藏着的是什么？《庄子》论技的复杂态度的思想背景是怎样的？

一 《庄子》论"技"的"复调解读"

(一)技与用

庄子论技必然是植根于具体的历史语境和思想背景。因此，对庄子论技的思想背景做一番钩沉十分必要②。

---

① 毕来德：《庄子四讲》，宋刚译，第117页。

② 现代意义上的"技术"概念在先秦时期是不存在的。将现代意义中人们对于技的理解、庄子所处时代对于技的通常看法以及《庄子》对于技的理解区分开来十分必要。在现代意义上，"技"通常被理解为"技术"，而"技术"这一概念又常与"科学"概念对举。我们常在科学与技术的相互关系中来理解这两个概念。科学与技术有着各自不同的目标和评判标准。科学的评判标准是真理性，而技术的评判标准是有效性。在《关于人工事物的科学》一书中，西蒙提出，科学关注的是事情是怎样的，而技术处理的问题是事情应该怎样做。（见许良：《技术哲学》，上海：复旦出版社，2004年，第76页。）在此基础上，技术至少存在"广义"和"狭义"两种意义上的定位。对此，陈昌曙先生曾作出区分。"广义技术"指的是人类改造自然、改造社会和改造人本身的全部活动中，所应用的一切手段和方法的总和，简言之，一切有效用的手段和方法都是技术。"狭义技术"是针对人与自然关系的技术，如生产技术、工程技术、医疗技术等。（见陈昌曙：《技术哲学引论》，北京：科学出版社，1999年，第94—95页。）需要注意的是，以上的"技术"概念都是现代意义上人们对于"技"的认识，如果直接挪用于理解《庄子》时代的"技"，将会导致以今释古。现代意义上的"技术"概念在先秦时期是不存在的。在传世典籍中，"技"与"术"的内涵有所区分，二者独立使用。《说文解字》："技，巧也。"（许慎：《说文解字》，北京：中华书局，2003年，第256页。）在先秦经典中，"技"一般指的是手工技能、本领，如《尚书·秦誓》："人之有技，若已有之。"（孔安国传，孔颖达正义：《尚书正义》，北京：北京大学出版社，2000年，第672页。）术则侧重于指达成某一目标的途径、手段。《韩非子·喻老》："子之教我御，术未尽也？"对曰："术已尽，用之则过也。"直到《史记·货殖列传》才出现"技术"一词。"医方诸食技术之人，焦神极能，为重糈也。"（司马迁：《史记》，北京：中华书局，2010年，第2139—2141页。）尽管如此，当时的"技术"概念仅仅限于指手工操作的技艺与本领，与现代意义上的技术概念不可同日而语。

《庄子 · 天下》中指出“百家众技也,各有所长,时有所用”。《天下》的这一陈述并非空穴来风,而是确有所指①。

春秋战国时期,不乏重视技的思想流派,比如墨家。吴进安先生指出,先秦墨家其实可以称作“墨者团体”。墨者团体的组成以土工、木工、石工、绳工、铁工、钢工、革工、陶工等工技人为主力,再加上战士、商贾、巫医、农民、亡命者的编制。墨子将百姓聚在一起,教导百工相关知识,指导他们的工艺技术,墨子即为墨者团体的最高指导者,称为“钜子”;墨者团体即如此代代相传。② 墨家对于技的重视不仅反映在其团体的成员构成之中(墨者团体不断吸纳掌握手工技能的匠人),还反映在其说理方式中。综观《墨子》文本,常会以“规”“矩”“准”“绳”等技艺工具作为比喻来论理③。

从“百家众技也,各有所长,时有所用”中可以看出,《庄子》并不是对技持全然否定的态度,而是承认百家众技“各有长处”。在这一文本中,“时有所用”的说法很关键,意味着“用”成为衡量技之价值的重要标准,也成为评判百家众技是否有所长的依据。这说明《庄子》此时是在技-用的关系层面来讨论技。“时有所用”不仅是《庄子》对百家众技的评价,也暗示着“技-用”关系构成了人们理解技的基本预设和前提。

更进一步地,这一基本预设和前提重塑了人们对技之所是的规定。有用或无用成为人们评价技的惯用思维模式。在常人眼里,技的本质在于“致用”,即提供一套现成的、针对性强、见效快的操作方案。“用”与“直接性”“有效性”密切相关。

庄子的深刻之处在于,并非未经反思地接受“技-用”关系的思维模式,将其作为理解技的预设和前提,进而以有用或无用来评价技,而是首先反思“技-用”关系这一思维模式的合法性:以“技-用”关系作为理解技的基本预设和

---

① 春秋战国时期,不但“旧秩序”下的手工业部门有了新的发展,还诞生了例如冶铁业、煮盐业、漆器业等众多全新、独立的手工业部门。各手工业部门内部出现了分工越来越细的明显倾向。见吴智:《先秦技术思想研究》,沈阳:东北大学出版社,2017 年,第 142 页。

② 见吴进安:《墨家哲学》,台北:五南图书公司,2003 年,第 234—237 页。

③ 如《墨子 · 法仪》。墨子曰:“天下从事者,不可以无法仪。无法仪而其事能成者,无有。虽至士之为将相者皆有法,虽至百工从事者亦皆有法。百工为方以矩,为圆以规,直以绳,衡以水,正以县。无巧工不巧工,皆以此五者为法。巧者能中之,不巧者虽不能中,放依以从事,犹逾已。故百工从事,皆有法所度。”吴毓江撰,孙启治点校:《墨子校注》,北京:中华书局,2006 年,第 29 页。

前提是否合理？人们为什么会以“技—用”关系作为理解技的基本预设和前提？“技—用”关系这一思维模式的根源是什么？

在《庄子》看来，“技—用”的思维模式源于人们对“有用性”的过度关注。在庄子所处的时代，能否直接致用、快速生效成为人们判定事物价值的重要标准。对功效、致用的强调在《韩非子》中表现得很明显。韩非在《外储说左》中提出，人主听言应以“功用”为准绳。对于“纤察微难而非务”“迂深闳大而非用”等言论，韩非子也持批评的态度，将魏牟、詹何、田骈、庄周等道家人物斥为鬼魅①。政界与学界对实用性的关注与日俱增，能否致用，如何立竿见影、快速生效，成为君王纳士选贤的首要标准。见用于世、闻达于诸侯也成了士人的梦想。对于庄子所处的时代，方以智作出了这样的评价，“诸子或偏言内，偏言外，大抵缓于表明正理，而急于自受用，利时势耳”②。

《庄子·天下》对当时时代的境况作了一番总评：

> 天下大乱，贤圣不明，道德不一，天下多得一察焉以自好。譬如耳目鼻口，皆有所明，不能相通。犹百家众技也，皆有所长，时有所用。虽然，不该不遍，一曲之士也。判天地之美，析万物之理，察古人之全，寡能备于天地之美，称神明之容。

《庄子》用“全”来形容古人，用“一察”“不该不遍”来描述同时代的世人。王念孙将“一察”解释为“察其一端，而不知其全体”③。古人之“全”与今人之“不该不遍”形成了鲜明对比，具体表现为“道术”与“方术”的差别④。古人以“道”统“术”，当下则是“道术将为天下裂”。这暗示着当时时代“道”与“术”的关系：道术将裂而方术兴。各家各派越来越拘执于支离破碎的技与术，执于技而忘道。

这是一种对技的存在根据与意义缺乏反思与理解的状态。人们往往将

---

① “人主之听言也，不以功用为的，则说者多棘刺白马之说；不以仪的为关，则射者皆如羿也。人主于说也，皆如燕王学道也；而长说者，皆如郑人争年也。是以言有也，故务、卞、鲍、介、墨翟皆坚瓠也。且虞庆诎匠也而屋坏，范且穷工而弓折。是故求其诚者，非归饷也不可。”陈奇猷：《韩非子集释》，上海：上海人民出版社，1990 年，第 612—613 页。

② 方以智：《药地炮庄笺释·总论篇》，北京：华夏出版社，2015 年，第 55 页。

③ 王念孙：《读书杂志》，徐炜君、樊波成、虞思徵、张靖伟点校，上海：上海古籍出版社，2015 年，第 2606 页。

④ 《天下篇》论及“道术”时所说的是“古之道术”；谈方术时，所说的是“天下之治方术者”，指的是当时的学界。道术与方术的关系构成了古今差异。

技视作一系列现成的成果,未经反思地将其口耳相传,却未能探究技的存在根源。人们对于技的推崇并不是基于他们追问并理解了技的存在根据,而仅仅是从技-用的层面来理解技,将技视作可以带来某种直接效用的手段。这种理解模式非但无益于揭示技的存在根据、意义和理想状态,反而使其愈加被遗忘。诚然,技的确能够带来“用”的维度,但在庄子看来,这不应成为技存在意义的全部。更进一步地,我们应该先追问技的存在依据,而后再来思考技之用,而不是相反。

追问技的存在根据,是《庄子》论技的中心问题。首先,庄子思考的是,技的存在根据为何会被遮蔽以及如何去蔽(这成为追问技之存在根据的前期准备),具体展开为以下几个层面的追问:首先,《庄子》暂时悬置了“技-用”关系这一思维模式,试图思考其合法性。紧接着,《庄子》认为,“技-用”的思维模式源于人们对“有用性”的过度关注,进而对“有用性”进行哲学层面的追问。“有用性”足以成为技之根据么?以有用性作为评判价值的唯一标准会带来怎样的问题,会对“技”产生何种负面影响?

在《道德经》中,“用”已经成为一个重要的哲学概念。《道德经》不仅对一般事物之用和道之用作出了区分,还对用之有无、道之用的独特性等问题进行了阐发。《庄子》对“用”的思考在一定程度上与《道德经》有着承续关系,同时《庄子》大大深化了对“用”的思考。这不仅体现在《庄子》设寓的丰富和深刻上,还体现于《庄子》对“有用性”的深入反思之中。

(二)用之有无

在《人间世》中,庄子通过文木与散木的寓言来展开他的思考。文木用途甚广,可以用来作舟、作棺椁、作器、作门户、作柱。相比之下,散木一无是处。用来作舟,舟会下沉;用来作棺椁,棺椁会很快腐烂。简言之,文木能“材”,散木不可以“材”。

为舟、为棺椁、为器、为门户、为柱等用途都证实了文木的价值。由此,我们的确对木的意义以及可能性有了多重维度的理解。然而,这些“材”与“用”的层面并非是单向度的,而是同时对文木施加了一种限制。当文木实现了一种用途之后,它随即被这一种用途所限定,无法转向另一种用途。为舟则不能为棺椁,为门户则不能为柱。在这种意义上,文木变成了具备一定功用的“器”。已成之器“各适其用而不能相通”。从木到器的过程起作用的是可以材的维度。因此,木之“材”实际上限制了其应有的丰富性与可能性。换言之,木之“材”是有限之“材”,同时也就意味着其不能“材”:

> 其拱把而上者,求狙猴之杙者斩之;三围四围,求高名之丽者斩之;七围八围,贵人富商之家求椫傍者斩之。(《人间世》)

文木不同的生长阶段分别对应于世俗所用的领域。“拱把而上”时可作取猿狙的器具;“三围四围”时可作屋栋;“七围八围”时可作棺木。由此看来,文木不愧是最有用之物。但文木却“未终其天年,中道之夭于斧斤”。用作取猿狙之具、屋栋、棺木等,均代表不同程度之受限。受制于所用之场,生长、绽放的可能性就此被扼杀。可见,可以材终究以“不材”收场。此为材之患。

在宋国,章甫是不可或缺之物,宋人以之为贵。但如此可贵的章甫在越地却成了无用之物,可谓是一个强烈的反差。同是章甫,在宋地有用,在越地却无用。世人被某物之用所蒙蔽,却遗忘了某物之用存在前提。唯有在人类社会赋予其价值之处,它的有用性、可贵性才能成立。然而,既然是人类社会赋予的价值,人也能随时取消这种价值。用之成立与用之取消随时可能发生。当我们把视角从人人需要章甫的宋国切换到人人披发纹身的越地时,便会发现,在那里,章甫无用武之地。

章甫在宋越两地的不同境遇,说明了某物之用受到所用之领域的限制。我们之所以知道某物所用之领域,在于某物所用之领域与某物无所用之领域的相互关系。从这一角度而言,庄子认为,有用假无用而成:

> 惠子谓庄子曰:“子言无用。”庄子曰:“知无用而始可与言用矣。天地非不广且大也,人之所用容足耳。然则厕足而垫之,致黄泉,人尚有用乎?”惠子曰:“无用。”庄子曰:“然则无用之为用也亦明矣。”(《外物》)

地之广大,人所用不过容足。足外之地虽无用,正所以备用,倘仅有容足之地,则将惶惑颠蹶无以立身矣。此一巧妙之喻,转使无用者有用,有用者反无用矣。有用假无用而成。[1]

某物在某一个领域有用,同时也意味着在另一领域无用。用之成立与用之取消并不取决于某物本身,而是取决于当下场景是否恰逢某物所用之领

---

① 参见王叔岷:《庄学管窥》,北京:中华书局,2007 年,第 36 页。

域。这说明,某物本身被“用”所限。可见,“用”可以称作是某物可贵之处,但同时某物也就受限于此,受限于它致用的领域。倘若脱离了这一领域,它便一无是处。宋人对于章甫的需求使得章甫受限于此。换言之,只有在宋国,章甫才是有意义的、有价值的。倘若在其他国家,章甫就失去了价值,成为毫无意义的东西。有所用,意味着被其用限定,在非其用的领域无用。

庄子看到,世人多基于以有用性为导向的立场来理解技艺。“用”成就了技,但同时也使之受限。技艺被“用”所限定。技艺之用同时就是它意义的终结。技艺之有用同时也就意味着其无用。“百家众技也,皆有所长,时有所用。”(《天下》)“时有所用”的“时”十分关键,暗示着技之有用存在着前提:恰逢其时,恰逢其所用之域。只有当技艺与社会生活中的一个环节紧密相连时,技的有用性才能被赋予。功用越直接,见效越快,说明它被限制的程度越深。

技艺当然存在着“用”的维度,但“用”并不是“技”的唯一目的,更不应该成为技存在于世的理想方式。如果我们对“有用性”与“实效性”过于关注,在“技“与”用“之间形成一套固化的关系模式,可能会遮蔽技艺本可实现的丰富意义与内涵。

当我们用“有用性”来衡量一门技艺的价值时,技艺实践将服从于它之外的目的。斫轮的目的在于得到车轮。削木的目的在于制作鐻。技艺指向一个外在的目的,只是实现这一目的的手段,便受限于此外在目的,处于“有待”的困境之中。进一步说来,技艺实践的行动完全被产出所规定。“谁在行动”“谁在进行技艺实践”的问题被忽略。行动者在这一过程中的生命体验无关紧要。

(三)“技-用”思维模式的局限

《天地》中记载了子贡与汉阴丈人的一则对话①。子贡看到丈人凿井取

---

① 囿于本文篇幅及主题的限制,关于《天地》中汉阴丈人的寓言,笔者仅仅着眼于丈人与子贡二人的对话。但平心而论,这样的探究远远不够。在此寓言中,除了丈人和子贡的对话,《庄子》还记录了孔子对于丈人的评价。而前辈学者对这则寓言的解释大多忽视了孔子对于丈人的评价,直接将丈人的观点视为庄子所赞同的见解。这有可商榷之处。本节虽对丈人的观点持正面评价,并不意味着笔者全然赞同丈人的所有观点。笔者并不认为丈人就是庄子的代言人。丈人与孔子究竟孰是孰非,笔者将在日后另撰文进行探究。

水,"用力甚多而见功寡",便建议他改用机械,可以"一日浸百畦,用力甚寡而见功多"。子贡从力(劳力)与功(产出)的关系来理解丈人取水的技艺,认为机械可以将技艺之功发挥到极致。作为旁观者,子贡目睹的仅仅是"功"这一外在指标和结果,而丈人进行技艺实践时的内心状态则是隐秘而不可窥见的,只可意会不可言传。在子贡的评价体系内,后者被忽略了。

丈人并未采纳子贡的建议。"有机械者必有机事,有机事者必有机心。"(《天地》)丈人的着眼点并不在于机械本身,而是在以劳力-产出关系为主导的思维惯性中,机械将对行动者生命状态产生的不良影响。丈人并未把"凿木为机"的实践称作"技艺",而是称作"机事"。"机事"指的是被有用性挂碍的技艺。从机械到机事,再到机心。这一过程表明有用性思维不仅使技艺沦为"机事",同时会大大地影响行动者本人。

庄子借老聃之口将此负面作用称作"劳形怵心"。老聃曰:"是胥易技系劳形怵心者也。"(《天地》)成玄英在疏中再次强调了技艺对身心的束缚和羁绊,"所以疲劳形体,怵惕心虑"[①]。丈人对子贡的回答为我们理解以上文本提供了很好的进路。"机心存于胸中,则纯白不备;纯白不备,则神生不定;神生不定者,道之所不载也。"(《天地》)

丈人是从道的高度来看待机械对于机事和机心产生的负面影响。神定而后能载道。机械、机事劳形怵心,使神不定,因而失道。那么,"道之不载"的罪魁祸首是不是机械呢?

庄子认为,耽于机械而失道,并不是机械本身造成的。使技艺沦为机械的根源在于以有用性为导向的思维方式、对力与功的计较。如果我们单单把问题归咎于机械,将难以揭示问题的根本。对于"技-用"思维模式,庄子的确进行了反思与批判,但这一批判并不是指向技本身。因此,《庄子》并不是简单地否定、拒斥技艺,而是试图从源头处反思以有用性为导向的思维方式以及对力与功的计较之心。庄子呼吁我们从"技-用"思维模式中跳脱出来,以别的进路来理解技艺,去追问技的存在根据。

① 郭庆藩:《庄子集释》,王孝鱼点校,北京:中华书局,2012 年,第 428 页。

二　两种视角:观者与匠人

《庄子》中有多处寓言论及技艺之神妙,如庖丁解牛、佝偻者承蜩、津人操舟、梓庆为鐻、丈夫被发行歌而游于塘下等。这些寓言的叙述模式有着相通之处。观者被匠人出神入化的技艺所折服,第一反应几乎都是赞叹技艺的神妙。①

巧与拙相对。判断巧拙的标准通常在于技艺的效用。一般情况下,技艺越巧,效用更高,有用性则愈强,成果越丰硕。在赞叹技艺精湛神妙之后,观者便开始询问养成技艺的方法。这暗示着技—用的评价倾向开始发端。被技艺之巧所吸引,观者生发了对这一技艺的欲求和渴望,希望能够习得此技艺,以实现更高的效用。

值得玩味之处在于,匠人们在回答时都没有将技艺之巧作为论述的中心。他们既没有因为巧技而沾沾自喜,也并未执着于巧技所带来的好成果,同时也没有传授养成巧技的一系列技法和技巧。这时,庄子给我们留下了无尽的思考空间——如果匠人最珍视的既不是技艺之巧,不是巧技所创造的作品,又不是养成巧技的技法,那么会是什么呢?

庄子通过寓言为我们呈现了极具差异性的两种视角。面对匠人出神入化的巧技,观者的视角和匠人的视角存在如此大的反差,这意味着什么?

观者关注的仅仅是技艺之巧。我们如何知道一门技艺巧不巧?通常情况下,技艺的巧拙可以通过匠人的手法、技艺的作品等可量化的外在标准进行评估。在赞叹技艺精湛神妙之后,观者便开始询问养成技艺的方法,如仲尼问蹈水之人"操舟可学邪?"

观者的视角很具有代表性:技艺不仅可以用外在的、可被量化的标准来评价,还可以通过对技法的学习和模仿被习得。一言以蔽之,技艺是一门可以通过一系列技法逐渐习得的本领。经过不断的实践,匠人才可能将这门技

---

① "文惠君曰:'嘻,善哉!技盖至此乎?'"(《养生主》)"仲尼适楚,出于林中,见痀偻者承蜩,犹掇之也。仲尼曰:'子巧乎!有道邪?'"(《达生》)"梓庆削木为鐻,鐻成,见者惊犹鬼神。"(《达生》)"颜渊问仲尼曰:吾尝济乎觞深之渊,津人操舟若神。吾问焉,曰:'操舟可学邪?'"(《达生》)

艺行得好、行得巧。

庖丁和轮扁漫长曲折的技艺实践过程似乎也证实了以上观点。庖丁刚开始解牛之时，所见无非全牛，所执之刀易遭损折暗示了闻道过程的艰难。有意思的是，庖丁并未就此停手，而是坚持不懈地锤炼这门技艺。在对比庖丁前后状态时，《庄子》着墨甚多。[①]"始""三年之后""方今之时"勾勒出庖丁技艺实践的整个过程。经过十余年的解牛实践，庖丁的技艺登峰造极。这不正说明巧技的锤炼必须经历漫长的过程吗？

但庄子试图对观者的视角作出反思和超越。庄子看到，观者对技法和技艺存在着一定的混淆，以至于他们惯于从技法的层面来理解技艺。

（一）技法与技艺：迹与所以迹[②]

首先，值得我们思考的是，是否如观者所设想的那般，技艺最终能够还原为一系列技法？

庄子通过轮扁斫轮的寓言说明将技艺还原为技法的做法存在诸多的错谬。如果我们仅仅从技法（按步骤、可习得）的角度来理解技艺，只会让技艺本身变得肤浅。轮扁认为，古人虚己任物、物我两忘的生命境界无法固化为经书上的知识条目。因此，书本所记的仅仅是"古人的糟魄"。桓公手不释卷，读的也只是古人之糟粕而已。领会古人神旨与读其糟魄全然不同，正如斫轮的技艺超越于斫轮的技法那般。

技法是视而可见、听而可闻的可传者。可贵的恰恰在于"不可传者"。在轮扁那里，"不可传者"首先指的是对具体情势的拿捏和灵活变通的应对方法。在斫轮的过程中，如何掌握"不徐不疾"的分寸，不陷入"甘而不固"和"苦而不入"的偏颇之中，这取决于轮扁度量轻重、审时度势的变通能力。轮扁称之为"得之于手而应于心，口不能言，有数存乎其间"，而这无法通过一系列静态的技法和规矩传授给后人。

技法作为视而可见、听而可闻的可传者，与"不可传者"处于不同的层面。

---

① "始臣之解牛之时，所见无非牛者。三年之后，未尝见全牛也。方今之时，臣以神遇而不以目视，官知止而神欲行。"（《养生主》）

② "技艺"与"技法"并不是《庄子》文本中直接出现的概念，而是笔者对《庄子》思想的提炼。

《庄子》不仅仅是对这一区分作事实层面的陈述,而是提出了“迹”[①]与“所以迹”这一对概念,将此问题的探讨上升到概念思辨的高度:

> 老子曰:“幸矣,子之不遇治世之君也!夫六经,先王之陈迹也,岂其所以迹哉!今子之所言,犹迹也。夫迹,履之所出,而迹岂履哉!”(《天运》)

在此基础上,郭象进一步阐释了二者的内在张力。“夫迹者,已去之物,非应变之具也,奚足尚而执之哉!执成迹以御乎无方,无方至而迹滞矣。”[②]“迹”与“所以迹”的区分渗透于人类社会的方方面面。技法与技艺的区分可以称作“迹”与“所以迹”在技艺层面的体现。

从“所以迹”到“迹”并非自然而然的过程,而是人为的产物。“迹”暗含着限定、固化的意味。“迹”是对“所以迹”的限定和固化,正如技法是对技艺智慧的限定和固化那般。

观者倾向于将技艺还原为技法,在很大程度上代表了技艺初学者的观点。技艺的初学者往往过于依赖业已存在的技法,依葫芦画瓢,以此来指导每一次的具体实践。实际上,人们愈发把关注点放在静态的技法上,就愈发忽略了静态的技法不可能从根本上指导技艺实践。“不可传者”终究无法被标准化、被规则化。根本原因在于,实践技艺的过程存在着生命体验和观物等多重维度,无法通过概念的形式预先被演绎出来。

以“不徐不疾”为例,这一条技法看似十分具体,仿佛我们可以不假思索地照此行事。实际上,作为技法存在的“不徐不疾”并不同于在现实生活中实践出来的“不徐不疾”的具体行动。将这二者(技法层面的“不徐不疾”与技艺实践层面的“不徐不疾”)区分开来十分必要。

针对技法层面的“不徐不疾”,我们可以进行很多追问,如“徐”与“疾”如何界定?“徐”的标准如何?“疾”的标准又如何?当匠人面对形态各异的木头时,如何将“不徐不疾”的技法应用到位?以上问题不可能再通过概念演绎的抽象方式得出答案。因为其中包含了很多无法被预先规定的因素。匠人

---

① “迹”在《老子》中出现了一次。“善行无辙迹”(《道德经》第二十七章)。与《老子》相比,《庄子》大大深化了对“迹”的理论思考。

② 郭庆藩:《庄子集释》,第344页。

只有对具体情境中的种种因素一一考量之后，才能得到定论。这揭示了技法的局限：技法若要统摄一切可能性情况，必定是要摒弃所有具体经验，只规定一个空洞的纯行动。

“不徐不疾”是轮扁根据多年的技艺实践体会出的技法心得，很大程度上是对技艺实践这一灵动过程的规则化提炼，无法涵盖整个过程所遭遇的复杂性以及特殊性。除非我们能在技艺实践的高度上来领悟“不徐不疾”的技法心得，否则，技法充其量也只是提供了些许静态的记忆质料。

因此，倘若我们止步于技法本身，忽略了技法和技艺的根本区分，实际上犯了逻辑谬误，即要求后于实践、源于实践的东西预先地指导实践。这一后于实践、源于实践的东西，已经排除一系列经验事件与偶然性。而我们却要依凭这些被榨干了的质料来应对实践生活未至的偶然。这其实是一个悖论。

单单凭借对“不徐不疾”的抽象认知，匠人并不能在每一次具体实践中多走一步。如何在斫轮时行出“不徐不疾”有赖于匠人度量轻重，虚己观物。轮扁穷尽一生心力斫轮，方可体悟这一实践智慧。此时，轮扁已不再将“不徐不疾”看作抽象的技法与规矩，而是在每一次斫轮时切实体会“不徐不疾”如何在具体经验中得以展开，并对此默识心通。可见，实践智慧的获得不可能脱离每一次特殊的实践经验。

其实，轮扁当然可以写一部《斫轮技法》或《斫轮大全》。轮扁的技法是技艺实践的对象化呈现，即实践智慧之“偶”。一方面，技法作为技艺实践对象化了的产物，不是与行动者毫无关联的客体，而是轮扁生命的延伸，是其内在生命的一部分。另一方面，尽管如此，我们必须得承认轮扁与对象化了的技法之间的确存在着某种疏离。技艺实践一旦被对象化后，就固化且失真了，成为郭象所说的“已去之物”。这个对象被赋予了一定的独立性，相当于轮扁智慧一瞬间的永恒定格。实践智慧之偶毕竟不同于实践智慧本身。

技艺与技法的区分并不单单为庄子所关注。这一问题在《孟子》中也被广泛讨论。只不过孟子并未辨析出“技艺”与“技法”这两个层面的概念，同时《孟子》也没有使用“技法”概念，而是以“规矩”取而代之。“规”和“矩”的本义是做木匠活时必须使用的工具，引申为技艺实践时须遵循的章法、规则等。一方面，《孟子》认为，在学习和实践技艺时，规矩起到了十分重要的作用。孟子曰：“离娄之明，公输子之巧，不以规矩，不能成方员。规矩，方员之至也。”

(《孟子 · 离娄》)就连公输子这样的巧匠,都不能不依靠规矩。“大匠诲人,必以规矩;学者亦必以规矩。”(《孟子 · 告子》)另一方面,《孟子》也强调规矩的局限性。“梓匠轮舆能与人规矩,不能使人巧。”(《孟子 · 尽心》)

可见,《孟子》对于“规矩”的态度是复杂且辩证的。孟子所说的“巧”,相当于轮扁强调的“不徐不疾”的技艺智慧。技法是静态抽象的。熟识技法并不意味着能把“技法”行得巧,行得合乎其宜。尹氏曰:“规矩,法度可告者也。巧则在其人。”①“巧则在其人”强调了匠人行技艺时的智慧。倘若缺乏这一点,纵使技法再细致深详,我们也难在实际生活中将此规则践行得不偏不倚,无过不及。

尽管《孟子》的言说方式、使用的概念与庄子不同,但他阐释的道理与轮扁斫轮如出一辙。这也表明技艺与技法的区分并不是《庄子》的创见,而是为《庄子》同时代的思想家所共享。笔者无意于将《庄子》从其思想背景及历史语境中抽绎出来,将其视作独特的个案,而是希望从庄子的言说方式与思维进路出发,对古人真实的精神世界与思想背景有着更真切的理解。

在庄子看来,对技法的认知与行出技艺的智慧不可同日而语。技法是实践智慧之偶,是已逝之迹。而匠人们的技艺智慧是“口不能言,有数存乎其间”的“所以迹”,最大的特点在于“不易闻,不易传”,“即技艺实践的生命经验具有一种不可复制性”。明确技法与技艺的分殊对我们理解技艺十分关键。

为了阐释技艺理想的在世方式,仅仅说明技艺和技法的区分远远不够。观者只关注技艺之巧。不论是巧技还是拙技,终究是技。当观者用“巧”来评价匠人的技艺时,他们仍旧把技艺理解为一门技艺。相比起普通匠人,庖丁、轮扁的巧技只不过是较为高级的技艺罢了。技艺实践的过程不过是由拙技提升为巧技。在庄子看来,将技艺视为技艺之巧的立场存在根本局限。只有超越这一立场,才可能对技艺的理想存在方式有所体会。

(二)道技之辩

与观众的视角不同,匠人们在回答时都没有将技艺之巧作为论述中心。他们既没有因为巧技而沾沾自喜,同时也未执着于巧技带来的成果。以梓庆

---

① 朱熹:《四书章句集注》,北京:中华书局,2010年,第365页。

为例。他在回答观众的问题时并未论及为鐻的具体操作（技法），而是描述了技艺实践过程中的修为状态——虚明澄澈、毫无挂碍。“未敢耗气”“齐以静心”“不敢怀庆赏爵禄”“不敢怀非誉巧拙”[①]等更近似“养生”、修身的工夫。这一回答看似答非所问，实际上蕴含了梓庆对于技艺之本质的理解，由此启示读者思考以下关键问题：技艺所为何事？技艺实践与我们的生命状态有着怎样的关联？

在梓庆看来，削木为鐻的技艺并不是以有用性为导向，既不是为了得到庆赏爵禄，也不单单着眼于技艺最后的成果——鐻。倘若梓庆定睛于鐻本身，使造出鐻成为技艺的终极目的，或是汲汲于庆赏爵禄，难免会生出成心与执念，心念便在技艺实践之外了。实际上，削木为鐻的技艺实践的真正意义在于为梓庆提供了“养生”的契机，使“进乎道”成为可能。鐻应被视为梓庆进乎道后在技艺实践中实现的效应，而不是技艺的目的。在梓庆那里，技艺本身实现为道。

那么，《庄子》如何看待梓庆的视角？《庄子》中不乏对理想人格的描述——神人、天人、至人，似乎给人高高在上、不食人间烟火的神秘感。但在《养生主》《天道》《达生》诸篇中，让桓公折服的不是饱读诗书的士人，而是普通的匠人轮扁；让文惠公受教的是解牛的庖丁；蹈水之人让孔子肃然起敬；梓庆让鲁侯赞不绝口……让圣人、君王心悦诚服的竟是来自社会底层、身份卑微的匠人。这与我们对神人、天人的期许相去甚远。那么，为什么庄子会借用庖丁、梓庆等匠人来晓谕至道？这样的角色设计是否在暗示着技与道的理想关系？

诚如庖丁所言，“臣之所好者道也，进乎技矣”（《养生主》）。《庄子》借庖丁之口点明了道与技的关系。杨儒宾先生将此阐释为“由技进于道”[②]。“由技进于道”不应简单理解为“熟能生巧”，而在于阐释技艺本应具备的丰富意义和可以实现的高度。什么使庖丁和梓庆从匠人中脱颖而出？是他们创造的作品、娴熟的手法或是他们总结出来的实践技巧？都不是，是他们理解技

① 这与庄子的立场颇为契合。庄子向来对功利机巧持负面的态度。他用“卑身而伏，以候敖者；东西跳梁，不避高下”来描述狸猫捕鼠的巧技，但狸猫的命运却是“中于机辟，死于罔罟”。

② 杨儒宾：《技艺与道》，第 255 页。

艺的视角。理想中的匠人并不仅仅把技艺当作一门技艺。他们关注的不是技艺的有用性、技艺之巧,而是由技进乎道。

三 由技进乎道

(一)"所好者道也,进乎技矣"辨析

"臣之所好者道也,进乎技矣"虽寥寥数语,却存在着极为广阔的诠释空间。

> 文惠君曰:"嘻,善哉!技盖至此乎?"庖丁释刀对曰:"臣之所好者道也,进乎技矣。"(《养生主》)

对此,历代注释家解法纷纭,大致可归为以下几种立场:

其一以郭象为代表。郭象注曰:"直寄道理于技耳,所好者非技也。"[①]这一句话省略了主语,但不难想见其主语是庖丁。依照郭象的理解,"寄道理于技"的实施者是庖丁。庖丁喜好的并不是技,而是把道理寄托在技上,借助技来阐发道。

这表明在郭象看来,道外在于技,与技属于不同的范畴。更进一步地,将技与道关联起来的是技艺的实施者,即庖丁。如果没有庖丁,那么就缺乏"寄道理于技"的实施者,技与道将处于分隔的状态。

很明显,成玄英的疏与郭象的注一脉相承。成玄英疏曰:"舍释鸾刀,对答养生之道,故倚技术,进献于君。"[②]成玄英说明了庖丁"寄道理于技"的动机与目的,即"进献于君"。易言之,庖丁的真正意图是将养生之道晓谕于君。这也与所在章节的标题《养生主》相契合。而解牛之技只是晓谕道的一个方式,相当于养生之道的依托之处。可见,郭象与成玄英都将技视作寄托道的手段和中介。

郭象与成玄英的解释只说明了道与技分属不同的范畴,尚未点明道与技的高下之分。林云铭和当代学者陈鼓应、陈怡先生在此基础上更进一步,不

---

① 郭庆藩:《庄子集释》,第119页。

② 同上。

仅说明了道与技分属不同范畴,还强调道高于技,道在技之上①。

庖丁和普通匠人的区别在于,庖丁能够在技与道之间建立关联,而普通匠人只是中规中矩地操练技艺,无法建立技与道的关联。在此基础上,方万全先生作了进一步的发挥,从三个方面阐释了技与道的关联②。

那么,匠人如何建立技与道的关联?对此,学者有不同的阐发。第一种理解是由道及技,即匠人先悟了道,然后把道寄托、贯彻在技之中。郭象、成玄英、憨山、方万全等先生均持这一解法③;第二种理解是由技及道。通过漫长的修身工夫和技艺实践,匠人渐入化境,最终理解道、顺从道,如吴智先生。④

以上解释虽略有区分,总的说来未能跳脱郭象的基本立场,共享了如下观点:道在技之外。匠人自身所具的技能和本领,技艺水平的高低取决于匠人的个人修为。在这种情况下,技与道的关联程度有赖于匠人自身的主观体验。出类拔萃的匠人能够在技与道之间作出比拟,建立关联,借技来阐释道。

可见,第一种诠释立场将技视为理解道的中介与阶梯。更进一步地,《庄

---

① 对于"进乎技矣",林云铭注曰:"出乎技之上。"(林云铭:《庄子因》,上海:华东师范大学出版社,2011年,第30页。)陈怡认为,庖丁"所喜好的是道,它比技术进了一层。"(陈怡:《〈庄子内篇〉精读》,北京:高等教育出版社,2013年,第90页。)陈鼓应先生认为,庖丁"所爱好的是道,已经超过技术了"。(陈鼓应:《庄子今注今译》,北京:商务印书馆,2007年,第120页。)

② 方先生认为,圣人的道理之所以能寄于技,是因为技艺与道存在一些关联:1. 二者都需要修养。有技艺的人为了习得技艺,需要做一些类似于圣人为了达到虚的境界而做或避开不做的事。成为有道的人所需要的修养,远比只是想习得技艺的人所需的修养更为复杂与严苛。2. 都涉及了自然。圣人所作所为所契合自然。具体体现在圣人在觉知情境中所显示的道德要求之余,不需要经历任何挣扎或排除任何干扰而能顺应道德的要求,做出合于道德要求的事。庖丁所循的是牛体自然的纹理。也是某种自然。身体经过训练之后,能够对随时变化的境遇做出回应与调整。这种回应与协调并不是出自技人的思虑、规划等认知活动,而是身体能随着牛的身体的构造,做出灵巧的因应。3. 二者都有不可言传的特点。(见方万全:《庄子论技与道》,载《中国哲学与文化(第6辑)》,桂林:广西师范大学出版社,2009年,第271页。)

③ 憨山将"进乎技矣"的"进"解释为"用","臣始非专于技,盖先学乎道,以悟物有自然天理之妙,故施用之于技耳。"(见憨山:《庄子内篇注》,武汉:崇文书局,2015年,第60页。)方先生认为,庖丁"寄圣人所顺应的道理于技艺所顺从的天理。圣人所顺应的道,是寄于技的道理"。(见方万全:《庄子论技与道》,载《中国哲学与文化(第6辑)》,第280页。)

④ 吴智先生认为,技近乎道(吴先生使用的概念是"近"而非"进")的技术思想,意味着个人技术、技艺的提升与体悟道是一个统一的实践过程。"当人对于一项技术的理解和具体操作能够因循着'道'的规律,将自身的生理资源、智力资源、悟性资源、精神资源发挥到极致,就可以使得技术主体达到'技近乎道'的境界。"(见吴智:《先秦技术思想研究》,第91—92页。)

子》只是借技为说,其真正意图是言说养生之道。之所以会借技为说,在于技与道分享了一些相似点,以技比拟道,更加形象生动、容易理解①。

受近代主体主义思潮的影响,部分学者倾向于从主客二分的思维模式来诠释如上观点。匠人被理解为进行技艺实践的主体②。道是技艺主体在技艺实践中应该遵循的规律(law)③。"技进于道"表现为技艺主体不断提升自己的修为,完善自身的技艺,最终通过技艺实践达到对道的理解、对规律的遵循。

问题在于,将庖丁等匠人抽象为一般意识和自我意识的技艺主体,是否符合《庄子》的原意? 同样,在《庄子》那里,技是否只是技艺主体的一种能力,彰显了主体的主观作为?

如果我们将技视为源自技艺主体的能力,此时技艺的对象将被视为与主体相对的客体。如果道是匠人在技艺实践过程中顺应的某种"规律"(law)抑或匠人借助技艺实践得以通达于道,那么道也在一定程度上被理解为技艺主体的客体。很明显,这一诠释脱胎于主客二分的思维预设。匠人被视作缺乏具体规定、抽象的自我主体。技艺的对象是与此主体相对的客体,即在匠人之外的一个他物。客体虽然是主体意识的对象,但却与主体有明确的距离。主体只是通过意识才与作为客体的物存在联系。技艺实践的过程是主体的意识所参与的过程。在这一过程中,作为技艺主体的匠人与对象建立了联系。

也有学者看到,主客二分的诠释立场难以阐发《庄子》技艺的真谛,从而主张"主体解放"的角度。这构成"进乎技矣"的第二种诠释立场。

杨儒宾先生认为,意识主体难免受感性与智性的束缚,无法实现与客体的合一。《庄子》中的技艺现象启示我们思考更高层次的一种主体,即"身体主体"④。与意识主体不同,"身体主体"是超理智的,是匠人通过修身工夫回

① 方万全先生指出:"或许庄子也可以直接谈论圣人的自然,但毫无疑义地,技艺的自然提供了一个了解圣人的自然的极佳途径。"(方万全:《庄子论技与道》,载《中国哲学与文化(第6辑)》,第286页。)

② 吴智先生将津人、匠石、大马捶鉤者等施行技艺的人都称作"技术主体"。

③ 陈怡先生认为:"道进乎技,道高于技,属最高层次。技要达到高境界,必须遵循道。道并不是虚无缥缈的东西,而是实实在在存在于每一事物中的规律性。"(陈怡:《〈庄子内篇〉精读》,第91页。)

④ "一件完美的技艺必然要全身参与,而不只是理智之事,甚至也不只是意识层面之事。……一件完美的技艺行为绝不可能是出自大脑的指令,它是由全身发出的。既是全身发出,所以这种行为出现时,行为者虽然可以体会到全身参与的美感,但他往往不能意及。"技艺并不是意识主体的发动,而是另有主体。技艺的主体是身体,而不是意识。(见杨儒宾:《技艺与道》,第256—257页。)

到的“深层的自我”，是“意识的机能与自然的感应作用”尚未分化时的非思量状态。在进行技艺实践时，“身体主体的神气不仅可以参与到技艺对象的内在质性”里去，还可以与工具融成一片，使工具主体化，成为扩大的主体的有机成分①。

虽然杨先生仍在使用“主体”“客体”及“对象”概念，但他所说的“主体”不是作为抽象自我意识的主体，而是“身体主体”，这使得物我关系有别于主客对立的物我关系，而是身体主体渗透入客体中的新型关系，即“身体主体已渗进客体，安之居之，与之合一”。易言之，完美的技艺乃是身体主体渗进客体，使客体主体化，实现物我合一的过程。②

杨先生的立场同样具有代表性，从主客未分的视角来理解《庄子》的技艺，并将这种主客合一的状态诉诸于个体的直觉——技艺的实施者通过修身工夫实现的“超乎感官、理智之上的直觉力量”。

试析寓言的阐释方式，《庄子》对庖丁的个人体验着墨甚多。这使得我们倾向于认为寓言的主角是庖丁，陈述的重点是庖丁不同阶段的主观感受，反映了庖丁的蜕变与成长，他如何从昔日的族庖逐渐成长为入于化境的匠人。因此，后世学者在解读寓言时多从庖丁的主观视角着眼，不论是从熟能生巧的角度来陈述庖丁技艺的精湛，如欧阳修的《卖油翁》，还是从学道的角度来看待庖丁境界的提升，如成玄英③。

那么，寓言以庖丁的口吻和视角来叙述，是否意味着庖丁是寓言的主角和中心？

> 方今之时，臣以神遇而不以目视，官知止而神欲行。依乎天理，批大郤，导大窾，因其固然。（《养生主》）

---

① 庖丁解牛，他将解牛的技术（包含对牛的知识）融入刀子的运作中，刀子的运作又和牛的生理结构紧密配合一起。解牛者的知情意皆与刀子融成一片时，刀子遂失掉平常所说的工具之性质，它成了“扩大的主体”之有机成分。（见杨儒宾：《技艺与道》，第 262 页。）

② 通常情况下，一件完美的技艺行为乃是主客的合一。主体的神气参与到技艺对象的内在质性里去，再也难以分别。（见杨儒宾：《技艺与道》，第 261 页。）

③ “始学屠宰，未见间理，所睹惟牛。亦犹初学养生，未照真境，是以触徒皆碍。操刀即久，顿见理间，所以才睹有牛，已知空却。亦犹服道日久，智照渐明，所见尘境，无非虚幻。经乎一十九年，合阴阳之妙数，率精神以会理，岂假目以看之！亦犹学道之人，妙契至极，推心灵以虚照，岂用眼以取尘土也！”（郭庆藩：《庄子集释》，第 120 页。）

这句话中,“依乎天理”与“因其固然”十分关键。历代学者对“天理”和“固然”的解释比较统一。“天理”多被解读为“牛身天然的纹路”①。“固然”被解读为“牛的自然结构”②,引申为事物之本然③。面对“天理”与“固然”,庖丁的态度是“依”与“因”。④

《庄子》借此提醒我们,寓言的中心并不在于庖丁,而在于“天理”与“固然”。后者构成了庖丁解牛的根据。这里产生了视角的反转。并不是庖丁把自己的技艺施加在牛身上,最终完成了解牛的操作,而是“天理”与“固然”经由解牛之技逐渐展开。正如张文江先生指出的,解牛的过程是事物本相渐渐展开的过程。⑤ 可见,《庄子》希望将我们的关注点从庖丁的主观体验回转到“天理”与“固然”,体会到技艺是事物之本相展开的过程,而不是定睛于匠人的自我体验。

更进一步地,“依乎天理”与“因其固然”并不是庖丁渐入化境后的个人体验或是绝妙洞见,而是理之本然。“天理”与“固然”作为解牛之技的根据,内在地与技存在关联。技是“天理”与“固然”的展开。

在此基础上,我们来看“进乎技矣”的第三种诠释立场。

陆西星:“臣之所好,道也,非技也。技进而精,至于自然而然,不知其然,则不得以技名之,而名之曰道。”⑥在陆西星看来,技与道之间并不是比拟或寄托的关系。并不是得道高人依据个人智慧用技来比拟道或是将道寄托于技,而是技自然而然过渡为道、实现为道。技成为道,其前提在于技与道存在内在关联,因此,技能够与道相通。技与道的关联并不取决于匠人的主观体验,

---

① 陆西星将“天理”解读为“牛之天然腠理也”。(陆西星:《南华真经副墨》,北京:中华书局,2010年,第49页。)林希逸:“天理者,牛身天然之腠理也。”(林希逸:《庄子鬳斋口义校注》,北京:中华书局,1997年,第50页。)林云铭将天理解读为“天然之缝接处”。(林云铭:《庄子因》,第31页。)憨山将“天理”理解为“骨肉之间天理之自然”。(憨山:《庄子内篇注》,第60页。)陈鼓应将“天理”解读为“自然的纹理”。(陈鼓应:《庄子今注今译》,第118页。)

② 陈鼓应:《庄子今注今译》,第118页。

③ 张文江先生将“固然”解释为“本然如是”。(张文江:《〈庄子〉内七篇析义》,上海:上海书店出版社,2018年,第75页。)

④ 张文江先生指出,“因乃道家要旨,盖自始至终只是一‘因’。”(张文江:《〈庄子〉内七篇析义》,第75页。)林希逸注曰:“天理者,牛身天然之腠理也;依者,依其自然之腠理而解之。骨肉之交际,骨节之空窾,皆固然者,我但因而解之。”(林希逸:《庄子鬳斋口义校注》,第50页。)

⑤ 张文江:《〈庄子〉内七篇析义》,第75页。

⑥ 陆西星:《南华真经副墨》,第48页。

亦非人为的成果,而是理之本然。从这一角度而言,陆西星与钟泰可以达成一致。钟泰的基本立场便是"技通乎道"。"自上言之则曰兼,自下言之则曰进。进犹过也。过乎技者,技通乎道,则非技之所得而限也。"①

因此,技并不单单是比拟道的中介或手段,而是以道作为其存在的根据。技艺是"天理"与"固然"的展开,本身可以实现为道。庖丁解牛的寓言并不是借技来说道,而是通过阐释技的存在根据启示我们从新的视角来理解道技关系。道与技的内在关联使得二者具有共生关系。如果我们曲解了技,那么将很难真正地领会道。反之亦然。

由此,我们可以理解《庄子》对于技艺的赞美。这种赞美并不是基于技作为道之中介的工具性,而是技进乎道的存在意义。这一赞美与《庄子》对"技-用"思维模式的批判是不矛盾的。

《庄子》看到,技的存在根据被人遗忘。人们对于技的通常理解,无论是将技视作匠人的一门手艺,还是从技-用的角度来理解技,都表明我们惯于将技视作一系列现有的、已成的成果。在此情况下,技的根据与原初的意义往往处于被遮蔽的状态。对《庄子》而言,当务之急是思考技的存在根据。这构成了技存在于世的意义所在,同时也昭示了技的理想状态。不论是基于技进乎道的存在意义来赞美技艺,还是对"技—用"思维模式进行批判,都服从于这一根本目的。

(二)技通乎道

那么,技是如何实现为道的呢?

"物"是《庄子》的一个重要概念。"万物"是《庄子》文本惯常的描述对象,如"万物,一马也""万物与我为一"(《齐物论》)、"万物皆一也"(《德充符》)、"利泽施于万物"(《大宗师》)。庄子将芸芸众生统称为"万物",可见他把万物视作一个整体。那么,是什么使得万物被赋予了整体性,使得个别之物不是以原子般孤立的状态存在,而是能够置身于一个宏大的整体之中?

庄子的回答是,道。"道者,万物之所由也。"(《渔父》)道生物之"生"并不是指道是构成万物之形的物质来源,不同于氢和氧结合生成水的"生成"。道使万物成为一个整体,提供的是让万物各是其是、各得其宜的相互关系。

① 钟泰:《庄子发微》,上海:上海古籍出版社,1988 年,第 68 页。

在这种相互关系中,万物彼此之间有了区分。某一物是“不是他物”的某物。由此,某物的规定性得以确立。

东郭子曾询问庄子“道在何处”。庄子的回答是,无所不在。当东郭子要求庄子指出具体所在。庄子首先回答“在蝼蚁”。我们可以想象东郭子听闻这个答语时惊骇的表情。“何其下邪?”东郭子如此发问,必定存在一个心理预期——道所在之处绝非普通之地。

庄子进一步回答道,“在稊稗”“在瓦甓”“在屎溺”(《知北游》)。在常人眼中,蝼蚁是天地之间最卑微的生物。庄子首先说道在蝼蚁。继而愈下之,直到说“道在屎溺”,正是为了强调道不离物,“以道观之,物无贵贱”(《秋水》)。高低贵贱是人为的区分。然而,再卑微低贱之物也存在于这种紧密的相关性之中,在道之大全的意义整体中占据了一席之地。“夫道,于大不终,于小不遗,故万物备。”(《天道》)在道之大全这一意义的整体中,万物既紧密关联,又不失其序,而是各具其性,各有其则,各得其宜。

从这一角度而言,“由道得以生”的万物自然而然能呈现道。道不离物,故能从物观道。这样一来,人与物的相处活动就成为通向道的一条重要进路。

物是技艺实践的对象。为镳和斫轮的载体是木,解牛的载体是牛。技艺实践需要工具。而工具也属于一种物。可见,匠人在进行技艺实践时,必然会与物相接,展开与物的相互关系。既然道不离物,而技艺实践又必然涉及人与物的相互关系,那么技艺实践当然有可能进于道,为我们提供理解道的可能性。正如郑开先生所指出的,“生活或者生存方式中近取诸身又无所不在的实践性技艺完全可以打开通向‘道的真理’的门户”①。

人吃苹果、穿衣服也属于人与物的相处活动。相比之下,技艺实践的特殊性在于,它不仅仅是反映人与物相互关系的普通活动,而是一项具有创造性的活动。

常识看来,技艺被视作匠人把主观立场施加于客观物体之上,用主观意图来改造物的过程。匠人的主观意愿和构想贯穿于技艺实践过程的始终。用主观意图来改造客观对象的过程中,匠人不可避免地会感受到意愿与现

① 郑开:《道家形而上学研究》,北京:中国人民大学出版社,2018年,第284页。

实、心与手、人与物之间的疏离与隔膜。这多重隔膜并非理论的预设,而是唯独在技艺实践时我们才能产生的切己体会。

庖丁刚开始解牛之时,处处碰壁,所见皆为全牛,所执之刀难免遭损折。从认识论的角度而言,庖丁实现了对刀的认知。虽然庖丁持刀完成了解牛的行动,但他只是把刀视作与己之生命无关的对象,并未体贴刀之性,因此尚未在一种协同关系中与所执之刀亲密无间,未能以一种合宜的方式占有这一工具①。这并非庖丁一人的困境,而是人之为人的生存现状:人与物的疏离与隔膜。这种隔膜产生的张力使技艺实践提供了一个契机,以至于匠人可以对人与物的理想关系有更深入的思考。

在庄子的语境中,蹈水之人和梓庆是匠人之翘楚②。二人的智慧是自身存在实感和生命体验的结晶。他们的技艺实践具备典范意义,向我们展现了真正意义上的"由技进于道"。

梓庆提到自己"入山林,观天性"(《达生》)。那么,梓庆观木,是在精细地观察木这一自然对象么?不是。这只是常人的观。确实,木是可感事物,人人都能观看到。它作为对象,可以是建筑材料,可以用来取暖,可以是自然环境的一个组成部分,也可以是植物学意义上的一个特定物种。如果我们只是从这些方面来观木,在梓庆看来,就是根本未曾真正观见过木。庖丁刚开始"解牛之时,所见无非牛者"(《养生主》)。这属于常人之观,将牛视作与己相对待的他物。这种观并未入牛之里,去体贴牛之性,因此"所见无非牛者"。庄子用牛来象征作为技艺载体的所有物,指出常人之观存在太多盲区,未能真正观物之性、物之则。相比之下,梓庆所观的是木的天性、木之自然。通过体贴和查究木之性,思考木之则,在技艺实践中使木得其宜。

---

① 海德格尔的分析对我们理解这一问题很有启发。"锤不仅有着对锤子的用具特性的知,而且它还以最恰当不过的方式占有着这一用具。……对锤子这物越少瞠目凝视,用它用得越起劲,对它的关系也就变得越原始,它也就越发昭然若揭地作为它所是的东西来照面。"(马丁·海德格尔:《存在与时间》,陈嘉映、王庆节译,北京:商务印书馆,2016年,第85—86页。)

② "孔子从而问焉,曰:'吾以子为鬼,察子则人也。请问,蹈水有道乎?'曰:'亡,吾无道。吾始乎故,长乎性,成乎命。与齐具人,与汩偕出,从水之道而不为私焉。此吾所以蹈之也。'"(《达生》)"鲁侯见而问焉,曰:'子何术以为焉?'对曰:'臣工人,何术之有!虽然,有一焉。臣将为鐻,未尝敢以耗气也,必齐以静心。齐三日,而不敢怀庆赏爵禄;齐五日,不敢怀非誉巧拙;齐七日,辄然忘吾有四枝形体也。当是时也,无公朝,其巧专而外骨消;然后入山林,观天性;形躯至矣,然后成见鐻,然后加手焉;不然则已。则以天合天,器之所以疑神者,其是与!'"(《达生》)

为什么观物之性对技艺实践来说如此关键?也许塞尔谈滑雪的例子有助于我们理解这一点。善于滑雪的人并不是因为他懂得如何依葫芦画瓢地去遵循一系列滑雪的规则,而是在于能让身体与其所触碰的地面与雪况等做密切的结合,让身体随着地形与雪况等的变化而做出天衣无缝的调整。而结合与调整的前提是滑雪者长时间以来对地之性、雪之性的感受和体贴。基于这一体贴,自己的身体和行动才能随之做出适应与调整。[1]

塞尔的例子说明,技艺的过程并不是单向度的,并非由己到物,而是涉及人与物之间的相互关系。人、工具和技艺载体之间发生着创造性的相互作用。技艺的实践者需要切身去感知事物的流转变动,随物俯仰,才能更好地使自己与物之性产生和谐的律动。

在此过程中,实践者须首先向物敞开自己,去感受和体贴物之性。蹈水之人将其智慧描述为"从水之道而不为私"。梓庆认为,为鐻的终极智慧在于"以天合天"。成玄英疏曰:"因于天性,顺其自然。"[2]

庄子论述技艺时所用的动词是"从",如"从水之道而不为私"(《达生》)。成玄英在疏中用"因"来形容梓庆为鐻的巧妙。"从"与"因"的意思有暗合之处。二者都强调技艺本身的包容性——对物之性的敞开与容纳。梓庆并不是凭借一己的想法对木之性进行限定与干预,而是让其自我向木之性敞开,"以天合天"才有可能实现。

那么,对于木之性的体贴如何得以可能?匠人如何才能向物敞开自己?

蹈水之人谈到自己"从水之道而不为私"。从水之道的落脚点在于"不为私"。郭象对此的注释是:"任水而不任己。"梓庆的体验与此有贯通之处。梓庆所说的未敢耗气、不敢怀庆赏爵禄、不敢怀非誉巧拙可以理解为"不为私"的渐进过程。"忘吾有四枝形体"则是这一渐进过程的效验。

"忘吾有四枝形体"的神髓是"忘"。庄子多次论及"忘":颜回之忘[3]、南

① 塞尔:《意向性:论心灵哲学》,刘叶涛译,上海:上海人民出版社,2007年。

② 郭庆藩:《庄子集释》,第660页。

③ "'回坐忘矣。'仲尼蹴然曰:'何谓坐忘?'颜回曰:'堕肢体,黜聪明,离形去知,同于大通,此谓坐忘。'"(《大宗师》)

郭子綦之忘[①]、鱼相忘于江湖[②]。颜回的“坐忘”与南郭子綦的“吾丧我”同出一辙,实现道最高意义的无我之境。“至人无己”(《逍遥游》)。因此,王叔岷先生将庄子之学称作“无我之学”[③]。

庄子认识到,道是自我的根据。自我从混沌同一的状态中分离出来,获得自身的属性,有了一己之形躯,意识到了“我”。这是道的创生,同时也是对道的悖反。自我的形气躯体有一种向内成就自身的本能,即欲。为了维持生命,自我要满足最基本的生理需求。同时,一己有限的立场(私)也伴随着自我意识的终始。极度膨胀的自我将自身有限的立场提升为放之四海而皆准的标准,树立起己与人的对立、己与物的对立。正如曹慕樊先生指出,“己在任何地方都看见对立面,任何地方都觉到限制。其实是自己限制自己”[④]。

倘若匠人将一己有限的立场提升到终极根据的位置,那么他在进行技艺实践时,不可避免会纯任主观意愿对物进行割裁。这样的技艺实践是纯然人为的过程,即人力对作为质料的物的改造。此种技艺是有“我”之技。人与物之间是一种改造与被改造的关系。物仅仅被视为人力的质料。因而,对物之性的体贴在技艺实践过程中变得无关紧要。

在有“我”之技中,人为与自然处于对立的关系。施加人力必然意味着难以顺其自然。以削木为鐻为例。鐻不可能自然而然从木头中出现。经过人为的努力,经由匠人的技艺,我们才能将木头打造为鐻。这一过程不可避免地伴随着匠人主观的构想和私意。匠人主观构想、技艺水平的高低直接决定了制成品的质量。以游泳为例。游泳的时候,我们的每一个动作、姿态都发自内在的意愿和意向,具有很强的主观性。如果没有游泳者体力和脑力的投入,游泳的行动不可能完成。从这个意义而言,任何技艺实践都具有“私”的维度。

当匠人纯任一己有限的立场时,蹈水之人所说的“从水之道而不为私”将

---

① “南郭子綦隐几而坐,仰天而嘘,嗒焉似丧其耦。颜成子游立侍乎前,曰:‘何居乎?形固可使如槁木,而心固可使如死灰乎?今之隐几者,非昔之隐几者也。’子綦曰:‘偃,不亦善乎,而问之也!今者吾丧我,汝知之乎?女闻人籁而未闻地籁,女闻地籁而未闻天籁夫!’”(《齐物论》)

② “泉涸,鱼相与处于陆,相呴以湿,相濡以沫,不如相忘于江湖。”(《大宗师》)

③ “唯无待乃能无往而不逍遥。无所往亦逍遥。庄子之学为‘忘我之学’,亦可谓‘无待之学’。”王叔岷:《庄学管窥》,第25页。

④ 曹慕樊:《庄子新义》,重庆:重庆出版社,2005年,第121页。

难以被理解。既然游泳需要依靠人力,那么怎么可能"不为私",怎么可能"从水之道"?

很明显,这样的状态并不是庄子所悦纳的。庄子通过一系列寓言说明,技艺实践的理想境界是施予人力与顺应自然成为一个和谐整体。梓庆自述削木的智慧在于"以天合天"。郭象对"以天合天"的解释是"不离自然"。成玄英疏曰:"机变虽加人工,木性常因自然,故以合天也。"[①]注和疏的落脚点都在于强调人工与自然的和谐交融——"因于天性,顺其自然"[②]。

可见,对于物而言,理想中的技艺应该发挥"辅"的功能——容物、纳物,实现物之宜,而不是匠人纯任己意对物进行限定与割裁,正如老子所说,"辅万物之自然而不敢为"。

那么,技艺之"辅"如何实现?唯有匠人的自我隐遁之时,唯有匠人不再刻意任用一己之智时,简言之,唯有匠人"忘我"之时,"辅"的功能才可能实现。技艺实践的真正意义不在于做出一个器物,而在于为我们敞开了观物和虚己的契机。技艺实践关涉到虚己、忘我的根本工夫。匠人应当"无己""丧我",而非强化一己之成心。"由技进于道"之道是一种虚己之道、无我之境[③]。

From the Technique to the Dao
—The Differentiation between Dao and Technique in *Zhuangzi*

Huang Zixun

Abstract: The problem which Zhuangzi is up against, such as that peo-

---

① 郭象:《庄子集释》,第 660 页。

② 同上。

③ 《庄子》呈现并反思了形形色色的执着。执着于形躯的美丑、执着于利、执着于名等,归根结底都是执着于我。执着于我是一种最深重的奴役。正因如此,庄子认为应当"无己""丧我",而非强化一己之成心。忘我之忘才是诚忘。最高境界为无我之境。

ple indulge in the techniques and then forget the Dao, results from the fact that people pay too much attention to the "Usefulness". Therefore, it's inappropriate to put the blame directly on the technique. Actually, technique is not opposite to the Dao. In this respect, the debate over the Dao and technique aims at advocating people to free from the stereotype that usefulness is directly associated with the technique, rather than eliminating the technique, in order to conform to the Dao. In fact, the technique ought to be an approach to the Dao, based on which Zhuangzi discusses the ideal relationship between the craftsman, the techniques and the things. Craftsman ought to open himself up to the nature of the things, rather than impose his ideas on the things.

Key words: Zhuangzi, Usefulness, the debate over the Dao and technique, TianLi, GuRan

书讯

《中庸讲疏两种》

唐文治、顾实撰,李为学整理

北京:中华书局,2019年2月

《中庸讲疏两种》为唐文治的《中庸大义》和顾实的《中庸郑注讲疏》,附录收入唐文治《茹经堂文集》中关于《中庸》的四篇短文,这样,二人关于《中庸》的著作就基本收录进来了。由于唐、顾二人在近代学术和事功方面都颇有影响,故本书对研究唐、顾二人的思想、学术,以及《中庸》乃至儒家学说的研究和接受史都具有一定的价值。

唐文治(1865—1954),字颖侯,号蔚芝,晚号茹经,著名教育家、工学先驱、国学大师。清同治四年(1865)生于江苏太仓,在清末曾任职外务部,游历欧美,后弃政从教,提倡读经救国,先是主持上海高等实业学校(交通大学前身),后来创办无锡中学与无锡国专。1954年4月在上海病逝,终年90岁。著作有《茹经堂文集》《十三经提纲》《国文经纬贯通大义》《茹经先生自订年谱》等。

顾实(1878—1956),字惕生,江苏武进(今江苏常州)人,古文字学家,诸子学家。早年攻习法科,曾执教于国立东南大学,后在无锡国专任教,教授中古文学。通多国语言,喜研先秦史籍,又理西方学术,其著述兼涉史、子、集三部,著作有《汉书艺文志讲疏》《穆天子传西征讲疏》《墨子·辨经讲疏》《庄子天下篇讲疏》《大学郑注讲疏》《中庸郑注讲疏》《论语讲疏》《杨朱哲学》《中国文字学》《说文解字部首讲疏》《六书解诂及其释例》《重订古今伪书考》《中国文学史大纲》等。(陈曦)

哲学门(总第三十九辑)
第二十卷第一册
北京大学出版社,2019年6月

从《春秋繁露》看改制与古礼的关系
——以苏舆和康有为对“三统说”的解读为例

汪 凤*

提 要:自从晚清戊戌变法以来,“改制”就一直是学界和社会所热衷于讨论的问题。本文先从苏舆的《春秋繁露义证·三代改制质文》入手,通过辨析苏舆对“存二王后”的解释,进而梳理董仲舒“三统说”与古礼“存二王后”的演变关系,以此来论证公羊家所言的“三统”理论是董仲舒所创的系统化理论体系,与上古之礼并非一事。其次,比较苏舆和康有为对“三统说”解读的差异,以明“立义”与“改制”实为董仲舒改制理论的不同层次。最后,论证公羊家关于文质损益与“《春秋》改制”之间的内在联系的说法,以明圣人言改制并不仅出于“立义”之目的,更是为了“救衰补弊”。这具体体现在对于夏、殷、周三代礼制的不同规定上,遵循着“文质损益”的改制原则。

关键词:存二王后 三统说 改制 苏舆 康有为

在《春秋繁露》一书里,“改制”始终是绕不过去的一个主题。康有为在《春秋董氏学》中有言“春秋为改制之书,包括天人,而礼尤其改制之著者。故通乎春秋,而礼在所不言矣”[①]。而同时期的学者苏舆,在为《三代改制质文》注疏时,他认为董仲舒言“改制”只是遵循着“存二王后”的古礼而已,并没有

---

* 汪凤,1992年生,同济大学人文学院博士研究生。

① 康有为:《春秋董氏学》,北京:中华书局,1990年,第40页。

像康氏所说的《春秋》改制。实际上,这是苏舆从自身立场而发的武断之言。《春秋》重义不重事,董仲舒的"三统说",并不是简单地遵循上古"存二王后"之礼,它实际指向的是公羊学最核心、最基本的阐释理论"三科九旨"①。苏舆对《春秋》经文含有的"改制"之义不置可否,故将董仲舒的"三统说"以古礼"存二王后"解之。其落实在礼制上,又有正朔、服色、宫室、官名、礼乐的不同。而《公羊传》则对《春秋》重义不重事的性质加以发挥,认为"存二王后"实为"通三统"之重要一环。因此,从"通三统"的角度来看,对"存二王后"的礼制安排就不仅仅是改正朔、易服色那么简单,乃是为了保存夏、商的统制,使得三代礼法都能通过正朔、时月表现出来,从而体现了《春秋》的"改制"之义。所以董仲舒的"三统说"实际上包含了与三代有关的一切礼制,其内容和理论层次已经远远超出了古礼"存二王后"所包含的范围。因此,本文的写作目的即是考察在《三代改制质文》一篇中,董仲舒是如何把周礼"存二王后"的政治传统与《春秋》的改制之义结合起来,并加以改造形成三代循环之礼制,从而形成了影响中国将近两千年的"改制"学说。

一 董仲舒的"三统说"

论《春秋》与礼制的交涉,当首推董仲舒的《春秋繁露》。关于董仲舒的思想,存世的著作仅有《春秋繁露》一书以及《汉书·董仲舒传》中的贤良对策。而董仲舒作为一代儒宗,其《春秋》学的思想上承先秦公羊高、下启两汉公羊学一脉,可以说他对《春秋》学的影响是至关重要的。凌曙的《春秋繁露注》是第一部较为系统的注疏之作,但是多有疏漏之处。其后苏舆在凌《注》的基础上加以补充修改,作《春秋繁露义证》一书。康有为的《春秋董氏学》则是在魏源《董子春秋发微》的基础上进一步发挥。苏舆和康有为各自以其主张针锋相对,形成了晚清董子之学的两大派系。

由于"存二王后"的古礼也具有类似于"改正朔、易服色"的传统,因此不

① 刘逢禄在《春秋公羊经何氏释例》中云:"无三科九旨,则无公羊,无公羊则无春秋,尚奚微言之与有?"(刘逢禄:《春秋论下》,《刘礼部集》卷三,第19—20页,光绪十八年重刊本。)可见,在公羊家看来,"三科九旨"乃是《春秋》之核心要义。

难理解苏舆纯粹以“存二王后”的礼意来解董仲舒“三统说”。而从“《春秋》改制”的角度来看,改正朔不仅是指王者受命,还指在礼制上的文质损益。因此,董仲舒在《春秋繁露》中明确提出“三统说”包含有“新王受命”“三正”“三教”三个层次的内涵,将新王受命改正朔、易服色的思想改造得更加系统化,以区别于旧王后二代的统制。

首先是新王受天命之说。“受命说”是《三代改制质文》一篇开头即承续《春秋》经及《公羊传》原文①而提出的概念。且董仲舒紧接《春秋》经传发问“王者改制作科奈何?”

《三代改制质文》云:

> 王者必受命而后王。王者必改正朔,易服色,制礼乐,一统于天下,所以明易姓,非继人,通以己受之于天也。②

此段材料明言“受命而后王”以及“王者必改制”的逻辑关系。王者不单在政治伦理意义上是新的统制,而且必须是天命授之。“王正月”是王者受天命必改正朔、易服色、制礼乐的结果。以此表明新王一统于天下,乃是奉天命以正人,具有政治上的神圣性与合法性。

同时,为了区分新王与旧王的关系,《三代改制质文》又云:

> 王者之法,必正号,绌王谓之帝,封其后以小国,使奉祀之。下存二王之后以大国,使服其服,行其礼乐,称客而朝。故同时称帝者五,称王者三,所以昭五端,通三统也。③

新统兴起时,新王成为新的“受命王”,前代与隔代之统因为不再是受命之王而被绌,但仍然拥有不受新王支配的领地范围,被称为“二王后”。所谓“存二王之后”,与“封其后”大为不同,因为“存”意味着对其礼乐制度的保

---

① 《三代改制质文》引《春秋》经传原文为:“《春秋》曰‘王正月’,《传》曰:‘王者孰谓?谓文王也。曷为先言王而后言正月?王正月也。’何以谓之王正月?曰:王者必受命而后王,王者必改正朔,易服色,制礼乐,一统于天下,所以明易姓,非继人,通以己受之于天也。王者受命而王,制此月以应变,故作科以奉天地,故谓之王正月也。”(详见苏舆:《春秋繁露义证》,北京:中华书局,1992年,第184—185页。)

② 苏舆:《春秋繁露义证》,第185页。

③ 同上书,第198页。

留。[1] "二王后"之统与新王之统实际上就作为并存的"三统"。虽然"称王者有三",但只有新王之统才能成为新的大一统之王制,新王的权威由此在礼制上得以确立。因此,董仲舒的"三统说"指向的即是新王的"大一统","存二王后"则是为了区别新王与旧王的关系,以明新王受天命改制作科之义。这样不仅表明了天命的转移,还指向了"《春秋》改制"之义。

其次是三正说,《三代改制质文》云:

> 三正以黑统初。正日月朔于营室,斗建寅。……亲赤统,故日分平明,平明朝正。……正白统者,历正日月朔于虚,斗建丑。……亲黑统,故日分鸣晨,鸣晨朝正。……正赤统者,历正日月朔于牵牛,斗建子。……亲白统,故日分夜半,夜半朝正。[2]

所谓"三正",是指夏、商、周三代所用的历法,分别是以建寅之月(即夏历一月)、建丑之月(即夏历十二月)、建子之月(即夏历十一月)为正月。在夏历中,正月是十二月之首,有着革故鼎新的意味。一方面董仲舒把"改正朔"的权力归于天命,从而达到限制王权的作用。另一方面改正朔是天道自然的体现,是万物生长的初始阶段,正月是一年的开始,改正朔也要有一个开始。王者受天命改制的最标志性的事件就是象征着称王的正朔之月,改正朔是新王改统的第一步骤。王者通过改正朔成为新的统制之后,才能根据"三统"礼制定服色、郊告天地及群神,才能够以天子之礼祭祀始祖,威名才能行于天下,成为万民之主。因此,在董仲舒"三统说"的理论体系里,"三正"是最根本的理论基础。

最后是"三教"说,《三代改制质文》云:

> 王者以制,一商一夏,一质一文。商质者主天,夏文者主地,春秋者主人,故三等也。主天法商而王,其道佚阳,亲亲而多仁朴。……主地法夏而王,其道进阴,尊尊而多义节。……主天法质而王,其道佚阳,亲亲而多质爱。……主地法文而王,其道进阴,尊尊而多礼文。[3]

---

① 参见李勇刚:《试论汉代春秋公羊学中的"存二王之后"》,本文节选自《由道统而治法——汉代公羊学"三科九旨"研究》,北京大学哲学系/国学研究院博士论文,2013年,第50页。

② 苏舆:《春秋繁露义证》,第191—195页。

③ 同上书,第204—211页。

一般来说,“通三统”学说是指孔子损益了夏、殷、周三代的制度对周礼进行改造而形成的“通三王之统”。因此,夏、殷、周所代表的三代统制就成了“三统说”的主要内容。在这里,董仲舒明确将殷、周、《春秋》作为三统黑、白、赤的代表,并以天、地、人作为三统所主之根据。同时,又以夏尚忠、殷尚质、周尚文明三代之制度有别,以文质循环来解释天命的转移和改制的规律,乃形成了三教之统。夏尚黑、殷尚白、周尚赤,此为“三正”之循环;夏尚忠、殷尚质、周尚文,此为“三教”之循环。如果说“三正”是象征性的改制,那么“三教”则是实质性的礼制损益。为了对礼制的损益加以区分,董仲舒以“尊尊”“亲亲”的礼制原则来分别对应文统与质统之间的根本区别。由此,“三教说”成为了改制之核心要义。

二 苏舆对“通三统”的解构

“三科九旨”之说最早的相关表述见于何休《解诂》,然而若要追本溯源,董仲舒在《三代改制质文》一篇就已专明“通三统”之义。其中“王鲁、新周、故宋、绌夏”的说法历来最受争议。苏舆极力主张将董仲舒的“三统说”作“存二王后”义解之,以期剥离董子思想与《春秋》改制之间的关系,而将改制之义全部归咎于何休的臆附。与公羊家不同的是,苏舆认为“立义可托王,正朔服色不可托王也”。苏舆为了将《春秋》的改制之义重新解释,采取了与“三科九旨”不同的解经方法。

首先,苏舆对“三统说”作了一番不同于公羊家的解释。

> 鲁为侯国,汉承帝统,以侯拟帝,嫌于不恭,故有托王之说。云黑统则托秦尤显。盖汉承秦统,学者耻言,故夺黑统归《春秋》。以为继《春秋》,非继秦也。……惟一主五行生克,一主三统递用,太初改制,仍用五行相胜,与董氏《春秋》说不同。①

由于秦始皇的暴政,汉儒对暴秦的统制颇不以为然,故汉代公羊家不以秦为受命王。且苏舆认为鲁国本为侯国,非天子之位,故仅是“立义”上言“托王”

---

① 苏舆:《春秋繁露义证》,第187—188页。

而已,汉儒将"《春秋》作新王"视为孔子改制之微言乃是时政使然。所以苏舆认为董仲舒提出的三统循环之说,以"《春秋》为新王"代秦为黑统、汉为白统乃是有为之言,并不能看作是阐发"《春秋》改制"之义。而苏舆在"三统"循环之说外,又引邹衍的五德终始说,言太初改制乃是沿用五行相胜之说,意在于指证董仲舒的"三统循环"论始于邹衍的阴阳五行之说,而以汉承《春秋》之统的公羊师说为后人附会董子之意。

其次,为了进一步阐明"三统说"非"改制"之义,苏舆对"三正说"也作了一番解释。其中,特申明"夏时冠周月"之说非公羊家所言之义。

> 《春秋》用周正,改时月无疑,而王者间用夏时便民。……列国之史,亦间有存夏商正者,不关孔子《春秋》之旨。此云改统,自是一时师说,与《春秋》不相蒙也。①

改正朔、易服色、修制度、定官名、兴礼乐等都是新王改制的必要内容,而在"通三统"的理论中,王者即位改制最重要的就是改正朔,以明受命应天,奉天而更化。而涉及具体的改制,改正朔其实就是新王改时月的问题。苏舆虽然承认《春秋》涉及改正朔掺杂周正与夏时,但他认为这只是《春秋》为了与民间用夏时的风俗一致。至于杞国用夏正,则是"存二王后"之义,也与《春秋》作新王改正朔无关。因此,苏舆认为改统之说只是一时师说,非孔子作《春秋》之原意。由此,苏舆将公羊家的"夏时冠周月"之说,一解为风俗,一解为古礼。将公羊家主张的《春秋》作新王之礼完全从礼俗、礼制上解,从而消除董子以王者应天受命而改制的理论逻辑,其言"托鲁明义,犹之论史者往借事以立义耳"②。由此,《春秋》之制便与新王改制之义无涉,仅是记事之书而已。

最后,为了对公羊家的"三统说"进行彻底的扭转,苏舆更是将《春秋》中"亲周、故宋、绌夏"之义仅以礼制之亲疏远近为解,其云:

> 此文以《春秋》当新王。乃说《春秋》者假设之词。有绌、有亲、有故,新王之典礼宜然。……盖差世远近以为亲疏,推制礼以明作经之旨,理

---

① 苏舆:《春秋繁露义证》,第189页。
② 同上书,第280页。

> 自可通。由一代言之，则有所闻、所见、传闻之不同，由异代言之，则有本代、前代之不同，其归一也。[①]

苏舆为了否定何休至康有为的公羊家解释系统，认为何休解“亲”字不尽关董意，故“亲”字当为亲近之义，对于鲁国来说，则是亲近周室，亲大宗也。而“故宋”，也是对于鲁国来说，宋国乃是旧国。又，孔子祖先本为宋人后迁居鲁国，所以云“故”字以明疏远之意。至于“绌夏”，则更是远之又远之意。而对于“王鲁”的解释，苏舆引用卢文绍的注解云：“旧本‘正’字、‘王’字互易”，认为“王鲁”应是“正鲁”之义。《说文》云：“正，是也。从止，一以止。”又《尔雅·释诂》云：“正，长也”。虽是一字之差，但“王鲁”的改制之义却被解为尊尊、贤贤之义。而且，苏舆将《公羊》的“张三世”科同样以礼制的亲疏远近为解，认为董仲舒所言的所闻世、所见世、所传闻世只是同代、异代的不同，并没有蕴含公羊家所说的微言大义。由此，苏舆把董仲舒“三统说”解释成了“礼制”之义，力图消除其所体现的体系性与改制的实践。

三　“立义”抑或“改制”

《春秋》有大义有微言，“改制”之说乃是孔子之微言。微言与大义不同，具有一定的隐蔽性。故司马迁云：“非好学深思，心知其意，固难为浅见寡闻道也。”[②]同时，微言又多为师说口授，为公羊家法代代相传，直到先秦公羊高著之书帛才成为了文字。而公羊家法传自两汉，仅有董、何两家。至有清一代，常州公羊学派由刘逢禄兴起，阐扬何休《解诂》之义例，康有为更是提出《春秋》皆为孔子微言之所托的主张。这种“口说”之《春秋》，也就是“微言”之《春秋》[③]，但向来备受学者们争议。因此，苏舆认为孔子《春秋》改制之微言只能从“立义”上来理解，而不是如康氏所云之变法意义上的“改制”。

《春秋繁露·楚庄王》云：

---

① 苏舆：《春秋繁露义证》，第 189—190 页。

② 司马迁：《史记·五帝本纪》，上海：上海古籍出版社，1997 年，第 32 页。

③ 郭晓东：《论〈春秋董氏学〉与〈春秋繁露义证〉——对董仲舒的不同解读》，《现代儒学》第三辑，北京：生活·读书·新知三联书店，2018 年，第 111—134 页。

> 今所谓新王必改制者,非改其道,非变其理,受命于天,易姓更王,非继前王而王也。……故必徙居处、更称号、改正朔、易服色者,无他焉,不敢不顺天志而明自显也。若夫大纲、人伦、道理、政治、教化、习俗、文义尽如故,亦何改哉?故王者有改制之名,无易道之实。①

从上面这段材料来看,新王改制非改其道,只是对居处、称号、正朔、服色、宫室等制度进行变更,以表明受命于天、易姓更王,而对大纲、人伦、道理、政治、教化等一承前制。因此在苏舆看来,此种改制只能是"立义"上的改制,而不是"变法"意义上的改制。因为历法、服饰等只是象征意义上的改制,而大纲、人伦才是王者治世之根本。苏舆从《春秋繁露》的原文中找到依据,认定人伦、大纲、政治、教化等皆不可改是《春秋》之大义,作为反对康氏"一切皆托"的有力武器。

其实,苏舆从纯文本的角度来理解"《春秋》改制"之说并不是没有道理。而康长素所云"一切皆托",不可否认也是有为之言。但若是按照苏舆的说法,仅从"立义"上言"改制",则未免将《春秋》仅视为记事之书了。按照董子"三统说"的理论,"改制"实际上分为三个层次。一是"受命应天"层面的改制,二是"救衰补弊"层面的改制,三是"改制不改道"层面。② 苏舆所认为的"《春秋》改制"就是"受命应天"和"改制不改道"这两个层面上的。而实际上,真正意义上的"改制"是"救衰补弊"层面上的改制。康有为也正是从这个意义上推阐《公羊》之义理,提出了"变法"的主张。而苏舆将"道"与"制"的概念截然二分,且将孔子改制之微言都以"立义"来解,是曲解了董仲舒的《春秋》学体系。

董生所言之"《春秋》改制"有三种内涵,以至于苏舆对"改制"之说不明。究其原因,一是苏舆对于《春秋繁露》的解读并不在以董、何为脉络的公羊家法体系内,自然会有所偏失;二是苏舆在解经方法上另辟蹊径,专以礼制解董仲舒《春秋繁露》之思想。而究竟董子所言的"三统"礼制是如何涉及"《春秋》改制"之义的,还要从《春秋繁露》的文本重新进行考察和分析。

对于礼制的制定,董仲舒在《奉本》篇有明言:

---

① 苏舆:《春秋繁露义证》,第17—19页

② 黄铭:《董仲舒春秋学研究》,复旦大学博士学位论文,2013年,第103页。

> 礼者,继天地,体阴阳,而慎主客,序尊卑、贵贱、大小之位,而差外内、远近、新故之级者也。……人之得天得众者,莫如受命之天子。下至公、侯、伯、子、男,海内之心悬于天子,疆内之民统于诸侯。……今春秋缘鲁以言王义,杀隐桓以为远祖,宗定哀以为考妣,至尊且高,至显且明。……当此之时,鲁无鄙疆,诸侯之伐哀者皆言我。……隐桓,亲《春秋》之先人也。①

在这里,董子明显将礼制之"尊尊""亲亲"原则和《公羊》之"三世说""三统说"和"异内外"联系起来,并将礼制的制定作为国家政治稳定的核心之义。从礼制的"尊尊"原则来看,唯有天子"受命""奉天",下至诸侯各等才会统于天子、尊于天子;四海之民才会统于诸侯、尊于诸侯。正如《玉杯》篇云"《春秋》之法,以人随君,以君随天"②。这是"尊尊"之义,也是《春秋》之大义。另一方面,从"亲亲"的原则来看,以隐、桓、庄、闵、僖为所传闻世,以文、宣、成、襄为所闻世,以昭、定、哀为所见世。将隐、桓视为远祖,至尊且高;将定、哀视为考妣,至显且明。虽然相比于考妣来说,对远祖的亲情比较淡薄,但对自己来说却是至尊;而考妣毕竟是亲生父母,亲情自然比远祖明显浓厚。值得注意的是,董仲舒在此,明确提出了"以《春秋》为新王""王鲁"的主张。"鲁无鄙疆",意即鲁为天下之共主。《春秋》之义,王者无外。而最能够体现王者"受命应天"的方式即是通过对礼制的损益来确立其地位。是以,董子言"人道浃而王法立"。

除此之外,董子还提出了礼制的文质论。《春秋繁露·玉杯》篇云:

> 缘此以论礼,礼之所重者在其志。志敬而节具,则君子予之知礼。志和而音雅,则君子予之知乐。志哀而居约,则君子予之知丧。故曰:非虚加之,重志之谓也。志为质,物为文。文著于质,质不居文,文安施质?质文两备,然后其礼成。③

在董仲舒的"三统说"中,礼制本身就有文质之分,如殷(礼)尚质、夏(礼)尚文。而在这段材料里,礼制本身即为文,而制礼背后的志(礼义)即为质。从

---

① 苏舆:《春秋繁露义证》,第275—282页

② 同上书,第31页。

③ 同上书,第27页。

这个意义上说,制定礼节的宗旨是要依据礼义(尚质)的。礼非虚加之于人,只有具备了质,里质外文,才算得上是真正的礼制,而非徒有其表夸夸其谈的文饰。究其原因,礼制乃为补救周文之弊而作。可见"改制"之落实处,即在三代之礼制上。故《春秋》改制,明三教之所以不同,或从殷,或从周,或损周文而从殷质,或变殷质用周文,其实皆不过承衰救弊而已。[①]

其实苏舆所言的"不变之道"即是尊尊、亲亲等这些基本的伦理,董仲舒所言的文与质实际上即是礼制中的"尊尊""亲亲"原则。质家主"亲亲",文家主"尊尊"。因此,"《春秋》改制"之义实际上就是遵循着礼制的"文质损益"和"改制不改道"两大原则。"礼制"是在"可以然之域",而"礼义"是为"不可以然之域"。礼制作为可以变通之领域,又有其背后所应有的"原则性"。正是因为礼具有"常"与"变"双重性,才能成为"改制之著者"[②]。故康有为在董、何的《春秋》公羊学家法的基础上进一步发挥,提出"以礼为教"的主张。

四 以礼为教——康有为对"三统说"的发挥

"改制"之说,乃康有为《春秋》公羊学的首要义。与苏舆不信公羊经师口说微言不同的是,康有为对于口说是非常自信的,其云:"《春秋》之意,全在口说。口说莫如《公羊》,《公羊》莫如董子。"[③]

首先,康有为解《公羊》中的新周、故宋、王鲁等微言大义,是以《诗经》的周、鲁、商三颂来解说的。[④] 其在《春秋董氏学》中有两处专言"王鲁"之义,分别在"《春秋》例第二"和"《春秋》改制第五"两篇,但内容无差,今摘录如下:

> 《诗》有三颂:《周颂》《鲁颂》《商颂》,孔子寓新周故宋王鲁之义。不然,鲁非王者,何得有颂哉?自伪《毛》出而古义湮,于是此义不复知。惟太史公《孔子世家》有焉。《公羊传》《春秋》托王于鲁,何注频发此义,人

---

① 曾亦、张绍良:《公羊家的文质概念与晚清变法思想》,《复旦学报(社会科学版)》,2012 年第 6 期,第 13—22 页。

② 康有为:《春秋董氏学》,北京:中华书局,1990 年,第 40 页。

③ 梁启超:《清代学术概论》,北京:东方出版社,2012 年,第 70 页。

④ 康氏此说盖承自刘逢禄,详见刘逢禄:《春秋公羊经何氏释例》,上海:上海古籍出版社,2013 年,第 14 页。

或疑之。不知董子亦大发之。盖《春秋》之作,在义不在事,故一切皆托;不独鲁为托,即夏、商、周之三统,亦皆托也。①

由于"王鲁"说直指改制之义,故苏舆以远近亲疏解"亲周""故宋",以圣人为后人"立义"解《春秋》"王鲁"之说。然而,康有为直接从《春秋》微言大义之旨出发,认为《春秋》在义不在事,董仲舒不仅阐发孔子作《春秋》托王于鲁之义,其"三统"之说亦是假托改制之义。并引孔子所作《诗》有周、鲁、商三颂为证,颂乃为天子礼乐,亦足证《春秋》"王鲁"之义。并且康氏认为何休的"三科九旨"改制之义与董仲舒所云"三统说"之改制是一脉相承的。其中,最能体现苏舆和康有为观点冲突的是,苏舆认为董生所言夏、殷、周三统与"存二王后"之间有着直接的关系,或者说"三统"即是"存二王后"的变体而已;康有为则跳出了"存二王后"的政治传统,提出了"一切皆托"的观点,而根据董、何对"三统说"的诠释,更注重"新周、故宋、王鲁"的"改制"之义,以《春秋》当新王为最终指向。

因此,苏舆的"立义"和康有为的"改制"的根本分歧,其实不在"三统"说所表现出的"改正朔、易服色"上。因为这个古礼已有之,只不过董子对其有所总结与发挥而已。所以,"三统说"并不是他们的主要分歧。"立义"和"改制"的根本不同之处在于他们对《春秋》根本性质的认识不同。《春秋》重义不重事,乃为公羊家之基本家法。而且当苏舆力图弥合与董说的差异时,康氏则直接承袭董仲舒《春秋》学的"为汉制法""素王说",其曰:"《春秋》为新王,凡五见;亲周,故宋,王鲁,凡再见;新王受命改制,数数见:孔子为继周之王,至明。……孔子改制,以《春秋》继周,故立素王之制也。"②并发挥《春秋》之微言大义,提出以孔子"为新王""为文王""为后王"等,明确以孔子为尊的今文家法之态度。

其次,康有为以《春秋繁露》"三统"之制大张《公羊》"张三世"之说。其云:

孔子创义,皆有三数,以待变通。……三统三世,皆孔子绝大之义。

① 康有为:《孔子改制考》,北京:中华书局,2012年,第208页。
② 同上书,第199—200页。

每一世中,皆有三统,此三统者,小康之时,升平之世也。太平之世别有三统,此篇略说,其详不可得闻也。后世礼家聚讼,固有伪古之纷乱,而今学中亦多异同。……后师笃守,必致互攻,岂知皆为孔子之三统,门人各得其一说,故生互歧。故通三统之义,而经无异义矣。①

康氏以孔子为立法之圣王,以董仲舒为汉代公羊经师第一人,认为董生之学直承孔子之余脉。故康有为认为董仲舒所阐发《春秋》改制之义的必然是孔子之微言。由"三统说"而观之,其中"新周""故宋""王鲁"改制之义自明,孔子"托王于鲁"之义,更是指明了《春秋》改制变法之性质。而《春秋繁露》中"今春秋缘鲁以言王义,杀隐桓以为远祖,宗定哀以为考妣,至尊且高,至显且明"②之语,虽然从字面上来看是以礼制之亲疏远近而言,但在康有为看来,这是董仲舒为阐释《公羊》"张三世"之例而发,故其在《春秋董氏学》中言三统之中寓有三世之义,并且认为董仲舒所言之"三统"是小康之时升平之世,至于太平世之三统等则在孔子之其他遗绪中,其原因就在于伪古横出,导致今文经学不彰。且后世礼家不明《春秋》"三统""三世"所包含的改制之义,故各执一说而互相攻讦,所以康氏认为,"三统"之说明,则"三世"之说亦明;"三世"之说明,则孔子微言大义亦明矣。

最后,康有为以"三统""三世"说为基础,进一步认为孔子不单是"为汉制法",更是为万世制法,推孔子为儒教之创世教主,称儒教理想为大同社会。在《孔子改制考》中康氏认为上古茫昧无稽,《春秋》中所记载的夏、殷、周三代史事是经过孔子改造而成的理想王制。夏、殷、周三统即是孔子改制之内容。"托古改制"是康有为对董仲舒"三统说"的进一步阐释。康氏将董仲舒"三统说"中的"《春秋》改制"寓意上溯于孔子,并认为孔子为改革之教主,创立儒教。"以礼为教"是康氏对"《春秋》改制"微言大义又一次里程碑式的发挥创说。

五　小结

通过对"存二王后"这一古礼的梳理,以及与董仲舒"三统"学说的比较,

① 康有为:《春秋董氏学》,第120页。

② 苏舆:《春秋繁露义证》,第280页。

可以发现,其实苏舆与康有为对"三统说"解读的真正区别正是在于"《春秋》改制"这一点上。因此,苏舆总是从"立义"这一角度来强调"三统说"和"存二王后"之间礼制的联系,却并不言及"三统说"与"《春秋》改制"之间的关系。而在康有为看来,董仲舒的"三统说"正是"改制"的有力证明,也正是在这一学说的基础上,"王鲁说""孔子素王说"以及"《春秋》作新王"等才有了理论基础与现实要求。通观董仲舒《春秋繁露》无处不言礼义。汉代司马迁《太史公自序》也云:"《春秋》者,礼义之大宗也。"①可见,公羊家实际上也是礼学家。实际上,常州公羊学派以刘逢禄为代表,对《春秋》礼制亦颇为重视。他根据董仲舒《春秋繁露》比附《公羊》之意,有意撰《春秋公羊议礼》,惜其未成。后凌曙等承刘申受之遗绪,致力于"以礼解《春秋》"之研究,开创公羊言礼一脉。驯至晚清,康有为、廖平等更是认为"礼与《春秋》改制"有莫大的关系,提出"托古改制""以礼为教"的主张。应当说,"礼与《春秋》改制"是清代《春秋》公羊学派的一大特色,而"以礼改制"实际上也是清代公羊学者有意识开创的重要学术成果。

An Investigation to the Relationship between Reform and Ancient Ritual in "Chunqiu fanlu"

—Taking Su Yu and Kang Youwei as an Example of Interpretation of "Three Unifications"

Wang Feng

Abstract: Since the *Wuxu* Reformation of 1898, the idea of "reformation" has been an issue that the academics and society are keen to discuss. This article starts with the explanation of "*Justification of Chun Qiu Fan Lu – Texts on the Reformation of Three Generations*" of Su Yu. Through analyzing

① 司马迁:《史记》,第2485页。

the interpretation of "preserving the posterity of previous two dynasty" of Su Yu, it deals with the evolutionary relationship between the theory of "three unifications" of Dong Zhongshu and the ancient ritual of "preserving the posterity of previous two dynasties", by which I aim to demonstrate the theory of three unifications as a systematic theoretical system is different from the ancient ritual created by Dong Zhongshu. Secondly, by comparing the different interpretations of the theory of three unifications between Su Yu and Kang Youwei, it clarifies the "righteousness" and "reconstruction" as two different levels in Dong Zhongshu's reformation theory. Finally, through demonstrating the theory of internal relationship between the "gains and losses in literature and quality" and the "reformation of *Chun Qiu*", it is clear that the reformation imparted by the sages is not only for a declaration of "righteousness", but also for "rescue from the decline and redemption of disadvantaged". This idea is specifically reflected in the different regulations on the rites of the Xia, Yin, and Zhou dynasties, which follows the principle of "gains and losses in literature and quality".

Key words: preserving the posterity of previous two dynasties, the theory of three unifications, Reformation, Su Yu, Kang Youwei

哲学门(总第三十九辑)
第二十卷第一册
北京大学出版社,2019年6月

墨家圣王叙事研究

王华超*

提　要:墨家圣王叙事经历了由“古者圣王”到“以说出故”的变化。在“十论”体系中,墨家建构了一个以“天”为最高权威,以“兼爱”为价值准则的意义世界。其中,圣王不仅是墨家论证天的权威的关键,而且也是连接“天志”与“兼爱”的逻辑基础。同时,借由圣王谱系,墨家在全部历史之间塑造出了统一于兼爱的一致性。而价值与历史之间的契合进一步建构出“十论”意义世界的唯一性。然而,这一意义世界唯一性的建构实际上是有问题的。不仅圣王谱系中圣王之间、圣王与墨家价值主张之间存在不一致,且天的权威与圣王的典范地位实则陷入了循环论证。这一逻辑谬误最终同时反噬了天与圣王的正当性。在“墨辩”中,墨家论证价值准则的逻辑基础由圣王、天等外在权威转向“故”“智”等人的内在能力,而论证的方法也从“尚同一义”转入“以说出故”。最终,“墨辩”中墨家虽然个别地确认了尧、禹等圣王在价值上的典范意义,但圣王叙事自身其实是被消解了。

关键词:圣王　天　以说出故　价值准则　价值典范

在中国思想史中,“圣王”无疑是一个不容忽视的大名词。尽管“孔子、墨子俱道尧舜,而取舍不同”(《韩非子·显学》)[①],西汉以来,书写圣王叙事的

---

* 王华超,1989年生,北京大学哲学系博士研究生。

① 王先慎:《韩非子集解》,北京:中华书局,2003年,第457页。

权力,却几乎完全掌握在儒者手中。清末,康有为发明“托古改制”,打破了这一权威,提出诸子均曾经创造自己的圣王故事。此后,顾颉刚等历史学家在系统批判古代圣王传说的时候,开始注意到墨家圣王故事的特殊性[①]。当代学者 Miranda Brown 则敏锐地注意到,在传世的先秦子书中,是《墨子》——而非《论语》《孟子》等早期儒家文本——首先使用了“圣王”一词,并创造了“三代圣王尧舜禹汤文武”这一全新的固定搭配(textset)[②]。可以说,无论是为了更好地研究墨家学说,还是反思圣王理想,都要求我们全面深入地探讨墨家的圣王叙事。本文拟以《墨子》一书为主要文本基础,从墨家圣王叙事的内涵与意义、该叙事的理论困难、墨家对其圣王叙事的发展修正三个层次对此加以探讨。

绪论　圣王与圣人

对于圣王,学者常习焉不察地将其肯定为真实的历史存在,并将之与“尧舜禹汤文武”乃至周公具体联系起来[③]。然而,这恐怕更多是儒家独掌圣王叙事之后,学者混同圣王叙事与圣人叙事的结果。实际上,至少在先秦思想语境中(无论儒、墨),“圣王”与“圣人”内涵并不尽一致,不可等同。

作为同样由“圣”衍生出的复合语词,在《墨子》以外的先秦典籍中,“圣王”不仅在使用的频次上远低于“圣人”(见表1),且内涵上也不及后者丰富。

表1　圣、圣人、圣王在部分先秦文本中出现的次数

文本	圣	圣人	圣王	文本	圣	圣人	圣王
墨子	191	50	121	荀子	157	81	41
诗	9	2	0	老子	33	32	0
书	22	0	0	庄子(内篇)	149(29)	113(28)	0(0)
易(经/传)	(0/40)	(0/38)	(0/0)	商君书	50	37	5

① 顾颉刚:《禅让起于墨家考》,载《古史辨》第七册,海口:海南出版社,2003 年。

② M. Brown, “Mozi's Remaking of Ancient Authority”, in *The Mozi as an Evolving Text: Different Voices in Early Chinese Thought*, ed. by C. Defoort & N. Standaert, Leiden: Brill, 2013, pp. 143-174.

③ 姜广辉:《圣王时代》,《中国经学思想史》第一卷,北京:中国社会科学出版社,2003 年,第 76 页。

续 表

文本	圣	圣人	圣王	文本	圣	圣人	圣王
左传(经/传)	(0/26)	(0/12)	(0/3)	韩非子	107	71	9
礼记	75	43	10	管子	185	100	45
论语	8	4	0	吕氏春秋	116	68	26
孟子	48	29	1	淮南子	265	216	10

“圣王”一词最早出现在《左传》之中,凡三例:

是以圣王先成民而后致力于神。(《左传·桓公六年》)

古之王者知命之不长,是以并建圣哲……,而后即命。圣王同之。(《左传·文公六年》)

是以圣王务行礼,不求耻人。(《左传·昭公五年》)①

这里,“圣王”作为新语词,用法上尚属日常语词,意为“圣明之王”,且不与任何古代君王具体联系起来。而较晚编定的《礼记》之中,“圣王”的含义依然如此,如:

故圣王修义之柄、礼之序,以治人情。故人情者,圣王之田也。(《礼记·礼运》)

冠者,礼之始也。是故古者圣王重冠。(《礼记·冠义》)

是故妇顺备而后内和理;内和理而后家可长久也;故圣王重之。(《礼记·昏义》)

故事之尽礼乐,而可数为,以立德行者,莫若射,故圣王务焉。(《礼记·射义》)②

具体到诸子中的儒家。子书之中,“圣王”一词不见于《论语》,最早一例,出自《孟子》著名的“予岂好辩哉”一章:

圣王不作,诸侯放恣,处士横议,杨朱、墨翟之言盈天下。(《孟子·

① 杨伯峻:《春秋左传注》(修订版),北京:中华书局,2012年,第111、548—549、1267页。
② 孙希旦:《礼记集解》,北京:中华书局,1989年,第618、1411、1420—1421、1440页。

滕文公下》)①

结合本章“天下之乱久矣,一治一乱”“尧舜既没,圣人之道衰”等内容来看,孟子虽然使用了“圣王”一词,且将尧、舜默认为圣王,但其目的,主要在于“闲先圣之道”,至于“圣人”与“圣王”在内涵上的不同,孟子尚未区分。

实际上,儒者对圣王做出的针对性思辨,迟至荀子才出现:

> 曷谓至足?曰:圣王。圣也者,尽伦者也;王也者,尽制者也;两尽者,足以为天下极矣。(《荀子·解蔽》)②

在荀子这里,“圣王”中“圣”的含义与孟子对“圣人”的理解在价值取向上几乎完全一致:

> 规矩,方圆之至也;圣人,人伦之至也。欲为君尽君道,欲为臣尽臣道,二者皆法尧舜而已矣。(《孟子·离娄上》)

“至”与“尽”,均具有“完美”的意涵,如同“规矩”是“方圆”的标准一样,“圣人”则是“人伦”的典范。但在对“圣王”的认识上,荀子则与孟子有所不同。孟子对圣王(如尧舜)的思考是包含在其圣人思想之内的,但荀子则进一步辨析了二者的不同。

按照荀子的区分,圣人垂范人伦,王者创建王制,圣王则兼人伦与王制而言。所谓“圣人”,即人伦方面的完美典范,而所谓“圣王”,则在“人伦”与“王制”上同时堪称典范。二者的不同在于,逻辑上,圣王必是圣人,即荀子所说“非圣人莫之能王”(《荀子·正论》),但反过来说“圣人必是圣王”,却并不必然成立。如借孟子的“五伦”(《孟子·滕文公上》)观念来分析,圣人于“君臣”一伦中,处于君位抑或臣位均不害其圣人之德;圣王却不同,圣王在“君臣”一伦中不仅要处于君位,而且实际上须是“天子之位”。也就是说,圣人指向的只有“德”一个维度,而圣王则同时指向“德”与“位”两个维度。这意味着,有圣人之德而无天子之位,不为圣王,如孔子;有天子之位而无圣人之德,亦不为圣王,如周公。但二者又有很大不同。孟子将孔子与尧、舜、禹、汤、文王一起列入五百年一遇的圣人之列(《孟子·尽心下》),盛赞“出乎其类,拔乎

① 朱熹:《四书章句集注》,北京:中华书局,1983年,第272页。本文所引《孟子》及《论语》均取自此书。

② 王先谦:《荀子集解》,北京:中华书局,1988年,第407页。本文所引《荀子》均取自此书。

其萃,自生民以来,未有盛于孔子"(《孟子·公孙丑上》),但孔子盛德之下,从"位"的角度看,却是"仲尼不有天下"(《孟子·万章上》)。因此,孔子是不曾为王,即有德而无位。周公则不同。周公若"不有天下"(《孟子·万章上》),以其文武之德,自然当得起儒家的"古圣人"(《孟子·公孙丑下》),但周公若"履天子之籍"(《荀子·儒效》),则似乎违背君臣之义,从"人伦"的角度看,将有亏于圣人之德。因此,周公是不应为王,在周公的例子中,天子之位与圣人之德存在价值上的冲突。

由此,不难看出,先秦儒家实则从"德"的维度提出了以"人伦"为价值准则的圣人叙事,而圣王的问题则是内嵌在这一叙事中。从"人伦"出发,周公不应为王,这彰显着"德"之于"位"在价值上的优先性①。而只有仅考虑"德"的情况下,孔子才能够与兼有"德""位"的"尧舜禹汤文王"一并进入"圣人"之列,但孔子有德而无位的事实,却毕竟突显出理想与现实之间的张力。

回到"圣人"与"圣王",显然,二者是不能混同的。就其一致性而言,二者均具有典范的意味②。在儒家这里,圣人是人伦方面的典范,而圣王则是兼具人伦与王制的典范。由此而有二者的不同。圣人指向的是"德"的单一维度,而圣王则同时指向"德"与"位"。

一　价值典范与古史重构

随着研究的深入,我们进一步发现,不仅圣王与圣人在内涵上不同,而且,从思想发展的角度看,圣王叙事,尤其是"圣王"与"尧舜禹汤文武"之间明确而系统的联系,反而并不首先出现在儒家,而是出现在墨家。

需要说明的是,墨家的圣王叙事并非一成不变。即便仅从语词的使用来观察,《墨子》各部分③之间也存在较大差异(见表2)。其中,"守城"部分

---

① 这种优先性,尤其体现在孟子对"舜之不臣尧"(《孟子·万章上》)、"舜不告而娶"(《孟子·离娄上》、《万章上》)等事例的辨析中。二者均以人伦为准则,前者旨在消除君臣之义的混乱,后者试图化解"不孝"的矛盾,而辨析自身则意味着圣人即便高居天子之位,也必须接受"人伦"的检验。

② 以下,为行文准确与方便,本文对"准则"与"典范"作如下区分:准则(或本文更为常用的"价值准则")指判定是非对错的理念,如人伦、兼爱;而典范则是应当效法的对象,如尧舜、孔子。

③ 本文大体沿用胡适以来对《墨子》一书的划分,见胡适:《中国古代哲学史》,载《胡适文集》第6册,北京:北京大学出版社,2013年,第233页。

(《备城门》以下各篇)纯为军事内容,本文不涉及。“卷一”七篇及《非儒下》一篇真伪争议较大,本文只在必要时个别讨论。其余三部分,“十论”各篇(《尚贤上》至《非命下》共二十三篇)与“墨语”各篇(《耕柱》至《公输》共五篇)思想较为接近,习惯上被统称为“‘十论’思想体系”(简称“‘十论’体系”);“墨辩”(《经上》至《小取》共六篇)则是战国时期非常独特的经说体,内容丰富但没有显见的系统①。从语词使用上看,墨家的圣王叙事,主要出现在“十论”体系中,这是研究墨家圣王叙事的首要材料。同时,“圣王”一词不见于“墨辩”,从墨家思想的发展来看是有某种必然性的,这部分内容对于探讨墨家的圣王叙事同样不可或缺。

表2　圣、圣人、圣王在《墨子》各部分中出现的次数

文本	圣	圣人	圣王	文本	圣	圣人	圣王
卷一	23	7	12	墨辩	12	11	0
十论	136	21	102	墨语	18	10	7
非儒下	1	0	0	守城	1	1	0

这里首先以“十论”思想体系为中心讨论墨家的圣王叙事。

“墨语”之中,很多片段对于理解“十论”体系常常具有方向性的意义,如《鲁问》篇中“凡入国,必择务而从事”一章之于掌握“十论”的思想主旨。与之类似,《贵义》篇则为我们探讨墨家圣王叙事提供了重要线索:

> 子墨子曰:“凡言凡动,利于天鬼百姓者为之;凡言凡动,害于天鬼百姓者舍之。凡言凡动,合于三代圣王尧舜禹汤文武者为之;凡言凡动,合于三代暴王桀纣幽厉者舍之。”(《墨子·贵义》)②

本段的内容颇为浅白,但细读之下,几个核心观念及其关系却有些令人费解。首先,仍从语词的角度来看,“三代圣王尧舜禹汤文武”和“三代暴王桀纣幽厉”频繁出现在《墨子》中,这在先秦文本中是非常独特的(见表3)。其中,不

① 《墨子》各部分的作者和分期在墨学史上一直聚讼纷纭,但本文的研究方法主要为文本分析,文本作者与分期问题对本文的研究无重要影响,因此不必予以专门讨论。

② 孙诒让:《墨子间诂》,北京:中华书局,2001年,第442页。本文所引《墨子》均取自此书。

仅“暴王”的观念几乎为墨家独有①,又每每与“圣王”相对出现,而且,二者进一步与“尧舜禹汤文武”和“桀纣幽厉”搭配,形成了“三代圣王尧舜禹汤文武”(尽管“尧舜”不在“三代”之中)和“三代暴王桀纣幽厉”的圣王谱系和暴王谱系(见表3)。那么,谱系的出现,对于墨家又意味着什么?其次,从内容上看,“三代圣王”与“天鬼百姓”似乎都是“凡言凡动”的价值典范,那么,二者又是怎样的关系?这些问题,都不是上述一个简短的文本片段所能回答的。

表3　两个圣王谱系在“十论”各篇中出现的次数

语词	篇目及次数	次数总计
三代圣王尧舜禹汤文武	尚贤中2次、天志中、天志下、明鬼下、贵义、鲁问各1次	7
尧舜禹汤文武	尚贤下3次、节葬下2次、天志中、天志下各1次	7
三代圣王禹汤文武	天志上2次、非命下1次	3
禹汤文武	法仪2次、尚贤下、天志上、非命下各1次	5
三代暴王桀纣幽厉	尚贤中2次、非命下2次、法仪、天志上、中、下、贵义、公孟、鲁问各1次	11
桀纣幽厉	法仪、节葬下、天志上、天志中各1次	4

从“十论”的系统论述来看,“圣王”与“暴王”是由“天鬼百姓”决定的:

> 然则富贵为贤以得其赏者谁也?曰:若昔者三代圣王尧舜禹汤文武者是也。所以得其赏者何也?曰:其为政乎天下也,兼而爱之,从而利之,又率天下之万民以尚尊天事鬼,爱利万民,是故天鬼赏之,立为天子,以为民父母,万民从而誉之曰圣王。
>
> 然则富贵为暴以得其罚者谁也?曰:若昔者三代暴王桀纣幽厉者是也。何以知其然也?曰:其为政乎天下也,兼而憎之,从而贼之,又率天下之民以诟天侮鬼,贼傲万民,是故天鬼罚之,使身死而为刑戮,子孙离散,室家丧灭,绝无后嗣,万民从而非之曰暴王。

这两段材料均出自《墨子·尚贤中》篇,且是连贯的,二者从内容到形式都非常对称。墨家认为,“圣王”与“暴王”是“赏贤罚暴”的结果。其中,赏罚的标

① 《墨子》之外,“暴王”一词仅在《管子》中出现过三次。其中,《五辅》篇中,“暴王”与“圣王”相对,《霸言》篇中与“霸王”相对,《心术下》篇中与“明王”相对。

准即是否“兼而爱之,从而利之”且“尚尊天事鬼,爱利万民”。按照这一标准,“天鬼赏之,立为天子,以为民父母,万民从而誉之曰圣王”,对“暴王”则反之。显然,赏罚者正是天鬼与百姓。但需要注意的是,准确地说,其实是天鬼“立为天子”,而万民则“从而誉之曰圣王”,其中,赏罚的决定权在天鬼,天鬼赏之以“天子之位”,而万民从之,誉之以“圣王之名”。而进一步的问题在于,天鬼为何具有赏罚天子的资格,而赏罚的标准又是为何是“兼而爱之,从而利之”且“尚尊天事鬼,爱利万民”。

首先,墨家认为,确立价值准则或典范的最高权威只能是“天”①:

> 子墨子言曰:“今天下之君子之欲为仁义者,则不可不察义之所从出。既曰不可以不察义之所从出,然则义何从出?”子墨子曰:“义不从愚且贱者出,必自贵且知者出。何以知义之不从愚且贱者出,而必自贵且知者出也?曰:义者,善政也②。何以知义之为善政也?曰:天下有义则治,无义则乱,是以知义之为善政也。夫愚且贱者,不得为政乎贵且知者,然后得为政乎愚且贱者,此吾所以知义之不从愚且贱者出,而必自贵且知者出也。然则孰为贵?孰为知?曰:天为贵,天为知而已矣。然则义果自天出矣。”(《墨子·天志中》)

这里,墨家的推论可以改写为典型的三段论③。大前提:“义不从愚且贱者出,必自贵且知者出”;小前提:“天为贵,天为知”;结论:“义自天出。”其中的“义者正也”则是对大前提的论证。这种改写,并非削足适履。实际上,墨家思想,无论“十论”体系还是“墨辩”都有很强的论辩自觉,其中的很多内容都与逻辑学若合符节。尽管我们不赞同给予墨家论辩过高的评价,但本文对墨家圣王叙事的探讨仍格外关切其逻辑严密性。

上述推论中,大前提与小前提都是需要进一步论证的。其中,墨家对大前提的论证类似于“分析判断”,即“义不从愚且贱者出,必自贵且知者出”的论断可以从“义”的定义分析出来。墨家认为,“义者正也”,义就是正确的东

---

① 为避免讨论过于繁冗,本文略去了墨家对“鬼神”的辨析。

② “善”字有误。《天志上》篇作“义者政也”,《天志下》篇作“义者正也”,“政”与“正”同,“言义者所以正治人也”。见孙诒让:《墨子间诂》,第191、196、207页。

③ 参见梁启超:《墨子学案》,载《梁启超全集》第十一集,北京:中国人民大学出版社,2018年,第168页。

西，也即本文所说的“价值准则”。而“正者，无自下正上者，必自上正下”（《墨子·天志下》），也就是说，推行价值准则，不能从下向上，只能从上到下。墨家要求，确立上下，必须“官无常贵而民无终贱，有能则举之，无能则下之”（《墨子·尚贤上》）。其中，评定贵贱的标准则是“智愚”——治理者能力的不同。由此，则必然“贵且知者”在上而“愚且贱者”在下。因此，按照墨家对“义”的定义及其制度设计，逻辑上必然“义不从愚且贱者出，必自贵且知者出”。

相比之下，墨家对小前提论证则类似于“综合判断”，即“天为贵，天为知”的论断必须通过其他证据来证明。证明的关键，则在于“圣王祭天”：

> 今天下之士君子，皆明于天子之正天下也，而不明于天之正天子也。……天子赏罚不当，听狱不中，天下疾病祸福，霜露不时，天子必且犓豢其牛羊犬彘，洁为粢盛酒醴，以祷祠祈福于天，我未尝闻天之祷祈福于天子也，吾以此知天之重且贵于天子也。是故义者不自愚且贱者出，必自贵且知者出。曰谁为知？天为知。然则义果自天出也。（《墨子·天志下》）

要之，墨家认为，治理天下必须“尚同一义”。“尚同一义”在制度上体现为天下均服从唯一的最高权威，即“天子”。但是，墨家认为，天子固然是天下人的最高权威，但天子自身还必须“尚同于天”。原因在于，天子不仅“知力为未足独治天下”（《墨子·尚同下》），且历时地看也不可能只有一个，因而存在天子“异义”的可能。而天则不同，不仅“天不可为林谷幽门无人，明必见之”（《墨子·天志上》），且“其明久而不衰”（《墨子·法仪》）。因此，天子最后必须“总天下之义，以尚同于天”，否则便会受天之罚。墨家认为，天子“祷祠祈福于天”，可见天子实际上是“尚同于天”的。从“正”的角度看，天子尚同于天，可见是“天之正天子”。进而，据“正者，无自下正上者，必自上正下”，则“天”在上而天子在下；又上文分析，在上者“贵且知”，在下者“愚且贱”，因此“天贵且知于天子”。由此，墨家完成了对“义自天出”的论证，从而看上去至少在逻辑上确立了天的权威。

进一步，既然“义自天出”，那么，“天”究竟确立了怎样的“义”？

> 既以天为法，动作有为，必度于天，天之所欲则为之，天所不欲则止。

> 然而天何欲何恶者也？天必欲人之相爱相利，而不欲人之相恶相贼也。奚以知天之欲人之相爱相利，而不欲人之相恶相贼也？以其兼而爱之，兼而利之也。奚以知天兼而爱之，兼而利之也？以其兼而有之，兼而食之也。今天下无大小国，皆天之邑也。人无幼长贵贱，皆天之臣也。此以莫不犓羊牛，豢犬猪，洁为酒醴粢盛，以敬事天，此不为兼而有之，兼而食之邪？(《墨子·法仪》)

这里，首先，墨家实际上将“天之所欲”视为了价值准则，或者用墨家的话说，“天欲义而恶不义”(《墨子·天志上》)。其次，墨家认为“天必欲人之相爱相利，而不欲人之相恶相贼也”，并做出了连续推论。“天必欲人之相爱相利，而不欲人之相恶相贼也”，“以其兼而爱之，兼而利之”；之所以“兼而爱之，兼而利之”，“以其兼而有之，兼而食之”。不过，这里的推论同样发生了简化，应为“兼而爱之”是因为“兼而有之”，而“兼而有之”是因为“兼而食之”(《墨子·天志下》)。最后，天下国无分大小，人不论长幼贵贱，“莫不犓羊牛，豢犬猪，洁为酒醴粢盛，以敬事天”，可见“天兼而食之”。简而言之，逻辑上，由“天欲义而恶不义”及“天必欲人之相爱相利，而不欲人之相恶相贼也”，则“义”即“人之相爱相利”，反过来，更准确地说，“兼即仁矣义矣”(《墨子·兼爱下》，以下简称“兼即义”)。

这里，我们暂时将视角从具体细节中抽离出来，综合“义自天出”与“兼即义”两个论证来整体观察“圣王法天”的思想内涵。从结论来看，“天”其实是整个“十论”体系最高的价值权威，而通过一系列推论，墨家实际上最终将自身标志性的“兼爱”主张确立为了价值准则。显然，墨家对天不仅不是盲目迷信，反而“把自家的意志转化为‘天志’”①。而从论证的过程来看，不难发现，“祭天”这件事在两个推论中是至为关键的。在“义自天出”的论证中，“天为贵，天为知”的关键是“天子祭天”；而“兼即义”的论证中，“天下祭天”则是推论“兼而有之”的关键。但实际上，“天子祭天”与“天下祭天”实则是一回事，因为“天下祭天”其实是天子“率天下之万民……，以祭祀天鬼”(《墨子·尚同中》)。更确切地说，圣王与暴王虽同居天子之位，但前者“率天下之万民以

① 崔清田:《显学重光:近现代的先秦墨家研究》，沈阳:辽宁教育出版社，1997年，第93页。

尚尊天事鬼”,而后者则“率天下之民以诟天侮鬼”。由此,我们看到圣王叙事对墨家思想的第一层意义:如果说“天”的权威为整个“十论”思想体系提供了价值准则,那么,“圣王祭天”则是这一价值准则最关键的逻辑支撑。

下面我们进一步分析墨家圣王叙事的第二层意义。

从墨家设定的天下秩序来看,“圣王”所处的位置是双向的,对上它指向“天”,对下则指向“百姓”。在墨家看来,“古者民始生未有刑政之时,盖其语‘人异义’。……是以人是其义,以非人之义,故交相非也。……天下之乱,若禽兽然”(《墨子·尚同上》)。因此,治理天下,必须首先一同天下之义。在上,天赏圣王以天子之位,是要其“一同天下之义”以“兼相爱,交相利”;在下,只有当圣王将天所欲之义引入人间,百姓才真正获得了“生”的可能:

> 巫马子谓子墨子曰:“舍今之人而誉先王,是誉槁骨也。譬若匠人然,智槁木也而不智生木。”子墨子曰:“天下之所以生者,以先王之道教也。今誉先王,是誉天下之所以生也。可誉而不誉,非仁也。”(《墨子·耕柱》)

这里的所谓“天下之所以生”,当然不是自然意义上的“出生”,而是人作为一个群体,如何“生存”。天下人之所以能生存,是“先王之道”教化的结果。结合“人异义”的观念来看,墨家认为,“古者民始生未有刑政之时”,因为“人异义”,“天下之乱,若禽兽然”。生在这一混乱的世界里,人无异于“生而入死地”,横死是必然,生存反而是侥幸。而圣王“率天下之万民以尚尊天事鬼”,实则是教天下人遵从“天志”,建立一个“兼相爱,交相利”的新世界,天下人的生存由此而真正可能。百姓“始生”之时,天下看似处于原初的自然状态,不妨称之为“自然世界”;而“所以生”的世界,则是天下人遵从“先王之道”,以“兼相爱”为价值准则构建起来的新世界,不妨称之为“意义世界”。这里,墨家用“圣王”的出现,将人类全部历史划为了两截:圣王之前,是混乱不已的自然世界,而圣王出现之后,天下人才真正获得了建构意义世界的可能。

进一步而言,两个世界的不同,不是物理空间上的差异,而是价值上“义”与“不义”的区分。若天子“率天下之万民以尚尊天事鬼”,则天下建立起来的是意义世界,若天子“率天下之民以诟天侮鬼”,则天下重新堕入自然世界。体现在墨家的圣王叙事里,则是“三代圣王尧舜禹汤文武”和“三代暴王桀纣幽厉"这样两个谱系的出现。

谱系在墨家圣王叙事中,是具有重要意义的。圣王谱系的出现,不仅有赖于圣王理念的成熟,即圣王作为语词从一般用语深化为价值典范,同时需要在先公先王之间建立谱系的自觉。对圣王理念的思考,本质上是对理想统治者的想象。而这种想象一旦发展为清晰的价值准则,便成为评判现实中(无论过去还是当下)各种统治者的标准。但圣王谱系的意义却不仅仅在于根据圣王理念评判现实。结合"三代圣王尧舜禹汤文武"与"三代暴王桀纣幽厉"这一对谱系来看,"圣王"与"暴王"的区分标准,自然是"兼爱"与否,而"尧舜禹汤文武"与"桀纣幽厉"自然也是按照同样的标准被分别纳入圣王谱系与暴王谱系的。但真正的问题,在于这一对谱系的"三代"指向。禹与桀、汤与纣、文武与幽厉,对于三代历史均具有标志性意义,被纳入同一理念下的谱系,本质上意味着全部三代历史被纳入同一价值体系,换言之,三代历史则由此被塑造出了某种价值上的一致性。因此,可以说,谱系的真正意义,不在于评判历史,而在于塑造历史。

进一步,专就圣王谱系而言,"尧舜"的加入,使得圣王谱系的历史跨度发生了质的变化。尧舜虽为圣王,但均不在三代之中,"三代圣王尧舜禹汤文武"的谱系,多少是有些违和的(见表3)①。但从塑造历史的角度看,尧舜却又是必不可少的。如果说,禹汤文武是三代的象征,那么尧舜则是三代以前的先王典范。尧舜的加入,意味着墨家的圣王谱系由三代拓展到全部古史,墨家由此在全部古史间构建起了某种价值上的一致性。因此,从墨家的圣王叙事来看,墨家思想不仅不存在所谓"非禹之道也,不足谓墨"(《庄子·天下》)或"背周道而用夏政"(《淮南子·要略》)的问题②,实际上也不曾将自身的价值理想寄托在任一特定圣王或历史时代,而是正相反,墨家将具有典范地位的古代圣王都纳入了同一圣王谱系,三代及此前的全部古史反而由

---

① "十论"之中,从语词看,"尧舜禹汤文武"(凡12次)与"禹汤文武"(凡6次)均曾出现,当然前者较频繁;从对圣王故事的征引来看,也存在强调"先圣六王"实则只有禹汤文武的情况(《兼爱下》)。对此,较简单的解释为:墨家的圣王谱系,经历了由"禹汤文武"到"尧舜禹汤文武"的发展,而二者在语词与历史征引上的差别,则是无意间留下的这一发展过程的痕迹。

② 见汪中、方授楚等对此类观点的分析批评。汪中:《墨子后序》,载李金松校笺:《述学校笺》,北京:中华书局,2014年;方授楚:《墨子的学说》,载《墨学源流》上卷,北京:中华书局,1989年。

此被塑造为墨家价值理念的历史显现。由此,我们看到圣王叙事对墨家思想的第二层意义:圣王叙事不仅是墨家"十论"体系中价值准则的逻辑基础,同时,借由圣王谱系,墨家在全部历史之间塑造出了基于该准则的价值上的一致性。

塑造历史的意义是巨大的。很大程度上,谁掌握了书写历史的权力,谁便获得了指点当下乃至引领未来的权威①。换言之,谁洞见抑或塑造了过去全部历史的一致性,谁便有资格宣称,未来人类世界的发展,也将符合乃至服从这一一致性。因此,一个思想体系,如果其价值准则可以在逻辑上充分证明其正当性,同时整个历史的发展从这一准则看来具有彻底的一致性,那么,以该价值准则为原则构建的意义世界将是唯一可能的。由此而有圣王叙事对墨家思想的第三层意义:圣王叙事使"十论"思想体系成为唯一可能的意义世界。

简而言之,拨开"十论"体系在论说上的繁冗,墨家的圣王叙事实则非常富有思想深度。这一叙事,不仅为"十论"思想体系提供了价值准则的逻辑正当性,同时在全部历史之间塑造出了基于该准则的价值上的一致性。而价值正当性与历史一致性的结合,则进一步使"十论"思想体系成为唯一可能的意义世界。

二　意义世界:唯一性及其困难

如果"十论"体系所建构的意义世界确实是唯一的,那么理论上,后世的现实世界应当按照墨家的"十论"主张来塑造。然而实际上,虽然墨学一度显示出不容忽视的影响力,但秦汉一统以后,墨家的身影便迅速从中国历史舞台上消失了。而我们不禁要问,墨家的消亡,除了可能与战争或现实权力的绞杀等不可抗拒力有关,有没有其理论自身的原因呢?

先秦思想中,对意义世界唯一性的建构,很多学派即便不是没有,也至少是不完备的。以历史的一致性为例,诸子对于"三代圣王"的态度,堪称"人异义"。《庄子》中杂糅传说与历史的"真人"寓言(如"尧让天下于许由"),以及

---

① M. E. Lewis, *Authority and Writing in Early China*, State University of New York Press, 1999, p. 99.

《韩非子》中的上古、中世与当今之分(《韩非子·五蠹》),实则力图解构三代圣王与价值准则之间的关联。同时,以黄老文献为主的大量先秦文本(甚至包括《易传》),里面却出现了以黄帝、伏羲等传说人物为中心的种种叙事,或以此凌驾三代圣王叙事,或将其并入其中。而即便是“俱道尧舜”的孔子,这种历史的一致性建构也显得有些含混。从《论语》来看,子曰“吾道一以贯之”(《论语·里仁》),且明确认为三代之间存在着“虽百世可知也”(《论语·为政》)的一致性,但这种一致性究竟是什么,理解的空间和解释的难度都是相当大的。其后,孟子虽然确立了一个“五百年必有王者兴”的圣人谱系,但“仲尼不有天下”的困境背后,实则因为孟子的思想世界里,价值与历史之间横亘着“非人之所能为”的“天”或“命”(《孟子·万章上》)。而荀子则干脆不屑于构建历史的一致性,虽“学者以圣王为师”,但“欲观圣王之迹,则于其粲然者矣,后王是也”(《荀子·非相》)。

因此,可以说,墨家的圣王叙事及以此为基础构建起来的意义世界的唯一性,在先秦思想中堪称是独一无二的。但即便如此,不仅墨家最终还是丧失了书写圣王叙事的权力,且其内部也发展出了从形式到内容都与“十论”体系有很大不同的“墨辩”。对此,较为合理的推论恐怕是墨家圣王叙事本身其实是存在较大的理论不足的。以下,本文从历史一致性与价值准则的正当性两个层面,对墨家圣王叙事做出反省式分析。

在墨家圣王叙事中,“谱系”是塑造历史一致性并将其与价值相连接的关键。历史的一致性源自谱系中圣王之间的一致性,但这种圣王间的一致性反过来却也不得不面对历史与价值的双重考验。这些考验,有时墨家能够给出较好的解答,如“圣王征伐”的问题:

> 今遝夫好攻伐之君,又饰其说以非子墨子曰:“以攻伐之为不义,非利物与?昔者禹征有苗,汤伐桀,武王伐纣,此皆立为圣王,是何故也?”子墨子曰:“子未察吾言之类,未明其故者也。彼非所谓攻,谓诛也。”(《墨子·非攻下》)

墨家认为,诸侯之“攻”,实则是出于一己之私,“以往攻伐无罪之国”(《墨子·非攻下》)。而圣王之“诛”,则是授天之命,行天之义。以“禹征有苗”为例。禹征有苗,实则是因为“三苗大乱,天命殛之”,且“禹既已克有三苗,焉磨为山川，别物上下，卿制大极，而神民不违，天下乃静”（《非攻下》）。因此，圣王之“诛”，不仅不违反非攻的主张，反而正与墨家“天立天子”，使“一同天下之义”的思想内核相一致。

然而，谱系之间的不一致，却也同样可能导致墨家出现明显的理论困难，如“圣王为乐”的问题：

> 程繁问于子墨子曰：“……夫子曰：‘圣王不为乐’，此譬之犹马驾而不税，弓张而不弛，无乃非有血气者之所能至邪？”子墨子曰：“昔者尧舜有茅茨者，且以为礼，且以为乐。汤……，因先王之乐，又自作乐，命曰《护》，又修《九招》。武王……，因先王之乐，又自作乐，命曰《象》。周成王因先王之乐，又自作乐，命曰《驺虞》。周成王之治天下也，不若武王。武王之治天下也，不若成汤。成汤之治天下也，不若尧舜。故其乐逾繁者，其治逾寡。自此观之，乐非所以治天下也。”程繁曰：“子曰：‘圣王无乐。’此亦乐已，若之何其谓圣王无乐也？”子墨子曰：“圣王之命也，多寡之。食之利也，以知饥而食之者智也，因为无智矣。今圣有乐而少，此亦无也。”（《墨子·三辩》）

《三辩》是《墨子》卷一七篇的最后一篇，其真伪是成问题的，且相对于“墨语”各篇，该篇中“子墨子”的论辩水平也非常之低。“十论”中《非乐》三篇，今仅存上篇。其中，墨家以“利人乎，即为；不利人乎，即止”为准则，推导出“为乐非也”（《非乐上》），其逻辑虽未必严谨，但至少与“十论”思想体系是一致的。但引文中，“子墨子”却认为：其一，治天下，成王不如武王、武王不如成汤、成汤不如尧舜，“其乐逾繁者，其治逾寡”，因此“乐非所以治天下”；其二，既然圣王“有乐而少，此亦无”。逻辑上，后者完全是强词夺理，而关于前者即便不考虑成王根本不在墨家的圣王谱系里，单就是后王不如前王的这种观念，便和墨家通过圣王谱系构建历史一致性的努力南辕北辙。但问题的关键，不在于该篇的真伪及论辩水平的高下，而在于圣王不仅为乐，且乐越来越“繁”的事实，与墨家“为乐非也”的主张之间的矛盾，却是墨家圣王叙事无论如何难以消除的。而墨家一旦不能很好地解决圣王之间、圣王与墨家主张之间的矛盾，那么书写历史的权力，墨家迟早是要丧失的。

然而，墨家圣王叙事更大的理论困难，其实还不是圣王谱系层面上的龃龉,而在于由“圣王祭天”所产生的逻辑悖谬(logical fallacy)。若完全不设前提地分析墨家圣王叙事,既不预设“天”的权威,也不默认圣王的典范地位,而是将二者视为本身需要证明的论断,从上节的分析来看,圣王之所以可以成为治理天下的价值典范是“天”赏贤罚暴的结果,而天之所以是决定价值准则的最高权威则由圣王祭天来证明。这里,天的权威与圣王的典范地位之间显然陷入了逻辑上的循环论证(circular reasoning)。

以下,我们返回“义自天出”与“兼既义”两个论证,以审视这一逻辑谬误产生的原因及其对“十论”思想体系的影响。

首先,前文提到,整个“义自天出”是一个典型的三段论。其论式为:

> 大前提:义不从愚且贱者出,必自贵且知者出;
> 小前提:天为贵,天为知;
> 结论:义自天出。

其中,大前提可以由墨家的制度设计自行推导出来,“圣王祭天”的逻辑意义在于证明小前提。但严格意义上,上述推论是存在逻辑简化的。所谓“义不从愚且贱者出,必自贵且知者出”,这里的智愚贵贱显然是一种比较级。在墨家制度的上下序列里,由百姓至于天子,智愚贵贱均是相对的。即便“天子者,天下之穷①贵也”(《墨子·天志上》),但天子仍须“尚同于天”,因此,相对于天,天子仍然是“愚且贱”的,则义不出自天子。而从智愚贵贱的相对性来看,所谓“天为贵,天为知”实则是说天在整个智愚贵贱的序列中是真正的极致,不妨称之为“天为极贵,天为极智”。那么,相应地,整个三段论就应该表达为:

> 大前提:义不从愚且贱者出,必自贵且知者出;
> 小前提:天为极贵,天为极知;
> 结论:义自天出。

但问题在于,“天子祭天”其实无法推导出“天为极贵,天为极智”。即便完全从墨家的制度设计来看,“天子祭天”,实际上只能推导出“天贵且知于天子”,进一步,即使再接受“天子者,天下之穷贵也”,则“天子祭天”也只能推导

① “穷,极也”。孙诒让:《墨子间诂》,第192页。

出“天贵于天下”。换言之,“天子祭天”实际上只证明了天“贵且智”于天以下的一切。但逻辑上,若要“天为极贵,天为极智”成立,则不仅要证明天“贵且智”于天下,且必须同时证明天之上没有更高一级的“贵且智”者,但后者显然不能从“天子祭天”推导出来。因此,严格意义上,圣王叙事其实并未能证明“天为贵,天为知”,自然也未能最终证明“义自天出”。

其次,同时也是更严重的,在“兼即义”的论证中,“圣王祭天”甚至隐含着反噬圣王自身乃至天的价值典范地位的可能。

在“兼即义”的论证序列里,天“兼而爱之”是因为“兼而有之”,而圣王率天下百祭天实则通过证明“兼而食之”进一步证明“兼而有之”。这里的“有之”自然指的是“有天下”。但这里存在两个问题,一方面,若“兼而有之”则“兼而爱之”的话,暴王在未丧其天子之位之前,也是兼有天下的,可暴王为何不兼爱天下?在墨家的叙事里,暴王①对待天下的态度为:“吾恶能为吾万民之身,若为吾身,此泰非天下之情也。”(《墨子·兼爱下》)也就是说,暴王爱其身,贵其身于天下万民。因此,暴王虽有天下,却将天下视为爱“己身”的手段,则不惜损天下人以利己身。但另一方面,如果说暴王损天下人以利己是不义的话,那么,天“兼食”天下,难道就不是另一种损天下人以利己吗?尤其是,墨家所谓“祭天”,并不仅仅是一种仪式,而是耗费巨大的“酒醴粢盛不敢不蠲洁,牺牲不敢不腯肥,圭璧币帛不敢不中度量,春秋祭祀不敢失时几”(《墨子·尚同中》)。这些耗费,显然只能从天下百姓聚敛而来。

显然,逻辑上,如果天之所欲真的是“兼爱”天下,圣王是不应当祭天的,否则将同时玷污天志与圣王在价值上的典范地位。圣王厚祭于天,天若享之,则无异于与百姓争利,而天赏罚天子,也并非是为了让天子兼爱天下,而是为了让其聚敛天下之利以祭天。与之相应,若圣王祭天,形同聚敛天下之利,通过向天行贿以获得并巩固天子之位。因此,若“圣王祭天”,则意味着圣王向天行贿以自利,天若享之,则天志不仅不是兼爱天下,反而是自私自利。

由此,我们看到,墨家的圣王叙事与其意义世界之间的关系是复杂的。尽管墨家力图借助圣王叙事来构建其意义世界的唯一性,但严格分析之下,

① 见墨家对所谓“别君”的分析(《墨子·兼爱下》)。

这一建构是不太成功的。墨家圣王谱系中圣王之间的差异、圣王与墨家价值主张之间的矛盾,对于墨家塑造历史自身、历史与价值之间的一致性都是非常不利的。更严重的是,在整个圣王叙事中,“圣王祭天”本来是用来通过论证天的权威与圣王的典范地位来证明“兼爱”作为价值准则的正当性的,逻辑上却反而导致了天与圣王在价值上与“兼爱”的冲突。

三 从“古者圣王”到“以说出故”

以上,我们对墨家圣王叙事的全部讨论都是以“十论”体系为基础进行的。在“十论”体系中,墨家建构了一个以“天”为最高权威,以“兼爱”为价值准则的意义世界。其中,圣王叙事不仅为“兼爱”提供了价值上的正当性,且在全部历史之间塑造出了统一于兼爱的一致性,而价值与历史之间的一致性最终建构出“十论”意义世界的唯一性。然而,这一意义世界唯一性的建构尽管深刻,但实际上却是不太成功的。以下,我们将视野由“十论”体系转向“墨辩”,分析其中没有“圣王”语词的圣王叙事。

在整个“墨辩”中,没有“天”,没有圣王谱系,更没有宏大的历史叙事。我们能看到的全部关于圣王的论述,是这样两个文本片段:

> **B55 经** 尧之义也,生于今而处于古,而异时。说在所义。
>
> **说** 尧:脽。或以名视人,或以实视人。举友富商也,是以名视人也。指是脽也,是以实视人也。尧之义也,是声也于今,而所义之实处于古。为天下厚禹,为禹也;为天下厚爱禹,乃为禹之爱人也。厚禹之【爱】加于天下,而厚禹不加于天下。(《墨子·大取》)

“墨辩”文本理解难度较大[1],学者的解释也常常莫衷一是,这里我们结合学者

---

① “墨辩”六篇中,《大取》《小取》是两篇带有纲领性意味的总论,其中部分内容几乎不可解;《经》上、下与《经说》上、下合称《墨经》,“说”解“经”,而“经”为内容没有明确而系统关联的诸多条目,学者划分多有不同。本文大体采用孙诒让的划分,将《经》分为184条,《经上》条目记为“A”加条目序数,《经下》记为“B”加条目序数。参见孙诒让:《墨子间诂》;梁启超:《墨经校释》,收入《梁启超全集》第十一集;伍非百:《墨辩解故》,收入《中国古名家言》,成都:四川大学出版社,2009年;谭戒甫:《墨辩发微》,北京:中华书局,1987年;A. C. Graham, *Later Mohist Logic, Ethics, and Science*, The Chinese University Press, 2003等。

的不同理解略为疏解。在“尧之义”的例子中,综合“经”“说”来看,所谓“尧之义”,重点不是“尧”而是“义”,如同说“某人的好”。某人被评价为是个好人,其中,“好人”是一种名誉(名),而赞誉某人是当下发生的,因而是“生于今”;某人之所以“好”则是因为他的实际言行(实),而这些言行一定是发生在人们对他的赞誉之前的,因而是“处于古”;做出“好”的行为和得到“好人”的赞誉是不同时间发生的,因而是“而异时”。此外,“说在某某”是“墨辩”中非常典型的论式,后文将详细讨论。因此,“经”文可以解释为:(尧可以被评判为“义”,)尧之义的“名”是当下人们对尧的一种赞誉,但尧之义的“实”却源自尧过去的作为;说在“所义”。在“厚禹”的例子中,“为天下”即“治理天下”,所谓“厚禹”可以简单理解为以某种方式(如厚为祭祀)使禹获得更多。则整个论断可以理解为:“厚禹”是为了禹本人,而“厚爱禹”却是因为禹爱他人;治理天下,厚爱禹对他人的爱是可以施加天下(要求天下人都如此做),但“厚禹”是不可以的。显然,所谓“厚禹”,重点仍然不是“禹”而是“禹之爱人”。综合两个例子来看,墨家实际上在以“义”为准则评判尧,以“爱人”为准则评判禹,而这种评判背后的逻辑,显然是已经被墨家在“十论”体系中否定了的“由价值准则判定价值典范”。

在“十论”体系中,墨家认为,“古者民始生未有刑政之时”,天下“人异义”,因此必须首先确立“天”作为最高权威,进而由“天志”判定“兼爱”为价值准则。但据上节对圣王叙事的反省分析,天的权威在逻辑上其实是不充分可靠的,且整个“墨辩”中并未出现新的对于天的权威的论证。那么,没有了外在权威的“墨辩”又是如何“一同天下之义”的呢?

回到“尧之义”的例子。整个“墨辩”虽然在内容上看似不构成“十论”那般明显的思想体系,但文本的书写方式上,全部《墨经》却均呈现为以“说”解“经”的经说体例,而《经下》更是几乎全部使用了“说在某某”的论式。这种论辩方式,墨家将其概括为“以说出故”(《墨子·小取》)。

表 4 “十论”中“故”的主要用法及含义

词性	示例	含义
连词	故、是故(出处略)	因此
名词	宗于父兄故旧(尚同中)	朋友
	何故、是其故何也、此其故也(出处略);无他故异物(尚同中)	原因
	无故富贵(尚贤中、下);其所赏者已无故矣,其所罚者亦无罪(尚贤下)	正当理由
	天下君子特不识其利辩其故也(兼爱中);子未察吾言之类,未明其故者也(非攻下)	(主张或论断的)根据

“故”本是“十论”中的常用语词(见表 4,其中最后两种含义是比较特别的),而在“墨辩”中,墨家提炼了“故”的含义,并将其置于《墨经》之首:

A1 故,所得而后成也。

这句话的字面意思很好理解,即“故,有它才能成立”,在此意义上,将“故”理解为“根据”“理由”都是合理的。但真正重要的,不是“故”的含义,而是“所得而后成”的表述里主词的缺失。在表 4 最后两个示例里,“辩其故”中“故”的主词是“兼爱”,“明其故”中“故”的主词是“非攻”。而在“所得而后成”的表述中,“故”是没有任何主词的。这意味着,在“墨辩”中,墨家所要探究的,不是兼爱抑或非攻的根据,甚至不是任何个别主张或论断得以成立的根据,而是“根据”自身。这里隐含着两层重要的意思:其一,任何一个东西成立,都应当有一个根据;其二,对于任一主张或论断,如果要证明其成立,则应当找出其根据,即“求其故”(A96)。例如,在“尧之义”的例子中,“说在”之后的内容是根据,即“所义”,而“说在”之前的则是需要证明的论断,即“尧之义也,生于今而处于古,而异时”。

在“十论”体系中,墨家认为,价值准则(兼爱)的根据只能来自于外在权威(天),但在“墨辩”之中,墨家却将“求其故”的可能转向了人的内在力量。《墨经》之中,几乎紧接着“故”,连续出现了四个密切相关的词条:

A3 **经** 知,材也。

说 知材。知也者,所以知也,而不必知,若明。

A4 **经** 虑,求也。

说 虑。虑也者,以其知有求也,而不必得之,若睨。

A5 **经** 知,接也。

说 知。知也者,以其知遇物,而能貌之,若见。

A6 **经** 恕,明也。

说 恕。恕也者,以其知论物,而其知之也著,若明。

以上四条构成了一个完整的"求知"过程。其中,第一条"知材"中的"知(通'智')"指的是人的求知能力,"虑"与"知"则是求知的过程,而"恕"——这个墨家自己根据"知"创造的字——则是求知的结果。简单来说,整个"求知"的过程即人使用"智"力,通过恰当的求知过程("有求""遇物""论物"),最终获得真知。这里重点讨论能力与结果。在墨家看来,求知的能力如同人的视力①,而求知如同观看事物,清晰明了地观察到事物的关键是合理运用视力,与之类似,获得真知的关键在于合理运用"智"力。因此,获得真知并不必然需要效法外在权威。而且,与"十论"体系中天的权威与圣王的典范地位之间的循环论证不同,人的求知能力在逻辑上是一种完全自洽的设定。逻辑上,一方面,就自我对自身是否具有求知能力的判定而言,不仅求知活动本身是自我具有求知能力的正面证据,同时,怀疑自己是否具有求知能力的怀疑本身也是个人求知能力的证明,甚至可以说是更强的证明;另一方面,就个人对他人求知能力的判定而言,天下"人异义",反而是天下人都具有求知能力的证明。因此,逻辑上,人不仅能够确认自己的求知能力,同时能够确认他人普遍地具有求知能力。

从求知能力的普遍性出发,如果将求知的内容具体到判定治理天下的价值准则,那么,逻辑上,判定价值准则的基础显然同样应该是人的求知能力,而不是外在权威。换言之,治理天下的价值准则由天下人自己判定,反而是合乎逻辑的。由此,以人的求知能力为基础,墨家在"墨辩"中发展出了消除"人异义"的另一种办法——辩:

夫辩者,将以明是非之分,审治乱之纪,明同异之处,察名实之理,处

① "知材"一条的"说"中,所谓"明",含义与"子夏丧其子而丧其明"(《礼记·檀弓上》)中的"明"相同,"丧其明"即今天所说的"失明",都是丧失视力的意思。

利害,决嫌疑。(《墨子·小取》)

“辩”的目的,在于“明是非之分”“审治乱之纪”“明同异之处”“察名实之理”“处利害”“决嫌疑”。相比于“十论”,“墨辩”的问题广度与深度均明显增加。在“十论”体系中,核心问题在于如何治理天下(治乱),天下乱的根本原因是“人异义”(同异、是非)以及与此相应的“不相爱”带来的纷争(利害),而解决的办法在于确立权威,统一是非,平衡利害。显然,“十论”体系中墨家对“人异义”的处理是比较简单粗暴的。但“墨辩”则不同。在“墨辩”中,墨家对“人异义”的现象进行了深入的剖析。

综合“墨辩”中的相关内容来看,墨家对“人异义”的分析,可以简要概括为以下几层。首先,“义,利也”(A8)。与“十论”体系中要通过“利(或害)于天鬼百姓”来判定价值准则不同,在“墨辩”中利害直接成为决定义的唯一因素,利则是,害则非。与此相应,整个求知的过程便等同于判定利害关系的过程。如同一岁前的婴儿,认知世界的主要方式是“咬一口”,实则是判定能不能吃(利害)。其次,求知的根本原则在于“以类取,以类予”(《小取》)。仍以“咬一口”为例。“能吃”与“不能吃”天然构成了划分周围事物的两个类别。事物都按照“能吃”与“不能吃”两类区分,这就叫“以类取”。而能将某物划入某类(如苹果能吃),同时也意味着识别出该物(即苹果)的某些特征(形、色、味等),那么,下次出现带有类似特征的新事物,会被迅速归入“能吃”的类别,这就叫“以类予”。因此,人对万物的认知(摹略万物之然)不是逐一进行的,而是始终基于万物的同异逐“类”①进行的。再次,“知”的增长过程,“墨辩”中称之为“推类”(B2)。简而言之,已经完成的判断称为“此”,其中肯定判断称为“是”,否定判断称为“非”,而尚未判定的对象称为“彼”。合理的推论要从“此”中的肯定判断“是”判定“彼”。因此,从“同异”到“是非”最后到“彼此”,不断反复,这是求知的基本过程。最后,以上过程考虑的只是个体的认知过程,当认知的主体多余一个的时候,不同人对“彼”的判定不同的情况,如甲认为“苹果能吃”,乙认为“苹果不能吃”。显然,“人异义”实际上源自人们在推类过程中对“彼”的不同判定。

① 在“墨辩”中,万物在任何意义上的相同之处都可以被视为一种“类”,即“有以同,类同也”(A87 说)。

这种情况下，便需要通过"辩"来"争彼"：

A74 辩，争彼也；辩胜，当也。

辩：或谓之牛，或谓之非牛，是争彼也。是不俱当。不俱当，必或不当。不若当犬。

对于一个新的需要判定的对象"彼"，有的人（如甲）认为彼是牛，而有的人（如乙）认为彼不是牛，甲与乙"辩"，即所谓"争彼"。若彼实际上是一头牛，则甲"当"，若实际上是马，则乙"当"。因此，若"争彼"，则双方不可能都正确，不都正确，则必有不正确。进一步，墨家认为，"争彼"一定可以区分出"当"与"不当"（辩胜）。对此，墨家给出了一个否定式论证：

B37 谓辩无胜，必不当；说在辩。

也就是说，逻辑上，"辩无胜"这个论断本身是自相矛盾的，因为"辩无胜"本身也是一种"辩"。显然，如果说"'人异义'不能消除"，这句话也是自相矛盾的。因此，逻辑上，通过"辩"来"一同天下之义"是可能的。

由此，可以看到，"墨辩"之中，墨家实际上将"人异义"进一步分析为"争彼"，而解决争彼，则需要人们运用自身的求知能力，在恰当的推类规则下通过"辩"来进行。进一步，结合前文对"尧之义"与"厚禹"的分析，所谓"由价值准则判定价值典范"，实则是由人内在的求知能力判定外在权威的正当性。由此反观整个墨家圣王叙事，不难发现，首先，价值准则完全不再需要圣王叙事来支撑。在《经》（A2、A7、B74、B75、B76 等）及《大取》《小取》的相关部分中，墨家不仅重新确认了"兼爱"在价值上的正当性，且对"兼爱"思想涉及的诸多理论困难进行了更为深入的分析思辨①。其次，"墨辩"中的思辨精神与"十论"体系中权威的绝对性之间是完全不相容的。在"十论"体系中，墨家用圣王来论证天的最高权威，而从上节的分析来看，这一论证显然是"不当"的。实际上，判定任何高于人的外部权威（天、鬼、神……），无论是判定其存在还是价值上的正当性，对于人的求知能力而言都是不可能的②。最后，正如"尧之义"与"厚禹"两个例子中所展现的，"求其故"与效法权威之间并不必然或

---

① 参见前引孙诒让、梁启超、伍非百等学者对上述文本内容的分析。

② 逻辑上，这种判定会出现一系列逻辑错误，如"狂举"（B68）、"惟谓"（B74）等等，兹不赘述。

全然是冲突的。拒斥权威的绝对性并不等于否认价值典范的正当性。实际上,通过“求其故”,逻辑上反而可以真正将价值典范合理化,正当化。

总体而言,从“十论”体系到“墨辩”,墨家思想的逻辑基础经历了从求助外在权威的“古者圣王”到诉诸内在能力的“以说出故”的转变。具体而言,尽管同样以“兼爱”为价值准则,然而,“墨辩”中论证价值准则正当性的主要因素,却已不再是“天”“圣王”等外在权威,而是“故”“智”等内在力量;与之相应,确立价值准则的办法也不再是上下秩序间的“尚同一义”,而是“争彼”过程中的“以说出故”;体现在墨家的圣王叙事中,在“十论”体系中,圣王叙事是构建墨家意义世界唯一性的关键,但在“墨辩”之中,墨家虽然个别地确认了尧、禹等圣王在价值上的典范意义,但圣王谱系连同圣王叙事自身,其实是被消解了的。

Study of the Mohist Sage-king Narrative

Wang Huachao

Abstract: Mohist sage-king narrative went through changes from “taking ancient sage kings as exemplars” to “presenting reasons by explanations”. In their “Ten Discourses” system, Mohists constructed a meaning world that is based on the supreme authority of Heaven and the value criterion of “Inclusive Care”. Thereinto, the sage kings are not only the key point of reasoning the authority of Heaven, but also the logical basis of connecting “the Will of Heaven” and “Inclusive Care”. Meanwhile, by their sage-king narrative, Mohists created the conformity of the entire history with “Inclusive Care”. As a result, such a conformity between value and history further leads to the uniqueness of the “Ten Discourses” meaning world. However, the construction of the uniqueness of its meaning world is questionable. It not only had inconsistencies between sage kings in the sage-king genealogy or between sage kings and Mohist values, but also fell into the circular reasoning of Heaven's authority and sage-king's exemplarity. The inconsistencies and circular reasoning finally undermined in reverse the legitimacy of both Heaven and sage-king. In the *Mobian* part, Mohists transferred the logical basis of reasoning value criterion from outer authority of sage-king or Heaven to human inner capacities such as "gu/reason" or "zhi/intelligence". Accordingly, the reasoning method changed from "unifying justice by conforming upward" to "presenting reasons by explanations". Finally, Mohists dissolved their sage-king narrative in the *Mobian* part, though reconfirmed the exemplarity in value of some individual sage kings such as Yao and Yu.

Key words: sage-king, Heaven, presenting reasons by explanations, value criterion, value exemplar

书讯

《周易时论合编》

(明)方孔炤、(明)方以智撰,郑万耕点校

北京:中华书局,2019年6月

本书是明代《周易》象数之学的集大成之作,主要由两部分组成,其一是《图象几表》,共8卷,主要是100余幅各类易图,并作有解说;其二是对《周易》经传的疏解,共15卷,主要由三个方面的内容组成:一是选录汉唐以来各家的易注,但以方以智曾祖父、祖父、外祖父及其老师的易说为主;二是方以智的父亲方孔炤《周易时论》的解易文字;三是方以智所作的按语和解说。此次整理,以《续修四库全书》本为底本,以顺治十七年刻本为主要校本。此外,书末附有三篇附录,为《明史·方孔炤传》《清史稿·方以智传》及《四库全书总目提要》。

作者方孔炤,字潜夫,号仁植,安徽桐城人。明末学者。万历丙辰进士,官至右佥都御史,巡抚湖广。深研易学,著有《周易时论》。方以智,字密之,安徽桐城人,明清之际著名思想家和哲学家。崇祯庚辰进士,授翰林院检讨。著有《物理小识》《通雅》《东西均》《药地炮庄》《易余》等。

点校者郑万耕,1946年10月生,河北安平人。1970年毕业于北京大学哲学系,1982年获中国人民大学哲学硕士学位。北京师范大学哲学系中国哲学教研室主任,教授,东方国际易学研究院学术委员兼总编辑。著有《太玄校释》《扬雄及其太玄》《明清之际三大思想家》《易学名著博览》《易学源流》等。(陈曦)

哲学门(总第三十九辑)
第二十卷第一册
北京大学出版社,2019 年 6 月

论董仲舒的“自然政治”思想

黄若舜*

提　要:“自然政治”是儒、道两家在各自学说的发展过程中逐渐产生的思想倾向,意即通过“天道”为“政治”立法的方式,安顿生民生而不齐的“性命”之质。董仲舒身处普遍反思名法之治的时代,试图以构建“自然政治”的方式回应统治者“长治久安”的治理诉求。他以儒家的道德伦理融摄道家以自然为尺度的养生学说,将道德教化落实为血气性情在自然气化秩序之中的安顿问题。在此基础上,他取法阴阳气化的自然秩序,构建了基于《春秋》义学的纲常名教,试图以此为人民提供安身立命的礼法准则。

关键词:自然政治　性命　气化　纲常名教

《春秋繁露·王道通三》云:“唯人道为可以参天。”①春秋战国礼崩乐坏、彝伦失序,“人的安顿”成为了各家各派至为关切的思想议题。人当依循何种准则生活,政治生活的“必然性”应如何确立?基于对“人道”的共同关怀,诸子百家纷纷致思于治国理乱,遂出现了“百家言治”的盛况。②其中最为重要的儒、道两家在各自学说的发展过程中渐趋合流,并逐步聚焦于同一个问题:为

*　黄若舜,1988 年生,南京大学文学院助理研究员。

①　苏舆:《春秋繁露义证》卷 11,北京:中华书局,1992 年,第 330 页。

②　《淮南子·氾论训》曾总结诸子百家云:“百家殊业,而皆务于治。”司马谈《论六家要旨》云:“夫阴阳、儒、墨、名、法、道德,此务为治者也。”

人的身心性命找寻某种自然状态下的安顿。缘此,他们以象征自然规律的“天道”为人事进行奠基,试图建立起具有普遍意义的政治尺度,此一政教设想便可以“自然政治”加以概括。

到了西汉武帝时期,董仲舒身处普遍反思名法、批判滥用暴力的时代思潮中,遂试图回应统治者关于“长治久安”的治理诉求。于是他会通儒、道,发展出以“阴阳气化”原理为基础的“天人合一”论,而这一步实则是“自然政治”思路演进过程中的关键一环。在董仲舒这里,“天道”意味着威严而仁慈的自然法则,意味着人之为人必然要遵循的秩序与纲纪,同时自然法则也成为了一切制度礼法的根基。本文即力图分析董仲舒“自然政治”思想的原理、缘起、根本诉求、构建思路诸端,立体呈现这位大思想家关于治道的深心宏构。

一 “各正性命”:基于“气本体”的“自然政治”原理

“自然政治”一词为笔者所造,借鉴自西学中的“自然法”(Nature Law)概念。大致而论,儒、道两家都有明显的“自然政治”倾向,而董仲舒则是这一思想进程中的关键一环。① 西学意义上的“自然”(nature)一词原指“本质”“事物的性质”,“自然法”即意在依循人的自然本质确立起属人的道德律和合宜的价值尺度。类似的问题意识在中国思想史上同样存在,“自然本质”所对应的其实便是中国哲学中所说的“性”或“性命”。《荀子·正名》云“生之所以然者谓之性……不事而自然谓之性”②,《天人三策》云“性者生之质也”,又云

① 董仲舒政治思想的相关研究极为丰富。在大量著作中,徐兴无《经纬成文》中深入研究了战国秦汉间儒家融道德、政治、医术于一体的治气养性之术等议题,这直接启发了本文。王永祥《董仲舒的自然观》则关注“自然”问题,书中致力于从宇宙论、天文学、中医学等古代科学发展的角度关照董仲舒以阴阳五行为主导的自然观念。他山之石亦有助益,沟口雄三《中国前近代思想的曲折与展开》第四章即直接使用“自然法”概念讨论“中国式自然法的特质及其展开”,但其关注点集中在宋明理学以降的思想史。李约瑟《中国科学技术史》第二卷《科学思想史》中考察了董仲舒“相互联系的思维及其意义”,同时在“中国和西方的人间法律和自然法则”一章中特别重视自然为政治立法的问题。相类似的,史华慈《古代中国的思想世界》中沿着李约瑟的思路也注意到“相关性宇宙论”问题,并特别对董仲舒予以重视。站在前贤研究的基础上,本文尝试以“自然政治”来概括董仲舒以“天道——政治——性命”为中心的问题意识。

② 王先谦:《荀子集释》卷16,北京:中华书局,1988年,第412页。

“质朴之谓性”①,《论衡·本性》云“性本自然,善恶有质”②,故“性”指的便是人与事物的自然本质。“自然政治”的旨趣,便在于因循人们生而不齐的“性命”之质,确立合宜适中、“各正性命”的政治制度和礼法准则。而值得注意的是,根据早期基于“气化自然论”的“天人合一”图式,万事万物的自然本质“性命”,正显现了作为支配者的自然规律和宇宙法则,即“道”或“天道”。故“自然政治”的构建实则是以“天道之自然”为尺度,展开政教或礼法层面的设计,试图以此引导和规范“性命之自然”;简言之便是先以“天道”为“政治”立法,再以“政教”安顿“性命”。

要透达先秦两汉时期“自然政治”论的原理,先要知道古人如何认识“性命”之自然构成,又如何对性命加以安顿养护。与西方哲学对于“本质”较为抽象的理解有别,中国思想家的“性命”说或许更“实在”些。战国秦汉时期,由于稷下黄老学的催化,“气”已被确立为造化生命的宇宙本体。根据时人关于人体构成的认知,人为“聚气”而生,“性命”则为精良的元神之气所造化。《庄子·知北游》云:“人之生,气之聚也,聚则为生,散则为死。”③所谓“聚气”主要是聚集自然之中的精气,即《淮南子·精神训》所说的“烦气为虫,精气为人,是故精神,天之有也”④,一旦“精气穷”或者“元气去体”,人便死亡了。⑤《庄子·天地》云:“形体保神,各有仪则,谓之性。”成疏云:“禀受形质,保守精神,形则有丑有妍,神则有愚有智。既而宜循轨则,各自不同,素分一定,更无改易,故谓之性也。”⑥糅合了儒道两家学说的《新书·道德说》亦有类似的看法:“性者,道德造物,物有形,而道德之神专而为一气……性,神气之所会也,性立,则神气晓晓然发而通行于外矣。”⑦可见,性的实质便是“神气之所会”,而欲养护性命,则须使“精神安乎形,而年寿得长焉”⑧。

《易传》则从“阴阳合气”的角度论述了“性命”的成因,“乾元”成为了构

① 《汉书》卷56《董仲舒传》,北京:中华书局,1962年,第2501、2515页。
② 黄晖:《论衡校释》卷3,北京:中华书局,1990年,第135页。
③ 郭庆藩:《庄子集释》卷7,北京:中华书局,1961年,第733页。
④ 刘文典:《淮南鸿列集解》卷7,北京:中华书局,1989年,第218页。
⑤ 《白虎通·崩薨》云:“死之为言澌,精气穷也。”《后汉书·赵咨传》云:“夫亡者,元气去体,贞魂游散。”
⑥ 郭庆藩:《庄子集释》卷5,第424—426页。
⑦ 贾谊:《新书校注》卷8,北京:中华书局,2000年,第326页。
⑧ 许维遹:《吕氏春秋集释》卷2,北京:中华书局,2009年,第66页。

成性命之质的本源。所谓“大哉乾元,万物资始,乃统天……乾道变化,各正性命”,又曰“至哉坤元,万物资生,乃顺承天”,孔颖达正义将“资始”“资生”解为“施气”与“赋形”之别:“初禀其气谓之始,成形谓之生。‘乾’本气初,故云‘资始’,‘坤’据成形,故云‘资生’。”[①]牟宗三类比亚里士多德《物理学》中的“四因说”,认为“乾元”相当于自然物生成的“动力因”,“坤元”则近于“目的因”。[②] 在这里,“性命”主要便由“乾道变化”所塑就,而“圣人”所要做的则是“顺性命之理”安顿人的自然本质,摹拟自然运行使人“各正性命”。

综合各种说法,“性命”当为元神之气所造化,这种气作用到人身上便有了“血气”。“血气”一词在先秦两汉文献中十分常见,如孔子论“君子三戒”的养性工夫时便曾提及。《灵枢经》中黄帝问以“血气”之理,岐伯答曰:“营卫者精气也;血者神气也。故血之与气,异名同类焉。”[③]营、卫为精气运行脉中、脉外的表现,中医理论即以血气经络的运行疏导为旨要。《管子·中匡》云:“道血气以求长年、长心、长德,此为身也。”[④]《灵枢经·本藏》云:“人之血气精神者,所以奉生而周于性命者也。”[⑤]可见“血气”“精神”与“性命”是一组密不可分的概念。

“性”“命”二字既紧密关联,亦有区别。郑玄《论语注》解“夫子之言性与天道”曰:“性谓人受血气以生,有贤愚吉凶。”[⑥]《白虎通·寿命》云:“命者,何谓也?人之寿也,天命已使生者也。”[⑦]《易·说卦》云:“穷理尽性,以至于命。”韩康伯注云:“命者,生之极。”[⑧]性指人的资质,命则是人的寿数。正如王充所总结的“用气为性,性成命定”[⑨],天年虽早已确定,后天养“性”(综“性情”而言)工夫仍极为重要,对于性情若能善加护持,则能尽命数之度;反之若戕害性情,气寿便难至应然之数。

明了“性命”的自然构成,便可理解道家“养神”之说。战国秦汉间的黄老

---

① 《周易正义》卷1《坤》,见阮元校刻《十三经注疏》,北京:中华书局,2009年,第31页。
② 牟宗三:《四因说讲演录》,上海:上海古籍出版社,1998年,第17页。
③ 《黄帝内经灵枢》卷4《营卫生会》,北京:人民卫生出版社,1963年,第53页。
④ 黎翔凤:《管子校注》卷8,北京:中华书局,2004年,第385—386页。
⑤ 《黄帝内经灵枢》卷7,第90页。
⑥ 《后汉书》卷28上《桓谭冯衍列传》注引郑玄注,北京:中华书局,1965年,第960页。
⑦ 陈立:《白虎通疏证》卷8,北京:中华书局,1994年,第391页。
⑧ 《周易正义》卷9,第183页。
⑨ 黄晖:《论衡校释》卷2,第59页。

道术在后世主要有两种发展取径,其一是走向"刑名法术",这一脉络在传世文献与出土的《黄帝书》等简帛中有大量佐证;其二则是垂意于"性命"养护,并由此推扩出自然无为的政治态度。此处主要关注后者。在黄老道家看来,"精神"具有阳动的特点,人体中的精气常为外物所烦乱,气乱则散,散则不利于生,故养神抱一便是气寿绵延、长生久视的根本。老子云:"谷神不死,是谓玄牝。"河上公注云:"谷,养也。人能养神则不死也。神,谓五脏之神也。肝藏魂,肺藏魄,心藏神,肾藏精,脾藏志,五藏尽伤,则五神去矣。"[①]深受黄老之学影响的医说大量阐发了这一"精神内守"说。如《吕氏春秋·审为》篇论及巨阙穴为守神之要:"身处江海之上,而神游魏阙之下。"高诱注云:"魏阙,心下巨阙也。心下巨阙,言神内守也。"[②]马王堆帛书《十问》之四载有"容成抟精之道"云:"天地之至精……得者寿长,失者夭死。故善治气抟精者,以无征为积,精神泉溢,吸甘露以为积……神乃留形(原作'溜刑')。"[③]这里的"抟精"实则便是"守神"。《黄帝内经》中区分了"独立守神"的"真人"、"积精全神"的"至人"、"精神不散"的"圣人"诸层次,《庄子·达生》中提及的"纯气之守"[④],《淮南子·精神训》所云避免"精神驰骋于外而不守"[⑤],说的都是同样的道理。故而,追求"精神内守"实可谓道家养护性命的"卫生之经"。[⑥]

而需要注意的是,要将精气蓄积在形内,绝不能自由放纵乃至穷奢极欲,否则会败坏血气,不利于尽命极寿;正确的做法应是循理而动,取法外向度的自然之"道"对血气加以引导和节制,如《素问》云:"上古之人,其知道者,法于阴阳,和于术数,食饮有节,起居有常,不妄作劳,故能形与神具,而尽终其天年,度百岁乃去。今时之人不然也,以酒为浆,以妄为常,醉以入房,以欲竭其精,以耗散其真,不知持满,不时御神,务快其心,逆于生乐,起居无节,故半百而衰也。"其中王冰注"起居有常"曰:"动止之纲纪。"[⑦]据此,"天道"实际上也

---

① 王卡点校:《老子道德经河上公章句》卷1《成象》,北京:中华书局,1993年,第21—22页。

② 许维遹撰:《吕氏春秋集释》卷21,第592页。

③ 马继兴:《马王堆古医书考释》,长沙:湖南科学技术出版社,1992年,第901—904页。

④ 郭庆藩:《庄子集释》卷7,第634页。

⑤ 刘文典:《淮南鸿烈集解》卷7,第222页。

⑥ 《气的思想》一书中认为道家"精神内守"的养生之法即在于"不使体内的精气消耗而加以保全,像不被成人淫盛欲望所乱的婴儿那样,持有无比柔和的精神和肉体。"([日]小野泽精一、福永光司、山井涌等编:《气的思想》,李庆译,上海:上海人民出版社,2007年,第125页。)

⑦ 《黄帝内经素问》卷1《上古天真论》,北京:人民卫生出版社,1963年,第2页。

就为“性命”的养护提供了恰当的尺度,这种适度的节制对人有养生甚至治疗意义,利于延年益寿。不难发现,战国秦汉间儒、道两家均以“性命”之学立说,他们不厌其烦地论述“治气养性”之法,阐明循“道”治“身”、节制性情的益处。据徐兴无研究,这些“治气养性”之方在后世谶纬文献中变得更为系统化,且深刻影响了古代医学的发展。①

养生如此,治道亦然。明乎战国秦汉间以“血气性命”为中心的“自然哲学”原理,便可以推扩出基于“气本体”的“自然政治”原理,简言之便是“各正性命”四字。诸子百家身当衰周末世,其学说的指归皆在于回复社会有序治理的状态,即所谓“治乱之道”。而其中最重要的儒、道两家对于政治的理解,则无疑是以“血气”“性命”为归宿点的。“治”“乱”的直观表现是社会的有序失序、和平战乱,其实皆是“人”的“治乱”,亦即“性情”之“治乱”。治世之民血气和平,寿数久长,这便是荀子所谓的“顺气成象而治生焉”;而在混乱的社会中,人民血气衰败,年寿亟夭,所谓“逆气成象而乱生焉”②。充溢于宇宙间之“一气”的盈缩消长、宁定纷乱决定了身心性命之一己治乱,亦决定了家国天下的政治治乱。也正是在“气论”的自然哲学基础上,道家可以由“养生”而“治大国”,儒者可以由“修身”而“平天下”,养性之学自然通达理气布政之道,因为这不过是安顿一己之血气与调理生民血气的区别,二者的根本原理一致。

在战国秦汉间的思想家、尤其在有鲜明“人本政治”倾向的儒家看来,政教优劣当据生民血气性情的“形中发外”加以判断,“顺气成象”则治,“逆气成象”则乱;其中诗乐作为民气的自然发露,最宜于观风俗之盛衰。《左传·襄公二十九年》叙季札观乐,《毛诗》以“正”“变”对举,本质上皆是察生民血气性情以觇测治道兴衰。《逸周书·官人解》论述了“诚中发外,民情不隐”的道理:“民有五气,喜、怒、欲、惧、忧。喜气内蓄,虽欲隐之,阳喜必见;怒气内蓄,虽欲隐之,阳怒必见,欲气、惧气、忧悲之气皆隐之,阳气必见。五气诚于中,发形于外,民情不可隐也。”③《礼记·乐记》亦云:“夫民有血气心知之性,而

---

① 徐兴无:《道德、政治、医术:谶纬文献中的儒家治气养性之术》,见《经纬成文:汉代经学的思想与制度》,南京:凤凰出版社,2015 年,第 104—149 页。

② 王先谦:《荀子集解》卷 14,第 381 页。

③ 黄怀信、张懋镕、田旭东:《逸周书汇校集注》卷 7,上海:上海古籍出版社,1995 年,第 831—832 页。

无哀乐喜怒之常，应感起物而动，然后心术形焉。”①

而根据这一原理，一己之“身”与众人之“国”便缘一“气”而相通，养生之道、医道也就接通了政道，故《国语·晋语》有“上医医国，其次疾人”之说。《潜夫论·思贤》曾释云：“上医医国，其次下医医疾。夫人治国，固治身之象。疾者，身之病；乱者，国之病也。”②《汉书·礼乐志》则通“国”“身”于一体论淫乐之害云：“桑间、濮上，郑、卫、宋、赵之声并出，内则致疾损寿，外则乱政伤民。”③淫乐扰一人之血气故“致疾损寿”，烦一国之和气则“乱政伤民”，这一“通国身”的解释很好地点明了政道“治”“乱”实为“血气治乱”“性命治乱”的真正内涵。④

二 “养形”与“养神”的治道：从反思名法到“自然政治”的构建

由此可见，在儒、道两家看来，治身之道，亦即“治气养性”之道，可以推类出“理气布政”的治道。“善政”于人而言有着“养生”功效、“治疗”意义，恰似如影随形、关照每个人身心性命的良医，千差万别的个体都能在这种理想政治中如鱼得水。以治道论，维护社会的基本秩序和道德水准都离不开强制性的法令制度，但这并不是政治的全部；一个显见的事实是，当政教更贴合人的自然本质（性命），治理就更省劲，更无须倚赖暴力。这不但是董仲舒构建“自然政治”论的根本关切，也是汉代政治思想的反思起点。

汉代政治的思考起点便是省戒秦政名法之治。在战乱劫毁、强弱兼并的战国大争之世，名法之士应时而起，逐步终结了乾坤颠倒的政治乱局，可以说是法家从“百家言治”的时代氛围中脱颖而出，以最为务实的方式息争止乱，从而塑造了中华文明郡县制统一帝国的新制度形态。然而长于应对世乱变

---

① 《礼记正义》卷38，见阮元校刻《十三经注疏》，第3327页。

② 汪继培：《潜夫论笺校正》卷8，北京：中华书局，1985年，第78页。

③ 《汉书》卷22，第1042页。

④ 早期儒道两家文献中，治身、治国之道在气本体的意义上是贯通的。如《道德经》：“修之于身，其德乃真……修之于国，其德乃丰。”《礼记·中庸》：“古之欲明明德于天下者，先治其国……欲齐其家者，先修其身。”《春秋繁露》有《通国身》篇，对这一原理进行了深刻阐发：“气之清者为精，人之清者为贤。治身者以积精为宝，治国者以积贤为宝。”又如《太平御览·方术部》引《老子养生要诀》曰：“一人之身，一国之象……神犹君也，血犹臣也，气犹民也。故志人能理其身，亦犹明君能治其国。夫爱其民所以安其国，爱其气所以全其身。民弊即国亡，气衰即身谢。”

故的法家思想却并非完美的治理之术,惟因其实现不了“长治久安”。曾几何时,秦圣临国,海内大定,始皇还幻想着“子孙帝王万世之业”,转瞬之间却“一夫作难而七庙隳”①。不论对于汉朝统治者还是知识精英而言,从三代之长治久安,一变而为强秦之二世而亡,显然是极具震撼力的历史教训。

汉人论“亡秦教训”多指向对“废德教而任刑罚”的批判,认为“秦以刑罚为巢,故有覆巢破卵之患”②的陆贾,痛心于“法令极而民风哀”③的贾谊,痛诋秦政承袭周衰文敝却“反酷刑法”④的司马迁皆是如此。但汉人的指责却容易造成一个误区,即认为“暴秦”是一个全然不道德的政权;始皇刻石的大量记载恰表明,秦政的实质乃是试图以法令逼迫的方式“去其淫僻,除其恶俗”:“防隔内外,禁止淫泆,男女洁诚。夫为寄豭,杀之无罪,男秉义程。妻为逃嫁,子不得母,咸化廉清。大治濯俗,天下承风,蒙被休经。皆遵度轨,和安敦勉,莫不顺令……后敬奉法,常治无极,舆舟不倾。”⑤正如刘熙《释名》所云“法,逼也,人莫不从其志,逼正使有所限也”⑥,法治不离于强制,而正因为暴力是维护社会秩序乃至道德水准最省便的办法,统治者往往食髓知味,执迷于方便法门;而一旦支撑在法令制度背后的暴力不复存在,社会治理体系很快便会崩溃,这不免显得有些外强中干,难以久继。事实上,汉代政治思想家对“德教”的重新强调,正是试图避免治理过程中对暴力的滥用,转而寻求更为柔软深缓的方式,所谓“移风易俗,使天下回心而乡道,类非俗吏之所能为也”⑦。

越是省鉴法家的局限,则越能体认儒家与道家治理思想的可贵之处:重视人民美好习性的养成与持守。这正是长治久安的根本。汉儒时常引用孔

---

① 《史记》卷6《秦始皇本纪》,北京:中华书局,1959年,第282页。
② 王利器:《新语校注》卷上《辅政》,北京:中华书局,1986年,第51页。
③ 《汉书》卷48《贾谊传》,第2345页。
④ 《史记》卷8《高祖本纪》,第394页。
⑤ 《史记》卷6《秦始皇本纪》,第262页。按:陈寅恪为冯友兰《中国哲学史》下册所作审查报告中曾言及:“李斯受荀卿之学,佐成秦治。秦之法制实儒家一派学说之所附系。”此说在一定程度上指出了秦法的伦理指向。目前学界对睡虎地秦简所展现秦代律制的研究也看到了这一面,如何勤华分析《法律答问》时指出:“在秦代的律学中,已经重视儒家学派一贯强调的宗法伦理思想。”见陈寅恪:《金明馆丛稿二编》,北京:生活·读书·新知三联书店,2001年,第283页。何勤华:《秦汉律学考》,《法学研究》,1999年第5期,第131页。
⑥ 王先谦:《释名疏证补》卷6《释典艺》,上海:商务印书馆,1937年,第313页。
⑦ 《汉书》卷48《贾谊传》,第2345页。

子的这句话：“道之以政，齐之以刑，民免而无耻；道之以德，齐之以礼，有耻且格。”[①]郭店楚简《尊德义》亦云：“民可道也，而不可强也。”[②]在儒家看来，治理最终必归本于“性情”，“制度”虽则重要却终属第二义；且看似冰冷的制度由人造作，转而又服务于民众习性的培养，可见“人”才是政教之本。比起强迫人民遵守道德，软性引导显然更能深入人心。儒家倡导的礼乐教化冀以改善安顿性情入手，实现对“恶”的防微杜渐，此即汉儒时常说的“礼者禁于将然之前，而法者禁于已然之后，是故法之所用易见，而礼之所为生难知也”[③]，亦即董仲舒所谓“刑防其末，礼防其本”[④]。

西汉前中期道家（指偏于“养生”态度的一支）与儒家虽在具体的制度设想上有诸多分歧，在找寻政治生活的自然基础这个议题上，却无疑分享着相同的问题意识。关于这一点，汉代黄老之学中偏于“自然政治”取向的《淮南子》一书中便有诸多阐发[⑤]，《泰族训》以道家“养形”“养神”之理类比治国之术云：

> 治身，太上养神，其次养形；治国，太上养化，其次正法。神清志平，百节皆宁，养性之本也；肥肌肤，充肠腹，供嗜欲，养生之末也。民交让争处卑，委利争受寡，力事争就劳，日化上迁善而不知其所以然，此治之上也。利赏而劝善，畏刑而不为非，法令正于上而百姓服于下，此治之末也。上世养本，而下世事末，此太平之所以不起也。[⑥]

此节论治道高下的文字在汉人的政治思想中颇具代表性，而深受黄老影响的董仲舒思想也可参证比照。战国至西汉的儒道两家倾向于将国家视为“有机体”，亦即人的群聚，故而从“气化”角度看来，一人之身与众人之国类似，治身之道便可推类治国之道；而法家则倾向于将国家理解成“暴力机器”，

---

① 程树德：《论语集释》卷3，北京：中华书局，1990年，第68页。

② 李零：《郭店楚简校读记》，北京：北京大学出版社，2002年，第140页。

③ 《汉书》卷48《贾谊传》，第2252页。按：《大戴礼记·礼察》与《史记·太史公自序》中皆承袭此说。

④ 刘师培：《春秋繁露佚文辑补》，见《刘申叔遗书》，南京：凤凰出版社，1997年，第1035页。

⑤ 汉代黄老之学为显学，黄老学的许多自然哲学、政治哲学原理成为汉代儒家、道家甚至法家完善思想体系的公共知识，故而各家各派在不少基本问题的认识上常有相通之处。陈丽桂《秦汉时期的黄老思想》一书对当时黄老思想的影响作过系统总结，可参见第三章《〈淮南子〉里的黄老思想》和第五章《董仲舒与黄老思想》，台北：文津出版社，1997年，第61—135，185—206页。

⑥ 刘文典：《淮南鸿列集解》卷20，第679页。

试图以赏罚政令彻底管束民众言行,使之服务于集体利益,恰如韩非所描述的"言谈者必轨于法,动作者归之于功,为勇者尽之于军"①。《泰族训》作者以"养神"与"养化"相应,"养形"与"正法"相配,阐发的正是上述道理。司马谈《论六家要旨》云:"神者生之本也,形者生之具也。不先定其神,而曰'我有以治天下',何由哉?"②可见"先定其神"的"养神"之治高于"养形"之治。具有"自然政治"倾向的"养神"之治务在"化上迁善",从培养习性的根本处入手,"决其善志,防其邪心,启其善道,塞其奸路,与同出一道,则民性可善,风俗可美也",如此便能豫禁"恶"于未萌;而层次较低的"养形"之治却只能施刑于既成事实,"不修其风俗,而纵之淫辟,乃随之以刑,绳之以法,虽残贼天下,弗能禁也",此诚孔子所谓"不教而诛"。《泰族训》继云:"所以贵扁鹊者,非贵其随病而调药,贵其息脉血,知病之所从生也。所以贵圣人者,非贵随罪而鉴刑也,贵其知乱之所由起也。"③善政贵能拔本塞源、豫禁未然,明乎此便能理解太史公所云:"法令者治之具,而非制治清浊之源。"④

"养形"与"养神"的分疏引出了汉代政治变革的总议题:以文化驯服暴力,为人民提供一套安身立命、合乎自然的礼法准则。这也正是董仲舒思想的根本出发点。遍观西京诸家,董仲舒对秦政名法攻诋最力,用一语总括他对秦政的看法,便是其《天人三策》中的"自恣苟简之治"。第一策中他言道:

> 圣王之继乱世也,扫除其迹而悉去之,复修教化而崇起之。教化已明,习俗已成,子孙循之,行五六百岁尚未败也。至周之末世,大为亡道,以失天下。秦继其后,独不能改,又益甚之,重禁文学,不得挟书,弃捐礼谊而恶闻之,其心欲尽灭先王之道,而颛为自恣苟简之治,故立为天子十四岁而国破亡矣。自古以来,未尝有以乱济乱,大败天下之民如秦者也。其遗毒余烈,至今未灭,使习俗薄恶,人民嚚顽,抵冒殊扞,孰烂如此之甚者也。孔子曰:"腐朽之木不可雕也,粪土之墙不可圬也。"⑤

---

① 陈奇猷:《韩非子新校注》卷19《五蠹》,上海:上海古籍出版社,2000年,第1112页。
② 《史记》卷130《太史公自序》,第3292页。按:《汉书·司马迁传》作"不先定其神形"。
③ 刘文典:《淮南鸿列集解》卷20,第680页。
④ 《史记》卷122《酷吏列传》,第3131页。
⑤ 《汉书》卷56《董仲舒传》,第2504页。

“自恣”即胡作非为，“苟简”即苟且简便。董仲舒认为秦政名法之“自恣苟简”，便体现在对强制性手段的过度依赖上，这是一种“文胜质”的残酷统治。秦承周衰文敝之后，本当从敦行教化入手完成制度纠偏，却反而以乱济乱，加深了对于法令条文的依赖。越是依赖文法制度，民心越是败坏，习俗越是薄恶。故而，董仲舒的政治思想即是出于对“遭秦之敝”的更化与拨乱反正，意在肃清遗毒，扭转周衰秦敝以来“法出而奸生，令下而诈起”[①]的情况，这可以说是西汉前中期数代儒家的共同理想。

《天人三策》云：“王者承天意以从事，故任德教而不任刑……为政而任刑，不顺于天，故先王莫之肯为也。”[②]《春秋繁露·阳尊阴卑》亦云：“为政而任刑，谓之逆天，非王道也。”[③]在仲舒看来，过度依赖文法、治理安于苟简并不能带来道德改善，更带不来长治久安。刑名法术使人民“免而无耻”，却不能养人性命，安顿身心；长此以往一旦国家机器失效，必然民心愦乱、天下板荡。而真正意义上的“善政”当“先定其神”，如仲舒所云使民“晓于礼义而耻犯其上”，通过“经夫妇，成孝敬，厚人伦，美教化，移风俗”之类的“以德化民”之法，自始便培养民众深厚节制的道德习性。这样一来，即便到了衰乱之世“先王之制”已倾圮瓦解，但“先王之德”风流未沫，人民仍会依循着先代的良风美俗生活，如此方能实现如三代一般的长治久安。《天人三策》云“圣王已没，而子孙长久安宁数百岁，此皆礼乐教化之功也”[④]，便是此意。

很显然在董仲舒看来，政教的归宿点在于人民的“性情”，此即《春秋繁露·正贯》所云“明于情性乃可与论为政，不然，虽劳无功”[⑤]；但同时礼法制度这一“文”的层面，对于血气性情这一“质”的层面，又须起到教化与节制的作用，为人的政治生活建立可供遵循的价值和尺度，这便是汉人常说的“礼因人质为之节文”[⑥]。

---

① 《汉书》卷56《董仲舒传》，第2504页。
② 同上书，第2502页。
③ 苏舆：《春秋繁露义证》卷11，第328页。
④ 《汉书》卷56《董仲舒传》，第2499页。
⑤ 苏舆：《春秋繁露义证》卷5《正贯》，第144页。
⑥ 《史记》卷130《太史公自序》，第3304页。

三 “王道之端”:董仲舒的“道德气化秩序”

“自然政治”归本于对习性的引导,这种“率性之谓道”的看法汉人多有阐发。《泰族训》云:“圣人之治天下,非易民性也,拊循其所有而条畅之……夫物有以自然,而后人事有治也。故良匠不能斫金,巧冶不能铄木,金之势不可斫;而木性不可铄也。”①《春秋繁露·玉杯》云:“人受命于天,有善善恶恶之性,可养而不可改,可豫而不可去,若形体之可肥,而不可得革也。”②扬雄《太玄》亦云:“夫作者,贵其有循而体自然也。”③民性不可重塑,为政者贵能顺应成全,努力为性情大本提供一套合宜适中的尺度,使人民生活其间不拘忌亦不放纵,不激厉亦不摧颓,在从容安适、身心和谐的氛围中自然地向高明美好的境界跃升。这套“合宜适中的尺度”被董仲舒称为“中道”。在第二策中他以尧舜二圣相继的“尽善尽美”之治为至高典范,认为执政者广施德化、天下和洽,人民则“安仁乐谊,各得其宜,动作应礼,从容中道”④。“各得其宜”意味着生民血气性情都得到恰适的安顿,故有从容之感。“从容中道”指的是不必思虑、一旦发露便自然合宜的状态,据对策所引述《论语》“如有王者,必世而后仁”一句,这种治理境界须经过王者长达三十年的礼乐教化方能实现。

从这番描述可以见出,思孟学派精微的道德性命之学对董仲舒的“自然政治”思想尤有启示,董仲舒从容于法度之中的说法出自《礼记·中庸》所追求的修身至境,即性情的“形中发外”合乎天道自然的节文。与宋学偏于个人修身的解释有别,汉唐古注在解读《中庸》时特别强调了“中”这一性情大本的政教意义,如郑玄注“中也者,天下之大本也”云:“中为大本者,以其含喜怒哀乐,礼之所由生,政教自此出也。”孔疏从人君治理的角度阐发道:“言人君所能至极中和,使阴阳不错,则天地得其正位焉。生成得理,故万物其养育

---

① 按:原作“涤荡”,当为“条畅”,“化”当作“作”。王念孙云:“化字义不可通。化当为作,字之误也。圣人顺民性而条畅之,所谓因也。反是,则为作矣。”见刘文典《淮南鸿烈集解》卷20,第669—671页。

② 苏舆:《春秋繁露义证》卷1《玉杯》,第34页。

③ 司马光:《太玄集注》卷7《玄莹》,北京:中华书局,1998年,第190页。

④ 《汉书》卷56《董仲舒传》,第2508页。

焉。”①旨在导引性情、使之合宜适中的制度节文，必须以象征自然秩序的“天道”为其根本的构建尺度，如此方能护持性情的自然成长，这便是《礼记·礼运》所说的：“夫礼，先王以承天之道，以治人之情。”②亦即《韩诗外传》引《传》语所云：“善为政者，循情性之宜，顺阴阳之序。”③“天道”与“性情”是“自然政治”的两端，“承天之道”的礼法正宜于用来“治人之情”。

据此，我们便能理清董仲舒“自然政治”论的整体构架。依笔者所见，汉代政治思想大致都趋向于“自然政治”，但仲舒持论却有特出之处，那便是对礼法建设的重视，并明确将“王道之端”系于“天道”的阴阳气化秩序。他所采取的路径并非通过“天道之自然”直接引导和规范“性命之自然”，在二者之间须有一“文”的层面：王者的制度礼法。此一“自然（道）——王制（文）——性命（质）”的图式便构成其“自然政治”论的完整思路。在《天人三策》中，董仲舒对王德风化与王制“顺命成性”之用有着清晰的阐发：

> 臣闻命者天之令也，性者生之质也，情者人之欲也。或夭或寿，或仁或鄙，陶冶而成之，不能粹美，有治乱之所生，故不齐也。孔子曰：“君子之德风也，小人之德草也，屮上之风必偃。”故尧舜行德则民仁寿，桀纣行暴则民鄙夭。夫上之化下，下之从上，犹泥之在钧，唯甄者之所为；犹金之在镕，唯冶者之所铸。“绥之斯来，动之斯和”，此之谓也。
>
> 天令之谓命，命非圣人不行；质朴之谓性，性非教化不成；人欲之谓情，情非度制不节。是故王者上谨于承天意，以顺命也；下务明教化民，以成性也；正法度之宜，别上下之序，以防欲也：修此三者，而大本举矣。④

此处“天令”之“命”、“质朴”之“性”、“人欲”之“情”是王制政教的“大本”，人得天地造化而生，气禀各异而有了“不能粹美”之质，王制的目标便是顺应自然规律以成教化民。而值得注意的是，董仲舒“天道——王制——性命”的精美“模型”，是建立在“气化宇宙论”与“阴阳五行”知识基础上的政治图式，此即第一策中所云：“王者欲有所为，宜求其端于天。天道之大者在阴

---

① 《礼记正义》卷 52，第 3528 页。
② 《礼记正义》卷 21，第 3063 页。
③ 许维遹：《韩诗外传集释》卷 7，北京：中华书局，1980 年，第 262 页。
④ 《汉书》卷 56《董仲舒传》，第 2515—2516 页。

阳。"[①]政教欲"至极中和",便要依循阴阳和谐之道布政理国,陶化民众的血气性情。故而仲舒治国"以《春秋》灾异之变推阴阳所以错行"[②],其论性情亦究之于阴阳。《春秋繁露·深察名号》云:"天地之所生,谓之性情……身之有性情也,若天之有阴阳也。"[③]《论衡·实性》亦云:"董仲舒览孙、孟之书,作《情性》之说曰:'天之大经,一阴一阳;人之大经,一情一性。性生于阳,情生于阴。阴气鄙,阳气仁。曰性善者,是见其阳也;谓恶者,是见其阴者也。'"[④]在董仲舒这里,阴阳和谐的"天道"是政教的自然根基和生民性命的最终尺度,同时还具有判断善恶的功能,上天是能对人事政教施以赏罚的神性自然,执政失德便会导致"阴阳错缪,氛气充塞"[⑤],可见自然秩序本身便是道德化的。

仲舒的"道德气化秩序"以阴阳中和的"和气"为本,这一观念源自老子:"万物负阴而抱阳,冲气以为和。"[⑥]其后儒家的荀子同样认为"万物各得其和以生",杨倞注"和,谓和气"[⑦]。阴阳中和为天地"正气",意味着气化自然(天道)最正常的状态,仲舒谓"和者,天之正也,阴阳之平也,其气最良,物之所生也"[⑧],"阴气胁阳气,天地之气,阴阳相半,和气周回,朝夕不息"[⑨]。受黄老养生之学影响,董仲舒认为如欲存宁性命,便要积储和气,不断寻找血气性情守中不偏的尺度:"居处就其和,劳佚居其中,寒暖无失适,饥饱无过平,欲恶度理,动静顺性,喜怒止于中,忧惧反之正,此中和常在乎其身,谓之得天地泰。得天地泰者,其寿引而长;不得天地泰者,其寿伤而短。"[⑩]

"和气"无疑具有道德含义和价值判断功能,以之为本,董仲舒发展出"道德气化秩序"的两个重要概念:"德化"与"元气"。首先是"德化"论。仲舒所谓"德"实合"道德""性命"而言。"尧舜行德则民仁寿",王者的道德教化具

---

① 《汉书》卷56《董仲舒传》,第2502页。
② 《史记》卷121《儒林列传》,第3128页。
③ 苏舆:《春秋繁露义证》卷10,第298—299页。
④ 黄晖:《论衡校释》卷3,第139—140页。
⑤ 《汉书》卷56《董仲舒传》,第2507页。
⑥ 王卡点校:《老子道德经河上公章句》卷3《道化》,第169页。
⑦ 王先谦:《荀子集解》卷11《天论》,第308—309页。
⑧ 苏舆:《春秋繁露义证》卷16《循天之道》,第446页。
⑨ 董仲舒:《雨雹对》,见严可均《全上古三代秦汉三国六朝文·全汉文》卷24,北京:中华书局,1965年,第256页。
⑩ 苏舆:《春秋繁露》卷16《循天之道》,第456页。

备导民于仁寿的养生意义。“德”在黄老道家看来指的便是“精神内守”的养生法。《韩非子·解老》云:“德者,内也。得者,外也。上德不德,言其神不淫于外也。神不淫于外则身全,身全之谓德。德者,得身也。”①观《循天之道》篇,仲舒对“德”的理解正是此意:

> 养生之大者,乃在爱气。气从神而成,神从意而出。心之所之谓意,意劳者神扰,神扰者气少,气少者难久矣。故君子闲欲止恶以平意,平意以静神,静神以养气。气多而治,则养身之大者得矣。古之道士有言曰:“将欲无陵,固守一德。”此言神无离形,则气多内充,而忍饥寒也。和乐者,生之外泰也;精神者,生之内充也。外泰不若内充,而况外伤乎?②

此处解“固守一德”为“神无离形,则气多内充”,便是“精神内守”之意;只不过在董仲舒这里所要保守的“神”变成了“和气”。《循天之道》云:“是故能以中和理天下者,其德大盛;能以中和养其身者,其寿极命。”③在天人中和图式的关照下,董仲舒进而从这种守理性命、积精致寿的养生学说推导出“以德化民”的政教思想。王者若“以德善化民”,则生民血气都会渐趋中和,合乎阴阳之序,这样人民的举动暗合自然的节度,气化秩序便不被扰乱;反之,不明“积善累德之效”,一味“废德教而任刑罚”,生民动辄得咎,便会使“邪气积于下,怨恶畜于上,上下不和,则阴阳缪戾而妖孽生矣”④。

缘此,道德教化转变成了“气化传导”的自然规律问题。《春秋繁露·天地阴阳》先据物越是投向松软稀薄之处,则引起动荡越剧烈的规律,推类出了无形的“气化之淖”:气最为稀薄松软,故物投入气中所引发的动荡必充塞宇宙。董仲舒据此认为,王者是否得天地和气便决定了自然秩序的治乱:

> 人主以众动之无已时,是故常以治乱之气,与天地之化相殽而不治也。世治而民和,志平而气正,则天地之化精,而万物之美起。世乱而民乖,志僻而气逆,则天地之化伤,气生灾害起。是故治世之德,润草木,泽

① 陈奇猷:《韩非子新校注》卷6,第370页。

② 苏舆:《春秋繁露义证》卷16《循天之道》,第452—453页。

③ 同上书,第444—445页。

④ 《汉书》卷56《董仲舒传》,第2500页。

流四海,功过神明。乱世之所起亦博。①

君王道德水准决定着人民生活的自然环境,有德之君得天地"和气",则气化秩序不易发生动荡,便能招致"黄龙凤皇"之类的祥瑞。汉儒形容"治世"时常有所谓"风不鸣条"的说法,如仲舒《雨雹对》《盐铁论·水旱》《论衡·是应》《孝经援神契》等处均有提及。风过而枝条不鸣,可见太平治世和气充溢,犹如江南初春。董仲舒这套"德化"论频见于后世谶纬文献,影响至为深远。②

其次是"元气"说。③ 董仲舒将阴阳各半的"和气"规定为"元气之正",使之成为了政教的自然发端。遍览《春秋》三传,"元"能否理解为本源性的自然之气十分可疑,即使《公羊》解"元",亦不过提及:"元年者何?君之始年也。"④从现有文献来看,以"气"解《春秋》之"元",当以仲舒为权舆。⑤《天人三策》第一策云:

> 臣谨案《春秋》谓一元之意,一者万物之所从始也,元者辞之所谓大也。谓一为元者,视大始而欲正本也。《春秋》深探其本,而反自贵者始。故为人君者,正心以正朝廷,正朝廷以正百官,正百官以正万民,正万民以正四方。四方正,远近莫敢不壹于正,而亡有邪气奸其间者。是以阴阳调而风雨时,群生和而万民殖,五谷孰而草木茂,天地之间被润泽而大丰美,四海之内闻盛德而皆徕臣,诸福之物,可致之祥,莫不毕至,而王道终矣。⑥

在这段关于王德风化的论述中,仲舒虽未正面提及"元气"一词,却全然

① 苏舆:《春秋繁露义证》卷17《天地阴阳》,第466页。

② 如《孝经援神契》:"王者德至天,则甘露降,降以中和。"《援神契》中"德至草木,则朱草生","德至鸟兽,则凤凰来"云云,均源于仲舒所论气化之理。《诗含神雾》:"王者德化充塞,照洞八冥,则鸾臻。"《春秋运斗枢》:"王政和平,则老人星临其国,万民寿。"《春秋元命苞》:"五气之精,交聚相加,以阳气迎人,道人致和。"《春秋元命苞》:"人君政治休明,贤良悉用,阴阳以和,风雨以时,则黄云缤纷于列宿之间。"《春秋谶》:"君舒怠,臣下有倦,白黑不别,贤不肖并,不能忧民急,气为之舒缓,草不摇。"

③ 关于汉代董仲舒至谶纬文献中的"元气"论,徐兴无进行过深入研究,此处则侧重分析董仲舒"元气"思想与"和气"的关系。参见徐兴无《谶纬文献与汉代文化构建》,北京:中华书局,2003年,第249—252页。

④ 《春秋公羊传注疏》卷1《隐公元年》,见阮元校刻《十三经注疏》,第4765页。

⑤ 三传后来的注疏纷纷采用此说。仲舒从何处获得灵感,目前已难落实,但《春秋》"元气"说与《易传》之"乾元""坤元"、《道德经》之"天地根"、《庄子·大宗师》之"气母"、《淮南子·天文》之"元气"可谓异曲同工,均指构成性命之质的本源之气。

⑥ 《汉书》卷56《董仲舒传》,第2502—2503页。

以“气化”论自然秩序,示意甚明。参以《春秋繁露》所论不难发现,“元气”欲得其正,“中和”至为关键。《王道》云:“《春秋》何贵乎元而言之?元者,始也,言本正也……王正则元气和顺、风雨时、景星见、黄龙下。王不正则上变天,贼气并见。”[①]《天地之行》云:“布恩施惠,若元气之流皮毛腠理也;百姓皆得其所,若血气和平,形体无所苦也;无为致太平,若神气自通于渊也。”[②]可见“元气”正的主要特点便是“中和”,其作为自然等级秩序的发端,成为了王道政治的本源。《春秋繁露·二端》云:“是故《春秋》之道,以元之深正天之端,以天之端正王之政,以王之政正诸侯之即位,以诸侯之即位正竟内之治,五者具正而化大行。”[③]这句话后来为《春秋说》所承,而何休在注《公羊传》时径改为“以元之气,正天之端”[④]。

“德化”论和“元气”咸以政教为其指归,即此,能使“阴阳调而风雨时,群生和而万民殖”的中和之气,便具有极强的道德判断功能,这成为了后儒“助人君顺阴阳明教化”[⑤]的自然哲学基础。《汉书·五行志》载仲舒解《春秋》灾异,便充分体现其“始推阴阳,为儒者宗”的一面,如:“三十年‘五月甲午,宋灾’。董仲舒以为伯姬如宋五年,宋恭公卒,伯姬幽居守节三十余年,又忧伤国家之患祸,积阴生阳,故火生灾也。”又如“严公二十八年‘冬,大水亡麦禾’。董仲舒以为夫人哀姜淫乱,逆阴气,故大水也。”[⑥]这些无不据“阴阳调和”之理,辅以五行之道,以实现《春秋》辨正是非、长于治人的“正政”之用,所谓“圣人之在上,则阴阳和风雨时也,政多纰缪,则阴阳不调”[⑦]。

“道德”即“自然”,董仲舒构建的以“和气”为本的“道德气化秩序”,显示出融织儒道思想的宏丽格局,其意图正在于使一切自然规律呈露出足以辨正是非、具备善恶意志的自然世界,从而为王制进行奠基。而既已“承天之道”,接下来便是“治人之情”的问题了,所有以道德为尺度构建自然秩序的努力,终将引向实在的伦常礼法建设,这便是“纲常名教”的奠立。

---

① 苏舆:《春秋繁露义证》卷4,第100—101页。
② 苏舆:《春秋繁露义证》卷17,第461页。
③ 苏舆:《春秋繁露义证》卷6,第155—156页。
④ 《春秋公羊传注疏》卷1《隐公元年》,第4767页。
⑤ 《汉书》卷30《艺文志》,第1728页。
⑥ 《汉书》卷27《五行志》,第1339页。
⑦ 严可均:《全上古三代秦汉三国六朝文·全汉文》卷24,第257页。

四 “人道义”:“自然政治”视野下的《春秋》义学与纲常名教

董仲舒的“道德气化秩序”旨在为王制进行自然奠基;而文制礼法的建设,则意在为生民的身心性命提供一套合宜适中的尺度。“宜”之一字表征出一种“自然正当”的含义,在儒家思想中,有两个概念常与“宜”字关联解释,即“礼”和“义”。[①]“礼”“义”二字一体两面,“义”是“礼”的抽象化,是“礼”的精神本质;“礼”则是“义”的实体化和视象化,是“群义之文章”。如孔子云:“君子义以为质,礼以行之。”[②]《礼记·礼运》云:“故礼也者,义之实也。”[③]《管子·心术上》亦云:“义者,谓各处其宜也。礼者,因人之情,缘义之理,而为之节文者也。”[④]在盛称礼乐的周代,“礼义”意味着君子合宜适中的威仪行止,甚而直接被当作人之为人的尺度。《左传·成公十三年》中刘康公即说道:“民受天地之中以生,所谓命也,是以有动作礼义威仪之则,以定命也。”孔颖达正义释之云:

> “天地之中”,谓中和之气也……言人受此天地中和之气以得生育,所谓命也。命者,教命之意,若有所禀受之辞……命虽受之天地,短长有本,顺理则寿考,逆理则夭折。是以有动作礼义威仪之法则,以定此命。言有法则命之长短得定,无法则夭折无恒也。故人有能者,养其威仪礼法,以往适于福,或本分之外更得延长也;不能者,败其威仪礼法,而身自取祸,或本分之内仍有减割也。[⑤]

根据这段解释,性命受天地和气所生,须循“理”,亦即“动作礼义威仪之则”善加持守,方得寿考。在这个意义上,礼义便成为了“动止之纲纪”,是各正性命的关键和守护元神的仪则。在孟子、荀子等大儒看来,安习礼义或可

---

① 如《礼记·曲礼》:“礼从宜,使从俗。”《乐记》:“礼者别宜。”《祭义》引曾子语:“义者,宜此者也。”《中庸》、郭店楚简《语丛三》并云:“义,宜也。”

② 程树德:《论语集释》卷32《卫灵公下》,第1100页。

③ 《礼记正义》卷22,第3088页。

④ 黎翔凤:《管子校注》卷13,第770页。

⑤ 《春秋左传正义》卷27,见阮元校刻《十三经注疏》,第4149—4150页。

以培养体内至大至刚的“浩然之气”，所谓“其为气也，配义与道；无是，馁也”[①]；或可以节制人们“纵情性，安恣睢”的欲望，条畅身心血气，所谓“凡用血气、志意、知虑，由礼则治通，不由礼则勃乱提僈；食饮，衣服、居处、动静，由礼则和节，不由礼则触陷生疾”[②]。总之，礼义可以锻塑君子“庄敬日强”的精神气象，对于个人的身心性命具有养护疗治的意义。

在儒家看来，一切礼法构建皆是顺应自然法则，为性情提供合乎中道的节文；唯其如此，人们生存于文制政教之中，方能有从容安适之感。而在汉儒心目中，具有想象色彩的三代“礼乐”之治一直是“自然政治”最完美的制度范本。根据《礼记·乐记》等文献的描述，“礼乐”所以能成为理想制度的范本，首先在于取法天道，所谓“乐者，天地之和也；礼者，天地之序也”[③]；同时“礼乐”能以何休所谓“感荡血脉，通流精神，存宁正性”[④]的方式，将性情各异的个体安顿在恰如其分的“位格”之中，实现自然政治的终极目标。《乐记》云：“先王本之情性，稽之度数，制之礼义。合生气之和，道五常之行，使之阳而不散，阴而不密，刚气不怒，柔气不慑，四畅交于中而发作于外，皆安其位而不相夺也……使亲疏贵贱、长幼男女之理，皆形见于乐。”[⑤]礼乐节文出于自然等级，这些“亲疏贵贱、长幼男女之理”无须强制于人便可使上下相亲，“安其位而不相夺”。从孔子开始，儒者无不以复兴礼乐为奋斗的终极目标。

“制礼作乐”是汉代政治思想史的核心议题，更是西汉中期之后整个政治精英阶层念兹在兹的共同信念。汉儒始终认为，与苛刻不仁的名法之治相比，礼乐教化具备安养性命、延年益寿的功能。如王吉谏言宣帝“述旧礼，明王制”，乃是为“驱一世之民济之仁寿之域”[⑥]；刘向则发挥荀子“礼者养也”之论认为“礼以养人为本”，不敢兴复礼乐实为“敢于杀人不敢于养人”[⑦]。然终始西京一朝，“礼乐之治”在汉儒看来似乎从未实现。《汉书·礼乐志》云：“今大汉继周，久旷大仪，未有立礼成乐，此贾谊、仲舒、王吉、刘向之徒所为发愤

---

① 《孟子注疏》卷3上《公孙丑章句上》，见阮元校刻《十三经注疏》，第5841页。
② 王先谦：《荀子集解》卷1《修身》，第22—23页。
③ 《礼记正义》卷37《乐记》，第3317页。
④ 《春秋公羊传注疏》卷3《隐公六年》，第4792—4793页。
⑤ 《礼记正义》卷38，第3327—3328页。
⑥ 《汉书》卷72《王贡两龚鲍传》，第3063页。
⑦ 《汉书》卷22《礼乐志》，第1033页。

而增叹也。"[①]可以说,两汉政治始终在朝着"制礼作乐"的方向演进,但"礼乐"却终究是可望而不可即的颠倒梦想。

无疑,董仲舒的思考不可能离于"复礼"这一儒者的终极使命,但他心里十分清楚,"如有王者,必世而后仁",要真正实现"作礼乐以文之"并非朝夕之功。在汉代"继大乱之后"的历史格局之下,达成礼治之前必须经历一段漫长的"拨乱反正"过程。这种对历史任务的格外审慎与政教构想上的层次感,正是董仲舒高于一般儒者之处。[②]《天人三策》的这段话在一定程度上佐证了这点:

> 臣闻圣王之治天下也,少则习之学,长则材诸位,爵禄以养其德,刑罚以威其恶,故民晓于礼谊而耻犯其上。武王行大谊,平残贼,周公作礼乐以文之,至于成康之隆,囹圄空虚四十余年,此亦教化之渐而仁谊之流,非独伤肌肤之效也。[③]

所谓"教化之渐而仁谊之流",在仲舒看来,培养习性的过程缓慢而深厚,真积力久方能见出成效。民众久处乱世,性情败坏,"拨乱反正"的首要任务,便是王者"以德善化民",理顺生民血气;继而才是"功成作乐,治定制礼"的制度建设,为人民提供一套适中合宜、内蕴道德教化的礼乐节文,如此方能巩固"治气"成果,实现"长久安宁数百岁"。故而,仲舒所论治国之道,颇类于医家从治病到巩固疗效的过程,其"自然政治"论的终点便是"礼乐"。

正如欧阳修"由三代而下,治出于二,而礼乐为虚名"的大论断所揭示的,经历了战国秦汉所谓"诸侯逾越法度,恶礼制之害己,去其篇籍,遭秦灭学,遂以乱亡"[④],到了汉代,礼乐"文""质"脱节,乐官制氏"但能纪其铿枪鼓舞,而不能言其义"[⑤]。在这个意义上,礼乐已渐成"具其名物而藏于有司,时出而用之郊庙、朝廷"[⑥]的虚仪,其实已不复三代政教之用而变得日益表面化和形式

---

① 《汉书》卷22《礼乐志》,第1075页。

② 陈苏镇对董仲舒公羊学"致太平"所设定的"拨乱反正的步骤与策略"作过精细考证。参见陈苏镇《〈春秋〉与"汉道":两汉政治与政治文化研究》,北京:中华书局,2011年,第159—206页。

③ 《汉书》卷56《董仲舒传》,第2510页。

④ 《汉书》卷22《礼乐志》,第1029页。

⑤ 同上书,第1043页。

⑥ 《新唐书》卷11《礼乐一》,北京:中华书局,1975年,第308页。

化。在遭秦变古、治理安于苟简的大背景下如何复兴三代礼乐，这成为了董仲舒终极的问题意识，在他看来必须明白区分“礼文”“礼质”两个层面。《春秋繁露·竹林》云：“礼者，庶于仁、文，质而成体者也。”[①]《太平御览·礼仪部》引《董生书》云：“礼者，天所为也；文者，人所为。谓之礼者，因人情为节文，以救其乱也。”[②]可以说，董生深明“义以出礼”[③]的道理，更关注作为礼的本质层面，即为人提供性情法则、作为自然正当尺度的“义”；只要有了“义”的奠基，仪式节文便可缘之而具；而这一点便引出了其以《春秋》义学为根柢的“正义”论。

须注意的是，董仲舒以《春秋》大义辨正是非的终极根据，便是之前所论充溢着道德判断意志的元气自然论和天道学说。他以阴阳调和的“和气”与阴阳不调的“邪气”相对，“和气”为“元气之正”，“元气之正”又为《春秋》王道之端，《春秋繁露·王道》中便有“《春秋》嘉气义”[④]的说法。即此而言，《春秋》大义便是宇宙“元气之正”的体现，进而为“各正性命”所当遵循的根本仪则。《竹林》篇中董仲舒借齐顷公佚获一事论曰：

> 夫冒大辱以生，其情无乐，故贤人不为也，而众人疑焉。《春秋》以为人之不知义而疑也，故示之以义，曰国灭君死之，正也。正也者，正于天之为人性命也。天之为人性命，使行仁义而羞可耻，非若鸟兽然，苟为生，苟为利而已。是故《春秋》推天施而顺人理，以至尊为不可以加于至辱大羞，故获者绝之。以至辱为亦不可以加于至尊大位，故虽失位弗君也。[⑤]

这段话意在揭出《春秋》昭示义法以启人知命的功能。“冒大辱以生”近于《吕氏春秋·贵生》引子华子所论“辱莫大于不义，故不义，迫生也”，齐顷公罔顾道义、苟且偷生的行为便是“六欲莫得其宜”[⑥]的“迫生”，必然“其情无乐”。而“正也者，正于天之为人性命也”一句，则试图从自然生成的角度论证“人道”尺度之“义”对于性命的塑成作用。《春秋繁露·玉杯》云：“《春秋》修

---

① 苏舆：《春秋繁露义证》卷 2，第 55 页。
② 刘师培：《春秋繁露佚文辑补》，见《刘申叔遗书》，第 1035 页。
③ 《春秋左传正义》卷 5《桓公二年》，第 3785 页。
④ 苏舆：《春秋繁露义证》卷 4，第 118 页。
⑤ 苏舆：《春秋繁露义证》卷 2，第 61 页。
⑥ 许维遹：《吕氏春秋集释》卷 2《贵生》，第 42 页。

本末之义,达变故之应,通生死之志,遂人道之极者也。"[①]所谓"义"在仲舒看来是一种修身自正之道,是人们安顿身心性命所当遵循的道理,即"义者,谓宜在我者"[②],能以合乎天道的中和正义之气养护性命,无疑最得自然之宜;反之行不义之举,即使像齐顷公一样忍辱偷生,必"其情无乐"而不利于性命。

《韩非子·解老》云:"义者,君臣上下之事,父子贵贱之差也,知交友朋之接也,亲疏内外之分也。"[③]"义"不但表征出个人适中合宜的自然尺度,同时意味着一套宏观的自然等级秩序。在董仲舒公羊学的认识框架下,《春秋》正是试图通过制定义法的方式拨乱反正,从而实现孔子"各正性命"的政教抱负,故胡安国、顾炎武称《春秋》为圣人"性命之文"[④],与董仲舒对《春秋》的认识可相印证。

而《春秋》对君臣之道、父子之义的昭示,又必须以"正名"的方式加以实现。在儒家传统中,正君臣父子之名历来被视为拨乱反正的政治首务,正名的原则大致便可以《左传·桓公二年》师服所言加以概括,即"名以制义"[⑤]。冯友兰《中国哲学史》论孔子"正名主义"云:"盖一名必有一名之定义,此定义所指,即此名所指之物之所以为此物者,亦即此物之要素或概念也。如'君'之名之定义之所指,即君之所以为君者……若使君臣父子皆如其定义,皆尽其道,则'天下有道'矣。"[⑥]此说简洁精辟,其《人生哲学》中更径以 essence 一词翻译"此物之要素"[⑦]。定"义"决定了事物的本质。君不仁不可谓之君,臣不忠不可谓之臣,倘有君不仁、臣不忠者,即可以君、臣之"名"所具之"义"正之。

《庄子·天下》云:"《春秋》以道名分。"[⑧]孔子嫉乱臣贼子犯上作乱,于是在《春秋》中代行天子赏罚褒贬之事,通过制为"义法"正定"名分",意在拨乱反正,从书法中揭示出一套以伦常大义为根本尺度的自然等级秩序。在董仲舒与后世的公羊家看来,富于褒贬笔削的《春秋》便是圣人孔子因于《鲁史

① 类似的说法还有《为人者天》:"人之德行,化天理而义。"《人副天数》:"人德义。"《天道施》:"人道义。"《天地阴阳》:"天志仁,其道也义。"

② 苏舆:《春秋繁露义证》卷8,第253—254页。

③ 陈奇猷:《韩非子新校注》卷6,第374页。

④ 黄汝成:《日知录集释(全校本)》卷7,上海:上海古籍出版社,2006年,第400页。

⑤ 《春秋左传正义》卷5《桓公二年》,第3785页。

⑥ 冯友兰:《中国哲学史》,上海:华东师范大学出版社,2000年,第53页。

⑦ 冯友兰:《三松堂全集·人生哲学》,郑州:河南人民出版社,2001年,第163页。

⑧ 郭庆藩:《庄子集释》卷10,第1067页。

记》所作的“正名之经”“名教之书”，仲舒便以“名伦等物”四字概括《春秋》义法。《春秋繁露·精华》篇云：“《春秋》慎辞，谨于名伦等物者也。”[①]《盟会要》云：“名伦等物不失其理。”苏舆注曰：“因伦之贵贱而名之，因物之大小而等之，故曰名伦等物。”[②]“名伦等物”意味着圣人在《春秋》中通过“道名分”的方法为万事万物正伦定序，以使尊卑贵贱各得其宜，即《天人三策》所谓“明尊卑，异贵贱”[③]。而或许比原始儒学更进一步的是，董仲舒认为“名”不但意味着圣人行义之志，更进而径为圣人所达天命本身，在《深察名号》篇中，他建立起一套“名顺于天”的政治神学，赋予名号神圣的自然基础：

> 治天下之端，在审辨大。辨大之端，在深察名号。名者，大理之首章也。录其首章之意，以窥其中之事，则是非可知，逆顺自著，其几通于天地矣。是非之正，取之逆顺，逆顺之正，取之名号，名号之正，取之天地，天地为名号之大义也。古之圣人，謞而效天地谓之号，鸣而施命谓之名。名之为言，鸣与命也，号之为言，謞而效也。謞而效天地者为号，鸣而命者为名。名号异声而同本，皆鸣号而达天意者也。天不言，使人发其意；弗为，使人行其中。名则圣人所发天意，不可不深观也。[④]

所谓“名则圣人所发天意，不可不深观也”，徐复观认为这是“把名还原到原始社会中的咒语上去了”[⑤]，仲舒将“名”“义”关联“天命”，使“正名”与“察名”获致了一种宗教意义上的形上色彩。须注意的是，正如前贤所论及的，董仲舒的天学呈现出“宗教性”与“自然性”的合一，他试图将晚周以来逐步确立起的以“气化宇宙论”为知识基础的新天道观，整合进古老的宗法天命论中。[⑥]

---

① 苏舆：《春秋繁露义证》卷3《精华》，第85页。

② 苏舆：《春秋繁露义证》卷5，第142页。

③ 《汉书》卷56《董仲舒传》，第2510页。

④ 苏舆：《春秋繁露义证》卷10，第284—285页。

⑤ 徐复观：《两汉思想史》，上海：华东师范大学，2001年，第226页。

⑥ 如李泽厚《中国古代思想史论》中据思想史家“自然之天”“人格之天”的判分总结道：“在董仲舒那里，人格的天（天志、天意）是依赖自然的天（阴阳、四时、五行）来呈现自己的。前者（人格的天）从宗教来，后者从科学（如天文学）来。前者具有神秘的主宰性、意志性、目的性，后者则是机械性或半机械性的。前者赖后者而呈现，意味着人对‘天志’、‘天意’的服从，即应是对阴阳、四时、五行的机械秩序的顺应。”又如金春峰《汉代思想史》认为董仲舒“自然之天从属于道德之天，道德之天又从属于神灵之天”。见李泽厚《中国古代思想史论》，北京：人民出版社，1985年，第145页。金春峰：《汉代思想史》，北京：中国社会科学出版社，1987年，第155页。

在这一理论框架下,自然规律呈露具备善恶判断的神性意志,生民因循天道生活便有“事神致福”的宗教神圣感。此一“天道”呈示“天命”“神理”昭示“道心”的体系,堪称董学的核心。故而应当注意,此处的“天命”不仅指代神灵意志,同时还具备“天之为人性命”的含义,“天命”成为了规范性情、纲纪人伦的自然律令。在这个意义上,《春秋》“名教”便真正成为了“性命之文”,是圣人取法自然所设的“礼义之大宗”①。

关于这点,与《深察名号》篇相为表里的《顺命》《基义》《阳尊阴卑》诸篇论之甚详。在《顺命》篇中,他首先对人格化的“天”进行了自然化的解释,“天者万物之祖,万物非天不生。独阴不生,独阳不生,阴阳与天地参然后生”,紧接着试图以“天命”为基础,运用“推类”的逻辑思维方式“列序位尊卑之陈”:“人于天也,以道受命;其于人,以言受命。不若于道者,天绝之;不若于言者,人绝之……天子受命于天,诸侯受命于天子,子受命于父,臣妾受命于君,妻受命于夫。诸所受命者,其尊皆天也,虽谓受命于天亦可。”②随后他胪列《春秋》事项,表明圣人便试图在经文中以正名的方式呈现这种受命秩序。以当中所举“臣不奉君命”事略作说明。《春秋》定公十三年有“秋,晋赵鞅入于晋阳,以叛”条,其后的“晋赵鞅归于晋”条《公羊传》解云:“此叛也,其言归何?以地正国也。其以地正国奈何?晋赵鞅取晋阳之甲以逐荀寅与士吉射。荀寅与士吉射者,曷为者也?君侧之恶人也。此逐君侧之恶人,曷为以叛言之?无君命也。”“叛”是出入俱恶的大罪,“归”则出入无恶,这种前后矛盾、显违义例的书法恰揭出《春秋》“赦事诛意”的特点。赵鞅在无君命的情况下试图借井田之兵清君侧,君子虽知其意善,但为正君臣大义仍须书“叛”,以杜绝“臣不奉君命”之举,继而再以书“归”的方式阴赦之。③ 在《春秋繁露》中,仲舒对于这种名实参错的精微书法多有剖析;以此为基,他进而将《春秋》义学阐释为自然律令,强调恪遵名教便是顺应天道,正定性命。

而其中“君臣”“父子”“夫妻”的受命秩序,实际上便发展出了“三纲”说。如前所论,“道心”必由“神理”呈现,这种“自然之理”便是建基于“气化宇宙

① 《史记》卷130《太史公自序》,第3298页。

② 苏舆:《春秋繁露义证》卷15,第412页。

③ 《春秋公羊传注疏》卷26《定公十三年》,第5090页。

论”的“阳尊阴卑”体系，纲常名教、顺命成性之义无疑均“取诸阴阳之道”。在董仲舒看来孔子作《春秋》之时便已将“阳尊阴卑”的自然规律如实呈现在经文中，他解隐公二年“纪履緰来逆女”条云：“是故《春秋》之于昏礼也，达宋公而不达纪侯之母。纪侯之母宜称而不达，宋公不宜称而达，达阳而不达阴，以天道制之也。丈夫虽贱皆为阳，妇人虽贵皆为阴。”[①]事实上据《公羊传》，宋公犯礼称主人，是由于父母俱亡无人可称，故不得已而为之；纪侯之母不称，则是由于女子无外事的古制旧俗。[②] 可见“婚礼不称主人”与“母命不通于外”的礼制才是《春秋》书法的关键，阴阳之义则出于仲舒的引申。其著名的《基义》篇更以“物必有合”的“自然之理”论述了政治生活中君臣、父子、夫妻的相处之道：“阴者阳之合，妻者夫之合，子者父之合，臣者君之合。物莫无合，而合各有阴阳……君臣、父子、夫妇之义，皆取诸阴阳之道。”[③]阳与阴应具备一种主从协调的关系方为和顺，这就要求处于辅助地位的臣、子、妻在伦理上须具备牺牲奉献精神。[④] 可以说，在董仲舒的自然政治构想中，他取诸“阴阳之道”、合乎“情性之宜”的文制礼法构建，最终便指向了这套基于《春秋》义学的纲常名教。他试图将“王道之三纲”还原为经过自然法则奠基的道德律令，经由这种以“义”为根本尺度的自然等级秩序，为人的政治生活提供必然性准则，安顿生民的“不齐之性”。至东晋时期，袁宏在《后汉纪》中弥合“名教”“自然”之辩，同样将“纲常名教”的立法原则准于“天地之性”与“自然之理”[⑤]，这种看法对于理解董仲舒的政治思想或有参证之效。

---

① 苏舆：《春秋繁露义证》卷11《阳尊阴卑》，第325页。

② 《春秋公羊传注疏》卷2《隐公二年》，第4782页。按：何休解诂云：“礼，妇人无外事，但得命诸父兄师友，称诸父兄师友以行耳。母命不得达，故不得称母通使文，所以远别也。”

③ 苏舆：《春秋繁露义证》卷12《基义》，第350—351页。

④ 这种“尊卑永固而不逾，名教大定而不乱”的体系源出《易传》与稷下黄老之学。《系辞上》云：“天尊地卑，乾坤定矣。卑高以陈，贵贱位矣。”《序卦》云：“有天地然后有万物，有万物然后有男女，有男女然后有夫妇，有夫妇然后有父子，有父子然后有君臣，有君臣然后有上下，有上下然后礼义有所错。”《黄帝书·称》云：“凡论必以阴阳□大义。天阳地阴。春阳秋阴。夏阳冬阴，昼阳夜阴。大国阳，小国阴。重国阳，轻国阴。有事阳而无事阴。信(伸)者阳屈者阴。主阳臣阴。上阳下阴。男阳(女阴)。(父)阳(子)阴。兄阳弟阴。长阳少(阴)。贵(阳)贱阴……制人者阳，制于人者阴……诸阳者法天，天贵正……诸阴者法地，地(之)德安徐正静，柔节先定，善予不争。此地之度而雌之节也。”

⑤ 《两汉纪》卷26，北京：中华书局，2002年，第509页。

五 结语

在那次深刻影响中国思想史走向的对策伊始,武帝便以"求天命与情性"①发问,而董仲舒的"自然政治"思想,正是一门关乎"性与天道"的政治学说。他以儒家对道德伦理之自然本源的执着讨求,融摄道家以天道自然为纲纪尺度的养生之学,将道德教化"自然化"为血气性情在气化秩序中的安顿问题;于是他取法阴阳中和之序,构建起基于《春秋》义学的纲常名教,试图以这种"极理以尽情性之宜"②的文制礼法,渐臻其"各正性命""至极中和"的政教理想。仲舒为汉儒宗,终汉之世其说极盛,后世《白虎通·五行》中即以五行立法论及"子不肯禅""父死子继""兄死弟及"等人伦纲纪四十一事,可见在在其身后,以名教义法为核心的自然政治路径更为精细地融摄了阴阳五行学说。③ 然而在笔者看来,董仲舒自然政治思想的终极目标在于"驱一世之民济之仁寿之域"的"礼乐",以抽象之"义"为构建尺度的"纲常名教",仍仅是其拨乱反正,通向礼乐太平的一个步骤;至于作为"义之实"的"礼乐"本身,或许永远求之不得,却又令人心向往之。

On Dong Zhongshu's Thinking of "Politics of Nature"

Huang Ruoshun

Abstract: "Politics of Nature" is an ideological tendency that has been gradually formed in the development of their respective doctrines for Confu-

---

① 《汉书》卷56《董仲舒传》,第2498页。

② 苏舆:《春秋繁露义证》卷6《符瑞》,第158页。

③ 陈立:《白虎通疏证》卷4《五行》,第194—198页。

cianists and Taoists in China, i. e. a way of establishment of “Politics” by “Way of Heaven” to accommodate the nature of people of varying quality. Living in an era of prevailing reflection on the “rule by law”, Dong Zhongshu, a renowned philosopher in the Han Dynasty, tries to respond to the governance demand of “maintaining prolonged stability” from the ruler of empire by constructing “politics of nature”. He also combines Confucian moral ethics with Taoist theory of Health Preservation at the scale of nature to practice moralization in the settlement of vigor and temperament in the order of Qi-transformation of nature. On this basis, he accepts the order of nature of *Yin* and *Yang* and constructs moral obligations and preachings that are based on cardinal principles of righteousness of *The Spring and Autumn Annals*, trying to providing people with guidelines of rites and laws for them to settle down and get on with their personal pursuits.

Key words: politics of nature, essential nature of man, Qi-transformation, moral obligations and preachings

书讯

《气的思想——中国自然观与人的观念的发展》

[日]小野泽精一、福永光司、山井涌编,李庆译
上海:上海人民出版社,2014年

《气的思想——中国自然观与人的观念的发展》由日本著名学者小野泽精一(东京大学教养学部教授)、福永光司(东京大学文学部教授)、山井涌(东京大学文学部教授)先生编纂,汇集户川芳郎(东京大学文学部助教授)等多位学者的文章,是近年日本汉学界研究中非常重要的著作。

本书分为四编,分别为《原始生命观和气概念的成立》《儒、道、佛三教交融中的气的概念》《理气哲学中的气的概念》《近代革新思想中的气的概念》;以时间为线索,通过对某一时代具有代表性的某些思想史料、思想家抑或某个宗教流派的阐述,展现气的思想在中国社会、文化历史中的发展与流变。但是,本书并不是封闭式的对"气"这一概念发展史的阐释。正如小野泽精一先生在《原序》中指出的,这是一本"把中国思想史上出现的'气'的概念的变迁这个'点',作为自然观和人的观念的发展这个'面'的焦点来考究的著作"。"焦点"一词意味着,通过"气"的概念映现了中国古代文化各个领域的图景。本书沟通了哲学概念和社会文化整全面貌的联系,阐发了凝聚在抽象概念中现实的内涵。

《气的思想》中译本最初出版于2007年,其后曾五六次增印。此次再版根据东京大学出版会1980年第3次印刷版译出。(马卓文)

哲学门(总第三十九辑)
第二十卷第一册
北京大学出版社,2019年6月

真砚不损:文人砚铭的意义世界

李　溪*

提　要:作为一种物质性的书写,铭文天然地具有厘定“物”之意义而使之传世的功用。然同铜器铭文所具有的宣扬性不同,自苏轼肇始的文人砚铭的传统,不是要向外传达器物所有者的某种价值,而是文人对物之自身所足具的真理性的表达。本文将经由砚铭所普遍呈现的表述说明砚及其铭文的意义所在。其一,砚是一种用具,但同其他文房不同,砚的质料并不消磨于使用中,它能够在时间中始终秉持物性。其二,砚具有某种形式,但这形式并不是指向特定的意义,文人或者保持其天然的形式,或者令其制作为一种“拙朴”的样子,以此来显现其作为一个全体世界的意义。其三,铭砚者会提示砚同自我之间的相似性和亲密感,以表达自我作为砚的同道者“同出入”于一个真性的世界。其四,倘若是友人相赠或相嘱作铭,作铭代表着对于友人之心性的认同,这样,砚铭中通常都有一个持砚以赠的好友的进入“铭文”,以表示他也以同砚铭相似的特性进入了这样一个世界中。可以说,苏轼以及后世文人对砚铭的书写,不止重新定义了“砚”,也重新定义了“铭”以及进入铭文的他们自我的生命。

关键词:砚铭　苏轼　物　真性

*　李溪,1985年生,北京大学建筑与景观学院副教授。

一 无名之铭

砚铭,顾名思义,乃指镌刻于砚石上的铭文。如果说书籍乃是通过大量复制来传播知识和思想,而到了电子时代,这种复制几乎无需借助任何"物"的载体了,那么铭文的独特性就在于,它的流传始终拥抱着"物"的流传。即使通过拓写而被复制,眼前的拓片也会不断提示人们,这些文字是原真地镌刻于历史中的某个"曾在"的物上的。这一物质之原真地流传,正如本雅明所说的"光韵",令铭文具有一种崇高的价值,令铭写的行为变得极为郑重,令铭记变得极为深远。在古代,无论东西方,铭文都一种强烈的宗教感,柯勒律治说过,"它是清晰地基于语言与意义的一种成物(道成肉身)的、祭献的以及复生的典范——因此是一种观念的建构,因为这种典范是基于信仰而非语言施行的知识"①。

中国人有在器物上铭文的悠长历史。郑玄注《周礼》云:"铭之言名也。生则书于王旌,以识其人与其功也;死则于烝先王祭之,诏谓告其神以辞也。"②铭是一种"称名"的方式。被称为"铭"的书写有两种,一种是写在天子所驱之车的旌旗上,这是为活着的人彰显功勋的;还有一种镌刻于祭祀中的王鼎,是将死者的功德昭告于天神。后一种铭文因其物质的长存而成为更具历史意义的的"铭文",这也构成了后世金石学的核心内容。故《礼记·祭统》中云:"夫鼎有铭。铭者,自名也,自名以称扬其先祖之美,而明著之后世者也。"③尽管名义上为了颂扬先祖,实际上通过仪式当场诸侯与群臣的接受来达到一种"正名"的效果,这就是荀子所说的"王业之始"。"名"一旦被确认,就具有一种"教化"的作用,它不断地在社会和历史中传递,并且经过社会和历史不断地再加强这种确认。

同具有"纪念碑性"的鼎彝不同,"砚"乃是一日用器物,并不能作为一个

---

① Samuel Taylor Coleridge, The Statesman's Manual, in *The Complete Works of Samuel Taylor Coleridge*, Harper& Brothers, 1860. 转引自 Andrzej Warminski, *Material Inscriptions: Rhetorical Reading in Practice and Theory*, Edinburgh University Press, 2013, p. 48。

② 郑玄注,贾公彦疏:《周礼注疏》卷三十五,上海:上海古籍出版社,第 1147 页。

③ (清)孙希旦:《礼记集解》卷四十七,沈啸寰、王星贤点校,北京:中华书局,1989 年,第 1250 页。

理想的"传世之物";但作为辅助书写的用具,它是"文以载道"的传统在"物之中"的证明,这是比任何永固的物质都更为悠远的文明的记忆。唐代的《初学记》中记载汉代李尤有《砚铭》一条云:"书契既造,砚墨乃陈。篇籍永垂,纪志功勋。"①"物质"的铭写本身的流传并不必然意味着历史的"纪念性",一时的显名也不意味着流芳百世,这一点是古人很早就意识到的。《左传》中王孙满对楚怀王说"在德不在鼎","德"意味着一种内在的能力,其对于正统的价值超越了在物质和铭文上彰明身份功勋的鼎。南朝文论家刘勰《文心雕龙·铭箴》中罗列此种早期铭文并定义铭文之意义:"铭者,名也。观器必也正名,审用贵乎盛德。"②从汉代开始,日常器物的铭文就已经成为了铭文的主要形式,而在铭文中所表达的"德"的价值才是"正名"的途径。

清代的金农在《冬心斋砚铭》的序言中说:"寓规者十之三,彰美者十之七",他并解释说"寓规者,座右所陈之比也;彰美者,彝器所勒之比也"③。这个说法将砚铭的意义比拟于古代的鼎彝铭文和训诫箴铭,而联系到砚铭的传统同金石学几乎同时在北宋中期兴起,这很容易让人觉得砚铭不过是金石学庞大家族中较小的一个分类。但是砚铭的奠基者苏轼并没有将砚铭其看作是这一种正名之途。如刘勰所引盖臧武仲之论铭也,曰:"天子令德,诸侯计功,大夫称伐",中古以前的器铭,无论是彰美或是寓规,都是心系天下的王侯将相之所用。苏轼在去世之前的最后一首给唐林夫的《端砚铭》中明言:"与墨为入,玉灵之食。与水为出,阴鉴之液。懿矣兹石,君子之侧。匪以玩物,维以观德。"④砚虽也是作为"德"之载体的日常物,但是,砚的"德"并不在某种身份的属性中,它是在不能言说的"兹石"之中,在它的质性里。在被贬黄州时,他曾在一则给鄂州太守朱康叔的尺牍中写道:"屏赞、砚铭,无用之物,公好事之过,不敢不写,装成送去,乞一览。"⑤这虽是交往中的客气话,亦能看出苏轼将砚铭看作是一种平日里的私人写作。苏轼说砚铭乃"无用之物",

---

① (唐)徐坚:《初学记》卷二十一,第519页。

② (南朝梁)刘勰著,黄叔琳注,李详补注,杨明照校注拾遗:《增订文心雕龙校注》,北京:中华书局,2000年,第139页。

③ 金农:《冬心先生集》,杭州:西泠印社出版社,2012年,第161页。

④ 苏轼:《苏轼文集》卷十九,北京:中华书局,1986年,第552页。

⑤ 苏轼:《苏轼文集》卷五十九,第1789页。

他所指之“用”,自然是就在现实的社会或历史中的功用而言。诗人所观之“德”与所有之“道”,是与权与利无关的,与功与名无关的。

这“无用之物”,却成为苏轼生平最著名的文体之一。从十二岁作《天石砚铭》始,至六十五岁,也即去世前一年,遇赦北归时赠唐佐端砚并为铭,苏轼一生与砚的因缘甚深,且大都因铭而系之。他一生所书砚铭收入文集的达二十八则,加上友人文集中提到的就多达三十则,而他的文集中流传下来的全部铭文也不过五十七则。其门生、友人,倘获其赠所铭之砚,则如至宝,或自为之以志其情。在苏门文人中,黄庭坚亦有二十六篇砚铭传世,秦观两篇,晁补之九篇。在东坡身后,仿制、作伪为“东坡砚铭”者更不可其数,甚至他的画像也成为了一种“铭”的方式,被镌刻在“东坡砚”上。铭砚从此作为文人一种特殊的书写方式传递下来,在清代中晚期金石学再次兴盛时尤成风气,乃至一些文人亦有专门的“砚铭集”①。可以说,砚铭的书写成为一种独特的文人之事,乃从苏轼开始。

金农言:“石不能言,惟俟有道者定之耳。”②尽管看上去一切的“物”都是不言说的,但的确有一些“物”有所言说,当人们去选择铸造“九鼎”或是一块石碑,即使没有铭文,物也在言说其所有者的社会功用和历史地位。而石是一种真正不言说的“物”,它的意义无法借助它的规制传达出来。当人们在阅读这些砚铭时,常常会被这些文字的安静所惊叹。这种静默让它在“铭文”甚至一切“历史文献”中都显得很特别。对文人而言,铭绝不是扬名的工具。今天我们能够看到的只是那些被誊写而得以流传的砚铭,可是,历史中更多的砚铭,早已湮没在那被遗失的黝黑的身体上了。它的书写往往不是为了记载什么事件或是功勋,一切的寓规与美德都来源于诗人对它自身的认同。这是一种关于“自我”的语言。这种语言只有当我们用一种感知去看待它们,才能最真切地发现它的独特:它不但在文字的形式(能指)上成为砚的一部分,它的意义(所指)也是内在于这件物的品质生成的;它镌刻于砚石之上,又在诉说着砚石的意义;它既是书写的场域,也是书写的对象;而一位手持它的读

① 金农有专门的《冬心斋砚铭》集,纪昀有《阅微草堂砚谱》,高凤翰《砚史》中,皆集有自己的砚铭,此外,清人朱彝尊、黄任、阮元、钱载等人的砚铭也足以专门成集。

② (清)金农:《冬心先生集》,第161页。

者,既在阅读它的物质,同时也在阅读关于它的文字。它的书写是自我内化于眼前之物的一个过程,或者说,是物进入自我的过程。

二　质成乎器

宋代以前的物之铭,其质性常被隐没在了"器"的目的性。在王权政治的传统中,"器"的目的主要在于"正名",而"正名"首先是通过"形"来表现;所谓"形而下者之谓器,形而上者之谓道",也即"形"是器物传达意义的方式。砚亦是一器,但同鼎彝上的金文不同的是,在文人砚铭的书写中,对天然之"质"的关切是首要的。在砚铭中,"质"常被称为"德"。如苏轼《龙尾砚铭》说:"涩不留笔,滑不拒墨。瓜肤而縠理,金声而玉德。厚而坚,足以阅人于古今;朴而重,不能随人以南北。"①苏轼细致地描述了这方歙砚的品质,抚摸如瓜皮般滞涩,其纹理又如丝罗般细腻,这品质造就了这是一方"好砚"。扣击它的音色近似金属发出的声音,仿若仪式中最庄典的音乐;它材质坚硬而温润的特点让人想起了美玉②。同礼乐中钟磬的"金声玉振"不同,砚石的质性之德是来自天然的物性。因此,这一物性并不只是在某个当时发挥效用,而是内在地存在于物,也内在地存在于世。

虽然"好用",砚的朴拙沉重却使之不能如仆从般追随于人,侍奉于人。敦厚而坚固的质地足以令它经受历史的磨砺,不是人来"观砚",它是人的观照者,更是历史的观照者。也即,同礼乐中的"金声玉振"不同,砚这一质性并不由于人的定义和行为而具有价值,它作为历史中曾在此的遗物而见证着人世沧桑。当面对砚的时候,人们从它的"质性"中看到的不只是在当下的可用,也可见证其在历史中的葆真。

砚之质性的葆真并非全由于其物质上不可损坏,更是其存在之真性在时间中的奠定。文人从砚身上,发现了可以成"器"的"物"自身,这在世间的万物中是罕有的。因此,砚的发现可谓是人对自然物的一种慧眼,而砚铭则是

① 苏轼:《苏轼文集》卷十九,第549页。

② "玉德金声"是苏轼在砚铭中很常用的辞藻,如在给友人王平甫的一方砚作铭云"玉德金声,而寓于斯。中和所熏,不水而滋。正直所冰,不寒而澌。平甫之砚,而轼铭之。"他的《章圣黼砚铭》又云:"黟、歙之珍,匪斯石也。黼形而縠理,金声而玉色也。云蒸露湛,祥符之泽也。"

此慧眼的言说。苏轼十二岁时一次在眉州家里的宅院玩耍,和小伙伴凿地得异石。其石"形如鱼,质温莹,色浅碧,表里细银星,扣之铿然"①。苏轼试着用它做砚,结果十分发墨。他把它拿给父亲苏洵看,苏洵很惊喜地说:"是天砚也。有砚之德,而不足于形耳",认为此石有"文字之祥"②。少年苏轼非常欢喜,遂铭之:

> 一受其成,而不可更。或主于德,或全于形。均是二者,顾予安取。仰唇俯足,世固多有。③

此石乃天然之物,形状奇异,苏轼却称其为"或主于德,或全于形",此"或"并非选择,而是兼而有之。"德"便是"质",这方砚自从天地造物,便已成为自身,无论其内在的质性还是外在之形式,都不可再由外物更易。天之造物,可为人之用;人之用物,则可明造物者之心。这方"天砚"的可用性,在于其自然之质,而不是靠人力的雕凿。葆有"质性"并不意味着不可用,天石砚正由于其"刚好可用",因此可以"全其德"。质料(substance)作为"用具性"的恰当性,并不是用具的条件和材料(material)。这种恰当性也表明,苏轼并非随意认一种天然之物为"砚",而是此天然之石"恰好"可用为砚。这个砚之"成",并非依赖于人力,乃天造之。而天之造物,可为人之用;人之用物,则可明造物者之心。这方天砚的形式和品性,都不依赖于外在的琢磨,而胜在自然之质。也因为这种恰好,尤为可喜,故苏轼父亲说此乃"文字之祥"。后来,苏洵特别将这篇铭文手刻于此砚,从此苏轼就将其一直带在身边。直到元丰二年秋苏轼突遭乌台诗狱,途经家中仓促收拾行李,到了黄州再寻此砚已不可得。至元丰七年七月,历经乌台诗案被贬谪的岁月,在他被重新启用时,又在当涂的船上忽然找到。苏轼大喜过望,将这方砚交付给了儿子苏迨和苏过,此砚因而也正是苏轼多舛一生的见证。④

---

① 苏轼:《苏轼文集》卷十九,第556页。

② "文字之祥"的说法在唐代韩愈给友人高君仙一方马蹄状砚的铭文中也可见到,其云:"仙马有灵,迹在于石。棱而宛中,有点墨迹。文字之祥,君家其昌。"在韩愈看来,这方灵砚,能令文章有如神助,这也是家门昌盛的吉兆,这一说法是继承了汉代砚可助文章、可耀门楣的看法。

③ 苏轼:《苏轼文集》卷十九,第556页。

④ 《天石砚铭》序云"元丰二年秋七月,予得罪下狱,家属流离,书籍散乱。明年至黄州,求砚不复得,以为失之矣。七年七月,舟行至当涂,发书笥,忽复见之。甚喜,以付迨、过。其匣虽不工,乃先君手刻其受砚处,而使工人就成之者,不可易也。"苏轼:《苏轼文集》卷十九,第549页。

这方砚作为“物“虽然可以有得有失,但“天砚”质性的发现由于苏轼的这则砚铭得以流传。这一“质性”说明着“德”的意义。而在其用消亡之后,其“德”并不会随之湮没。这一点,唐代的韩愈在一块破掉的砚上对此意有所领悟。他曾得友人李观元赠砚,这是一方澄泥瓦当砚,四年来,韩愈朝夕用之不辍,可惜后来一次偶然摔坏了,韩愈便将其连匣归埋于京师里中。韩愈赞而铭之:

土乎成质,陶乎成器。复其质,非生死类全,斯用毁,不忍弃埋,而识之仁且义。砚乎,砚乎,与瓦砾异。①

此砚已坏,这一篇《瘗砚铭》并非写于砚台上,而是写在纸上,或许后来亦有刻于石。他说天然的陶土的质料做成了有用的砚台之器,但砚却避免了工具的命运。在这砚台毁掉之后,它虽然复归其质,其上手之“用”已经消逝,但是它并没有等同于瓦砾。瓦砾的隐喻意味着物之存在意义的沦丧,这恰恰源于物的“制作”。明代朱彝尊《陶砚铭》说:“陶之始,浑浑尔。”②陶砚的原始之质来自那混沌的天地,在《庄子 · 应帝王》中好心的倏忽二帝凿了七窍的混沌,七天后就死去了。七窍代表着一个分别的世界,分别的世界便是各有所用的世界。对于自然万物而言,比如陶土,它本来是没有所用的,它即是它自身,而非是为着某种意图而生成的。然而人们通常将其作为一种制作工具的“材料”。用这个陶土制成陶罐、陶盘、陶俑之后,它就像被凿了七窍的混沌,那陶土之天性已经丧失了。正如海德格尔在《艺术作品的起源》中所揭示的,“制作越精良,质料就越消遁在器具的存在中”③。

但砚并非是这样一种被凿了“七窍”的“物”。它的天成之质令其可用,而它的可用性也并没有消磨它固有的物性。因此,砚不但同古代的“礼器”不同,它在作为用具的文房器物之中,也具有了一种特别的价值。且看苏轼的好友唐庚为家藏的一方古砚做铭时所写之序:

砚与笔墨,盖器类也。出处相近,任用宠遇相近也,独寿夭不相近也。笔之寿,以日计;墨之寿,以月计;砚之寿,以世计。其故何也?其为

① 韩愈:《瘗砚铭》,《韩昌黎文集校注》,第630页。
② (清)朱彝尊:《朱彝尊全集》,长春:吉林文史出版社,2009年,第613页。
③ 海德格尔:《林中路》,孙周兴译,上海:上海译文出版社,2004年,第52—53页。

> 体也，笔最锐，墨次之。砚钝者也，岂非钝者寿而锐则夭乎？其为用也，笔为动，墨次之，砚近者也，岂非静者寿而动则夭乎？吾于是而得养生焉，以钝为体，以静为用。或曰："寿夭数也，非钝锐动静所致。即令笔不锐不动，吾知其不能与砚久远也。"①

笔墨锐利而好动，砚石则钝拙而贞静。如果说笔墨和砚都在书写中承担了一定功能的话，那么笔墨的用可以说具有一种清晰的工具性。首先，笔墨制造是精细的，是"锐"的，其每一道工序都与它是否好用的"目的"有关。器物的上手性遮蔽了"物性"，令质料消失在了使用之中，它仅仅作为一个人的"用具"而不是自身存在，而当它被用坏时，也即其作为器具的意义消失后，无论其质料是否还存在，它的生命已经终结了。其次，它们的使用也应合了这种"目的"，它通过一种明确的"用"，也即书写之"动"把笔墨作为工具的特点再次凸显。这个过程中，虽然亦有"质"的参与，但是人们在顺畅的书写中，亦即海德格尔所讲的"上手状态"中很自然地将这种质遗忘了。随着书写的进行，笔墨渐渐走向"寿夭"，用得愈多，其寿命就终结得愈快。② 这也正是《庄子·齐物论》中所说的"一受其成形，不亡以待尽。与物相刃相靡，其行尽如驰，而莫之能止，不亦悲乎！"物的成形意味着可用，而可用意味着人同物之间的相互杀伐。相比之下，砚虽然也帮助了书写，但"朴拙"与"贞静"令其远离了在使用中自身的消遁，而它最原初的质地，从来不会因为这种使用而被掩埋、磨灭。所以，唐子西说"虽然，宁为此勿为彼也。"其铭曰："不能锐，因以钝为体；不能动，因以静为用。惟其然，是以能永年。"③这则铭很容易让人想起《庄子》中那棵因无用而得永年的大树，不同的是，砚并没有回避一种可用性，在"使用"中，它以自己的一种"静"的秉性，同样成功地保全了作为一个全体的自身。

---

① (宋)唐庚：《唐先生集》卷十六，四部丛刊三编景旧钞本。

② 海德格尔在晚期的《物》这篇论文中，他举了一个"壶"的例子来谈质料的问题。壶之为壶，并不是因为制造壶壁使用的陶土，而是在于那陶土形成的虚空(Nicht)，由于这种虚空，壶具有了一种容纳性。在海德格尔眼中，容纳既是壶的功能，又是壶作为自立之物的属性。作为一件器皿，澄泥砚有着硬实的身体，它依然因为一种"容纳"墨的特性而称为了砚。但是，在中国文人眼中，这一"容纳"并没有直接引向物的自立。砚之自立恰恰在于，它并没有依赖于"容纳"而定义它自身；也即，即便当这一"容纳"的能力消逝之后，它依然秉持着它自身。对于文人而言，其对质料"陶"的秉持比起"容纳"更具有本质的意义，它是通过其质来显现自身的。海德格尔：《演讲与论文集》，孙周兴译，上海：上海译文出版社，2005年，第176—179页。

③ (宋)唐庚：《唐先生集》卷十六，四部丛刊三编景旧钞本。

三　形分而德全

材质的原真性只需要描述,而"形式"之天然则需要一种解释。自柏拉图以来,形式何以呈现"完美"的理念的问题就一直被哲学家讨论,也被艺术家所表达。文人对砚铭的解释当然并不是依照某种理念的阐发,而是对于呈现于此的现象的一种反思与确认。"天石砚铭"作为最早也最具典范意义的砚铭,其中"或主于德,或全于形"恰当地说明了,德作为意义的昭示,它自身有一"独全"的特点,无需摹仿任何理想的形式,它就是它自身的彰显。如果说"质"作为砚的原真的物性,是砚铭所要赞美和秉持的,那么"形"作为一种具有目的嫌疑的属性,如何令其脱离"一受其成形,不亡以待尽"的命运,则是砚铭所要解释和反思的。

金农有一则《获亭主人不满砚铭》同样表达此意:

> 虽小缺而如句骊之天,虽小蚀却享大椿之年。谷神抱虚,真气绵绵。惟其不满兮,得方寸之独全。①

这是在书写一块外形有缺蚀的砚石。这条砚铭带有浓厚的道家思想特点。首句在空间与时间的问题上展开了小大之辨。"句骊"指高句丽,相对中原来说,这只是一个边缘的小国,但是,若论那里的天,却是展现出一片全体之貌。"大椿之年"来自《庄子·逍遥游》,里面说上古有一种"大椿",以八千岁为春,八千岁为秋,它享有的是人类无法企及的绵长之寿。这块石头就如《庄子》中的那些"畸人",当它自身呈现出这种"不满"时,恰恰提示了人们去反省对"完满"形式的肤浅认识。它告诉人们,在它自身的这方寸之中,本来就存在一个完满的独全世界。

但是,正如砚作为一件物的独立性,并不是必然要追求"无用",砚石意义的整全,也并不必然要追求"天然"。如果说砚的可用性被文人总结为"可使而不可役",那么砚的外表则是"可形而不可形之"。文人将物之形作为一种现象的显现,在这一现象中发现自身之意义,这种对现象的接受并不是根据

① 金农:《冬心先生集》,第179页。

某种形塑的意图。且观金农另一则《大全砚铭》:

貌朴古,类儒者,乃淹中,稷下席,横经资我写,胜断砖半瓦。①

砚铭书写的对象是一块看似完整的砚石。金农将其比喻为儒者,战国时期,淹中、稷下学士集聚论经,这些士人虽不在其位,却以意气论天下。这是中国传统中"士人"精神的源头。金农在此言其"大全",认为其胜过断砖半瓦。这似乎又将"部分"与"全体"对立起来了。其实,儒家思想贯穿的这一砚铭中,断砖半瓦代表了那些被利用又被废黜的"为器"之人。这些器作为组织中的一个"螺丝钉",代表了结构中有所用处但却可替代的一份子,当组织不再需要它们之时,也就是它们作为不可用的部分被遗弃之日。而真正的士人,恰恰是能够超越这种工具性,而在普遍的义理当中达成人格上的完整。

这两则砚铭,虽一道一儒,本质上并不矛盾。在金农看来,外形并不能断定物的意义的完整,关键在于是否能持守"一"的意义。对前者"不满砚"而言,它身体残缺,但却是天然形成,而残缺恰恰更有力地提示人们不要以形式来论断意义;对后者而言,它的完满,同样是天然形成,然其最终完满的判断不是来自其形式,而是来自价值上的完满。形式应以其"天然"呈现出意义的完整性,而砚铭的书写正是为了建立这种意义。

宋到明的发展中,砚的形状变得更为多样而活泼,常随石头的天然之形而制。到了明代以后,砚之形态愈发丰富,除了古朴的风字砚、箕形砚外,还发展出象形之砚,但文人并没有追逐外形而停止对砚之形式的反思。如纪昀有数方琴砚,均有其亲笔铭,从中可窥其对砚形的态度②。其一有琴形而无弦,其砚背右边铭云:

无弦琴,不在音,仿琢砚,置墨林。浸太清,练予心。③

纪昀在左边以小字题记说:"琴研亦古式,然弦徽曲肖,则俗不可耐。命工磨治略存形似,庶乎俗中之雅耳。乙卯(乾隆六十年)六月,晓岚记。"

其二有琴形,亦有弦、徽,砚背铭云:

---

① 金农:《冬心先生集》,第167页。

② 所叙砚形,参考欧忠荣:《三老砚事考》,北京:文化艺术出版社,2015年,第291页。

③ (清)纪昀:《纪文达公遗集》文集卷十三,清嘉庆十七年纪树馨刻本。下同。

空山鼓琴,沉思忽往。含毫邈然,作如是想。

落款“嘉庆辛酉(嘉庆六年),晓岚铭,时年七十有八。”

其三有略具琴形,无徽、弦:

濡笔微吟,如对素琴,净洗予心。邈然月白而江深。

又题“余有琴砚三,此为第一,宋牧仲(宋荦)家故物也。晓岚铭并识。”

此外,《阅微草堂砚谱》亦录一砚,雕镂却极繁复,不但琴徽、琴弦俱明,琴面还装饰两夔龙。纪晓岚在背面铭云:

此砚刻镂稍工,而琴徽误作七点,因戏为之铭:无曰七徽,难调宫羽。此偶象形,昭文不鼓。书兴傥酣,笔风墨雨。亦似胎仙,闻琴自舞。

琢成琴状的砚台在宋代已颇流行,但外形的相似本身并无意义——一块砚石可以被雕琢成任何物象。纪昀认为如果雕琢得太过像一张真琴,则是俗不可耐的做法,故他在收得这一琴砚时特意让工匠将其弦徽磨去。而琴上徽点不准(应为十三徽),则无伤大雅。此时,意义在琴与砚的共性中产生。一响一寂,一木一石,琴与砚有何相似呢?作者慧心地用“无弦琴”的典故说明之。《晋书》记载陶渊明在屋内设一无弦之琴,每日默对之,如获知音,云“但识琴中趣,何劳弦上音”①。倘若这砚石与一张真琴一模一样,砚石便落入了摹仿他物的沉沦,丧失了其原本的自由意义。这样肤浅的复制绝不能呈现文人的意趣。相反,这朴古的无弦琴,却让砚铭的意义得以展现。金农《范原野琴砚铭》云:“太古质,何苍苍,家风一曲范履霜。有声无声,解听为谁?耳塞豆者,乌能知之?”②琴本不需要一定有声响,那寂静的空山,正化解了音乐中的“投射”性。“五音令人耳聋”,老子的这句话的意思并非单对音乐,而指华美的音乐容易让人将听觉与自己的本心相分离,而投射到相割裂心的他者中间。无弦琴意味着一种心灵的回归,这便是“洗心”。感官不再因享受的诱惑而与自身分离,而在旁边的那个人,也因此而进入到一种邈然的全体境界。这方砚台亦然。它的外貌像是一张琴,却是一张不能发声的琴。而主人则宛若一只无所拘束的仙鹤,在这无声的天籁中寂然起舞。没有外在的臆想,只有在此

---

① (唐)房玄龄等:《晋书》卷九十四,北京:中华书局,1996年,第2463页。

② 金农:《冬心先生集》,第182页。

处的内心。正是由于这种真性的圆成,笔墨才得以在此展开无边的意义。

在砚的制作上,人工与非人工的分别,只是物品在构造过程中的一个属性,却并非其“有道”的根源。文人眼中砚的形式不是经由某种目的被制造的。倘若有目的地去作出某种“形式”来,摹仿得越是相似,物的真性就越彻底地被遮蔽于摹仿中。尽管可能以某些文人之物的物象为基础,但砚不是摹仿,它通过贴近这一物象而呈现出其无穷。在这个不被“规定”的形式中,物的真性并没有在制作中被损毁。高凤翰有一则紫云砚铭说得很妙:“亦柔亦坚,亦方亦圆,亦朴亦妍,亦人亦天。”①砚不被任何“柔坚、方圆、朴妍”的“性质”所规定,因此,它虽有人作,却可承天,可呈现出一片广袤的世界来。

四 非相待,为谁出

文人对砚秉持其原真性的认识,令砚向着文人敞开了一个“我”的世界,砚也因此不再是一个用具,一个他者,而成为文人的“伴侣”。东坡《卵砚铭》云:“东坡砚,龙尾石。开鹊卵,见苍璧。与居士,同出入。更险夷,无燥湿。今何者,独先逸。从参寥,老空寂。”②金农说:“予平昔无他嗜好,惟与砚为侣”③,砚是文人最近身的伴侣,是他们一生的知己,也是寓于其意义氛围中的一份子。他们之间存有一种心灵的默契,这种默契并不必通过“组织”语言去令对方理解。它甚至表现出了一种“意义的中止”,它在言说的同时并没有向外传递的寻求。黄庭坚《王子与研铭》云:“温润而泽,故不败笔,缜密以栗,故不涸墨。明窗净几,宴坐终日,观其怀文而抱质。”④在研墨之时,在洗砚之际,在夜深人静之时,仿佛一种对伴侣倾诉的“私语”,主人独自轻轻摩挲它身体的片刻,婉婉地向其诉说着最真实的内心。

作为有道者言说的砚铭,又有不少是为了友人而作。苏轼尤喜为好友铭砚,曾为文同(与可)、黄庭坚、王安国(平甫)、王巩、孔毅甫、米芾、王仲仪、陈公密、苏庠、唐陆鲁、周炳文、朱康叔等十数位友人作铭,占据他传下来的砚铭

① 高凤翰:《高凤翰全集之五》,北京:北京大学出版社,2014年,第47页。

② 苏轼:《苏轼文集》,第554页。

③ 金农:《冬心斋砚铭·自序》,《冬心先生集》,第160页。

④ 黄庭坚:《黄庭坚全集》,南昌:江西人民出版社,2011年,第1377页。

的大半。这些为友人而写或是书于友人相赠的砚上的砚铭,通常都有对朋友之名看似不经意的提示,又如:“平甫之砚,而轼铭之。”(《王平甫砚铭》)“归予者,黄鲁直。”(《鲁直所惠洮河石砚铭》)这绝非是一种清偿“情债”的交换——如果只是要表达对友人的感谢,仅需要在小序中指出就可以了,这显然不是苏子将这简短有力的文字放在砚铭中的真正意图。当一位文人开始为友人而铭砚之时,这已经不再是一种社会层面的交往,“铭”的意义亦代表着对自我和“为其铭刻者”乃“同道中人”的一种郑重的认同。明人言砚铭“亦达亦玄,亦铭之变体”[①],这种文字并未失却“铭”的意义,也即,它并非是为了一般的、偶然的、私人的事件而书写,它呈现出的是一种具有“真理性”的普遍的意义。这与语言学中对“私人语言”的看法是有区别的。它的意义不是不可被他人理解的,它可以被理解,但又不是“任何人都能理解”。他的理解者就是这位友人,这一理解奠基于对“真理性”意义世界的认同与接纳。苏轼《端砚铭》云:“千夫挽绠,百夫运斤。篝火下缒,以出斯珍。一嘘而泫,岁久愈新。谁其似之,我怀斯人。”,他无疑是将这斯人也带入到了砚铭的意义当中。在他的心里,此人是我的同道中人,而这种意义又足以铭写在与其具有相似性的砚石身上。

在“铭”的世界中,自我的意义是得到新的厘定。在友人王颐所赠的《凤咮砚铭》中,苏轼以清隽的辞藻铭写道:“陶土涂,凿山石。玄之蠹,颖之贼。涵清泉,闳重谷。声如铜,色如铁。性滑坚,善凝墨。弃不取,长太息。招伏羲,揖西伯。发秘藏,与有力。非相待,为谁出。”[②]最后两句都出自庄子的寓言。“与有力”者是说,砚不可能被任何人所利用,它将自我付与永恒变换的时间。“非相待”指人与砚之间是一种“无待”的关系。《庄子·逍遥游》中说“虽免乎行,犹有所待者也;若夫乘天地之正,而御六气之辩,以游无穷者,彼且恶乎待哉!”有待意味着人对外界的所求,人的日常生活、社会关系,恰恰是在这种需求中展开的。而一个无待的状态是“无所不乘者”,正如这砚台自身乃一独立之物,它不受任何他者的控制,也不因他者而生。当苏轼后来因乌

---

① (明)陈天定:《古今小品》卷七,清道光九年刻本。

② 苏轼:《苏轼文集》,第550页。

台诗案被贬黄州,穷困流离时,这一方砚陪伴他撰写了《东坡易传》。[①] 这一方小小的砚台同它的主人,出入于这小小的书斋;但这砚旁的君子,却随他的砚,出入在广大的宇宙时空当中。东坡在这种领悟的基础上,建立了一个砚铭的意义世界。这意义来自对自我原质的保存,生命不作为一个被消磨、被役使的工具而存在,而呈现出一种自由的独立的形式,而始终以全一而真的面貌行于世。

天然的质地而非后天的形式确定了物是否"上手",这也即消解了外在的目的性的规束,这种思想在苏轼一生所做的砚铭中贯穿始终。而发现这一"意义"并不只由于对"物"之自身的认识,而是出于士人对自我的认识。东坡给王颐写的另一则端砚铭云:"其色马肝,其声磬,其文水中月,真宝石也。其德则正,其形天合。其于人也略是,故可使而不可役也。"[②]如果说韩愈对于砚同士人的相似之处还是在仁义的道德层面,那么苏轼这句话则真切地道出了士人与砚在物性上的一致。他们的质性秉持着原真,而他们的外形乃自天成。他们不因任何功利而造就,也不会作为一种工具而被役使。他们都在这个世界中做着某种"功用",但是,这种为用乃顺应着原真之质,而始终保持它自身的独立与完整。

对文人而言,砚是少有的真正"真实"的物。陈继儒《妮古录》中曾记载过一则很有名的东坡砚铭。绍圣二年腊月,被贬谪在海南的苏轼曾写砚铭,上面叙述了一段友人间的对话:

> 或谓居士:"吾当往端溪,可为公购砚。"居士曰:"吾两手,其一解写字,而有三砚,何以多为?"曰:"以备损坏。"居士曰:"吾手或先砚坏。"曰:"真手不坏。"居士曰:"真砚不损。"绍圣二年腊月七日。[③]

此铭最初并未入苏轼文集,后以苏子"研铭手迹"流传于世,载于明陈继儒编《古文品外录》,今见其《妮古录》[④]。"真砚不损",可谓对砚台之质性的最好诠释。"不损"的并不是砚的物质,从历史"遗物"的视角看,不朽或许只

---

① 苏轼在这方凤咮砚铭的叙中说:"北苑龙焙山,如翔凤下饮之状。当其咮,有石苍黑,致如玉。熙宁中,太原王颐以为砚,余名之曰凤咮。然其产不富。或以黯黮滩石为之,状酷类而多拒墨。时方为《易传》。"

② 苏轼:《苏轼文集》,第555—556页。

③ 陈天定《古今小品》作"绍圣二年十月腊日识"。

④ (明)陈继儒:《妮古录》卷三,上海:华东师范大学出版社,2011年,第53页。

是偶然的。东坡那曾经铭写的数十方砚台,今日已不可见。倘若没有文集的收录,似乎也很难挽救它们失传的命运。甚至,就连这"真砚不损"的砚铭,也不可知其真伪了。但是,"真砚不损",乃至砚作为"原真性"之物的建立得以不被其器具性所消磨,而这一"原真性"的问题就是砚作为一个器具如何"不器"而成为其"自身"的问题。在海德格尔那里,被遮蔽的大地(物性)与令存在显现的世界之间存在者一种争执,而它们在我们"思考作品的自立时,力图道出那种自身持守(Aufsichberuhen)的紧密一体的宁静时,我们就是在寻找这个统一体"①。"砚"由于天然之质而成为"用具",这似乎令其难以成为一件"作品",但由于的"用"并不建立在它的塑造中,因此,"用"本身就成为了一种对于存在的持守。这一"持守"之处被文人称为"砚田",而生命在这种持守中得到给养和育化。东坡说:"我生无田食破砚。"沈周字"石田",唐寅为其文集题叙时说"先生守砚石为田",金农还因有一百二十方砚台自称"百二砚田富翁"。纪昀《石田砚铭》云:"流水周圆,中抱石田;笔耕不辍,其终有丰年。""富翁"并非是"所有者","田"也非人的财产和工具,砚田作为自身而存在,也因此成为文人耕耘的大地。

五 结语

苏轼通过砚铭宣告了器物的一种真理性。在哲学史上,物的可用性("多")同自身的完整性("一")一直都是一个矛盾。而砚作为一个被文人所发现的具有独特意义的器具,它并不在目的性中损耗物性,也不被形式所规定其功能;它不需要彰显某种社会的身份,也不是"天下"内照的自我修养。砚是在物自身之中显现。这种虽然在世界之中,但却独立于权力和历史的态度,是无可损伤的,因为这种"意义"并不随着可用性的消逝而湮灭,而砚并不是向外表彰功德的媒介,而是承载并显现这一"自我"存有之意义的具有真理性的世界。这一世界无需他者的观照和判定,它始终以内在于物的方式盘桓于心。文人砚铭是真正"寓于物"的语言,他们对砚的理解、同情和审思,令他们的生命达成了一致。只有当一位能够同样领会这种态度的"知己"出现时,

---

① 海德格尔:《林中路》,第34页。

这种领会才以“铭”的方式得到了更为郑重的确认。在这样的领会中间,不仅仅带给真理本身以清亮,也昭示着作为自我的物之不朽。

The Thing: On Chinese Literati's Ink Inscriptions

Li Xi

Abstract: As a materialized writing, the inscriptions are entitled to make the definitions for the objects and make them handed down. Unlike the inscriptions for honor and fame in ancient bronze vessels, the ink stone inscriptions aim to "write" out the authenticity of the existence that contained in both the writer and the object. Four parts can be clearly illuminated in the contents of ink stone inscriptions by literati. First, the material of ink stone would not appear in its "use" by emphasizing its authentically existing-on-hand as its material. Second, the form of the ink stone would not particularize the object the by maintaining its original form or keeping it from the delicate carving. Third, the writer would hint on the similarity and intimacy with the ink stone, to show himself being-in-the-world as the one of mutual subjectivity. Fourth, the name of a friend who made the request for inscribing often appears in the text to manifest the mutual identification with each other as the man with Dao. The inscriptions of ink stone as a tradition of Chinese literati began from Su Shi's writing activity in the Northern Song dynasty. The article will focus on the literature and text of Su Shi to discuss the unique significance of ink stone inscriptions in history of philosophy.

Key words: Ink Inscription, the thing, authenticity, Su Shi

哲学门(总第三十九辑)
第二十卷第一册
北京大学出版社,2019年6月

海德格尔的“大地”与康德的“物自身”*

——《艺术作品的本源》第二节的一个新的解读视角

王庆节**

提　要:海德格尔的名篇《艺术作品的本源》展现的是哲学家关于大地和世界的概念以及作为两者之间关系的“艺术作品”(艺术物)之真理性本质的思考。理解全文的关键篇章是其中的第二节“作品与真理”,在那里,海德格尔提出的“世界”与“大地”概念及其相互间的关系体现出和传统哲学(“现象”与“物自身”)是两种截然不同的哲学思路。前者是康德或新康德主义所代表的近代哲学知识论的思路。这个思路将“物自身”视为与人类认识隔绝的隐秘来源,是其不可企及的“对象”而又永远企求的价值目标。相形之下,海德格尔的“大地”与“世界”则不同。“大地”不是与世隔绝、无法企求的“彼岸”,而是我们脚下牢靠实在,充满生机的地基或根柢,尽管它也对我们的智性之光“藏匿”,但它并不封闭,相反,它“庇护”着我们的安全,也是我们的归属之地。它通过“置出”而为我们的诸生活世界(其中包括艺术世界)之生长和“立起”提供源源不断的“养料”,提供动力,还有无怨无悔、永无止境的承载、依托和依赖。

关键词:海德格尔　康德　艺术作品　大地　世界　物自身

*　本文的写作曾得到澳门大学发展研究基金的资助,特此致谢。另外,特别致谢寒碧、孙向晨、Karl-Heinz Pohl(卜松山)、司徒立、韩水法、宁晓萌、李青、陆峰、耿侃以及“山水论坛”的诸位朋友,没有他们的帮助和鼓励,本文的写作和完成是不可能的。

**　王庆节,1956年生,澳门大学人文学院哲学与宗教研究特聘教授。

在海德格尔思想的发展史上,出现在海德格尔名篇《艺术作品的本源》①中的"大地"概念无疑是一个重要的概念,也是一个全新的概念。海德格尔在其先前发表的作品中,似乎很少提及和使用它。一般说来,海德格尔的这个概念可能源出于荷尔德林的诗歌作品,但海德格尔为何在此使用这个荷尔德林的概念?这仅仅是一个诗人使用的"文学性"的象征性意象吗?海德格尔究竟在怎样的哲学意义上使用这个"意象"或者概念呢?对这些问题,以往的海德格尔解释者和研究者们往往语焉不详。如果考虑到海德格尔在《艺术作品的本源》的第一部分对哲学史上出现的传统美学关于"物之为物"讨论的基本模式的批评,我倾向将海德格尔在《本源》第二部分中重点讨论的"大地"概念理解和解释为他从诗人那里借来用以和康德哲学中的"物自身"概念相抗衡的哲学概念。如果将海德格尔的"大地"与"世界"概念及其相互间关系的思考放在康德的"显像/现象"与"物自身"的问题背景下来思考,这就不仅为海德格尔的"大地"概念提供一个全新的解读视角,也可能为我们理解海德格尔毕生关于"存在"问题的发问的"林中迷津"提出一个追寻其部分"踪迹"或"线索"的"路线图"。

一　康德的"物自身"概念

我们知道,康德的"物自身"概念,按照与康德同时代的雅各比(Friedrich Heinich Jacobi, 1743—1819)的批评②,可以说是康德全部理性批判哲学的"鸡肋"。为什么是"鸡肋"呢?因为一方面我们对之无法予以理性的论证和批判,另一方面又无法将之摆脱。这是康德全部理论系统不可或缺的前提和预设。按照当今对康德哲学的主流解释,亦即从新康德主义而来的解释,"物自身"在康德哲学中大致说应有三层含义。第一,"物自身"是我们全部知识内容的来源。离开了"物自身",我们人类的知识就成了无源之水,无本之木。

① 参见海德格尔:《艺术作品的本源》,孙周兴译,载《林中路》,《海德格尔文集》第五卷,北京:商务印书馆,2016 年。下文简称《本源》。

② 雅可比的著名质疑是这样表述的:"如果没有那项预设'物自身',我无法进入'康德'系统,但有了那项预设,我无法停留于其中。"参见 F. H. Jacobi, *David Hume ueber den Glauben, order Idealism und Realism*, Breslau, Gottlieb Loewe, 1787, s. 223。

第二,“物自身”是在我们全部知识能力之外的东西,它构成我们合法性知识的界限。因为关于“物自身”本身,除了预设其存在之外,我们永远不可能真正地知道任何东西。第三,“物自身”尽管在我们知识范围之外,我们的知识永远达不到,但它却是我们全部知识和价值的目标所在。所以,康德的“物自身”概念就成了康德哲学知识论解释中的一个非常奇怪的现象。一方面它在康德的知识论“之外”,是我们知识所能达到的界限,另一方面它又在康德的知识论“之内”,构成我们全部知识的来源、内容和价值目标。这两个方面看似相互抵牾,却又在康德学述中现实存在。正是在这个意义上,康德本人也将之称为“等同于X的先验客体”(Transzendentales Objekt = X)。[①] 当我们说它是“客体”时,指的是知识的“来源”和“目标”;说它是“先验”时,说的是它同时揭示知识的界限和条件;说它“等同于X”,说的是我们对它本身一无所知。换句话说,它对人的认知而言,是一个永远的隐匿着的“神秘”。

关于这个对于人的认知而言,既“神秘”又不可或缺的“物自身”以及它和“现象”或者我们人类的理性知识之间关系的理解和解释,自从康德哲学诞生以来,就一直充满争议。例如,有些学者在认可“物自身”的划界意义或拒绝被认知的否定性含义的同时,也承认和强调其作为我们所有知识源泉的“肯定性”含义。与此相关联的问题是,康德哲学关于“显象”与“物自身”的区别,究竟是两个世界的截然分割还是同一个东西的两个不同面向呢?当今研究康德哲学的学者们仍然就这些问题在展开争论。显然,从对康德哲学,尤其是其对康德的《纯粹理性批判》的理解和解释来看,海德格尔无疑可以被视为是强调康德“物自身”概念的“积极意义”的先驱,也是“显像”与“物自身”并非分属两个世界而是一体之两面说法的最早提出者之一。[②] 当然,所谓“积极意义”和“一体之两面”,在海德格尔的眼中,均非在知识论意义上提出,而是

---

① 参见康德:《纯粹理性批判》,李秋零译,《康德著作全集》,北京:中国人民大学出版社,2013年,A109-110。

② 关于当代康德学界,尤其是英美学界关于“现象”与“物自身”之间关系究竟是“两个世界”还是“两个方面”的争论,参见 Richard Aquila, “Things in Themselves and Appearances: Intentionality and Reality in Kant”, *Archiv fuer Geschichte der Philosophie*, 1998, 61, 293-308; Henry Allison, *Kant's Transcendental Idealism: Revised and Enlarged Edition*. New Heaven: Yale University Press, 2004; Beatrice Longuenesse, *Kant and the Capacity to Judge: Sensibility and Discursivity in the Transcendental Analytic of the “Critic of Pure Reason'”*, Princeton: Princeton University Press, 1998; Lucy Allais, “Kant's One World”. *British Journal of the History of Philosophy*, 45, 459-484。

在存在论的意义上提出和理解的。换句话说,“物自身”是康德知识论或者新康德主义的康德解释取向所导致的一个“神话”。倘若我们不再像新康德主义及其后学那样,坚持在知识论认知的意义上发问:我们人类作为认知主体,如何突破自身的“主观”设限,达到超越于我们之外的“客观”物体,那么,康德哲学中的“物自身”的难题也就将自然消失,不复存在。在海德格尔看来,我们必须首先在存在论意义上承认:在我们的所有认知活动发生之先,我本来就和“外部”世界在一起,是“在—世界—之中—和他人—共同存在”,而一切对所谓“外部世界”,对“物自身”的认知活动和发问,都是在这个更为原初的“在世界之中存在”的基础上发生和发展出来的。倘若如此,所谓“显像”和“现象”与“物自身”之间的绝对区割,以及“关于外部世界存在的证明”之类的难题,就都是某种特定的“知识理论”制造出来的“难题”。借用佛教的一句著名偈语来说就是:“本来无一物,何处惹尘埃!”这也就是海德格尔为什么在讨论所谓康德关于“人类理智的耻辱和丑闻”时要强调,耻辱和丑闻不在于我们人类理智“证明”不了“外部世界的存在”或到达不了“物自身”,而是“一而再、再而三”地要去“尝试这一证明”,要去到达这一“知识”![1]

二　海德格尔的“大地”与“世界”

现在来让我们看看在海德格尔的“艺术作品的本源”中“大地”是怎样被理解和解释的。海德格尔明白地指出,大地“既与关于堆积在那里的质料体的观念相去甚远,也与关于一个行星的宇宙观念格格不入”[2]。也就是说,“大地”既非一个传统哲学的概念(质料),也非一个现代科学的对象概念(行星地球),而是一个“庇护者”,是“一切涌现者的返身隐匿之所,并且是作为这样一种把一切涌现者返身隐匿起来的涌现”[3]。十分明显,和康德知识论意义上的“物自身”相比,在这里“大地”也是一个“隐匿的”东西。但不同的地方在于,“大地”是一个存在论上的“隐匿”“家园”和“处所”,是所有存在事物所以发

① 参见马丁·海德格尔:《存在与时间》,陈嘉映、王庆节译,陈嘉映修订,《海德格尔文集》,北京:商务印书馆,2016年,第236页。

② 《本源》,第30页。

③ 同上。

生和生长的“源泉”,而非仅仅是在“知识论”意义上被永远隔绝,无法达到的“彼岸”。因此我们看到,海德格尔从近代哲学的康德知识论传统,义无反顾地回到了希腊哲学存在论的“physis”源头。Physis 是古希腊人关于自然和自然存在的生发和涌现的说法,是其生长力或力道的总称,用海德格尔的话说,正是由于这个作为自然生发和涌现的 physis,“大地”作为我们人类赖以居住和庇护的隐匿之所,同时被照亮。

海德格尔在这里想讲的道理并不难懂。自古至今,人生活在大地上,脚下的大地不仅是我们站立的地方,更是人类乃至全部生物的“依托”和“依靠”。我们不仅生活在大地上,我们还生活在“世界”中。按照海德格尔的说法,我们的生活世界从隐匿的“大地”长出,这包括我们的“思想”世界、“语言”世界、“历史”世界、“政治”世界、“宗教信仰”的世界等,这其中当然也包括“艺术”的世界。所以,与“大地”主要作为“隐匿”的“庇护之所”和“渊源之地”相比,“世界”乃是物之为物得以驻停和展开的“场所”“境域”和“家园”。

和“大地”在海德格尔思想中的晚出相比,“世界”则是贯穿海德格尔全部思想始终的一个重要概念。在《存在与时间》中,海德格尔的基础存在论分析就是从“在—世界—之中—存在”的“世界之为世界”开始的。① 在这个著名的分析中,海德格尔借助于他关于“现成性”的对象物与“在手头”的器具物的区分,讨论了我们关于“世界”的四个基本概念或理解。第一个“世界”概念是日常认知性的“对象世界“的概念,这也是今天“科学知识”所反映和描述的“客观”对象。这个世界是“现成的”, 摆在我们面前的,有待于我们认识和改造的对象。这个世界在哲学上往往又被称为“现象界”。第二个“世界”概念是我们通常称之为“本质世界”的世界概念,这个世界是日常看不见摸不着的,但作为看得见摸得着的“世界”的根据和基础而存在。哲学史上,这个世界概念的原型可以追溯到柏拉图的“理念世界”以及他关于“理念世界”(实在)与“现象世界”(变易)的绝然二分。在海德格尔看来,这两个世界概念形成一对,都是以传统哲学知识论的主体客体截然二分为基础的“现成物”的存在概念为依托的。与现成物的世界概念相对立的是不妨称为“器具物”的世

① 《存在与时间》, 第61—73页。

界概念,这是第三个世界概念。在这里,世界首先不是一个认知的“对象世界”,而是一个正在使用的或者我们正在与之打交道的“生活世界”。[①] 我们“在”这个世界中,与这个世界的关系,首先不是处在什么“在之内”的认知性的表像、映像或者意向性关系。换句话说,我们与世界处在一种与“在之内”关系有别的,称之“在之中”的关涉关联之中。这种关系位于主客二分认知和意向关系之先,海德格尔称之为在存在论上更加原初的“操持”“操劳”和“操心”的关系。在这种“在之中”关系的本真情态中,物我两泯,我们也自由自在。在得心应手、无拘无束之中,存在者整体的意蕴和指向性关联向我们展开。在海德格尔的眼中,这第三个世界的非本真性堕落无疑就导致第一和第二个世界图景或图像的出现。而无论本真的(第三世界)还是非本真的世界(第一、二世界)都是那个第四世界,即“存在世界”的展开方式或呈现情态,而后者,则是海德格尔在《存在与时间》中所谓的“世界之为世界”,即“存在本身”的世界。[②]

关于海德格尔《存在与时间》中的世界概念的理解,我以为需要注意以下几点:第一,海德格尔用他的第三和第四世界的“存在论”图景取代传统的,尤其是自笛卡儿哲学以来的第一和第二世界的“知识论”的世界图景,其主要目的在于对流传已久的正统哲学立场提出批判,从而为自己的亲在的基础存在论或生存论分析奠立新的基础和出发点。所以,这一工作虽然后来影响巨大,具有哲学史上的突破性意义,但这种意义主要还是“批判性的”和“常识性的”,这也是海德格尔一直将自己《存在与时间》第一部分的工作称为是“准备性的工作”的原因。第二,通过人的在世生存活动中使用“器具物”和“在手头”世界打交道的分析,海德格尔揭示出亲在在世活动首先不是一“意像”或“表像”的认知活动,而是使用器具,在“被抛的”周遭世界以及共在世界中“绽出式”地筹划着去存在,其揭示和解释这个“在之中”的周遭世界和共在世界的因蕴关联整体。海德格尔的这个说法,仍有着十分明显的胡塞尔现象学哲学的痕迹,尤其是例如“现象学还原”,“意向性”以及“现象学的先天”等等思

① 我理解维特根斯坦讲“世界是事实的总和,而非事物的总和”,以及胡塞尔强调“生活世界”,都是在这个层面上对传统知识论的“对象物论”的突破。

② 参见《存在与时间》第三章“世界之为世界”,第 74—104 页。

想影响的痕迹。[①] 这些在海德格尔后来关于此问题的表述和论述中，都有或多或少的改变或者经历了实质性的反思和批判。

三 “立起一个世界”与“置出大地”[②]

在初步厘清了海德格尔“大地”与“世界”概念的哲学思想渊源和背景之后，让我们回到《本源》一文中海德格尔关于“大地”和“世界”之间关系的著名论述。在海德格尔的眼中，世界与大地的关系就是这样一种“长出来”或者“在将出来”的关系。历史、政治、语言、文化、思想、宗教、艺术等等人类的生活世界都从这个“大地”长出。所以，海德格尔的“作品”概念不仅仅是在狭义上指称“艺术作品”，而且就其本性而言，指的更是存在论上人类生活的各个领域，即诸个世界，它们都是有“根基”和“根柢”的长出，这个“长出”，用海德格尔的话来说，就是“真理的自身—设置—入—作品”。这样，作品作为“大地”与“世界”的“之间”而存在。作品作为真理的“呈现”或“展开”，首先和“源初性”就不再是一种认识的关系，即一个认识主体凭借纯粹观念去“模拟”“表像”，乃至“规范”和“实现”作为对象的客体。无论我们将这种认知方式标榜为认识的“感性”“知性”或者“理性辩证”方式，还是某种超出这一切传统方式的“神秘”或“天才”美学方式，都会丧失那处在“大地”和“世界”之间的物之为物的真正本质。海德格尔的这种对“真理”的非镜像式的理解从根本上颠覆了自柏拉图以来的关于事物以及事物认知的理解，从而也颠覆人们关于艺术作品之真理的理解。在这一颠覆下，传统的关于“物之本质”的“现象”与“物自身”的知识论理解就被海德格尔的“大地”与“世界”的存在论思想所替代，而在这个新的框架或者境域中，艺术作品和其他作品的真理或真相，就会以全然不同与传统美学的方式展现出来，换句话说，任何艺术作品和

① 参见海德格尔：《时间概念史导论》，欧东明译，《海德格尔文集》，北京：商务印书馆，2016 年，第 35—112 页。

② 对《本源》中这两个关键概念的传统中文译法为“建立世界”与“制/置造大地”。如果就德文词“aufstellen”（建立）和“herstellen”（制造）日常词义说，这些译法都是正确的。但对海德格尔在这里结合上下文想传达的思想义理而言，我以为传统译名可能造成误导和理解上的错失。所以，本文将之改译为“立起世界”和“置出大地”。

艺术家才可能作为“这一个”展现出其本真的样态,成为这一个不同寻常的“物”和“艺术家”,这也就是海德格尔所谓的“艺术作品的本源”!

然而,在海德格尔的眼中,隐匿、庇护而又生发、开显“大地”和既开放又遮蔽的“世界”之间究竟是一个怎样的关系呢?诸如“希腊神庙”这样的“艺术作品”又是在其中如何成为它自身,如何让它自身的真理展开出来,或者说“在将起来”的呢?海德格尔的回答是一个作品的存在就在于它“立起一个世界”(eine Welt aufstellen)和“置出大地”(die Erde herstellen)。海德格尔的这个回答带着其哲学思想之遣词造句的一贯特点,即避开传统的哲学概念范畴,在日常使用的德语词汇中选择特定的语词,并通过对其原始词根意义的重新唤醒和意义关联,召唤人们对问题本身的重新思考。

什么叫“立起一个世界”?首先,在海德格尔眼中,世界不是纯粹的认知对象,不是一个“对象性”的世界,不是“现成的可数或不可数的,熟悉或不熟悉的物的单纯聚合”,“也绝不是站立在我们面前,让我们仔细打量的对象”①。其次,世界是属人的世界。“石头是无世界的。植物和动物同样也是没有世界的,它们落入一个环境,属于一个环境中遮蔽了的涌动的杂群。与此相反,农妇却有着一个世界,因为她逗留于存在者之敞开中。器具以其可托付性给予这个世界一种本己的必然性和切近。由于一个世界敞开出来,所有的物都获得了自己的快慢,远近和大小。”②第三,尽管世界是属人的世界,但这种在世界的世界化中“立起”(aufstellen)一个作品,更多地应该从建筑建造(Erstellung)意义上的“立起”(Aufstellung),从雕像建立(Errichtung)意义上的“立起”,从节日庆典中戏剧表演(Darstellung)意义上的“形象树立”来把握,而非仅仅在“在博物馆或展览厅中安放(unterbringen)或设置(anbringen)一件作品”③来理解。而且,这种“立起”并不纯然就是人类的“设置”(Anbringen),甚至不完全是属人的行为,而是在“奉献”和“赞美”意义上的“树—立”(Er-richten)。④ 在这种意义上的“作品”之“立起”,是“神圣者作为神圣者开启出来,神被召唤入其现身在场的敞开之中。在此意义上,奉献就是神圣者

① 《本源》,第33页。
② 同上。
③ 同上书,第32页。
④ 感谢浙江大学博士生宋聪聪同学提醒我关注此处德文文本阅读中的细微差别。

之献祭。”[1]而恰恰是在这种神圣者的“献祭”中，“我们所谓的世界，也就在神之光辉的反照中发出光芒，光亮起来。”第四，这种作为“树—立”(Er-richten)的“立起”，就其德文词的词根意义而言，指的是“使(er)”“得到判决”(richt-en)。而在海德格尔的解释中，这种判决是通过“发出光芒”来实现的。我们需要注意这里提到两种“发光”方式，一种是“神之光辉”，一种是在“神之光辉的反照”。作品“立起一个世界”说的是在“神之光辉”的“返照”中发光，“树立”或者“给出判决”。也就是说，一个作品在“返照发光”中“立起一个世界”的同时，也就将“判决尺度”连同其根据，即“神之光辉”一同公开出来，并永远“看护”和“持守”着这份作为“世界”的“公开状态”。这就是为什么海德格尔接着说，“‘树—立’说的是：把在指引尺度意义上的‘正当判准’(Rechte)公开出来，而这个判准作为指引尺度，是由那具有本质性的东西赋予的。……在自身脱颖而出之际，作品公开出某个世界，并在充满存在力道的行进中，持守着这个世界”[2]。这样，海德格尔关于“立起一个世界”的说法就与康德著名的“人为自然立法”的说法虽不无几分相似，但实有根本性的区别。

理解了什么叫“大地”与“世界”，以及什么叫“立起一个世界”，我们就不难解释什么叫“置出大地”？“herstellen”在现代德文中的日常意思是动词“制造”[3]，但海德格尔建议我们“从这个词的严格意义上来思考 herstellen”。这是什么意思？如果我们按照构词法将这个词的组成部分折开来，我们得到前缀“her-”与词根“stellen”两个有意义的部分。“stellen”是一个极常见的动词，意思是“拿起来”，“置放到……地方”。“her-”作为前缀常常具有“从……过来”，“从……而来”的意思。所以，“die Erde herstellen”这个说法的原本含义就是“把大地拿过来”，“把大地置放出来”。当然，我们人不可能“把大地拿过来”，我们只能通过某些工作(作品立起世界)将隐匿着但又涌现着的大地“置放出来”，这个“置放出来”不仅有“涌现出来”的含义，而且更有“从(隐匿和庇护之地)置放出来“的意思。这样，在“置出”的同时就有了“返回而置去”的含义。综合起来，这就是我所理解的海德格尔所言，即一个真正作品的

---

① 《本源》，第 32 页。

② 同上。

③ 海德格尔在后面用另一个德文词“verfertigen”来表达“herstellen”的日常意义，即“制造”“制出”。参见《本源》，第 47 页。

本质性存在,就在于它在“立起世界”的同时,回到“大地”并让之“置出”。

现在,让我们来看看海德格尔自己是怎么说的:

> 一件作品从这种或那种作品材料那里,诸如从石头、木料、铁块、颜料、语言、声音等那里,被带将出来,我们也说,它由此被置(制)造出来。然而,正如作品要求一种在奉献着—赞美着的树立意义之上的“立起”,因为作品的作品之存在就在于世界的一种立起。同样地,“置出”也是必不可少的,因为作品的作品存在自身就有着“置出”的特性。作品之为作品,在其本质上就是有所置出。但作品置出了什么呢?……[①]
>
> 作品置回,去了哪儿?作品在这种自身置回中让之出现的东西,我们曾称之为大地。大地是那涌现着—庇护着的东西。大地无可促迫、无碍无累和不屈不挠。立于大地之上并入于大地之中,历史性的人类奠立了他们在世界之中的栖居。由于立起一个世界,作品置出大地。在这里,我们应该从这个词的严格意义上来思考“置出”。作品把大地本身拽入一个世界的敞开领域中,并使之保持于其中。**作品让大地是大地**。[②]

我们看到,在这个背景和视角下,“现象”与“物自身”和“大地”与“世界”是两条不同的思路。前者是以康德或康德主义为代表的近代哲学知识论的思路,这个思路将“物自身”视为人类认识不可达到的“对象”。由于这个缘故,哲学家们除了将“物自身”设定为人类知识在本质上不可知的原始质料的来源之外,还将之理解为认识最终要趋近,但永远不可能到达的希望的“彼岸”目标。沿着这个思路和框架,“艺术作品”作为美学认知的“对象”,就自然而然地被排除在主流的人类经验知识之外,成为某种额外的“趣味”和某些天才人物灵光一现的产物。相形之下,海德格尔的“大地”与“世界”的思路则截然不同。“大地”不再是与世隔绝、无法企求的“彼岸“,而是我们脚下牢靠实在、充满生机的基地或根柢,尽管它也对我们的智性之光“藏匿”,但它并不封闭,相反,它“庇护”我们的安全,也是我们的归属之地。它为我们的世界之生长和“立起”提供源源不断的“养料”、动力和牢靠的依托。沿着这个思路和框架,我们

---

① 《本源》,第 34 页。

② 同上书,第 35 页。

人类的“艺术作品”,就像我们在世界中的其他“作品”,例如我们的“历史”,我们的“知识”,我们的“宗教”,我们的“语言”,我们的“政治”,我们的“社会”等等,都是在“大地”上“立起”的“世界”和绽放的“花朵”。所以,“作品”创作过程就是“立起一个世界”和“置回”/“置出大地”的完成过程。如此说来,从这般“大地”上“升起”或“立起”的“世界”中产生的“作品”,就不再是狭窄、单薄和脆弱的人类思维表像和意像建构的产物,不再千篇一律,整齐划一。相反,它们各自都在自身中带有大地上的泥土芳香,保留着初始成分的原汁原味,一个个都活力充溢,个性十足。这也就是那个在海德格尔眼中体现了“大地”与“世界”之间如此这般存在论关系的、作为真正的艺术作品的希腊神庙:

> 由于立起一个世界,神庙作品相反并没有使质料消失,倒是才使质料出现,而且使它出现在作品世界的敞开之中:岩石承载和持守,并因而才成其为岩石;金属闪烁,颜料发光,声音朗朗,词语言说。所有这一切得以出现,都是由于作品把自身置回到石头的硕大和沉重、木头的坚硬和韧性、金属的刚硬和光泽、颜料的明暗、声音的声调和词语的命名力量之中。[①]

这般的“大地”自然“拒绝”以计算理性为特征的现代科技的对象性目光的“穿透”。关于这一点,海德格尔说:

> 石头负荷并显示其沉重。这种沉重向我们压来,它同时却拒绝被穿透。要是我们砸碎石头而试图穿透它,石头的碎块绝不会显示出任何内在的和被开启的东西。石头很快就又隐回到其碎块的负荷和硕大的浑沌中去了。要是我们把石头放在天平上面,试图以这种不同的方式来把捉它,那么,我们只不过是把石头的沉重带入重量计算之中而已。这种对石头的规定或许是很准确的,但只是数字而已,而负荷则从我们这里逃之夭夭了。色彩闪烁发光,它仅仅在闪烁而已。要是我们自作聪明地加以测定,把色彩分解为波长数据,那色彩也就渺无踪迹了。只有当它尚未被揭示,未被解释之际,它才显示自身。因此,大地让任何对它的穿透在它自身那里破灭了。大地使任何纯粹计算式的侵扰彻底幻灭了。虽然这种侵扰以科学技术对自然所进行的对象化形态给自己罩上支配

① 《本源》,第34—35页。

> 和进步的假象,但是,这种支配依旧是意欲的昏庸无能。①

海德格尔在这里谈的是我们人对于大地、对于石头、对于色彩等的姿态。艺术家既不是置身一旁,对之进行冷眼观察的计算或算计者,也不是在朝向某个有用性目标的过程中对之进行消耗的使用者:

> 虽然雕塑家使用石头的方式,仿佛与泥瓦匠与石头打交道并无二致。但雕塑家并不消耗石头……虽然画家也使用颜料,但他的使用并不消耗颜料,倒是使颜料闪耀发光。虽然诗人也使用词语,但他不像通常讲话和书写的人们那样不得不消耗词语。毋宁说,词语经由诗人的使用,才成为并保持为词语。②

因此,具有创造性的艺术家是在大地置出,立起一个世界之真理性的涌流敞开进程中的弄潮儿和冲浪手,呼应者和守护人。

四 艺术作品:"世界"与"大地"之间的"争执"和"宁静"

作品作为存在的发生或者生发就是"置出"大地和"立起"一个世界,这是作品之为作品的两个基本特征,这两个基本特征之间的"争执"和"平静"下来,就是海德格尔所谓的作品的"真理"或者"去蔽"和"敞开"的过程。"世界和大地在本质上彼此有别,但从未分割(niemals getrennt sein)"。③海德格尔这里想说,"世界"与"大地"的关系从来就不像康德知识论哲学所描述的那样,是一种被分割为二的对象性的"现象"与"物自身"的认知性真理关系。相反,它们从来就"长"在了一起,不可"分割"。这种"剪不断理还乱"的缠结式生长性的真理关系或"争执"关系就在于"世界建基于大地之上,而大地则通过世界而耸现出来。……世界立身于大地,在这种立身中,世界力图超升于大地。世界不能容忍任何锁闭,因为它是自行公开的东西。但大地是庇护者,它总是倾向于把世界摄入它自身并拘留在它自身中。"④所以,海德格尔这

① 《本源》,第36页。

② 同上书,第36—37页。

③ 同上书,第38页。

④ 同上。

样来看作品的存在本质:“作品立起一个世界并置出大地,同时也就成全了这种争执。作品之作品存在就在于世界与大地之争执的争执过程中。”[①]这一争执并不是要达到某种“空泛的一致性”,而是让之“保持为一种争执”,唯有在这种本质性的争执中,争执的各方才能保有和达成自身的真实的个性和独一无二性。“在本质性的争执中,争执者双方相互进入其本质性的自我确认中”[②]。海德格尔又将这种争执中的保有称之为含有“动荡不安的宁静”,而正是在这样的争执动荡中的宁静中,真理呈现出来。“唯有动荡不安的东西才能宁静下来”[③],可见,这种“宁静”并非是“一平如水”,而是充满了个性和张力的宁静。而这种作品存在的“真理”,绝非传统意义上的知识论命题真理的“正确性”概念所能罩得住的。

作品的本质在于“立起世界”和“置出大地”中的争执—宁静关系。从这个角度来看真理,海德格尔就将真理概念的理解从对象性的“对与错”的知识论命题层面推进到了古代存在论的“显与隐”的存在层面。这一区分对于理解海德格尔至关重要,它不仅涉及我们人类思想关于真理理解在时间上的古今先后,更涉及在义理上的深浅厚薄。关于海德格尔真理观的这一两层分际,我经常用“真正”这两个汉字来分别表达。“真”讲的是存在的真(实),而“正”讲的是知识的正(确),这是两个不同的层面,虽然有所关联,但并不构成必然的矛盾与冲突。如果“真理”首先在于“显”和“隐”之间的“争执”和动态平衡中的“宁静”,那么,“显”到何种程度就成了“显象”“现像”甚至“假象”,“隐”到何种程度则是“隐匿”“晦蔽”乃至作为“无”的“深渊”？而且,这个“显”是真正的“显”吗？为什么不是那作为彰显之源头的“深渊”的“遮蔽”？这个“蔽”是真正的“蔽”吗？为什么不是对那“显象活动”(现象)、“现像”和“假象”进行否定[④]的“去蔽”以及作为其源泉的“无蔽”？沿着这个思路,海德格尔关于传统的知识论命题真理的思考发问,以及宣称所谓真理之本质在于

① 《本源》,第38页。

② 同上。

③ 同上书,第37页。

④ 海德格尔这里将“否定”(Verweigern)又区分为作为“拒绝”(Versagen)的否定或作为“伪装”(Verstellen)的否定。按照我的理解,前者说的是“显象活动”(Erscheinen)/现象(Phaenomen)和现像(Erscheinung),后者说的是假象(Schein)。它们都是从“照耀”或“发光”(scheinen)而来。参见《本源》,第44页。又见《形而上学导论》,第117—139页,《存在与时间》,第33—37页。

“去蔽”和“无蔽”的说法也就不难理解了。

真理作为“显”和“隐”,或者更严格地说,既不是绝对的“显”,也不是绝对的“隐”,而是在“显”和“隐”的“之间”,这个“之间”就是“敞开”(das Offene),这个“敞开”并非一个静态的描述,而是一个动态的打开和若即若离的疏朗过程。它不是一下子通体透亮的大白之域,澄明之地。相反,它指向某种明暗交错,时隐时现,貌似婆娑树影下的“林中空地”(Lichtung)。[①] 这才是海德格尔眼中“作品”和“真理”的境域。

因此,在海德格尔看来,艺术真理的本质就在于显现在“立起一个世界”和“置出大地”之间的“争执”以及在这种争执状态下形成的“宁静”,这也就是海德格尔所讲的“存在者的真理自身—设置—入—作品”(das Sich-ins-Werk-Setzen der Wahrheit des Seienden)。正是在这样理解的“真理”观念下,海德格尔走向探讨“艺术作品的本源”具体是如何生发和展开的。换句话说,这个问题意识或目标使得海德格尔从“作品与真理”(第二节)进到“真理与艺术”(第三节),即在存在论—解释学意义上的“美学”或“艺术哲学”,假如我们可以说海德格尔有一个“艺术哲学”的话。

Heidegger's "Earth" and Kant's "Thing-in-itself": A New Perspective of Reading the 2nd Section of Heidegger's "The Origin of Artworks"

Wang Qingjie

Abstract: In his well-known essay "The Origin of Art Works" Heidegger raises and analyzes the concepts of "Earth" and "world." Based on his ontological understanding of these two concepts and their relationship, Heidegger

① 关于海德格尔的这一立场,我曾在一篇讨论海德格尔“现象学的现象”与王阳明的“致良知”之间的区别时有过特别的说明。参见王庆节:《现象学的现象,海德格尔与王阳明的“致良知”》,载于《广西大学学报》(哲社版),2015 年第 2 期,第 7—12 页。

investigates the very essence and origins of the truth of “artworks,” especially in the second section of the essay. The current research attempts to give an new understanding and interpretation of Heidegger’s “Earth” / “world” and their relationship in light of the Kantian concept of “the thing in itself” /“appearance” and their relationship. It argues that they follow very different ways. One is transcendental-epistemological while the other ontological/existential. The first way leads to a Kantian concept of “thing-in-itself” which cannot be legitimately accessed by our knowledge or knowing and thus becomes “a transcendental object = X.” The second way leads to a Heidegger’s concept of “Earth” which is as concealing as Kantian “thing-in-itself” epistemologically, but not “windowless” ontologically. It rather serves as “grounding” or “origin” of not only our knowing or “appearance”, but also more primordially, for our existing and historical “world” or “worlds,” i. e., “artworks.”

Key words: Heidegger, Kant, artworks, Earth, World, Thing-in-itself

哲学门(总第三十九辑)
第二十卷第一册
北京大学出版社,2019年6月

从幻相到实在*
——试论胡塞尔物感知进路中动感与视觉、触觉的配合机制

王　继**

提　要:由笛卡儿的普遍怀疑法引出梦境与现实如何区分的问题以来,物的实在性问题就成了认识论中一个争论不休的疑难。作为近代认识论传统的继承者,胡塞尔认为对实在性的辩护构成了其现象学的基础。根据胡塞尔的分析,可以将实在物的本质显现分为两个彼此关联的层次,第一个层次是空间幻相,第二个层次是因果关系中的物实在。然而胡塞尔手稿中的一些描述还不够完善,尤其是欠缺对因果关系的辩护。本文依据现象学原则,将通过视动感、触动感展示出二维幻相和三维幻相的区分与过渡,并将表明导致实在性立义的因果关系原初凭借触觉中的阻力感和动机化关系获得明证性。

关键词:幻相　实在　动感　视觉　触觉

一　胡塞尔现象学中幻相与实在问题的引入

自从笛卡儿为了达到自明的认识根基而采取普遍怀疑法,从而引出梦境

* 本文为2018年度湖南省社科基金青年项目"胡塞尔现象学中的动感问题及其效应研究"(18YBQ023)的阶段性成果。《哲学门》编辑部的匿名评审专家对本文提出了细致中肯的修改建议,促使我对论文进行了相应完善,在此表示感谢。

** 王继,1988年生,湖南大学岳麓书院哲学系助理教授,湖南大学中西经典诠释学研究中心副主任。

与现实如何区分的问题以来,物的实在性问题就成了认识论中一个争论不休的疑难。经验论者如洛克、贝克莱回到感官感觉来说明实在性观念的来源,但其经验心理学的不彻底性最终导致了休谟的彻底怀疑姿态,尤其是他对自然因果律的必然性进行了解构,将实在物视为虚构的观念。胡塞尔不仅继承了近代认识论传统并通过现象学还原纯化了意识体验,而且对于他来说,对实在性的辩护构成了其整个现象学的一个基础。因为在他看来,实在性(Realität)是奠基性的存在信仰(Glaube),虚构和想象等是基于实在当下、又不持实存信仰的当下化变样(Modifikation)。首要的实在性在意向体验侧涉及原初的亲身感知行为,在意向相关项侧是对感知物的存在设定,因为感知物是最底层的实在区域,其他区域如价值、实践的实在性都奠基于其上[①]。正因此,他将物感知视为现象学研究的导引和典范,并就实在物如何在感知行为中必然显现进行了细致的分层描述。

按照胡塞尔的看法,实在物的本质构成可以抽象划分为两个彼此关联的层次,第一个层次是由时空形式和感性内容所构成的幻相(Phantom),到了第二个层次结合因果关系才能构成物实体[②]。也就是说,胡塞尔对实在性的辩护与因果关系联系在一起。不过,为了明确实在性如何被给予,我们还须把幻相层联系起来进行考察。幻相是相对于实在来说的,但胡塞尔并不是在日常经验意义上来理解幻相,而是从实在性立义的前提来探讨。也就是说,未能达到实在设定的原初显现层面是幻相阶段,"幻相(Phantom)是原初被给予的"[③]。对幻相的界定与胡塞尔对感知行为的抽象分层相关。抽象分层在某种意义上可说是主题化的思想实验,目的是为了清晰地展示实在物被构成的具体条件。胡塞尔在《观念 1》中只是描述了实在物的一般结构及相应的整体感知特征,在《物与空间》《观念 2》等文本中则回溯到了实在物何以如此显现

① 胡塞尔:《纯粹现象学通论》,李幼蒸译,北京:商务印书馆,1992 年,第 365—366 页。

② Edmund Husserl, *Thing and Space: Lectures of 1907*, translated by Richard Rojcewicz, Dordrecht/Boston/London: Kluwer academic publishers, 1997, Editor's introduction: p. xxii.

③ 胡塞尔:《现象学的构成研究——纯粹现象学和现象学哲学的观念 第 2 卷》,李幼蒸译,北京:中国人民大学出版社,2013 年,第 32 页。以下简称《观念 2》。本文对《观念 2》的引用同时参阅了德文本(Edmund Husserl, *Ideen zu einer reinen Phänomenologie und phänomenologischen Philosophie. Zweites Buch. Phänomenologische Untersuchungen zur Konstitution*[Hua IV], Ed. Mary Biemel, Den Haag: Martinus Nijhoff,1952)并在某些地方有所改译。

的幻相阶段,与此相应感知系统也被细化地分解为动感与视觉、触觉系统等。比如他从实在物侧显性被给予特征回溯到了动感体验这个前提,即只有在身体的运动动感系统中才能显示出物的不同侧面,进而区分出直接显现的面与一同空乏把握的面,从而将其立义为三维空间物。如果说经验实在意义上的显现是现象,那么作为实在现象得以显现的前阶段,胡塞尔又称幻相为前-现象(pre-phenomenon)。在这个意义上,幻相不同于虚构或想象,因为后者是立足于实在的变样①。

明确了这些前提后,我们就来讨论:1. 为何在物感知中,动感及视觉、触觉具有基础性地位;2. 为何未考虑因果关系的原初显现时,在视动感和触动感系统中只有幻相,这包括身体不走动时的二维幻相,以及行走动感中的三维幻相;3. 只有纳入触动感中的阻力关系及动机化关系,因果关系才得以显现,实在物才被构成,这将回应休谟式的因果怀疑论。

二　动感与视觉、触觉在空间物构成中的基础地位

胡塞尔在物感知中尤其重视动感与视觉、触觉,认为这些感觉体验对原初空间物的构成起着奠基性作用。下面我们就对它们做一个现象学的描述与区分,并解释视动感、触动感相比其他类感觉在空间显现中的基础性何在,进而触动感相对于视动感具有什么样的优越性,这将为接下来对幻相与实在的分析打下基础。

动感(Kinästhese)②顾名思义就是运动感觉,这个词最初是由 19 世纪英国心理学家亚历山大·拜恩(Alexander Bain)提出来的,在他看来,动感使空间次序性的显现成为可能,只是他从心理学角度来理解动感,认为它是存在

① 《物与空间》一书的编者 Ulrich Claesges 在编者引言中只是提示了物的两个构成层次,并没有就“幻相”做进一步说明,也没有结合“实在性”进行比较。方向红先生在《从“幻影”到“器官”》一文中提到,胡塞尔之所以用 Phantom 一词指称先验还原后的原初现象,是因为它失去了日常态度的客观性,变得和影像一样虚幻不实(方向红:《从“幻影”到“器官”:胡塞尔 C 手稿中的身体构造学说》,《哲学研究》,2012 年第 4 期)。这一点是正确的,不过他没有结合实在物的构成层次来理解,也没有从因果关系出发来说明从幻相到实在的过渡,而这些正是本文要做的工作。

② 倪梁康先生将 Kinästhese 翻译为动感,李幼蒸先生则沿用了生理学上的惯常译法,将其译为动觉。笔者认为这两种译法并不会造成理解上的不同,不过为了显示出它与视觉、触觉等材料性感觉的区别,本文拟采用倪先生的译法。同时在胡塞尔著作的中译引文中出现此词时也统一译为动感。

于肌肉中的感觉,如肌肉的拉力感[①]。依据现象学原则,一方面,动感的生理基础当然要被排除,因为它蕴含着自然主义预设。排除生理学预设后动感仍然可以被原初体验到,正如我们不关心眼睛和手是否存在时依然可以原初感受到视觉、触觉等,这样我们就达到了现象学意义上的感觉。现象学意义上的动感既不是指常识经验中对某物运动的感觉[②],也不是指某物或身体的客观运动,而是指变易的感觉[③],它恰恰使一切运动能被感觉到并被立义为运动的前提。动感的原初性体现在,在原初体验中从不缺乏感知的变化,哪怕是眼睛在调适中波动的凝视,因此胡塞尔说不变的感知是一个理想的虚构[④]。动感的原初性还体现在,如果没有运动感觉也就无所谓静止体验,“躯体不移动,因此也不能静止”[⑤],因为“静止在同质空间中是移动的极限情况”[⑥],也就是说静止是相对于原初动感体验才被立义的。

我们将不同于动感的视觉、触觉等称为材料性感觉,因为它们给意向性立义提供了感觉材料,比如视觉提供颜色材料,触觉提供软硬等材料。它们作为不同的感觉类型,各自具有一个相对独立的场(Feld),即属于自身的感觉领域,如视觉场、触觉场。它们在意向相关项侧对应于对象不同的性质,如颜色、光滑度等。材料性感觉与动感的关系是,一方面动感并不提供实质性材料,也没有独立的领域,而是伴随着其他一切材料感觉类型被给予的,比如眼睛运动、手运动等。正是由于这种伴随性,它才可以根据材料感觉的区域性而相应地划分为不同的运动系统,如眼动系统、手动系统。另一方面感觉材料之所以能被立义为连续并置的广延形象,又得益于动感系统的参与,“它们使表象成为可能而没有表象自身”[⑦]。这就是说,对象侧的表象、空间与运动这三个相互关联方面的立义都与动感有关。与此相应,在意向体验侧视觉场、触觉场等感觉场的形成也与动感相关。因为场在静态上意味着感觉材料

---

① Edmund Husserl, *Thing and Space: Lectures of 1907*, Editor's introduction: p. xxvi.

② Ibid., p. 136.

③ James Dodd, *Idealism and Corporeity: An Essay on the Problem of the Body in Husserl's Phenomenology*, Dordrecht/Boston/Lodon: Kluwer Academic Publishers, 1997, p. 49.

④ Edmund Husserl, *Thing and Space: Lectures of 1907*, p. 74.

⑤ Edmund Husserl, *Zur Phänomenologie der Intersubjektivität—Zweiter Teil: 1921-1928* (HuaXIV), Hrsg. Iso Kern. Den Haag: Martinus Nijhoff, 1973, S. 548. 以下简称 Hua XIV。

⑥ Hua XIV, S. 548.

⑦ Edmund Husserl, *Thing and Space: Lectures of 1907*, p. 136.

的展示域。感觉材料的展示是延展性的，而延展性体验的起源则与动感相关。因此动感与材料感觉既有本质区别，又在感知行为中不可分离地相互配合着起作用。正是由于它们在感知中的功能性关联，所以当我们说感知行为时，其实已经包含了这两个要素在内。但为了凸显动感的作用，可以像胡塞尔那样称感知为动感感知行为，并根据材料感觉类型而区分为视动感（Sehkinästhese）系统、触动感（Tastkinästhese）系统等。

通过对各种感觉类型的区分，胡塞尔实则细化了感知直观的内容。也就是说，他所理解的感知直观不仅是视觉的，也包括触觉、听觉等，因而除了视觉显现，还可以说触觉显现、听觉显现。不过在所有的感觉类型中，胡塞尔更看重视觉与触觉，认为二者与空间物的构成具有原初关系。因为视觉场的显现是延展性的，而且为总体感知中的一切物提供表象基础[①]，在触觉场中通过触摸也能原初把握到伸布着的显现，但是听觉、嗅觉等并不包含原初的延展性体验，故而不能独自构成空间物，"这些材料不能在首要的意义上构成空间与物，因为它们缺乏原前经验的延展"[②]。正是由于这个原因，胡塞尔认为在严格意义上听觉、嗅觉等并不能单独构成场，只有视觉与触觉才构成了真正的场。与此相应，在对象侧与视觉、触觉相应的颜色、硬度等在胡塞尔看来是构成物的首要性质，而与听觉、嗅觉等相应的声音、味道则是附着的属性[③]。

但是在视觉和触觉的作用上，胡塞尔又作了区分，认为触觉在构成空间物时具有优越性。从直观显现来看，触觉具有直接接触的亲密性（Vertrautheit）特征[④]，从原初体验来说，触觉的优越性本质上在于，凭借触觉材料可以获得物体与身体双重立义（Doppelauffassung），比如通过触觉获得热、软等感觉时，一方面可以立义出具有热、软等性质的物体，另一方面这些感受会被定位于（lokalisieren）某部位，如定位至触摸着的手，而具有我的感觉定位者则被立义为我的身体。但如果抛开触觉的原初参与，视觉的看只是单向朝向的，并

---

① Edmund Husserl, *Thing and Space: Lectures of 1907*, p. 68.

② Ibid.

③ 刘丽霞：《胡塞尔的"空间"构成理论研究》，复旦大学博士学位论文，2014年，第71页。

④ 胡塞尔：《空间构造札记》，单斌译，载《中国现象学与哲学评论（第十九辑）》，倪梁康主编，上海：上海译文出版社，2016年。

不能立义出有感觉的身体部位。正是在这个意义上胡塞尔称触觉为元感觉，认为它使主体的身体性得以显现[①]。就物的构成而言，触觉的优越性我们暂且可以归结为三个方面，一是即便没有视觉参与，如盲人或在黑暗中，单凭触摸也能感知物，“通过触感知我在世界中永远是有感知的”[②]。二是空间构成原初关联于触摸运动，比如凭借手的触摸而无需行走运动，就可以立义近与远的距离，“通常类型的物最初作为幻相是用手所触摸者，并且起初近与远的区分在此得以构成”[③]，这种看法在一定程度上继承了贝克莱的视觉、触觉观，后者认为空间距离观念不是来自于视觉，而是来自于触觉，因为视觉不能超出自身感受到一种外在的距离[④]，只有通过触摸才能感受到距离。不过胡塞尔的超越之处在于，他是从先验还原后的原初体验来描述的，直抵感知的本质，不掺杂任何经验心理学的预设。三是原初通过触摸行为才能获得阻力感，并产生动机引发关系，而这是机械因果关系得以显现的前提。不过，触觉的优越性并不意味着触觉可以替代视觉，因为视觉和触觉是相互异质的感觉类型，在整体感知中协同发挥着作用。就本文要处理的问题来说，在前现象阶段无论视觉还是触觉，都只能获得幻相，因此我们主要以视觉-动感为例进行阐释，附带说明触觉幻相，而在因果关系的显现中，我们将重点凸显触觉-动感的作用。

三　二维幻相与三维幻相：从上身运动到行走运动

为了明确不同层次的动感系统在空间物构成中的原初作用，胡塞尔对诸动感系统采取了抽象隔离的本质分析。根据其描述，我们可以区分出单眼运动、双眼运动、上身运动、自由行走等几个具体的动感分系统。为了把从幻相到实在的进程阐述清楚，我们还需要确定空间物的一个本质特征，即无限可

① 胡塞尔：《观念2》，第122—125页。关于触觉与身体构成的具体分析，可以参看笔者的另一篇拙文：《我们在何种意义上拥有身体——从胡塞尔〈观念2〉中身体构成的分析来看》，《哲学门(总第三十三辑)》，北京：北京大学出版社，2016年。

② 胡塞尔：《观念2》，第57页。

③ Hua XIV, S. 537.

④ 贝克莱：《人类知识原理》，关文运译，北京：商务印书馆，2010年，第42页。

规定性,这是与空间物的侧显(Abschattung)被给予方式相关的。胡塞尔认为在感知直观中,真正亲身被给予的只是物的某些侧面特性,永远有未显现的其他侧面特征在意向性活动中被一同“空乏地”把握到:不仅有曾被直观的部分被回忆性地空乏把握,始终还有尚未被直观的部分被期待性地空乏把握,“无限的不完善性乃是‘物’和物知觉间相互关系的不可取消的本质的一部分”①。

因此我们断定,符合无限敞开的可规定性是被立义为空间物的必要条件,而在身体不走动时,从单眼运动到上身运动的动感系统中,只能获得有限的二维幻相,只有通过行走运动获得无限延伸的第三维距离感后,才能立义出无限性。第二步,即便加入行走运动获得了三维显现,在不考虑其与周围环境的因果关系时,它仍然只是幻相,只不过从二维幻相过渡为了三维幻相。胡塞尔本人虽然没有明确区分出二维幻相与三维幻相,也尚未有学者给出相应说明,但笔者认为,从他的相关表述中是可以引出这种区分的,而且这种区分很重要,将表明三维空间与物的实在性没有本质关联。

首先我们以胡塞尔所说最底层的单眼运动为基础来对相应的二维幻相做一解释。在单眼运动中,显现方面可以构成一个封闭的二维平面图像。具体说来是这样,由于眼球是在围绕原点的闭合区域内转动,并可以停留在任意位置,因而显现要素的最小单元被把握为位置点。正在显现的此点被把握为在“这里”这个位置,而持续地眼球转移则使显现要素连续地成为一个新的“这里”,“‘这里’这个位置持续转变到新的位置”②。这样逐点接续而并列地显现,在眼球上—下、左—右移动中均能立义出有限的定向线段。同时眼球也可以在任意射线方向移动,并围绕原点进行旋转,于是就可以构成一个以点和线段为基础的、封闭的有限同心平面,其中每一点都具有相对于其他点的方位。正如胡塞尔所说,视觉场是一个一贯、连续并有边界的二维流形

---

① 胡塞尔:《纯粹现象学通论》,第 78 页。

② Edmund Husserl, *Thing and Space: Lectures of 1907*, p. 140.

(Mannigfaltikeit),在边界之外无物可能显现①。然而在单眼运动中,显现流形封闭在一个有限的范围内,只能被立义为统一的图像整体,并未指向无限敞开的未显现部分之立义。正如胡塞尔所说,显现连续统缺乏超越的立义特征,因为超越与开放、未显现之侧面把握有关②。所以还无法构成物体的本质,只是处于幻相阶段。

在不考虑行走动感的前提下,我们还可以把双眼运动、头部运动、上身运动加入进来,这包括上身旋转、双手的触摸运动等。然而,在身体零点固定的情况下,身体动感系统的运作是有限的,即便穷尽各种动感系统的配合方式,获得的显现集合仍然是有限而封闭的图像形态。对于身体原初不走动的我而言,这个有限的图像形态就是被给予的全部显现,它构成了一个完整的二维面整体,除此之外没有未显现、可显现的遮蔽面能够被立义。在身体不走动的情况下,前倾、后倾形成的线性流形并未构成实际的空间第三维,被给予物只是能够显现的图像幻相,而不是空间三维物体。这一点在上身运动中加入双手的触摸动感系统时也不会改变。因为手的靠近与远离固然能构成一维线性流形,但它和身体的前倾、后倾一样是有限的,在穷尽触摸方式后构成的全部显现只是有限完整的触摸表面图像,并没有进一步未被触摸的面被一同空乏立义。正如胡塞尔所说,在没有行走动感的前提下,"每一未触及的事物没有进一步'到手'"③。因而在身体不走动时加入触摸运动,也只能构成可触的幻相(tastbares Phantom④)。总之,通过这些分析我们可以得到的结论是,没有行走动感只能把可以直观到的显现立义为总体的图像幻相,而不可能立义出开放的、未呈现的图景,也就是说无法立义出空间物。与此同时,身体作为零点只是显示为无行走功能的可视、可触、可动者,而且既然实在物无法被立义,身体便也只能停留于幻相阶段,被胡塞尔称为身体幻相

① Edmund Husserl, *Thing and Space: Lectures of 1907*, p. 140.(引者按:流形本来是几何学上的概念,泛指同质空间连续统,是由纯粹量构成的有规则的复多体,比如一维直线流形、二维平面流形等。胡塞尔把纯粹数学化、形式化的流形概念做了革新,并将其引入了感知行为中。他认为感知行为的对象也是连续有规则的复多体,而且是高阶流形概念的基础。由此可以说感知空间为几何学空间奠基。)

② Edmund Husserl, *Thing and Space: Lectures of 1907*, p. 160.

③ Hua XIV, S. 554.

④ Hua XIV, S. 548.

(Leibphantom)[1]。

只有从二维走向三维构成,物体才可能被给予。而第三维的构成依赖于距离感的形成,距离感则原初相关于行走动感。在日常意义上,不同于宽度感的持续渐变感其实是远、近距离感的表现。而在现象学意义上,远与近已经预设了空间的存在,它们还要追溯到与其直接相关的去远动感(Entfernungskinästhese)[2]。行走是比较宽泛的说法,是通常所说的位移(Locomotion),它可以是去远,也可以是绕物转向等。去远则直接与距离感的形成有关。在理想状态下,以一个显像为参照,去远是可以无限远离它的线性位移。因为在去远中,直观所瞄准的显像对象是同一的,只是显像会随着去远而缩小、模糊,这正如在单纯上身的前、后倾运动中所显示的那样。不过与前、后倾根本不同的是,后者是作为轴心的零点没有变化的运动,去远则是离开零点所进行的位置移动。如果把原初零位的显像标为1,而把去远直至原显像缩至一点标为0,那就可以看到,去远在直观显像相同的情况下,构成了一个点状序列的线性流形。由于去远包含了位置移动,由这些位置点所累积的一维线性流形便构成了距离立义。用胡塞尔的话来说就是,在去远中构成了对象之于我的元间距(Urabstand)[3]。当然,如果继续去远,这个距离流形会一直延伸下去,而原显像就会消失不见。如果结合单纯上身旋转所构成的二维环状流形,那么概括来说,由去远形成的一维距离流形与二维环面流形叠合起来就构成了三维空间流形,"因此作为一维线性的去远流形与二维环状的旋转流形(Wendungsmannigfaltigkeit)的结合,二维的眼动领域转变为了三

---

① Hua XIV, S. 548.

② Ent-这个前缀既有消除又有开始之意,这种双关义恰恰显示出行走动感既伴随着远离又伴随着靠近。陈嘉映先生在《存在与时间》中文译本中就Entfernung一词的翻译参照了英译注,即依据海德格尔立场,通达上手之物是此在的生存论方式,而上手意味着照面与切近前来,所以取Ent-消除远距的含义而译为去远(参见海德格尔:《存在与时间》,陈嘉映、王庆节译,熊伟校,北京:生活·读书·新知三联书店,1987年,第130页英译注)。一些学者采用了此种译法来译胡塞尔的这个概念,笔者认为并无不妥,只不过在胡塞尔这里双关义都有,因为单就认识论而言,更根本的是要凸显走出原零位这一环节。

③ Hua XIV, S. 544.

维空间领域”①。

这也显示出去远动感与触觉的关系:一方面没有行走动感时,通过有限的触摸动感可以构成封闭的二维同质空间,另一方面通过触摸只能触及切近上手之物,只有凭借去远动感才能触及远物并构成三维同质的可触空间②。如果联系到触觉的元感觉地位,我们还可以进一步说,由于行走动感中脚与地面的接触同时具有触觉动感,原初地才能把握到身体零点的移动,也才能真正获得到第三维距离感③。总之,空间是通过去远动感在从近空间到近空间的过渡中得以构成的④,其原初显现形式是以零点为中心的三维方位系统。正是在这个意义上,胡塞尔说,“作为方位系统,空间对我而言是通过移动可通达的任一地方”⑤。由于空间是同质的方位系统,而所有可能的显现物都是在方位空间中被定位和立义的,因此可以说空间是一切物的形式,“同质空间

① Edmund Husserl, *Ding und Raum: Vorlesungen 1907*(HuaXVI), Hrsg. Ulrich Claesges, Den Haag: Martinus Nijhoff,1973, S.255. 值得提及的是,当代计算视觉理论的先驱、英国神经生理学家 David Marr,对图像的视觉显现的分层化表征处理,与胡塞尔的空间构成描述有相似之处。这一表征理论的基本观点是,人的视觉系统是一个独立的功能块,视觉神经在处理视觉信息时可以划分成三个阶段,与此相应视觉中的表象显现也分为三个层级,在视神经处理中它们有机结合起来,构成一个三层表象结构。第一层级是原始图(primal sketch of the scene),它是基于视景基本成分的特征化抽取,比如包括根据成像点的密度变化而形成的边缘、范围等几何关系。第二层级是2.5维图(2.5D sketch of the scene),在此图像的纹理比如色差深度得以显现。第三层级即3维模型(3D model),它是以物体对象为中心的图像结构,需要加入运动处理系统来解析。Marr 对视觉显现层级的划分和胡塞尔空间显现层次的描述很类似,比如原始图可以对应于单眼显现,2.5维图对应于双眼显现所多加的深度维度,3维模型对应于由去远动感形成的距离值。或者说,Marr 的计算视觉理论印证了胡塞尔基于原初体验的先验描述的合理性。不过,Marr 的理论是以神经生理学和经验观察为前提,具有归纳性和不完备性,比如他既认为双眼视差可以产生体视现象,又认为加入运动处理系统才能解析三维表象结构。这种理论上的不完备显示出基于生理学和经验预设的不彻底性。胡塞尔则排除了一切预设,从原初体验来描述三维物的显现层阶。在他看来视觉系统固然有其相对独立性,但原初并不能凭借眼睛获得三维形象,需要加入去远动感、触觉等系统,这些系统的配合构成了一个先验普遍的感知结构。因此从胡塞尔所描述的先验感知结构出发,可以反过来指导计算视觉理论的发展(https://en.wikipedia.org/wiki/David_Marr_[neuroscientist]。若需要进一步了解 Marr 的计算视觉理论可参看:David Marr, *Vision: A Computational Investigation into the Human Representation and Processing of Visual Information*, New York: Freeman,1982)。

② 相关表述可见:Hua XIV, S. 543,547,548。

③ 值得一提的是,Ulrich Claesges 在其《胡塞尔的空间构成理论》一书中,说到了行走动感是一种触动感,但他并没有就此揭示触觉在原初距离感或者远感觉中的作用,而这一点恰恰是彰显触觉在空间构成中的优越性的地方(参见 Ulrich Claesges, *Edmund Husserls Theorie der Raumkonstitution*, Den Haag: Martinus Nijhoff,1964,S.129)。

④ Hua XIV, S.546.

⑤ Hua XIV, S.545.

是一切现实的并因而可设想的躯体的形式”[1]。反过来说,空间原初并不是空的形式,相反恰恰是在显像的构成中显示出来的,即通过动感呈示为显像的方位排列系统。究其根源,是因为在意向性活动中动感与材料感觉的区分与紧密配合。而从二维幻象方位到空间方位的构成,则同时显示了行走动感对物体的构成作用。

由于零点身体原初具有自由行走的可能性,所以空间本质上就包含着无限延伸的可能。只有在自由行走的基础上,整个世界的显像才会被把握为无穷的,即永远随着空间的展开而显现出新的图景。这些基本的无限性正是物体被把握为侧显统一体以及无限开放的可规定者的基础。

不过,通过三维空间的构成,物体就从幻相变成实在了吗?这需要从两个方面来阐释。首先可以肯定的是,从二维方位流形到三维方位流形,显像相应地从二维幻相变为了三维躯体(Körper)。正如胡塞尔所说,通过去远动感方位不再是幻相中的方位,而成了幻相所属的空间方位[2]。但这又透露出了另一方面,即虽然显现从二维变成了三维,它仍然是空间幻相。这其实也容易理解,因为去远动感虽然使显现获得了距离感,但若只关注距离与显现的关系,那么直观到的显现也只是多了一种远近深度感而已。而带距离感的显现与二维幻相本质上都是显像,无法从中自明地看到多出的实在性,也就是说,三维空间感并不能担保物的实存。举个简单例子,我们通过三维空间的构成,可以在意识中想象各种三维画面,或者在一幅画中看到三维立体形象,甚至在空间中看到矗立的一棵假树等。如果只停留在空间显像的构成阶段,这些对像显然都符合躯体显现的特征,即广延与感性充实,因此无法由空间性出发来判别它们实存与否。也就是说,想象、绘画、假物与真实躯体的区别无法被把握。因此胡塞尔强调,在行走动感中一般躯体和身体都是躯体性幻相(körperliche Phantome)[3],身体作为幻相凭借构成的空间到达各处[4]。

---

① Hua XIV, S. 548.

② Hua XIV, S. 537.

③ Hua XIV, S. 548. 在胡塞尔这里,表示身体的词语是 Leib,特指有感觉的机体,而 Körper 则指一般物质性躯体,即物体。

④ Hua XIV, S. 557.

四　物的实在性基于触-动感被立义

以上分析表明,如果只将目光瞄准于个别物的显现,还无法在本质上把握幻相与实在的区别。胡塞尔将实在性的显现诉诸物与环境间的因果关系,认为因果依存性构成了物的本质规定,即并不是先有独立的个别实在物,然后有外在的因果关系,而是因果关系内在于实在物的规定中。然而,胡塞尔在着力探讨物的构成的《观念 2》中,并没有回溯到原初体验来证明这种因果关系是如何被给予的,因此还无法回应休谟的因果怀疑论。我们认为,从原初的触觉体验出发可以对因果关系进行相应辩护,这在胡塞尔手稿中有零散线索可寻。

我们先来简单看下胡塞尔是如何通过因果关系来解释实在性的。在他看来,物与其周围环境(Umstand)具有因果依存性(kausale Abhängigkeit),即一物显现状态的变化有规则地相关于其周围环境的变化,在变化的显现状态中我们才可以把握到贯穿其中的恒定的规定性,即实在的性质或特性(Eigenschaft)。比如一物显现明暗度随着周围光线环境有规则的协同变化,我们借此可以把握到某种恒定的颜色性质。因此,当结合周围环境来直观显现对象时,物体的实在性才能被立义,"于是实在化(Realisierung)以这样的方式完成,感觉物成为实在物的状态;实在的性质系统被构成,此即在因果性(Kausalität)标称下感觉物的规则性的相互关系系统"[1],也就是说在与环境的依存关系中,当下的显现从单纯幻相转而被把握为实在的显现状态,而这种实在状态又展示着贯穿其中的物的实在性质。

胡塞尔在这里通过因果依存性对实在性的证明是有力度的,而且我们还可以举出反例来佐证,比如一棵塑料假树不会因周围环境如气候状况的改变而发生如落叶这样的显现变化,因此不能被立义为实在的树。但问题是,胡塞尔只是表明了因果关系与实在性有本质关联,尚没有描述因果关系本身是如何被直观到的,因而还无法回应休谟的因果怀疑论。比如我们可以按照休谟的思路对上边的例子进行质疑:我们只是看到色彩显现的变化与光线变化

---

① 胡塞尔:《观念 2》,第 53—54 页。

这两个事件伴随着发生了,并没有直观到这两个事件之间的“关系”。也即我们用眼睛看到的是一个个显现对象,它们之间的“关系”则是不可见的。这也说明视觉是有局限的,单凭视觉无法直观到对象间的因果关系。

但是,不同于对象的显现并不意味着不能显现,恰恰相反,现象学注重范畴直观,根据胡塞尔的看法,因果关系作为关系范畴理应在物感知中一同呈现出来,只不过需要我们回到原初体验补充其明证性。我们知道,自然因果关系又被称为机械因果关系,按字面意思来看,机械因果关系包含形式和内容两个要素。就形式而言,因果关系具有时间性的“因为-所以”这种关系形式。就内容而言,它是机械的关系,其中“机械的(mechanical)”同时是力的意思,这表明力的关系是自然因果关系的本质。这在近代以来的物理学家及笛卡儿、康德等哲学家那里已经阐释得很清楚了。力起初表示一物接触另一物所产生的作用,牛顿将其普遍化为宇宙万物间的作用关系,从而提出了万有引力定律。康德在《自然科学的形而上学基础》中也提出了物体的数学-力学的形而上学结构。不过,物理学的自然主义认为因果关系是自在存在的,现象学的超越之处则在于,并不预设这样的客观规律,而是回到原初的亲身体验来确认它何以可能显现。

我们下面将尝试论证,机械因果关系的这两个要素都要回溯到原初的触觉经验:一是触觉中的阻力感为机械关系提供了基础,二是由触觉触发的动机化因果关系提供了“因为-所以”这种关系形式。至于感知主体与周围环境的因果关系为何能推至外物与其环境间的关系,则要借助于原初的类比统觉。

根据上文对触觉的分析得知,通过直接接触性的触动感,对象与自我身体一同得到了原初把握,即触觉构成了对象与身体性自我之间的原初中介。我们认为,凭借触觉所形成的这种关系首先是一种阻力(Widerstand)关系,这种阻力关系是无所不在的。比如在我们所站的地方,脚与地面的接触自然地形成了阻力关系,再如当我们触摸一物时,必然可以直接感受到一物或大或小的阻碍力量。正因此胡塞尔说,触摸与阻力经验在现实的原形式中属于直接感知自身[①]。凭借阻力大小我们感知到了物体的硬度、光滑度等实在特性,并且感受到了身体作为一般躯体的物质性质,如手的硬度、光滑度。这表明

---

① Hua XIV, S. 553-554.

物体与身体通过触觉接触产生了力的依存关系,凭借这种依存关系二者的实在性质得到了原初显现。但是,如果只关注触摸中物体的显现,而不关注触摸中物体与身体的关系,那么正如上面所说,即便原初加入触动感,仍然只能获得触觉幻相。

与此相关的第二个方面是,原初通过触觉在身体上的定位,才使身体性自我的意向朝向被激活,即激发我意识到这是我的身体,我是一个具身化的主体,能够自由运动这个身体,或者通过身体来知觉这个世界,即身体是我的意志器官(Willensorgan)[①]。这意味着我能够这样或那样行动,这是与自我的动机相关的,而具身主体的动机行为原初是基于触觉被触发的。直接由自身动机发出一个行为,而不是间接地受外物所推动,这被他称为动机化因果关系(motivierte Kausalität)。比如因为我口渴,所以我用手摘苹果,这里解渴是我的动机,摘苹果是由动机引发的主动性行为。我们这里不讨论动机引发法则,只是想表明,通过主体的动机而引发出了一个"因为—所以"这种时间上先后接续事件的关联形式。由于时间性的主体体验是原初被给予的,所以主体本身的动机化因果关系是原初的。与此同时,我的身体在基础层面也是一种物体,具有物质性质,一来如上所说与其他物之间构成了力的关系,二来主体的动机化因果关系借由物体性身体的行为,立马转化为两物间的时间性因果关系,"它(按:即身体)因我的纯自我意志可直接和自发地运动,并成为产生其他物之间接、自发运动的手段"[②],比如因为我的物体性身体对苹果施加了一个拖拽力,所以苹果掉了。由于我的身体作为物体与其他物体之间的接触性关系具有原初的触摸体验做支撑,所以身体与其他物体之间的机械因果关系是原初被给予的。

但问题是,这只是显示出触觉中的身体与触觉中的对象存在机械因果关系,如何才能说明其他种类的感觉器官如视觉、听觉器官与相应的显现对象具有因果关系,以及显现对象与其周围环境也具有依存关系？关于这一点,我们大致可以分两个方面来解释。一方面,由于触觉是元感觉,因而视觉、听

① 胡塞尔:《观念 2》,第 125—126 页。
② 同上书,第 125 页。

觉等是通过弥漫的触觉才被定位的[①],即它们被定位的部分通过触觉才被把握为实在的视觉、听觉器官,如外耳通过触感知而获得了柔韧性立义;另外,其他感觉类型与触觉是并列共在的,而非不相容的关系,而且这些感觉体验都汇入了同一体验流中,并通过意向性活动而互相指示着其他感觉显现,因而可以在相同的时间相位获得相应于同一延展处所的不同类型的感觉体验,从而构成视觉、触觉等显现层次平行统一的广延物,"每一个这样的知觉和知觉系列都从其他层次的平行统觉处获得其增扩的部分,其他层次构成了'共同所与物'"[②]。既然触觉遍布于所有感觉器官,并且不同感觉类型构成了相互伴随的体验本身,这就给类比统觉提供了可能。类比统觉(analogische Apperzeption)在胡塞尔发生现象学中是一个基本概念,它不是指经验意义上的类比推论,而是对经验类比进行的起源学回溯,即起初某些类似要素得以被把握为类似物的原初统觉,其中在先的类似要素是触发类比的原初因素,被称为原始促创物(Urstiftung)[③]。在这里触摸中的因果关系可以称为原初促创物,它能够引发我们去类比统觉如同样作为器官的眼睛与周围环境也具有因果关系,比如光线变暗导致瞳孔变大。另一方面,由于我能够自由行走,这使我获得了这样一种意向性立义,即所有物都是可以被我所触及的,这意味着身体性自我与其他物进行接触的本质可能性通过行走动感获得了把握,而原初的触觉性接触是构成因果关系-实在性的前提,所以它是我们对整个世界产生实存信仰的基础。如胡塞尔所说,我之所以能用眼睛看到实在物以及它的移动等,是因为在我的意识内已经包含了触摸经验,即单凭视觉不能提供移动与实在性的最终证明[④],此外,由于身体从底层来说也是一个物体,它作为物体与其他物体的触觉显现有因果关系,那么不同物体的接触也可以被类比统觉为具因果关系。因为万物在视觉直观上都是彼此接触的,没有接触的部分依然可以被把握为通过物质媒介间接接触。后者的原初体验在于,比如不远处的大火使我皮肤变热,表面上看大火没有直接接触我的皮肤,但大火与

① 胡塞尔:《观念 2》,第 125 页。

② 同上书,第 33 页。

③ 胡塞尔:《生活世界现象学》,克劳斯·黑尔德编,倪梁康、张廷国译,上海:上海译文出版社,2002 年,第 174 页。

④ Hua XIV, S. 551.

我之间的空气充当了媒介,即大火接触空气使空气变热,空气接触皮肤传给我。因此,正是基于触觉的直接或间接接触体验,我们才可以将世界万物类比统觉为处于普遍的机械因果关系中。这是符合现象学亲身被给予的直观原则的[①]。正如 Dodd 所说,"主体性与世界之间的因果联系不只是因果关系的一个特殊事例,而且对物质性的现象学非常关键"[②]。

由此我们可以得出结论说,因果关系普遍存在于物体之间,构成了实在物的本质。基于原初触觉体验对因果关系的辩护,在一定意义上可以回应休谟的因果怀疑论:休谟只是在经验联想和期待层次来解构因果关系的普遍性,一方面对感觉的思考还不彻底,没有深入到原初触觉来挖掘机械因果关系的感觉基础,另一方面欠缺现象学还原,没有将习惯性联想回溯到原初的类比统觉来考虑,进而也无法看到因果关系的普遍性。

综上所述,我们依据胡塞尔的现象学原则,对实在物如何显现进行了分层探讨:在第一个层次上,通过动感与视觉、触觉的原初配合展示了为何会有二维幻相与三维幻相;在第二个层次上,基于原初的触觉体验对因果关系进行了尝试性辩护,表明导致实在性立义的因果关系原初凭借触觉中的阻力感和动机化关系获得明证性,因此构成了对休谟因果怀疑论的一个回应。对实在物如何显现的分层描述既给笛卡儿以来虚构与现实问题的解决开辟了一个新路径,同时也是对那种认为自然规律不依赖感知体验而自在存在的自然主义的反驳。当然,胡塞尔虽然从第一人称视角出发来描述原初体验,但他并不是一个唯我论者,相反他恰恰认为,交互主体性是内在于自我的先验结构,只有在交互主体性中,我们才能立义出普遍的感知物,并进一步立义出客观的物理物[③],不过这将是另一个需要探讨的主题了。

---

① 这一点我们也可以结合对方位关系的原初直观来解说。如胡塞尔所说,我是方位中心,原初的"上下左右"等方位关系是以我为中心被立义的。以此为基础,我们将这种方位关系类比运用于物与物之间,于是才能形成"一物在另一物的左侧"诸如此类的说法。

② James Dodd, *Idealism and Corporeity: An Essay on the Problem of the Body in Husserl's Phenomenology*, p. 64.

③ 关于感知物与物理物两种实在性的区分,可见:胡塞尔:《观念 2》,第 40、62 页。

From Phantom to Reality

—A Tentative Analysis on the Cooperation of Kinesthesis, Vision and Touch in Husserl's Approach to the Perception of Thing

Wang Ji

Abstract: Since Cartesian method of universal doubt indicated the problem of distinction between dream and reality, the problem of the reality of thing comes to be a knotty business in epistemology. For Husserl, as an inheritor of the epistemological tradition, defending the reality is a foundation of his phenomenology. According to Husserl's analysis, we can divide the appearance of real thing into two layers which are connected with each other. The first layer is the space-phantom, and the second is the reality which is based on causality. While some descriptions in his manuscripts are not complete, especially lack of the defense for causality. Based on the phenomenological discipline, we will show the distinction between two-dimensional phantom and three-dimensional phantom and the transition from the former to the latter through the cooperation of kinesthesis, vision, and touch, and manifests that the causality which leads to the apprehension of reality obtains its evidence through resistance and motivational relation in original touch.

Key words: Phantom, Reality, Kinesthesis, Vision, Touch

勘　误

1. 刊登于《哲学门》第三十七辑（2018 年第一册）的文章《神话与梦境：奥克肖特理解政治文明的另类隐喻》，其中的作者信息有误，现订正为：李振东，1986 年生，山东大学当代社会主义研究所 2016 级科学社会主义与国际共产主义运动专业博士研究生。

2. 郭清飞为《虚无主义研究》（邹诗鹏著）所作的书评，因编辑部失误，重复刊登在了《哲学门》第三十七辑（2018 年第一册）和第三十八辑（2018 年第二册）两册上。应以第三十七辑为准。

哲学门(总第三十九辑)
第二十卷第一册
北京大学出版社,2019年6月

贺麟结合我国文化传统对功利主义的发展*

王　英**

提　要:贺麟思想具有内在一致性。他对近代功利主义有同情之理解,认为它不只讲功用,而是即体而用的,其“体”即道德、宗教。他倚重向外观认的朱子式直觉法把握真正的“用”。而学术自由、个人自由则作为安全阀,俾重功用之威权式法治而不致沦为自由之敌,并能渐进发展为近代民主式法治——以学术为基础的法治。

关键词:新功利主义　法治　直觉法　自由

追求功利可能牺牲自由、正义,这是功利主义的潜在风险。贺麟(1902—1992)对近代功利主义持理解之同情的态度,这与他对自由、正义的关注是否矛盾?在论文集《文化与人生》的自序中,贺麟写道:“我虽无法把它们分章分节地作为系统的形式排列起来,但它们确是代表一个一致的态度,一个中心的思想,一个基本的立场或观点。它们之间实有内在的联系。”①这种对一致性的自觉,对各文之间“内在联系”的承认,意味着研究者可以把他的思想看作系统,从整体上来理解。这也应成为解决上述“矛盾”的重要线索。

*　本文为浙江省浙江越秀外国语学院校级科研启动项目“黄宗羲法制思想研究”(2016QDA006)阶段性成果。为浙江省绍兴市社会科学研究“十三五”规划2017年度重点课题“大禹治水与孟子性善论的设定”(135J045)阶段性成果。

**　王英,1973年生,浙江越秀外国语学院副教授。

①　贺麟:《文化与人生》序言,上海:上海人民出版社,2010年,第8页。

一　新功利主义

贺麟关于功利主义的讨论,直接的主要见于他的论文《功利主义的新评价》(1944 年 11 月刊登于《思想与文化》第 37 期);间接的则散见于他对古今中外哲学流派、历史人物、文化与社会问题的反思性文字中。他的思考以"汇通"为特征,于义务论与功利主义之对立、古今差异、中西之别等方面作了沟通性质的理解。这种沟通,与后来阿玛蒂亚·森等沟通义务论与功利主义的努力相比,尚有其独特的面向,在今天仍有接着讲的价值。

贺麟首先界定概念,他说"功利主义是把在实际上可感到、可得到的事物认作有道德价值,并认其为生活目的的学说"[①]。而这类可感到、可得到的东西,他又分为四种:快感或快乐;财货或金钱;名誉;权利或权力。凡追求四种中的任何一个或一个以上的人,他认为都可称作功利主义者。以这样的概念为基础,他区分旧式的功利主义(也被他称作个人的功利主义、常识上的功利主义)与新功利主义(也被他称作近代新式的功利主义)。前者所求为个人的幸福、财富、名利和权力,秦始皇、汉武帝、商鞅、李斯、韩信,或建霸王功业,或求封侯拜相,所在都为一己一家之利,非为天下为人民之利,他们都是这种旧式功利主义的代表人物。后者则不为一己一家之利,而是社会理想主义或福利主义的,为他所真正推崇。[②]

当时对功利主义的批评,贺麟主要就其中的两种作出应对。批评之一,认为功利追求因为是向外的,所以只要外诱不断,一个人就在不断的追求过程中,而永不可能得到满足。对于这种批评,贺麟认为,对许多功利主义者来说,追求的过程也正可为一种满足,战场之于军人,竞选之于参选者,考场之于秀才,都可有此追求过程本身之满足。批评之二,把功利主义与非功利主义机械地对立起来,认为功利主义者完全是盲目的,利欲熏心的,无理想的;非功利主义者则是轻视功名的,高洁的,有理想的。对于这种批评,贺麟认为功利与非功利(道德)不是根本对立的关系,而是主与从的关系,它们不但不

---

① 贺麟:《功利主义的新评价》,《文化与人生》,第 205 页。

② 同上书,第 205 页。

相反，而是相辅相成的。[1]

正是通过对上述第二种批评的反驳，贺麟逐步推出他对新功利主义的同情之理解。主要参考边沁、约翰·穆勒、谢幼伟等人，他认为新功利主义有这些优点：第一，一人一份的福利原则打破亲疏贵贱之分，富有平等性、平民性，这一原则本身也是一个立法原则，在法律面前人人平等；第二，虽非积极提倡道德，但注重通过扫除道德发展的障碍，客观上能推动保育、卫生、教育环境的发展；第三，能增进公德心。而之所以新功利主义有这些优点，贺麟认为，从根本上说，首先是因为它是从义务论的内心道德进化过来的，是单纯内心道德思想的进一步发展；其次它尚有其非功利的基础，有宗教精神、道德风尚作为基础，如基督教博爱精神、"己所欲，施于人"的道德金箴等。[2]

纯义务的道德思想之发展如何能开出新功利主义？或者说消极的人格修养如何能发展到积极的外在福利？对这两者的沟通，使得贺麟思想具有超出义务论与功利主义之对立的"调解"面向，表现为一种对人类道德发展的更宽阔、豁达的理解，而这也正是理解贺麟思想的关节点。他主要通过体用范畴来解决这个问题。

二 即体讲用

关于体用关系，贺麟融释中西多种资源来解读。他首先区分常识意义上的体用与哲学意义上的体用，前者如"中学为体，西学为用"的说法；后者他又分为绝对的体用观和相对性、等级性的体用观。绝对的体用观他举柏拉图、朱子为例。体指形而上的本体或本质，用指形而下的现象。体为形而上的理则，用为形而下的事物。如理为体，气为用。相对的体用观他主要以亚里士多德、周敦颐为例。"将许多不同等级的事物，以价值为准，依逻辑次序排列成宝塔式的层次（hierarchy）。最上层为真实无妄的纯体或纯范型，最下层为具可能性、可塑性的纯用或纯物质。中间各层则较上层以较下层为用，较下

---

① 贺麟：《功利主义的新评价》，《文化与人生》，第 208 页。
② 同上书，第 211—212 页。

层以较上层为体。”[①]就周敦颐来说,是五个层次的相对体用观:无极—太极—阴阳—五行—万物。与绝对的体用观只以本体现象言体用不同,相对的体用观还以事物表现纯范型之多少、纯浊言体用。[②] 于绝对和相对两种体用观,贺麟在分析实际问题时,通常兼取二者,举例也不拘中西古今。

前述纯义务的内心道德可发展为新功利主义,贺麟正是通过体用范畴来搭桥连接的。他以内心道德为体,外在功利为用。在发表《功利主义的新评价》前,1944 年 5 月他发表《宋儒的新评价》(《思想与时代》第 34 期),文中已讨论到近代新功利主义,认为它较古代永嘉学派的功利主义,理论基础较为深厚;叶适、陈亮等重功利的实用主义之所以反不如程朱学更有实际影响,也在于理论基础不固。[③] 这里的理论基础,就是他理解的“体”。在贺麟看来,新功利主义是有“体”之“用”,而它的“体”,就是道德。“非功利是体,功利是用。”[④]如此,非功利的高尚襟怀,不至于枯寂无用;而功利之追求,不沦于奔竞无耻,可谓体用相得益彰。

在发表《功利主义的新评价》后一月,贺麟又发表《杨墨的新评价》(1944 年 12 月刊登于《建国导报》第 14 期)。文中对杨墨的重新解释可补充他对新功利主义的理解,也说明他对“用”的理解相当宽泛。与传统儒家排斥杨墨不同,他认为新儒家的发展可以部分容纳杨墨的精华,借鉴梁启超对费希特的评价,他认为新功利主义以杨子为我为出发点,以墨子兼爱为最后归宿。他解释中的杨子,虽为我,但不损人利己;墨子兼爱,同样反对损人利己。二者既非损人利己之恶,适当纠偏,都可体用兼备,纳入儒学之狂(墨子兼爱)狷(杨子为我)范围之内。杨子之高洁可开发出清高雅致之艺术情操;墨子之热情可发展出超越之宗教精神。尤其贺麟对杨子“为我”的理解相当豁达,认为他的生活方式、思想情趣,虽只讲修己,但其与黑暗政治之不合作,适也包含了一种自由精神,也是对政治的一种反抗,并且其恬于势利、隐逸山林的一面,也反照出汲汲功利者之势利,于社会风尚,于纯科学艺术之精神培育,仍

① 贺麟:《文化的体与用》,《近代唯心论简释》,上海:上海人民出版社,2009 年,第 193 页。
② 同上。
③ 贺麟:《宋儒的新评价》,《文化与人生》,第 197 页。
④ 贺麟:《功利主义的新评价》,《文化与人生》,第 208 页。

有其无用之大用。①

总之,贺麟用了体用范畴,于强调“用”的思想体系讲究“体”,而于强调“体”的思想体系则开发“用”。他区分新旧功利主义的重点也在于说明新功利主义虽为强调效用之学,仍有其深厚坚固的“体”;于新功利主义之批评者,他也通过挖掘其“体”——道德、宗教基础——为其辩护。

三 对功利主义危险之防备

不过,就功利主义的发展来说,除了上述两种批评,它本身还包含了另一种风险:

> 幸福概念在道德上的危险是在另一方面;因为我们现在很清楚地意识到人的可塑性,也很清楚地意识到了这个事实:可以用各种方式影响人们,使其接受或满意于几乎任何事情。他们对自己的命运感到满意,这决不意味着他们的命运就应当如此。因为对于幸福,总是可以提出要付出多大代价的问题。所以,最大多数人的最大幸福这一概念能用来护卫任何家长式统治的或极权主义的社会,在这种社会中,幸福是以牺牲个人决定自我选择的自由换来的。②

麦金太尔的文字后出于贺麟的文字,然而其中讨论到的功利主义“最大多数人的最大幸福”准则问题,西季威克和穆尔对“人们事实在欲求”与“人们应该欲求”之间的区别事实上也已包含,只是不及麦金太尔揭示得如此显白。③ 贺麟虽没有直接的文字表明他对这一问题的提防或克服,但他在另外的文章讨论哲学方法时部分吸收了西季威克对“直觉”方法的强调,并且结合宋儒对这一方法有所发展。

> 譬如英国功利主义的伦理学家西吉微克(H. Sidgwick)作《伦理学方法论》(*The Methods of Ethics*),即提出直觉为伦理学方法之一。美国的新实在论者孟太苟著《认知的途径》(*The Ways of Knowing*),亦认直觉为神

---

① 贺麟:《杨墨的新评价》,《文化与人生》,第203—204页。

② 阿拉斯代尔·麦金太尔:《伦理学简史》,龚群译,北京:商务印书馆,2003年,第309页。

③ 参考译者序,约翰·穆勒:《功利主义》,郁喆隽译,上海:上海世纪出版集团,2005年,第15—16页。

> 契主义者所采取的认知方法。这都是自己不采用直觉方法(西吉微克仅部分地采取康德式的直觉方法以与弥尔的功利主义调和)而客观承认直觉是方法的好例。①
>
> 兹为方便计,可以简略地认直觉为用理智的同情以体察事物,用理智的爱以玩味事物的方法。但同一直觉方法可以向外观认,亦可以向内省察。直觉方法的一面,注重用理智的同情以观察外物,如自然、历史、书籍等。直觉方法的另一面,则注重向内反省体察,约略相当于柏格森所谓同情理解自我。一方面是向内反省,一方面是向外透视。认识自己的本心或本性,则有资于反省式的直觉。认识外界的物理或物性,则有资于透视式的的直觉。朱子和陆象山的直觉方法,恰好每人代表一面。②

上引第一段文字中的"西吉微克"即今日通译为"西季威克"者。当时因梁漱溟、冯友兰都不承认直觉是一种哲学方法,贺麟通过征引西季威克等证明直觉是一重要认知方法。而从上引第二段话可见,他结合宋代哲学资源对直觉方法有所发展。在他看来,宋儒的哲学方法主要是直觉的,但可分为两种:向外观认与向内体察,分别对应朱子与陆象山。当时哲学界有视直觉为反智主义的倾向,所以他更倚重向外观认,即朱子的直觉法,从而救弊陆王以来尤其是陆王末流直觉法之狂疏不羁、放荡无稽,并且通过这种救弊,恢复直觉法在哲学思考中的地位。注意贺麟说的"理智的同情""理智的爱""透视式"等,可知他对这种直觉方法有很高的要求。这篇文章当时曾给联大学生阅读,为回应他们阅读后所提的问题,贺麟于文后下了案语,说明此种直觉"亦经验亦方法。方法与经验,一而二,二而一,锐敏的思想与亲切的经验合一,明觉精察之知与真切笃实之行合一","积善愈多,学识愈增进,涵养愈醇熟,则方法亦随之愈为完善"。③ 如此,他的直觉方法不离经验,不离德性,并随经验、德性、涵养之增益而不断完善。这一方法可谓一种艺术,"须兼有先

① 贺麟:《宋儒的思想方法》,《近代唯心论简释》,第73页。

② 同上书,第77页。

③ 同上书,第93页。

天的天才与后天的训练"[①],所以少数精英才能得此方法之精髓,一定的意义上,可以说贺麟定义中的精英是仁智合一的。

理解了贺麟的这种直觉法,再来观照前面讨论到的功利主义的问题或"危险"。事实上贺麟所理解的"最大多数人的最大幸福",正是"人们在欲求的"与"人们应该欲求的"协调统一。而如何了解"人们应该欲求"?通过仁智合一的政治家运用直觉法了解民意,并且这个民意甚至还不是现在的民意,而是民意之应该。他不避讳伟大的政治家可以凭自己对人类、民族命运之高瞻远瞩,先知先觉到人们应该欲求什么,从而通过政治、训练、教育,引导人们从"正在欲求"提升到"应该欲求"。

> 假如只认儒家思想是为专制帝王作辩护谋利益的工具,则是根本违反民主主义的。这不但失掉了儒家"天视民视,天听民听"和"民贵君轻"等说的真精神,而且也忽略了西方另有一派足以代表儒家精神的民主思想。这一派注重比较有积极性、建设性的民主,其代表人物为理性主义的政治思想家。他们认国家为一有机体,人民在此有机体中各有其特殊的位分与职责。国家不是建筑在武力上或任何物质条件上,而是建筑在人民公意或道德意志上。人民忠爱国家,正所以实现其真我,发挥其道德意志,确认主权在民的原则。尊重民意,实现民意(但民意不一定指林林总总的群众投票举手所表现的偶然意见,或许是出于大政治家的真知灼见,对于国家需要、人们真意之深识远见),满足人民的真正需要,为人民兴利除弊,甚或根据全体的福利,以干涉违反全体人福利的少数人的活动。政府有积极地教育人民、训练人民、组织人民,亦可谓为"强迫人民自由"的职责,以达到一种道德理想。这种政治思想就多少代表我所谓儒家式的民主主义。例如美国罗斯福总统的许多言论,就代表我所谓儒家式的民主政治。[②]

从这段话可见,贺麟一方面反对专制,另一方面也反对放任政治。他的民主政治理想融通儒家政治理想与罗斯福新政,认为政治家宜具对于国家需

① 贺麟:《宋儒的思想方法》,《近代唯心论简释》,第77页。

② 贺麟:《儒家思想的新开展》,《文化与人生》,第21页。

要、人民真意之深识远见,他甚至认为政府需尽"强迫人民自由"的职责以达到一种政治理想,罗斯福则正是他理想中的儒家式政治家。而这里的"深识远见"正是贺麟讲的向外观认的直觉。文章发表于1941年8月(《思想与时代》第1期),当时正是世界范围内放任经济、政治模式消极一面突显的时期,而美国的罗斯福新政正以国家垄断、政府干预为特点展示出它积极的一面(其弊端则要到第二次世界大战之后才集中显示出来);而当时我国国内正处抗战时期,需要政府有强大的组织力、执行力,人民能以爱国主义支持抗战。考虑到这些,或许我们可以于贺麟对威权政治——"集中权力,但不独裁"——的认同抱以一定的理解之同情。另外还应考虑贺麟发表文章的新闻检查背景,当时正处国民党"训政"时期,人们并不具备充分的言论自由,如此,对贺麟文章中对于威权的认同程度,宜打适当的"折扣",读出字里行间隐性写作的成分。

至于麦金太尔揭示的功利主义的危险,在贺麟写作的时期,世界范围内包括我国的政治生活中,这种危险仍只是隐性的,应该承认,对幸福与正义、自由之间的冲突,贺麟的确没有足够的警惕和前瞻。然而考虑到他心目中实现正义的社会模板是英美式的法治民主,而这种法治模式在他看来本身包含了对申韩式法治的拒绝以及对诸葛亮式儒家法治之真精神的融纳,则他关于政治、福利、学术、教育、社会的设想本也包含了排斥极权之恶政及保障人民自由的因素。

下面特别看一下他关于法治、学术自由和消极自由等方面的观点,从中可以看出贺麟思想的各部分是相辅相成、环环相扣的。

四　法治、学术自由和消极自由

贺麟区分三种法治:一为申韩式法治,二为诸葛亮式法治,三为近代民主式法治。于第一种,他的批判不遗余力,认为它是建筑在旧功利主义之上的,以强权为目的,以人民为工具,以纵横权术为手段,"不本于人情,不基于理性,不根于道德、礼乐、文化、学术之正常"[①]。第二种他认为是基于道德的法

① 贺麟:《法治的类型》,《文化与人生》,第52页。

治，与第一种有根本区别。上述“强迫人民自由”的儒家式民主主义，他也归入此类，但是，它的实行面对两个条件，一是人民知识程度尚低，不能实行普遍民主；二是政府贤明，有仁智合一之政治领袖。而第三种才是贺麟心目中理想的法治，他称之为学术的法治，它是文化学术、政治教育、自由思想、人民个性发展后的产物，也即第二种法治自上而下启迪民智、培育民德民俗的结果，是第二种法治发展的应然产物。这种法治中，政府不再是人民的导师，而是人民的公仆；人民是健全之公民，所以以“人民自己立法，自己遵守”为原则。法律以道德以基础，经充分学术的研讨，由人民自主自由确立，“乃是人民的自由和权利所托命的契约，公共幸福的神圣保障”①。这些设想的具体描述大体以当时英美社会法治运行的状态为准，幸福是人民自主选择、自由决定的，不再是“被强迫的自由”。至于第二种法治如何顺利过渡到第三种法治，须记贺麟加之于第二种法治下政治领袖之道德、明智等条件，以及在第二种法治下，政府是保障学术自由，保证教育、民智的发展的。贺麟以第三种法治为政治发展之目标，他对威权政治之部分让步也在于寄望它能过渡到第三种法治，“人民不可因政府之权力集中，而误会政府为法西斯化，独裁化，而妄加反抗。政府亦应自觉其促进人民自由，实现宪政，达到近代民主式的法治的神圣使命，不可滥用职权，不必模仿法西斯的独裁”②。这些话可视为“训政”的政治条件下，特殊的出版环境下，他对“训政”本身的“几谏”。

贺麟说近代民主式的法治是基于学术的，这一观点须结合他谈学术自由的文字做更深层次的理解。他提出独立自由的学术才是真正的学术，而真正的学术是人类理智和自由精神的最高表现。学术与政治是“体”与“用”的关系，学术是“体”，政治是“用”。学术推动政治的关节点在于独立自由的学术才能培植独立自由的人格，而唯有这样的人格才可成就健康的、自由的、有道德的政治。政治中每一个工作人员都应多少曾经受过学术的洗礼，政治事实上是学术由知而行的过程。③ 看得出来，贺麟的“学术”概念不止是学术研究的意思，而是部分地有我国传统中“学统”“道统”的含义，内含真理探索、道德

---

① 贺麟：《法治的类型》，《文化与人生》，第53—54页。
② 同上书，第55页。
③ 参考贺麟：《学术与政治》，《文化与人生》，第245页。

培育、人格培养等内容。他说:“离开学术而讲法治就是争功好利、残民以逞的申韩之术;离开学术而谈德治,就是束缚个性、不近人情、不识时务的迂儒之见;离开学术而谈礼治,就是粉饰太平、虚有其表、抹煞性灵的繁文缛节与典章制度。”①看来他讲的学术自由,包含了对申韩之术的拒绝,也包含了对传统德治、礼治之可能走向堕落的提防,考虑到贺麟当时已以新儒家的身份为人所知,他能如此豁达地承认传统德治、礼治若不加入学术自由这一层面则也包含内在危险,这是非常可贵的。而如果一种政治是尊重贺麟意义上的学术自由的,则可防止走向察察之政,走向迂阔,走向虚饰,不至于发展到前论麦金太尔所担心的功利主义之危险。

贺麟对个人自由的包容与保护也值得重视。前文已引述他对杨朱的正面评价,肯定其消极生存方式中尚有不与昏暗政权合作的积极因素,包含着自由精神。“像这类的我所谓古代的典型的利己主义者,虽有消极厌世的趋向,但亦有保持个人自由的一面,亦是对于当时污浊不合理的政治的一种反抗,而他们积极努力以贡献于世的就是艺术或有艺术意味的纯学术。”②从中可见他对“个人自由”之坚定的维护。贺麟未如后来伯林之区分积极自由与消极自由,但区分道德自由与政治自由,并认为政治自由以道德自由为基础,而道德自由则有其形而上学的基础。③ 上述杨朱式的自由,他视为道德自由,这种自由是争取政治自由的基础。他关注到,这种道德自由,如许由之不争,甘地之消极反抗,虽不一定能直接贡献于天下之治平,而其淡泊于势利之精神高洁,包含着对人性、政治的理想,而此种理想主义者虽可能逃避现实,为普通人所驳斥,“殊不知逃避现实亦系对于现实之消极的反抗,对于现实的污浊和矛盾无深刻认识者,将永为现实之奴隶而不能自拔,虽欲消极的逃避亦不可能,遑言改造”④。看得出来,相较于完全妥协于现实者,他对理想主义者之逃避现实的一面,更多同情。

杨朱这样的林下形象尚因其政治、人性理想,因其对昏暗政治的反抗得到肯定,更不用说在现实生活环境中知行合一、智仁勇相统一的君子形象了。

① 参考贺麟:《学术与政治》,《文化与人生》,第246页。
② 贺麟:《杨墨的新评价》,《文化与人生》,第202页。
③ 参考贺麟:《论意志自由》,《近代唯心论简释》,第162—163页。
④ 贺麟:《近代唯心论简释》,《近代唯心论简释》,第7页。

如此，贺麟这里个人自由、道德自由的含义相当正面，与一般讲个人自由就联系到放荡无羁、不守礼法正好相反，它包含着相当的道德深度，它的含义若具体化，放到英美政治中的绅士上理解，也即无畏于强权，无惑于势利，堂堂正正，停停当当，处事得体有节；放到我国古代，正是《孟子》中"富贵不能淫，贫贱不能移，威武不能屈"的大丈夫。

理解了贺麟关于法治、学术自由、个人自由的观点，再回过去看他关于功利主义的新评价，可以看出，他以近代法治为政治建设的目标，而要达到这一目标，学术自由、个人自由是其基本条件，社会政治环境既具此条件，则功利主义本身可能有的风险已有制度、文化、道德之屏蔽，有学术自由的环境对其公开批评，有道德自由之士对其反思或抵抗，有法治对其作制度之防范，则虽其风险或生，其滋蔓的可能却小。

综合以上四点，功利主义有体有用，其体为学术自由、道德自由，根本上是要有具此自由的人；其用体现于政治、社会、福利、教育之方方面面。而对"真正之用"的把握，仍需具学术自由、道德自由的人运用向外观认的直观法，于具体社会环境中恰到好处地领会体察。而学术自由、道德自由本身又需要良好的法治、忠厚的社会风尚来保护。各个方面是内在统一的。

To Understand He Lin's Review on Utilitarianism as a Whole

Wang Ying

Abstract: The thoughts of He Lin(贺麟) were consistent. He showed sympathy for Modern Utilitarianism. He thought it not only value function (用), but also value its basement(体). The basement is virtue and religion. He relied heavily on Zhu Xi's method of intuition, an intuition through outward view, to catch the real function. The academic freedom and the private freedom were safeguard, helping the Authoritarian rule not descending to the enemy of freedom and developing into modern rule of law gradually.

Key words: Modern Utilitarianism, rule of law, Zhu Xi's method of intuition, freedom

哲学门(总第三十九辑)
第二十卷第一册
北京大学出版社,2019 年 6 月

再论《理想国》与《欧德谟伦理学》中的“功能论证”*

刘 玮**

提 要:本文是对发表在《哲学门》(总第三十七辑)上魏梁钰的文章《〈欧德谟伦理学〉中的“功能”概念和“功能论证”》所做的回应。文中主要论证三个问题:第一,柏拉图并非在工具的意义上使用“功能”(*ergon*)概念;第二,亚里士多德在《欧德谟伦理学》中的“功能论证”在重要的意义上继承了柏拉图的“功能论证”,并且与《尼各马可伦理学》中的“功能论证”存在重要差别;第三,柏拉图和亚里士多德的“功能”概念,都有“描述性”的维度,而并不是纯然“规范性”的概念。

关键词:柏拉图 亚里士多德 功能论证 灵魂 德性 规范性

《哲学门》(总第三十七辑)发表了魏梁钰的文章《〈欧德谟伦理学〉中的“功能”概念和“功能论证”》,这是国内学界少有的关于这个问题的详细讨论,论文中有很多有价值的观察和分析,魏梁钰在文章中也对一些学者(包括笔者在内)的观点提出了质疑。①鉴于“功能论证”在亚里士多德伦理学乃至整

* 本文为国家社科基金“亚里士多德《欧德谟伦理学》与《尼各马可伦理学》比较研究”(17BZX098)项目成果。

** 刘玮,1980 年生,中国人民大学哲学院副教授,伦理学与道德建设研究基地研究员。

① 魏梁钰质疑的主要对象包括 J. M. Cooper, *Reason and Human Good in Aristotle*, Cambridge, MA: Harvard University Press Cooper, 1975;A. Gomez-Lobo, “The *Ergon* Inference,” *Phronesis*, vol. 34 (1989), pp. 170-184;刘玮:《功能论证:从柏拉图到亚里士多德》,《道德与文明》,2017 年第 3 期,第 73—79 页。

个哲学系统中的重要地位,我希望在此再次考察柏拉图和亚里士多德的"功能论证",并对魏梁钰提出的几点质疑做出回应。

笔者与魏梁钰的主要分歧集中在两个问题上。首先,在《理想国》《欧德谟伦理学》与《尼各马可伦理学》中三个功能论证的关系上,笔者倾向于接受"传统观点",认为《欧德谟伦理学》中的功能论证与柏拉图在《理想国》第一卷中的功能论证有直接的亲缘关系,而《尼各马可伦理学》中的功能论证则在此基础上有了重要的改进;而魏梁钰主张《欧德谟伦理学》中的功能论证并不是直接来自或者接近《理想国》中的功能论证,《尼各马可伦理学》中的功能论证与《欧德谟伦理学》中的功能论证没有什么差别。

其次,笔者认为在亚里士多德那里"功能"概念带有描述性,"功能"与"德性"(或者"功能发挥良好")并不是一回事,只有后者才是彻底的规范性概念;而魏梁钰认为"功能"本身就是一个规范性概念,自带了"功能发挥良好"的含义。

在下面的讨论中,我会首先论证《理想国》中的功能论证并非在工具的意义上使用"功能"一词(第一节);随后讨论这三个功能论证之间的关系(第二节);最后来讨论我和魏梁钰在"功能"概念所具有的"描述性"上的分歧(第三节)。总的来讲,魏梁钰提出的质疑,并不足以让我改变原有的立场,但是我非常感谢他给了我更多的机会更细致地思考这些问题,并且对文本中和我的立场中一些容易产生误解的地方做出进一步的澄清。

一 《理想国》中的"功能论证"

魏梁钰和我对于《理想国》第一卷中的"功能论证"(352d8-354a11)在文本中发挥的整体作用,并没有分歧,分歧主要在于如何理解"功能"的含义。具体来讲,魏梁钰从**工具性**的角度理解"功能",即功能是**人使用某个工具去完成某项活动**;而我从**活动**的角度理解"功能",即功能是一个事物特有的活动。要看清苏格拉底/柏拉图在哪个意义上使用"功能"这个概念,我们需要详细考察这段论证。

在引出"功能论证"的时候,苏格拉底首先问色拉叙马库斯是否同意马是有"功能"(ἔργον)的,对于这一点色拉叙马库斯毫无异议。随后苏格拉底试图向他说明，自己说的“功能”是什么意思：

> 你是否将一匹马或者其他任何东西的功能确定为**某人只能用它才能做，或者用它做得最好的事情**？（Ἆρ' οὖν τοῦτο ἂν θείης καὶ ἵππου καὶ ἄλλου ὁτουοῦν ἔργον, ὃ ἂν ἢ μόνῳ ποιῇ τις ἢ ἄριστα；352e2-3）。[1]

在这里苏格拉底确实用了“工具与格”（instrumental dative，μόνῳ ἐκείνῳ，“只能用它”），感觉好像是苏格拉底在讨论将马作为工具服务于人的目的。但是这只是对“功能”的**初步界定**，是为了帮助色拉叙马库斯粗略理解苏格拉底想要说的点。至于苏格拉底在这里想要强调的点是（1）功能是“工具性的”（魏梁钰的理解），还是（2）功能是“特有的活动”（我的理解），我们需要在下面的讨论中进一步确定。

事实证明，色拉叙马库斯确实没有明白苏格拉底要说的这个“功能”是什么意思。于是苏格拉底又引入了眼睛、耳朵、修枝刀的例子，来说明自己说的“功能”是什么意思，在这三个例子里，苏格拉底都用了工具与格的表达方式，分别说到了“用眼睛看”（ἴδοις…ὀφθαλμοῖς）、“用耳朵听”（ἀκούσαις…ὠσίν）和“用修枝刀做［即修剪枝条］”（δρεπάνῳ…ἐργασθέντι）。在说完了这些例子之后，苏格拉底给出了他对功能的第二个界定：

> 现在，我想你就更好地明白了**我之前问的问题**，每个东西的功能是不是**只有它可以做或者它做得最好的事情**。（νῦν δὴ οἶμαι ἄμεινον ἂν μάθοις ὃ ἄρτι ἠρώτων, πυνθανόμενος εἰ οὐ τοῦτο ἑκάστου εἴη ἔργον ὃ ἂν ἢ μόνον τι ἢ κάλλιστα τῶν ἄλλων ἀπεργάζηται. 353a9-11）

从这段话里，我们很清楚地看到，苏格拉底认为自己说的是和前面（352e2-3）一样的意思，即说明自己想要讨论的“功能”到底是什么意思。但是在这里苏格拉底并没有使用工具与格的表达，而是用主格把一个东西的功

---

① 《理想国》的文本依据 Plato, *Platonis Rempublicam*, ed., S. R. Slings, Oxford: Oxford University Press, 2003 翻译，参考了 J. M. Cooper ed., *Plato: Complete Works*, Indianapolis: Hackett, 1997 中的英译本，所有的强调和用【】加入的标号，都是笔者所加。

能界定成它特有的活动。由此可见,在上面(1)和(2)的选项里面,苏格拉底引入"功能"这个概念,想要强调的点,并不是对象被人使用的"工具性",而是对象完成某种活动的"特有性"。

紧接着,从"功能"的概念,苏格拉底很自然地引入了"德性"(ἀρετή)的概念:"每个有功能的东西**用它特有的德性**把功能履行好,而恶性就履行得坏。"(τῇ οἰκείᾳ μὲν ἀρετῇ τὸ αὑτῶν ἔργον εὖ ἐργάσεται τὰ ἐργαζόμενα, κακίᾳ δὲ κακῶς, 353c6-7)我们需要注意,在这里苏格拉底也用了工具与格的表达方式"用特有的德性"(τῇ οἰκεί...ἀρετῇ),但是他的意思显然不是说,德性是一个东西的工具,这个东西用德性这个工具履行自己的功能,因为德性显然是一个事物能够履行某种功能的**内在状态**。

对于"德性"概念的这种使用,也说明我们不该过于机械地理解"工具与格"与"工具"之间的联系,因为所谓的"工具与格"其实包括了比严格意义上的"工具"宽泛得多的含义,比如它可以表达一个人用自己的勇气战斗、一个东西的价钱、一个事物的组成部分、判断标准、方式、方面、原因、目的等。①

从这个关于德性的讨论里,我们也看到了我和魏梁钰的第二点分歧,即"功能"是一个描述性的还是一个规范性的概念。苏格拉底在这里显然是把"功能"当作一个**描述性概念**使用的,否则他就不需要再进一步引入"德性"和"恶性"这两个概念来描述功能履行得好与坏了。

在做了这些准备之后,苏格拉底引入了"灵魂的功能":

> 是否有某种灵魂的功能,你不能**用其他东西来做**,比如这些:照料、统治、思虑,以及所有这些?除了灵魂之外,我们还可以正义地将这些归于其他东西,说它们是它特有的功能吗?(ψυχῆς ἔστιν τι ἔργον ὃ ἄλλῳ τῶν ὄντων οὐδ' ἂν ἑνὶ πράξαις; οἷον τὸ τοιόνε. τὸ ἐπιμελεισθαι καὶ βευλεύεσθαι καὶ τὰ τοιαῦτα πάντα, ἔσθ' ὅτῳ ἄλλῳ ἢ ψυχῇ δικαίως ἂν αὐτὰ ἀποδοῖμεν καὶ φαῖμεν ἴδια ἐκείνης εἶναι; 353d3-5)

① 参见 H. W. Smyth, *Greek Grammar*, rev. G. M. Messing, Cambridge, MA: Harvard University Press, 1956), pp. 346-349。

在这里苏格拉底再次使用了工具与格，好像是在讨论将灵魂或者其他什么东西当作工具，去完成统治、思虑之类的功能。但是紧接着苏格拉底就再次修正了这种印象，在提到了灵魂也有德性之后，他和色拉叙马库斯展开了下面这个简短的对话：

苏：那**活着**(τὸ ζῆν)呢？我们不是说那是灵魂的功能吗？

色：尤其如此。

苏：我们不是也说灵魂有德性吗？

色：我们确实这么说。

苏：色拉叙马库斯，如果缺少了特有的德性，【1】**灵魂还能很好地履行它的功能吗**？还是不可能？(ἆρ' οὖν ποτε...ψυχὴ τὰ αὑτῆς ἔργα εὖ ἀπεργάσεται στερομένη τῆς οἰκείας ἀρετῆς, ἢ ἀδύνατον)

色：不可能。

苏：【2】那么坏的**灵魂必然很糟糕地统治和关照**，而一个好的灵魂很好地做这些事情？(ἀνάγκη ἄρα κακῇ ψυχῇ κακῶς ἄρχειν καὶ ἐπιμελεῖσθαι, τῇ δὲ ἀγαθῇ πάντα ταῦτα εὖ πράττειν.)

色：是的。

苏：我们同意了，正义是灵魂的德性，而不义是恶性？

色：是的。

苏：【3】那么**正义的灵魂和正义的人就生活得好**，而不义的人就生活得坏？(ἡ μὲν ἄρα δικαία ψυχὴ καὶ ὁ δίκαιος ἀνὴρ εὖ βιώσεται, κακῶς δὲ ὁ ἄδικος)

色：根据你的论述，似乎是这样。(353e-12)

在这段话里，苏格拉底三次将灵魂用作动作的主语(其中第二次是用与格表示动作的发出者，用完全字面的方式翻译就是“对于坏的灵魂而言，必然统治和关照得差”)；而且在第三次提到灵魂的时候，还直接将“灵魂”和“人”做了等同(虽然这个等同在这里并不是完全合法的[1])。这么看来，苏格拉底就不是想要在人使用某种工具的意义上来理解一个事物的功能，他或者是用这种

① 在《理想国》第四卷里，苏格拉底会进一步讨论灵魂与人的等同。

带有工具的含义作为说明“功能”概念的一个方便途径,或者是不加区别地看待一个事物作为“工具”的作用,和一个事物特有的“活动”。[①]

通过这些澄清,我们可以把柏拉图在《理想国》里的“功能论证”重构如下:

(1)一个事物的功能是只能由它完成或者由它完成得最好的事情;

(2)一个事物要很好地履行功能就需要相应的德性,而恶性会让它无法履行功能;

(3)灵魂特有的功能包括关照、统治、思虑,特别是活着;

(4)德性让灵魂很好地履行这些功能,而恶性让灵魂无法履行这些功能;

(5)正义是灵魂的德性,不义是灵魂的恶性;

(6)因此,正义的人活得更好,不义的人活得更差;

(7)活得好就是活得幸福;

(8)因此,正义的人就活得幸福,不义的人就活得不幸。

到这里我们清楚地看到了,虽然苏格拉底在两个地方使用了“工具与格”来讨论一个事物的功能和灵魂的功能,但是我们从“工具与格”的语法用途、“德性”作为工具与格的对象,以及苏格拉底不加区分地使用一个对象的工具与格和主格形式,来说明它的功能(不管是眼睛、耳朵、修枝刀还是灵魂),都可以很清楚地看到,工具与格并不意味着我们要在“工具”的意义上理解一个事物的“功能”,而是应该被理解成一个只能由它完成或者由它完成得最好的活动。我们也看到了,在苏格拉底的讨论里面,“功能”和“德性”是两个不同的概念,“德性”意味着功能发挥良好,在这个意义上“功能”是一个带有描述性的概念,只告诉我们一个事物特有的活动是什么,而并不意味着它可以很好地完成这些活动。

下面让我们转向亚里士多德,看看他与柏拉图的相似和差别。

① 在这一点上,W. F. R. Hardie, *Aristotle's Ethical Theory*, 2nd ed., Oxford: Clarendon Press, 1980 和 R. Barney "Socrates' Refutation of Thrasymachus", in G. Santas ed., *The Blackwell Guide to Plato's Republic*, Malden: Blackwell, pp. 44-62 也犯了类似的错误。

二 《欧德谟伦理学》与《理想国》在“功能论证”上的异同

魏梁钰在文章的第三节强调了《欧德谟伦理学》“功能论证”中的“功能”概念与《理想国》里“功能”概念有两个主要的差别，并由此推论，《欧德谟伦理学》的“功能论证”并非直接来源于《理想国》。首先，在柏拉图那里的“功能”是工具性的，而在亚里士多德那里，“功能”不带有工具性。第二，亚里士多德通过区分“功能”概念的两个含义（结果和使用），消除了在柏拉图那里“功能”概念的歧义性。

第一点差别在我看来并不存在，我们在上一节里已经详细讨论过，柏拉图那里的“功能”并非工具性的概念，亚里士多德在两部伦理学里和柏拉图一样，也不是在工具的意义上讨论一个事物的“功能”。

第二点差别也只在一定程度上成立。在苏格拉底正式提出“功能”论证之前，他确实有时使用 ἔργον 作为“结果”的含义（比如 330c5、346d5 和 351d9），另一些时候使用了“活动”的含义（比如 332e3 和 335d3-12），但是在“功能论证”涉及到的文本中（352d8-354a11），他毫无疑问都是在讨论某种“活动”。我们可以说，亚里士多德比柏拉图更清楚地注意到了 ἔργον 这个词的歧义性，并且做了一定的澄清。但是这一点似乎恰恰说明，亚里士多德的“功能论证”建立在柏拉图论证的基础上，他有意识地借鉴了柏拉图的论证，并对他认为有可能产生歧义的地方进行了澄清。

除了这两点之外，魏梁钰还在文章中提到了《欧德谟伦理学》与《理想国》在“功能论证”上的另外三个差别。第三，亚里士多德没有像柏拉图那样，从“‘灵魂’的讨论最后悄悄地转换到人的幸福上面”（第 102 页），也就是上一节重构的论证里面从（5）到（6）的转换。第四，在《欧德谟伦理学》里，亚里士多德虽然看似和柏拉图一样，将“活着”当作灵魂的功能，但是也和柏拉图有重要的差别（第 107 页）。第五，亚里士多德使用外套、船、房子这些例子的目的和柏拉图不同，不是为了说明“功能”是什么，而是为了说明“德性”与“功能”的关系（第 119 页）。下面我们就来逐一考察这三点。

就第三点而言，我不认为在《欧德谟伦理学》与《理想国》之间有什么重要的差别。在《欧德谟伦理学》里，亚里士多德其实是做了两次转换，先是从人到灵魂,然后再从灵魂到人。在第一卷最后,亚里士多德提出,"对人来讲的好(τὸ ἀγαθὸν ἀνθρώπῳ)是目的,并且是可实践的最好的东西,我们要去探究所有事物中最好的有多少种方式"(I. 8. 1218b24-25)。[①] 随后在第二卷开始引入"功能论证"时,亚里士多德紧接着第一卷的结尾,讨论了那个"最好的东西"或者是在灵魂之中或者是在灵魂之外,鉴于人们都同意,灵魂之中的好是目的,我们就接受这一点,从灵魂的功能开始讨论。但是我们需要注意,亚里士多德从人到灵魂的这个转换,并没有通过任何论证,而仅仅是诉诸人们的通常看法:"智慧、德性和快乐是在灵魂之中的,**所有人都认为**(δοκεῖ πᾶσιν)它们中的一些或所有是目的。"(II. 1. 1218b34-36)而在功能论证的最后,他又从灵魂的德性转回到人的幸福,因为灵魂的功能是让人活着,那么灵魂德性的功能就是卓越的生活,这就是幸福(1219a23-28)。

柏拉图的"功能论证"其实也经历了这样两个转换,只是没有亚里士多德标识的那么清楚。从349a开始,苏格拉底提出的三个论证(不义之人试图胜过所有人,不义之人灵魂混乱,不义之人因为没有德性活得很差),都关于**正义之人比不义之人生活幸福**。灵魂与人的关系问题,其实在第二个论证里面,已经有所提示,在那里苏格拉底说不义之人因为灵魂里面充满了矛盾,什么事情也做不了。在第三个"功能论证"里面,苏格拉底只是更进一步,将灵魂与人等同了起来。严格说来,这样引入灵魂与人的等同当然是不合法的,但是苏格拉底突然引入灵魂与人的关系问题,和亚里士多德引入灵魂之中的好胜过灵魂之外的好并没有什么实质性的差别,都是没有经过任何论证,诉诸对话者或者听众能够接受的一个前提而已。而在说完了灵魂的功能之后,苏格拉底又做了第二次转换,从灵魂的德性直接过渡到了人的幸福。

说完了《欧德谟伦理学》与《理想国》论证相似的结构和策略之后,我们再看一下《尼各马可伦理学》与《欧德谟伦理学》在这方面的差别。在我看来,这个差别就表现在亚里士多德没有做从人到灵魂,再从灵魂到人的两次转换,

① 亚里士多德《欧德谟伦理学》的翻译依据 Aristotle, *Ethica Eudemia*, eds., R. R. Walzer & J. M. Mingay, Oxford: Oxford University Press, 1991, 参考了 Aristotle, *Eudemian Ethics*, trans., B. Inwood and R. Woolf, Cambridge: Cambridge University Press, 2013 中的英译本;《尼各马可伦理学》的翻译,依据 Aristotle, *Ethica Nicomachea*, ed., I. Bywater, Oxford: Oxford University Press, 1894,参考了 Aristotle, *Nicomachean Ethics*, trans., C. D. C. Reeve, Indianapolis: Hackett, 2014 中的英译本。

而是在功能论证的一开始就很明确地说自己在讨论的是“人的功能”和“人的生活”，灵魂是作为人的功能承载者很晚才被引入讨论的（在 I. 7. 1098a3-4 暗示了灵魂“有理性的部分”但是说的依然是“可以实践的生活”，没有提到“灵魂”这个词；功能论证里明确提到“灵魂”这个词，是在 1098a7，功能论证已经过半的时候）。

关于第四点，魏梁钰认为《欧德谟伦理学》将“活着”看作灵魂的功能比柏拉图在《理想国》里将“活着”作为灵魂的功能更具有合法性。因为（a）“只有活着才能将好的灵魂或者灵魂的德性的功能显示出来”（第 107 页）；（b）亚里士多德“做出了进一步说明：活着的功能是使用（或活动），而不是不工作或无所事事”（第 107 页）。在我看来，（a）正是柏拉图在提到照料、统治和思虑之后，把“活着”特别提出来当作灵魂功能的原因，因为如果没有“活着”这一条基本的底线，其他的功能都无从谈起。因此在这一点上，柏拉图和亚里士多德的意思也是一样的。（b）也不能支持亚里士多德与柏拉图之间的差别，因为我们前面已经讲到，在功能论证的语境里，“功能”这个词始终是和活动联系在一起的，柏拉图说活着是灵魂的功能，也是为了支持灵魂需要做照料、统治和思虑之类的活动，而没有主张人活着要无所事事。

此外，还有一个重要的理由让我们相信，亚里士多德在《尼各马可伦理学》里有意识地改变了论证的策略。在讨论人的功能时，亚里士多德一上来就把“活着”这个在《欧德谟伦理学》里对灵魂功能的整体概括，直接排除掉了：当他问出“人的功能到底是什么？”这个问题之后，紧接着就说“活着显然是和植物共同的，而我们要寻找特别的”（τὸ μὲν γὰρ ζῆν κοινὸν εἶναι φαίνεται καὶ τοῖς φυτοῖς, ζητεῖται δὲ τὸ ἴδιον, I. 7. 1097b33-34）。这也说明亚里士多德清楚地意识到，《欧德谟伦理学》里的论证策略存在问题，他希望找到更好的方式来讨论人的功能。

第五点有一定的道理，但是也并不完全成立。在《欧德谟伦理学》里，亚里士多德提到了外套、船和房子，是为了说明一个事物的“德性”与“功能”联系在一起。但是当他引入“功能”含义的区分时（一个是在使用之外，另一个是使用本身），建筑师、医生、视觉、数学知识这些例子都是用来说明“功能”的含义，在这个意义上，亚里士多德提出的例子和柏拉图的例子功能相同，都是为了说明“功能”是什么。而在《尼各马可伦理学》的功能论证里，亚里士多德提出笛手、雕刻家和所有匠人,是为了说明这些人的"好"是与他们的功能联系在一起的;但是之后提到木匠、皮匠以及各种身体器官,则是为了提出问题,这些人或者事物毫无疑问是有功能的,那么"人"作为比这些匠人更高的属,或者作为这些器官赖以存在的整体,是不是也有功能?①

通过对以上五点的讨论,我们可以很确定地得出结论,《欧德谟伦理学》里面的功能论证,与《理想国》的功能论证没有实质性的差别,但是《尼各马可伦理学》中的功能论证至少在两个方面(第三和第四点)对《欧德谟伦理学》做出了修正。

三　亚里士多德"功能"概念的"描述性"

关于"功能"概念的"规范性"问题,我们可以区分两个层面的"规范性":一个是"技艺-结果"层面的,一个是"状态-活动"层面的(我们可以称之为"**规范性$_1$**")。也就是说,对于技艺来讲,结果(产品)好于制作过程本身,因此对于匠人来讲,结果(产品)才是他的功能所在;而对于活动来说,仅仅有状态还是不够的,要把活动做出来,才算是实现了功能。这当然没有问题。不管是戈麦斯-罗伯还是我,说"功能"概念带有"描述性",说的都不是这个层次的问题,不是说只要拥有技艺,不做也是发挥了功能;只要有状态,不落实到行动也是发挥了功能。这是亚里士多德明确反对的,因为我们永远不会将奖牌发给一个有能力跑第一名,但是却拒绝参加比赛的人。

我们说"功能"概念具有"描述性"是与一个更高层次的"规范性"相对的"描述性"。这个更高层次的规范性,是**对结果和活动本身的评价**(我们可以称之为"**规范性$_2$**")。鞋匠制作出一双鞋,这是他功能的实现,在这个意义上,我们可以说对于鞋匠来讲,做鞋是带有"**规范性$_1$**"的,这是鞋匠的本分和目的;一个篮球运动员,一定要去打篮球而不是在家待着,才算是实现了他的功能和目的,在这个意义上,打篮球是带有"**规范性$_1$**"的。但是我想要说的"功能"概念的"描述性",是一双鞋做得好不好,篮球打得好不好那个意义上的"**规范性$_2$**"。鞋匠只有充分使用了自己的材料,做出了耐用又美观的鞋,我们

① 我并不认为亚里士多德在两部伦理学里,试图使用"归纳论证"来说明人是有功能的。

才说这个鞋匠是有德性的，在这个意义上，“做鞋”作为鞋匠的功能，仅仅是一个“描述性”的概念，而只有“做好鞋”才是一个“**规范性**$_2$”的概念。篮球运动员能够上场打球并不表明他是一个有德性的运动员，只有他打得很好，能够在关键时刻拯救球队，这才算是把篮球运动员的功能充分发挥了出来，这样的运动员才是有德性的。相对于“**规范性**$_2$”，“**规范性**$_1$”就是一个带有描述性的概念。我和戈麦斯-罗伯都是在这个意义上说“功能”概念带有“描述性”。

在这个意义上，我当然同意魏梁钰说的“功能”不是一个“单纯描述性的概念”（第119页）；但是当他说“当且仅当X通过将E完成得好可以成为X这类事物中好的（excellent）一员，E才能称为X的 ἔργον”时（第118页），他似乎是混淆了亚里士多德这两个层面的规范性，这么说就意味着只有一个卓越的鞋匠才能被称为一个鞋匠。不管是在《欧德谟伦理学》还是在《尼各马可伦理学》里，亚里士多德都在这两个层次的规范性之间做出了明确的区分。在《欧德谟伦理学》里，他说：

> 我们说一个事物的功能与它德性的功能相同，但方式不同。比如说制鞋技艺和制鞋的功能是鞋，如果有某种制鞋技艺和卓越鞋匠的德性，那么这个德性的功能就是卓越的鞋，这对于其他情况也适用。（λέγομεν ὅτι <ταὐτὸ> τὸ ἔργοντοῦ πράγματος καὶ τῆς ἀρετῆς, ἀλλ’ οὐχ ὡσαύτως, οἷον σκυτοτομικῆς καὶ σκυτεύσεως ὑπόδημα: εἰ δή-τίς ἐστιν ἀρετὴ σκυτικῆς καὶ σπουδαίου σκυτέως, τὸ ἔργον ἐστὶ σπουδαῖον ὑπόδημα. τὸν αὐτὸν δὲ τρόπον καὶ ἐπὶ τῶν ἄ-λλων. 1219a19-20）①

一个鞋匠的功能和一个卓越的或者有德性的鞋匠功能相同，都是做鞋，但是他们做鞋的方式不同，普通的鞋匠只能做出能穿但很可能不够美观耐用的鞋，而有德性的鞋匠则能够根据自己手头的材料，制作出既美观又耐用的鞋。

在《尼各马可伦理学》里，亚里士多德也表达了同样的意思：

---

① 不同于魏梁钰，我认为这里 Cassaubon 在文本中补充 ταὐτὸ（相同）是必要的，否则这个句子在语法上就是不完整的（或者我们接受 Rackam 的补充，即在 τὸ 后面补充 αὐτὸ，意思一样），而这个补充的依据很可能是《尼各马可伦理学》I. 7. 1098a7-8。

> 我们说某类事物的功能和其中卓越者的功能相同,就像琴师与卓越的琴师,如果我们**在功能之上加上合乎德性的优越**,这适用于所有情况,因为琴师就是弹琴,而一个卓越的琴师弹得好。(τὸ δ' αὐτό φαμεν ἔργον εἶναι τῷ γένει τοῦδε καὶ τοῦδε σπουδαίου, ὥσπερ κιθαριστοῦ καὶ σπουδαίου κιθαριστοῦ, καὶ ἁπλῶς δὴ τοῦτ' ἐπὶ πάντων, προστιθεμένης τῆς κατὰ τὴν ἀρετὴν ὑπεροχῆς πρὸς τὸ ἔργον: κιθαριστοῦ μὲν γὰρ κιθαρίζειν, σπουδαίου δὲ τὸ εὖ, 1098a8-12)

在这里,亚里士多德非常明确地将"功能"与"德性"分离开来,因为我们可以在"功能"这个概念之外再加上"合乎德性的优越",也就是说是"德性"为功能提供了评价或规范。只要我们理解了这两个层次的规范性,也就不会出现所谓的"好的重复性问题了"(reduplication of good)。

Ergon Argument in *Republic* and *Eudemian Ethics*: A Restatement

Liu Wei

Abstract: This paper is a response to Liangyu Wei's paper "'Ergon' and 'Ergon Argument' in Aristotle's *Eudemian Ethics*," published on a previous issue of the *Beida Journal of Philosophy*. I will argue for three points: (1) in the *Republic* Plato does not uses "function" (*ergon*) in an instrumental sense; (2) the "function argument" in the *Eudemian Ethics* is in significant aspects similar to Plato's, while in the *Nicomachean Ethics*, there are important changes of strategy; (3) for both Plato and Aristotle, "function" has important "descriptive" sense, not a "normative" concept through and through.

Key words: Plato, Aristotle, function (ergon), soul, virtue, normativity

曹峰:《中国古代“名”的政治思想研究》

上海:上海古籍出版社,2017 年

先秦秦汉诸子几乎都谈“名”,不仅名家,儒家、道家、法家乃至阴阳家、兵家都重视“名”,将“名”纳入其学说体系中成为其重要论题之一。在此意义上,胡适认为先秦没有名家,他说:“古代本没有什么‘名家’,无论哪一家的哲学,都是一种为学的方法。这个方法,便是这一家的名学(逻辑)。所以老子要无名,孔子要正名,墨子说‘言有三表’,杨子说‘实无名,名无实’,公孙龙有《名实论》,荀子有《正名篇》,庄子有《齐物论》,尹文子有《刑名》之论:这都是各家的‘名学’。”①从胡适的论述可以看出,“名”是先秦时期普遍流行的一个命题,并且胡适直接将“名学”等同于西方的逻辑学,这在 19 世纪末至 20 世纪也是十分普遍的看法,如严复的《穆勒名学》以及《名学浅说》等便都是有关西方逻辑学的两本译著。究其原因,在 20 世纪以来的中国思想史研究有一种倾向,即比照西方学术思想来研究中国学术,这样容易割裂中国古代思想中的相关问题,造成“只见树木不见森林”的局面。在从事“名”的思想史研究时也是如此,研究者很容易注意到与西方逻辑学相似的、认识论意义上的“名”思想(曹峰教授称之为“知识型名家”),而忽视了伦理学、政治学意义上的“名”思想(曹峰教授称之为“政论型名家”),而后者可能在中国思想史中占据更重要的地位。

曹峰教授多年来研究中国古代的名学思想,在此问题上积累颇丰,他 2004 年提交给日本东京大学的博士论文就是有关中国古代名学思想的。获博士学位后,他在此问题上继续探索,按照他的话来说是“通过在大学课堂上的反复讲学、通过撰写大量论文、通过参加各种学术会议,来倾听各方的反响

① 胡适:《中国哲学史大纲》,北京:中华书局,2015 年,第 168 页。

和意见、理出更为清晰的思路、搜集更为丰富的资料、展开更周密的论证"①，在发表了35篇相关的论文之后，他于2017年在上海古籍出版社出版了《中国古代"名"的政治思想研究》(以下简称《研究》)一书，这是名副其实的"十年磨一剑"的精品之作。这本大著看到了中国古代名学思想不仅具有逻辑学、认识论方面的意义，同时也是一种政治思想，对于20世纪以来专注于逻辑学、认识论意义上的名学思想研究起到了一种纠偏的作用，为新世纪以来名学的研究指明了新的方向，意义不可估量。

该书主要分为三个部分，第一部分从整体上对与"名"相关的各种政治问题作了总体性的概要与探究，第二部分则对名学中所涉及的人物(如孔子等)与文本(如《管子》四篇等)作了个案探讨，第三部分则是附录，收入五篇有关名学的论文。可以看出，《研究》对"名"的政治思想研究既有总论，又有分论，结构合理，逻辑清晰。细读《研究》一书，笔者发现该书有如下特点：第一，名学所涉及的材料十分丰富，无法做到面面俱到，并且先秦诸子有些材料还会涉及真伪问题，如何选取材料就是一大关键问题。《研究》主要从儒家、法家、黄老道家三条线索加以展开，选取一些代表性材料加以重点研究，如儒家这条线索上主要探讨孔子和荀子的"正名"说，黄老道家线索上则主要探讨《管子》四篇、《韩非子》四篇以及马王堆帛书《黄帝四经》等。需要指出的是，《研究》特别提出《尹文子》问题，传统的说法认为《尹文子》是一部伪书②，对其采取弃而不用的态度，或者如一些中国古代逻辑史的研究者那样对其不加批判地使用③，曹峰教授通过详实的考察，认为《尹文子》虽有后人整理的痕迹，但也绝非后人凭空所能伪造出来的，在此基础上对《尹文子》的名学思想进行研究，认为《尹文子》集战国秦汉"名"思想之大成，但它不是逻辑学和认识论意义上如公孙龙等所谓的"知识型名家"，而是为君主专制服务的"政论型名家"。对于以形名著称的《邓析子》，其书真伪难定，曹峰教授基于谨慎态度未加以考察。曹峰教授这些做法，显示出其严谨科学的研究态度。第二，《研究》在探究中国历史上的"名"思想时，能够超越后世对经典文本的种种诠释

① 曹峰：《中国古代"名"的政治思想》，上海：上海古籍出版社，2017年，第314页。
② 如郭沫若就持这种观点，参见《青铜时代》，上海：群益出版社，1947年，第317—325页。
③ 如汪奠基：《中国逻辑思想史》，武汉：武汉大学出版社，2012年，第56—60页。

而做到直面经典文本自身,对文本做出更为合理的解释,更接近于文本的原义。如关于孔子的“正名”思想,曹峰教授首先分析了迄今为止关于孔子“正名”思想的各种解释,并探究了《论语》中所见的“名”和历史上关于孔子“正名”的引用,指出《论语》中的“正名”被后世赋予多种不同解释,主要是因为后人依据后代的正名思想去推测孔子的思想,不断去充实孔子的正名思想,孔子的“正名”思想原义或许很简单,与“名分论”和“名实论”并无天生的联系,只是孔子第一个意识到语言对政治的重要性。第三,当今出土文献的大量涌现,对于传世文献以及传统观点起到了补充与修正作用,《研究》很好地将出土文献与传世文献结合起来,出土文献中也有许多关于“名”的论述,几乎均是伦理学、政治学意义上的“名”,能够为“名”的政治思想研究提供丰富的材料,曹峰教授对《黄帝四经》《语丛》等“名”思想的探究都是例证,在该书其他地方也大量散见出土文献与传世文献互相印证的研究方法。第四,《研究》的视域广阔,在广泛搜集中文资料的基础上,曹峰教授也十分注重日文资料与西方资料,对于各种材料、各种观点能够做到等量齐观,从而使得其研究结论平实,具有很强的说服力。比如,在《名家与名学研究走向偏差的历史原因》一节,曹峰教授从20世纪中文材料的名学研究出发,也考察了近代日本的名学研究以及西方学者如戴卡琳教授的名学研究。

《研究》从整体上对“名”的政治思想作了考察,包含许多真知灼见:其一,通过对《论六家要旨》和《汉书・艺文志》的分析,可以发现两种不同性质的名家,一种是伦理学、政治学意义上的名家,即知识型名家;一种是逻辑学、知识论意义上的名家,即政论型名家,后者在中国古代影响更大。盛行于战国秦汉时代的“形名”论、“正名”论、“名实”论均有两条线索,既有知识论体系,也有政治论体系。其二,《研究》认为“名”在中国古代思想史中具有崇高地位,与“名”能够把握物的本质这样一种神秘观念息息相关,“名”思想的神秘性使其充当政治工具成为可能。其三,《研究》注意到战国秦汉时期“名”“法”对举是一种普遍的现象,并阐明了这种现象产生的原因。

《研究》对传世文献和出土文献中各种具体的“名”思想所作的个案研究也是新见迭出。除上文所说的关于孔子与《尹文子》“名”思想的研究外,比如以往关于《荀子・正名篇》的研究多是套用西方名实论,曹峰教授依据文本自身以及《荀子》一书的思想脉络,指出荀子“名”论并非纯粹的语言分析,而主要是探讨“名”在政治和伦理意义上的价值,而根本没创造什么逻辑体系。又如,曹峰教授还将《管子》四篇与《韩非子》四篇都看成是黄老道家,放在一起讨论其“名”思想,他认为以“道”(虚无)为体,以“名”“法”(因循)为用的理论是黄老道家思想的根本所在,而《管子》四篇与《韩非子》四篇就鲜明地体现了这一点,它们是一种配合君主专制的实践理论。又如,曹峰教授认为以往对《黄帝四经》思想构造的研究,只讲“道法”,而实质上“道名法”三元结构才更为合理,“名”是《黄帝四经》中一个极为重要的概念,在《黄帝四经》中,“道”虽是最高范畴,但并非论述的重点,而君主如何把握“名”“法”才是其核心。又如,曹峰教授对《吕氏春秋》的名思想也做了深刻的研究,他认为《吕氏春秋》整合了当时与“名”相关的两种思想倾向,既和语言相关也和名分相关,这与《吕氏春秋》杂家身份也是相符的。如此等等,不一而足。

总之,《研究》能够超越以西方思想来比对中国思想的研究方式,独具只眼地发现战国秦汉时期除存在逻辑学、知识论意义上的“知识型名家”,还存在伦理、政治意义上的“政论型名家”,并且后者影响更大。《研究》以总论和分论的方式对传世文献和出土文献中“名”的政治思想作了较为全面的论述,立论平实可信,堪称近年学界关于名学研究的一大创举,指明了今后名学研究的新方向,对今后的名学研究必将起到推动作用,同时,曹峰教授的名学研究是在超越过度以西释中的传统研究方法的基础上建立起来的,因此他的这一研究对于中国思想史的研究方法论也具有深刻的启迪意义。

当然对于这样一个前人涉足较少的、意义非凡的、涉及范围广泛的论题,曹峰教授虽然已在此领域浸淫十余年,但要做到尽善尽美也是很困难的。笔者在此不揣冒昧地提出三个小问题,以供曹峰教授参考。第一,曹峰教授认为在先秦秦汉之际“名”是一个流行的话题,先秦秦汉时期任何一家思想都重“名”,但《研究》一书所涉及的“名”思想主要侧重于孔门著作、《管子》《韩非子》《黄帝四经》《吕氏春秋》《尹文子》等文献,其中除《尹文子》可能有后代痕迹外,其他均为先秦文献,如果以求全责备的眼光来看,《研究》对于秦汉文献几乎没有涉及不能不说是一大缺憾,事实上,秦汉文献也确实大量存在关于“名”的论述,例如《淮南子・主术训》有所谓“名各自名”的论述,《春秋繁露》有《深察名号》一篇等,由于《研究》几乎未涉及秦汉文献中的“名”思想,对于战国与秦汉时期“名”思想之间的差异我们也就无从了解,而这对于把握中国古代“名”的政治思想应当是具有重要价值的组成部分。第二,曹峰教授区分了“知识型名家”与“政论型名家”两种名家,对于两种名家的区别着墨较多,但对于两种名家的联系谈得较少,对于这两种名家孰先孰后的问题以及这两种名家之间是否存在互动的问题也几乎未涉及。第三,曹峰教授分四章综论“名”的政治思想,但对于“名”的政治思想兴衰问题涉及较少,尤其对于“名”的政治思想是否在汉代以后也同样发挥着重要的作用等问题没有涉及,如果“名”的政治思想也存在兴衰,那么兴衰的原因是什么?“名”的政治思想在历史上到底起了什么样的作用?第四,曹峰教授认为“名”“法”对举在先秦秦汉时期的道家和法家文献中是很普遍的,这说明所谓的“政论型名家”与法家存在千丝万缕的联系,那么可以提出进一步探究:政论型名家与法家的根本区别在什么地方?当然,政论型名家是一个全新的课题,涉及的内容非常丰富,苛求一本书解决所有的问题也是不现实的,期待曹峰教授以后在这个方向上能有更多的新成果涌现。

(袁青,湖南大学岳麓书院博士后)

丁四新:《英语世界的早期中国哲学研究》

杭州:浙江大学出版社,2017 年

尽管中国哲学的合法性问题一度让国人纠结,但作为人类思想之重要部分的中国古典思想早已走出国门,成为东西各国学者重视和研究的对象。在各处学者共同的努力之下,有关中国哲学思想的研究已成为一门国际性的学问。在以往,东方的日本、西方的法国,一度是海外汉学的重镇,针对中国哲学的研究也多是基于这两处展开。但随着上世纪后半叶汉学中心的转移,以美国为代表的英语世界已逐渐成为海外中哲研究的主体,无论是在研究内容上,还是在方法、视角上,都引领着这一领域的潮流。

对于今天国内的研究者而言,这些"墙外之花"已是我们无法绕开的重要风景,尤其是代表着当前海外研究之主流的英语世界的相关成果。但由于语言上的限制,以及了解途径的相对不便利等因素,国内学者对海外相关研究的认知整体上来说还是比较欠缺的。为此,近年国内学界陆续出现了一些评介性的论著,为我们了解英语学界相关研究提供了便利。但这些论著一般是围绕某位思想家或某个文本展开,倘要综合了解海外研究的态势,已有的这些评介则未免显得支离不全。我们一直在期待一部综合性的作品,可以对英语学界相关研究有一大局上的把握。

丁四新教授所著的《英语世界的早期中国哲学研究》正是这样的一部综合性著作。此书内容以英语学界对先秦秦汉哲学之研究为主,兼涉对秦汉以后哲学思想的研究,是目前所见对英语世界中国哲学研究最为系统的评介。基于这一布局,作者集中关注近一二十年的新成果,追踪其间的前沿问题及其研究走向,让我们可以及时了解到英语学界相关研究的新趋势。在考察过程中作者还特别注重提炼其间新颖的理论视域和研究方法,努力为国内研究者提供有借鉴意义的研究新路数,这一关切体现在书中的各个部分,可以说

是通贯全书的一条线索。在学术全球化的大潮流中,中国哲学的“世界性”也在日益加强,在此形势之下,阅读此书也是一个走出去的过程,让我们从“墙内”走向“墙外”,在广阔的学术视野中感受中国哲学的“世界性”。

一　展现中国哲学在英语世界的新图景

作为评介英语学界中哲研究的一部专著,此书首要的特点和贡献就在于它的综合性和前沿性。此书整体上由六章和一个附录组成,前四章依次评介先秦儒家、道家、墨家、名家的研究状况,第五章综述秦汉哲学之研究,第六章介绍易学方面的情况,附录中则收入方克涛先生所撰的一篇专论。先秦秦汉哲学研究是此书评介的主体,有关秦汉以后的研究则在第五章以及附录当中有述及。基于这一格局,作者集中关注英语学界近一二十年的研究新动向,从不同的方面展现中国哲学在英语世界的新图景。

先秦儒家方面,书中为我们展现了英语学界近年的研究态势,并对相关研究的利弊作出评析。基于作者的考察可知,在新近的英语学界里,孔、孟、荀等人的思想依然是学者们关注的重点,围绕于此,学者们也从现代的哲学观念出发,对先秦儒学展开了更多维的研讨。总的来看,英语学界的儒学研究在问题意识上更为多元,视角和方法更为多样,相关的思考和诠释也比较深入。但如同作者在书中所指出的,这些研究也存在一定的不足,如对《论语》文本真实性有所怀疑,以及对新出简帛的儒学文献关注不够等。

英语学界在先秦道家方面的研究主要围绕老、庄思想展开,除了一般的文本分析和问题研讨,还多从比较哲学的视域展开探讨,并且类似于儒家的研究情况,学者们也从现代的哲学观念去探讨道家思想。对于这些情况,书中都有比较详细的介绍。综合来看,注重比较研究、强调现代哲学的视域是英语学界道家研究的两个特点,但这些研究过于依赖某种视角,对道家文本的解读未尽准确,并且对出土文献的关注也显得不够充分,这是英语学界比较欠缺的地方。

墨家思想也是英语学界关注的要点,书中对该领域的研究有比较充分的评述。从作者的考察可看到,英语学界有关墨学的研究主要围绕墨子“十论”、《墨辩》《墨语》等方面展开。针对“十论”,道德哲学是英语学界研究的重要路径;对于《墨辩》,学者们则主要从语言哲学、逻辑学的角度展开;《墨语》是墨学中受关注较少的部分,近来学者们也给予了比较多的重视。并且,新近以来的又一个趋势是,对于海外墨学研究之代表的葛瑞汉(A. C. Graham)的相关成果,学者们开始从不同的角度展开反思和批评。在最后,作者还介绍了英语学界对秦汉墨学的研究。有关墨家在秦汉的情况,目前国内还重视不够,国外学者在这方面的研究有一定的推动作用。

英语学界对先秦名家思想也有比较丰富的研究,在这一方面,书中作出了较详细的考察。作者将这方面的研究分为三个阶段,对其历程给出清晰的梳理:一是以佛尔克(Alfred Forke)、梅贻宝(Yi-Pao Mei)为代表的早期阶段,主要致力于《公孙龙子》等文本的译介;二是以葛瑞汉为代表的中期阶段,葛氏的研究特色是注重文本分析、关注逻辑学相关的问题;三是以陈汉生(Chad Hansen)、所罗门(Bernard S. Solomon)为代表的新近研究,注重从“语言”角度切入“哲学”问题。关于新近的研究态势,作者指出,从语言哲学的角度研究名家思想,显示出汉学家在这方面具有语言分析的优势,但这些研究在多大程度上符合中国固有的思想语境,也是一个值得深入思考的问题。

除了先秦诸子学的研究情况,此书也考察了秦汉哲学方面的新近研究。这部分的评述虽然没有先秦部分那么详细,但对重点问题也有比较集中的反映。从中可以了解到,目前英语学界比较关注秦汉哲学中“学派”观念的问题、司马迁的史学思想、黄老道家的宇宙论与政治思想以及以董仲舒为中心的儒学方面的问题。此外,书中还关注到英语学界近来对阴阳理论与性别观念的研究,对此作出了专门评介。总的来看,如同作者在书中所总结的,英语学界对秦汉哲学的研究虽然显示出比较新颖的问题视角和理论资源,但主要集中在一些重要典籍、大思想家上面,忽视了秦汉哲学整体上的丰富性和复杂性。

在中国传统思想中,易学一直是英语学界关注的重点领域。对此,书中作出了更为综合的考察,包括《周易》的译介、《周易》经传的研究、易学史的研究、出土易学的研究以及比较视野下的易学研究。就易学研究领域而言,这里的评述几乎囊括了各个主要方面。书中特别介绍了英语学界对《周易》与西方思想界之关系的研究,如《周易》与莱布尼茨二进制、荣格心理学、约翰·凯奇的“机会创作”的关系,是英语学界学者一直都很重视的问题,此外,近年来学者们也开始对《周易》和康德哲学、怀特海哲学展开比较研究。作者在最后强调,英语学界易学研究的范围在不断扩大,问题意识更为多元,视角和方法更为多样,但也存在一些不足,如过于倚重某种学科视角、对中国古代文献的掌握不够娴熟等。

此书在最后以附录的形式收入了方克涛先生所撰的一篇综述性文章。此文题为《英美学界对于中国经典诠释传统之研究:回顾与展望》,文中所评述的内容并非狭义的经典诠释传统(儒家经学),而是在一种比较宽泛的意义上考察英语学界对中国思想史、中国经典诠释传统的研究,所涉范围和我们通常所说的中国哲学史大致相近。此文的考察虽不像前面那么详细,但在内容上则是对前几章的一个重要补充。方克涛先评述近年英美学界的研究趋势,强调其间所关注的问题及其研究特色;接下来则按时代(从先秦到现代)简要介绍相关成果,对英语学界的中国思想史研究勾勒了一个大致的谱系。

由此也知作者作此编排的用意所在。书中作为主体的六章主要评介英语学界对先秦秦汉哲学的研究,而对于秦汉以后的情况,则可以通过这一附录的文章了解到大致的脉络。所以,此书之范围是以先秦秦汉哲学为主,但并非仅限于此,也兼涉秦汉以后的情况。不仅这一附录如此,其实在前面也有体现,如易学方面便是一种通贯性的考察,这是我们阅读时需要注意的地方。

此书之撰作源于武汉大学的一个项目("海外人文社会科学研究动态追踪计划"),目的在于追踪近年海外中国哲学研究的基本态势。由于国外有关中国哲学的研究范围很广,成果众多,非一部书得以容纳,所以作者将范围加以限定,一是关注当前海外研究之主流的英语世界,二是将所要考察的研究成果集中在先秦秦汉方面,有关秦汉以后的研究则视情况融入其间。即便如此,英语学界的相关研究还是难以一次性展现。就先秦思想来说,该处对诸子以前的思想观念、对儒道墨名以外的诸子学说,也有相关的探讨和研究,这些内容在此书中都没能充分展开。要对海外中国哲学研究作一个全景式的展现,还需要更多的投入,不是一部书可以做到的。就此书现有的格局来看,已向着全景式的画面迈出了很重要的一步,作者在此过程中付出了长期而巨大的努力,才有可能呈现出这一广阔的图景。

二　聚焦海外研究的新视域、新路径

作为一部综合评介的论著,如何在系统考察的基础上提炼出具有借鉴意义的内容,是一项相当重要的工作,在这一方面,此书也作出了很大的努力。在书中我们可以看到,作者并不是简单的文献梳理或平铺直叙,也不是在已有的一些综述的基础上进行归拢,而是出于一种基本的关切,对相关领域的研究成果作出深入的考察和评析。作者特别关注海外研究者独特的理论视域,以及各种新颖的问题意识、研究路径,努力为国内研究者提供可能的借鉴和参考。这一关切体现在书中的各个章节,可以说是通贯全书的一条重要线索。

具体来看书中对各个领域的评析,作者都很注重提炼海外研究的理论和方法。例如,第一章评介先秦儒学的研究,作者很关注英语学界道德哲学的视域。自葛瑞汉、倪德卫(David S. Nivison)以来,从道德哲学的角度研究儒家思想是海外学者的一种流行做法。作者在书中不仅展示了传统以来的做法,更着重反映了新近研究中的反思和推进,如德性伦理、环境伦理等一些视角,这些都是道德哲学视域的进一步推展。当然,在儒学方面这不是唯一的研究路径,书中还特别考察了学者们如何从现代哲学观念出发,对儒学展开反思性的探索,如自由主义、全球化和普遍性的问题等。

关于英语学界的道家哲学研究,作者着重突显其中比较哲学的视野,同时也关注学者们如何基于现代思想理论对道家展开新的诠释。从更大的范围来看,道家思想在西方学界不仅仅是被研究的对象,同时还扮演了另一种角色,即老庄的思想已经被整合到西方哲学当中,成为它们内部的一个思想资源,比如海德格尔哲学便是一个典型。关于海德格尔和老庄思想的关系,是目前英语学界很关注的一个问题,学者们围绕于此的比较研究并非纯粹的平行比较,而是着重探讨老庄对海氏学说的影响。这一点就好比易学和莱布尼茨、荣格、约翰·凯奇等人的关系,后者同样也是海外研究者所关心的问题。

在易学一章中,英语学界针对上述问题的研究是此书的一个重点内容。当然,如前所述,作者在此章对易学研究的考察是比较全面的,并没有限于某个方面或某个时代。从研究视域来看,英语学界在易学方面的表现比起其他领域可能更为复杂多样。通过书中的考察,我们可看到诸如哲学、逻辑学、数学、物理学、心理学、人类学、宗教学、政治学、管理学、美学等一系列丰富多彩的研究路数。在最后的总结中作者强调,伴随着研究路数的多样化,学者们有关易学的话题更为多元,视角也更为丰富,但与此同时又表现出某种内在化的趋向,更强调通过《周易》文本的内部证据或紧扣易学史的内在脉络加以处理。

总之,在综合展现宏观图景的基础上,聚焦海外研究者独到的视域和路径,是此书的又一个特点与贡献,上述内容是其中的一些表现,更多的内容读者自可参看。一般来说,新的视域往往会催生新的问题意识,而对于问题的处理又依赖于新的方法。所以,问题意识和研究路径之间是一种双向互动的关系,往往难以分出先后。在这一方面,我们可以看到,国外学者研究中国哲学时往往会涌现出很多我们所不曾关注的问题,或是对已有问题作出很独到的探讨,这在很大程度上都是源于他们在理论和路数的创新上具有更强的主动性。对于国内研究者而言,我们不仅要从中关注海外学者研究了什么,并且还要由此关注他们怎么开展研究,某种意义上后者比前者更为重要。不管是汉语学界,还是英语学界,抑或日韩、欧陆等地区,当我们要开展中国哲学史、中国思想史的研究,大家所面对的文本和材料是一样的,那么关键就在于如何呈现其间的意义,在此情况下,研究的视域和路径就显得非常重要了。

当然,海外研究也有不尽妥切的时候,正如作者所分析的,某些做法可能有削足适履之嫌,未必符合中国古典思想的真实意义。但无可否认的是,域外的视角往往能带来很多的启发,我们未必全按他们的方法去做,但由此带来的视野的拓展、思维的摩荡,却可以提供更多的研究动力。就当前的中国哲学研究而言,一个重要的工作便是让古典思想在新的时空下绽放新的生命力,这离不开理论和方法的更新。通过新的视域和路径,很可能是释放那些容易被遮盖的意义,而不是只会遮盖其原有意义。这也正是诠释学所强调的情况,转换解释的视域往往能让那些原本被遮蔽的意义得到呈现,如果我们承认视域融合这一前提的话。

三 倡导不同地域之间的互动与融通

不管是从书中的宏观图景来看,还是从书中的重点关切来看,此书对我们来说都是一个很重要的指引,带领我们走进中国哲学研究的英语世界。当我们走进去将会发现,这一景象是如此丰富多彩,如果只沉浸在自家的圈子,确乎难以想象"墙外之花"的盛景。事实上,伴随着近代以来"中学西渐"的潮流,中国的思想文化早已走出国门,成为东西方各国学者重视和研究的对象,并且有不少内容已经被整合到西方思想文化当中。具体到作为一个专门领域的中国哲学,至迟也可以追溯到日本学者在19世纪后期的相关研究。而在上世纪以来,随着西方学者的大规模加入,国外有关中国哲学思想的研究已是蔚为壮观,无论是在数量上还是在质量上,都在提醒着我们:中国哲学早已不是一门只在中国被研究的学问,而是一门在东西方各国普遍受关注的国际性学问。

然而,不无遗憾的是,东西各地的学者虽在围绕同一对象展开研究,但不同语言世界的研究者难免局限在各自的"圈子",对"圈子"以外的研究仍是深入不够。正如同作者在书中很多地方都强调的那样,海外研究的一个明显不足是不怎么关注汉语学界的相关成果,情形正如同在中国一样,我们对海外研究的成果同样也是关注不够。我们可以看到,西方汉学家的论著中多是参引西方的汉学作品,其中只涉及很少的汉语成果。反观国内学界,何尝不是一样?虽然近年来随着国际学术交流的加强,情况有了很大改善,但整体上来说,更深入、更系统的互动与沟通还需要我们付出更多的努力。由此来看,此书带给我们的不仅仅是一幅域外的图景,在更深层的地方,还透露出作者的一种理念、一种期待。

不同的语言世界之所以存在沟通不足的情况,固然有语言受制的因素,此外也由于传播途径相对不便利,而更为根本的可能还是在于我们的态度。就国内研究者对国外研究的态度来说,我们便存在两种可能的选择。如果是基于"中国中心主义"的立场(既然是"中国"哲学,便不排除产生这种情绪的可能性),认为对自家屋里的东西,怎么可能"墙外者"比"墙内者"更了解,那么自然就会将"墙外者"的看法拒之门外。但是如果我们打破这种"中心主义”,代之以一种开放的视野,可能会惊讶地发现,在有些地方确实“墙外者”比“墙内者”看得更清楚。因为“墙内者”的视域有时候难免会固化,那些被遮蔽的地方依然被遮蔽,那些模糊的地方依然模糊,而“墙外者”的视域则可能更为多元,能看到“墙内者”所看不到的地方,或者将那些模糊的地方看得更清楚(当然,这不是说“墙外”的视野总会更清楚,关于海外研究的不足之处,我们在前面已有讨论)。

由此而言,“墙”内外的世界是可以互补的,也是应该互补的。本书主要考察的先秦哲学研究,便是很好的说明。目前国内的中国哲学研究中,先秦哲学是比较活跃的领域,之所以如此,一方面固然是因为先秦思想是中国哲学的发源,另一方面也是由于出土简帛文献提供了丰富的新材料,让我们的研究具有了更多的契机和动力。关于后者即出土简帛方面,海外学者的关注显得相对少一些,虽然已不乏学者参与其中,但整体上来看,出土简帛文献并没有被充分纳入研究者的视野(关于这点,此书在其所评述的多个领域中都有指出)。那么,从大局上来比较,可以说海外研究者对先秦哲学的研究更注重理论和方法的拓展,对新材料的关注相对少一些;而汉语学界则更注重新材料的利用,在理论和方法的创新上则显得主动性较小。如此情形之下,两处的学者正该彼此借鉴,互补长短,在互融互通的基础上共同推进先秦哲学的研究,而且在根本上来说,方法创新其实比材料更新更为重要。如果一味依赖新材料,那么当其不再更新之时,我们的研究也将随之止步;而方法的创新则不然,可以说这里有无限的空间,只要我们的思考不止步。就中国思想学问的发展来看,魏晋之于老庄、宋明之于孔孟,材料何曾有增加,然其学问思想却有殊大之进展,其动力源于何处?在此意义上,海外研究的借鉴价值就显得更为紧要了,这不是说我们要照搬海外的做法,至少说明要借鉴海外研究者在方法创新上的自觉性。

在学术全球化的今天,中国哲学的“世界性”也在日益加强,在此形势下,此书带给我们的不仅是一幅海外研究的图景,同时也是一种提醒、一种敦促,让我们从“墙内”走向“墙外”,在广阔的学术视野中感受中国哲学的“世界性”。中国哲学虽名为“中国”哲学,但它从来就不是只在中国被研究,作为人类思想文化的重要组成部分,它早已走出国门,成为东西方各国学者共同研究的对象。就目前来说,不同地域的研究者仍难免局限于各自的圈子,倘要让中国哲学成为一门融合无间的普遍性学问,仍需各处学者突破自身的圈子,在已有的交流互动的基础上做出更大的推进。在此意义上来说,中国哲学的“世界性”还在形成过程中,如何达成无“墙”无碍的融通之境,仍有待我们做出更大的努力。

(叶树勋,南开大学哲学系副教授)

王中江:《自然和人:近代中国两个观念的谱系探微》

北京:商务印书馆,2018 年

近 20 年来,中国近代思想史研究在诸多领域呈现出一系列新进展,其中一个重要趋势就是观念史研究的兴起。① 人们逐渐认识到,尽管整个 20 世纪中国始终被形形色色的政治和文化的意识形态所充斥,但在相互对立冲突的表面之下,却共享着现代性的若干基本观念,这些观念不仅构成了近代思想史的基本图景,而且至今仍然影响着当代人的思维方式。对这些基本词汇、观念和概念的梳理和研究,有助于我们更为深入细致地理解和把握近代以来中国政治、社会和文化的发展演变。在这一学术共识的推动下,近代思想史的一些核心观念,诸如自由、民主、个人、公理、权利、民族、国家、社会、革命、进化、科学等,获得了广泛的重视和不同程度的探讨。②

整体来看,学界目前的关注点仍然集中在社会政治领域,对于近代中国哲学和思想中的一些观念和术语的讨论相对较少。然而,近代中国所面临的"三千年未有之大变局",不仅意味着社会政治领域的深重危机,而且意味着思想意识领域的巨大变革。当近代西方的知识体系和思想观念趁着坚船利炮和大规模的传教活动自西徂东之际,传统中国的世界观、价值观不可避免

① 关于近年来中国近代思想史研究领域的新进展,学界已有很多回顾。参见邹小站:《中国近代思想史研究的新趋向》,郑大华主编:《近代思想史研究》(第 10 辑),北京:社会科学文献出版社,2013 年;欧阳哲生:《作为学科的中国近代思想史研究》(上),《社会科学论坛》,2013 年第 6 期;段炼:《近 20 年来中国近代思想史研究的新进展》,《史学月刊》,2015 年第 1 期;刘平、郑大华:《新世纪以来的中国近代思想史研究述评》,《广东社会科学》,2016 年第 6 期。

② 学界在中国近代观念史研究领域已经积累了相当丰富的成果,可参看许纪霖、宋宏编《现代中国思想的核心观念》(上海:上海人民出版社,2011 年)。此外,金观涛、刘青峰在《观念史研究:中国现代重要政治术语的形成》(北京:法律出版社,2009 年)一书的附录中罗列了近百个现代政治术语,并简要地介绍了它们的词义演变过程。

地受到强烈的冲击和震荡,并产生相应的转变。其中一个显著变化,就是传统的天人关系相应地转变为自然与人的关系。对于这个问题的认识,关系到人类对于自身存在及其意义的理解,关系到人类面对世界的根本态度,可以说是世界观的核心内容。

在这种意义上,王中江教授的《自然和人:近代中国两个观念的谱系探微》一书不仅填补了学界关于近代中国"自然"和"人"这对概念及其关系的研究空白,而且为我们在当今时代继续思考人与自然关系这个基本问题提供了重要参考。

一

任何两种异质文明的交流碰撞,都必然会产生大量的翻译词汇、术语和观念。在中华文明史上,这种大规模的译词现象至少出现过两次,一次是从两汉之际开始持续数百年之久的印度佛教传入中国,另一次则是从近代开始、至今仍然方兴未艾的西方文明进入中国。这些译词进入汉语系统,经过长期的"中国化"过程,极大地改变了中国人的言说方式和思维方式,以至于人们对此早已习焉不察。"他者"就通过这样的方式内化为"我们"自身,文明也通过这样的方式实现了交汇融合。

不过,任何一个语词都不仅是其自身,在冰山一角之下,还隐藏着一个文明体系的生活方式和思想世界。因此,任何译词的确定都不仅是一个语言学问题,而且是不同文明交流碰撞的结果。当一个外来语进入另一个文明体系的时候,必然会面临"格义"的考验。在"格义"的过程中,外来语的原始含义会被另一种文明中的近似观念所影响,实现某种"创造性转化",其结果就是译词。换言之,译词本身并不完全是被动的,而是具有能动性的。这种现象在普通词汇那里未必如此显著,但那些具有根源性意义的观念则往往如此,"自然"就是这样的观念。

"自然"如今已是我们日常使用的高频词汇,但它实际上是近代东西方文化融合的产物。一方面,它是 nature 的译语,是众多日译汉语中的一个,具有近代西方"自然"观念的诸多内涵;另一方面,它又是中国传统"天"的观念近代转化的结果,并从形式上直接来源于"自然"这一中国传统概念。冯友兰先生曾将中国古代“天”的含义总结为五种,分别为物质之天、主宰之天、运命之天、自然之天、义理之天。[①] 张岱年先生指出,中国古代的“自然”主要是“自己如此”的意思,并无指代实体本身的含义。[②] 而在西方近代自然科学传入的刺激之下,近代“自然”观念的内涵发生了明显的“古今之变”:既容纳了古代哲学中“天”的自然意义,又过滤掉了其中的神性意义;既包含着古代中国“自然”的自发性意义,又将其实体化了。[③]

按照该书的概括,近代中国的“自然”观念有五个方面的意义:一是被实体化为客观的物理世界,成为一切现实存在和现象的总称;二是被作为科学和技术的对象,从而被对象化和工具化;三是被看作物理世界的内在根据,被看作是宇宙和万物何以如此的内在原因和机制;四是指宇宙、万物的广延性和变化;五是指人的精神和价值的来源,是人生观和人文的参照物。[④]

如果进一步分析,以上五种意义可以被概括为两种看待“自然”的不同视角,一是西方近代自然科学对于物质世界的客观研究,可以称之为“科学的自然”;二是作为人类社会价值的根源而被认识,可以称之为“人文的自然”。套用王国维的表述,前者是“无我之自然”,后者是“有我之自然”。不过,所谓“无我之自然”,也只是在相对的意义上才能成立。且不说人类本来就是自然的观察者,并不存在真正客观的“无我”状态。从科学史的角度来看,近代自然科学的发展,本来就是以“人”的解放和“自然”的对象化作为观念前提的,其结果也彻底刷新了传统社会的世界观,进而引起了人类价值观念的革命性变化。只要回想一下罗马教廷对哥白尼、布鲁诺、伽利略等科学家的迫害,自然科学对于人类价值世界的深刻影响就不言而喻了。

在有着“天人合一”的深远思想传统的中国社会,“自然”的近代转化主要是改变了传统“天”的具体内容,“天人合一”的思维模式则基本延续了下来。该书指出,近代中国“自然”与“人”这两个观念的建构十分复杂:一方面表现为“自然与人的分化”,主要是指通过科学、技术将“自然”和“天”客体化、工

① 冯友兰:《中国哲学史》(上),《三松堂全集》第二卷,郑州:河南人民出版社,2001 年,第 281 页。

② 张岱年:《中国古典哲学概念范畴要论》,《张岱年全集》第四卷,石家庄:河北人民出版社,2003 年,第 537 页。

③ 王中江:《自然和人:近代中国两个观念的谱系探微》,第 3 页。

④ 同上书,第 6 页。

具化,“人”则相应地获得了主体的地位;另一方面表现为“人与自然的统一”,主要是指通过形而上学和本体论的建构将“自然”和“天”生命化、人文化,使之作为“人”的意义和价值的终极根源。[1] 实际上,前者主要存在于自然科学领域,在该书所讨论的近代思想家群体中,绝大多数都继承了“天人合一”的思维模式,只不过在不同思想家那里,“天”或“自然”有着不同的内涵,“人”的价值和意义也就有着不同的规定。在严复的进化主义世界观那里,“天”意味着“物竞天择,适者生存”的“天演”法则,意味着“世道必进,后胜于今”的宇宙进化论;而人类作为“天演中之一境”,就应该“任天为治”,并遵循从中演化出的人类道德和社会规范,如“尚力”“自营”“任情”以及以苦乐为善恶的伦理学。在胡适的自然主义那里,“自然”是宇宙万物按照自身的内在机制自发运行的过程和整体,没有任何超自然的存在;人类社会也应该从人的自然性出发建立伦理和道德,尊重和顺应人的自然欲望,他还相信依据自然科学的知识可以建立起一种“科学的人生观”。在冯友兰的价值理性建构中,“天”不是与“人”相对的客观存在,而是人类社会精神和价值的来源;“人”的最高精神境界不是运用科学技术对“天”进行对象化研究,而是在日常生活中经由哲学的理性思辨达致对“天”的觉解,从而实现在反思和体认基础上的“天人合一”或“圣凡统一”。在梁漱溟的伦理生命主义中,宇宙本身就是一个不断进化、向上、奋进和创造的大生命,所有存在者都源于这个共同的宇宙生命;人心的进化超越了人类本能,创造出理性和灵性,是宇宙进化的最高阶段,因此,人类的伦理和道德价值、人类自然向善的倾向都根源于宇宙不断向上的“生命本性”。

与之相比,“自然与人的分化”则主要是由自然科学的进步促成了人的主体性的进一步彰显。由于现代科学技术的迅速发展,人类不仅极大地拓展了对宇宙万物的认知范围和认知程度,而且获得了利用自然和改造自然的超强能力。近代中国人无不为西方文明所展现出的强大力量而感到震惊,从打开中国大门的坚船利炮、铁甲洋枪到改变日常生活的电灯、电报、铁路、轮船等器物,无不强烈地冲击着人们的感官世界和内心世界。有人为此感到欢欣鼓舞,例如坚持“自然主义”的胡适,对现代科学技术抱有十分乐观的态度。他

---

① 王中江:《自然和人:近代中国两个观念的谱系探微》,第7—8页。

始终主张人类应该以积极主动的精神“戡天缩地”,充分利用新工具和新技术去改造自然、征服自然,最大限度地从自然中获取人类生存所需的一切。但也有人看到了其中的问题,并为此感到担忧,辜鸿铭和马一浮对于现代技术文明就采取完全反对和抵制的立场。不过,这种极端立场毕竟居于少数,更多人思考的是如何实现人与自然的和谐共存,使得人类在利用和改造自然以满足自身需要的同时又不造成对自然的破坏。至少从表面来看,在人与自然的关系中,自然处于相对被动的地位,人类则更加主动;无论是因任自然、征服自然还是双方和谐相处,都需要人的主体性参与其中。因此,由现代科学技术所带来的人相对于自然的主体性的挺立,并不只是工具理性的发展,同时也促使人类对于自身的反思和价值理性的发展。

二

自晚清以来,“古今中西”(最初的表达是“中西新旧”)就成为人们聚讼不休的根本问题,绝大多数争论都可以还原于此。质言之,这是近代以来的中国文化转型和发展所面临的根本处境。近代思想家对于天人关系或自然与人关系的思考与论述,同样无法摆脱并只能内在于这一框架。具体来说,近代西方的“自然”观念和“人”的观念进入中国,对传统思维方式产生冲击,刺激人们作出回应,从而激活了中国古代相应的思想资源。因此,自然和人问题的近代转变呈现为由“中西”而“古今”的逻辑发展过程,这和近代其他问题的产生和发展过程具有相似性。但另一方面,人们也试图超越“古今中西”的论述模式,从全人类的普遍立场上思考这一问题。

胡适全身心拥抱西方近代科技文明,并由此确立了他的自然主义立场。一方面,他试图借助西方新传统将自然对象化、科学化,并通过对自然最大限度的利用和改造满足人类、特别是中国人生存的各种需求;另一方面,他也强烈地希望以此改变中国旧传统中漠视自然探索的思想倾向,并在自然科学的基础上建立高度发达的精神文明。以此为基础,胡适对中国传统作出评判,他高度赞赏荀子“制天命而用之”的征服自然的精神,批判道家的自然主义、佛教的来世信仰以及中国传统的迷信思想等,认为它们使中国人丧失了对自然的主动性。同样以此为基础,他也强烈反对“东西文明二元论”。在他看来,西方近代不仅具有高度的物质文明,而且也因此产生了高度的精神文明;与之相反,东方没有产生近代的物质文明,因而也没有产生近代的精神文明。因此,在胡适那里,中西方自然观的不同本质上是传统与现代的不同,中国社会发展的任务和目标在于通过对西方文明(现代文明)的学习转化为现代社会。

不过,在另外一些思想家看来,西方近代文明固然极大地扩展了人类认知和改造自然的能力,但也造成了自然环境的严重破坏,进而威胁到人类自身的生存;另一方面,人类在征服外在自然的过程中释放了自身人性的欲望,自然欲望的无限放大将人类从目的异化为手段,使人类成为自己的奴隶,而这才是人类生存危机的根源。在金岳霖看来,这是人类中心主义和自我中心主义的反映,而这两者又都是西方文明的特征。要从根本上解决人类文明危机,需要改造人类自身。东方文明在这一方面可以提供丰富的思想资源,其中最主要的就是中国传统的"天人合一"思想。按照金岳霖的解释,"天人合一"是指主体有意识地超越主客界限而达到主客合一的境界:通过与宇宙万物建立关联来克服人类中心主义,通过与他人建立关联来克服自我中心主义。他将这种人与自然合一的人生观称为"圣人人生观"。与之相应的另外两种人生观分别是"朴素人生观"和"英雄人生观",前者虽然是人与自然的统一,但却是自发的、无意识的;后者则是人与自然的对立。三种人生观既是三种不同的天人关系,也是东西方文明的区别所在。金岳霖主张,东方应该学习西方的"英雄人生观"以提高人的生存能力,西方也要学习东方的"圣人人生观"以建立人与自然的和谐关系。在他看来,东西方自然观和人生观应该相互补益,东西方文明的互补融合才是人与自然的最佳相处之道。

金岳霖认为东西方文明的自然观互有利弊,并未在"英雄人生观"和"圣人人生观"之间划分等级高低,这表明他试图超越东西文明优劣比较的思维限定,站在更为普遍的立场上思考人与自然的关系问题。与此相似,张岱年对自然与人关系的思考和建构同样坚持普遍主义的立场,将广义的中西哲学和文化综合起来。从"天人会通"思想出发,他既反对过度自我膨胀的人类中心主义,认为人类必须克服傲慢之心,对宇宙和自然保持一种谦虚的姿态;又反对完全被动适应自然的消极人生观,主张人类应该积极参与到自然和天地的大化流行之中,与之进行良性互动,建立起一种最高的"平衡性"和谐。张岱年同样区分了三种不同的天人观,类似于金岳霖提出的三种人生观;但与后者不同的是,他在三者之间建立起了“否定之否定”的辩证发展关系:“原始的物我不分,没有把自己与外在世界区别开来,这是原始的朦胧意识。其次区别了主体与客体,把人与自然界分开,这是原始朦胧意识的否定。再进一步,又肯定人与自然界的统一,肯定天人的统一,这可以说是否定之否定,这是更高一级的认识。”①他还在中国哲学史上找到了代表这三种天人观的典型学说,分别是庄子的因任自然(顺天)说、荀子的改造自然(制天)说、《易传》的天人调谐说。在他看来,前两者都比较片面,而《易传》提出的“裁成天地之道,辅相天地之宜”“范围天地之化而不过,曲成万物而不遗”则是一种全面的观点:“既要改造自然,也要顺应自然,应调整自然使其符合人类的愿望;既不屈服于自然,也不破坏自然,以天人相互协调为理想。”②

总体来看,在20世纪20年代之后的哲学体系化时期,很多哲学家在主观上都试图超越东西方文明的对立,将中西自然观进行融会贯通,创造出具有普遍意义的天人观。但从他们思想表达的客观效果来看,似乎又强化了东西方文明在自然观上的对立。对此,作者强调指出,近代中国科学和机械的自然观,主要是接受西方近代以来的机械主义和科学主义世界观的结果;而清末民初以来中国的人文自然观,也同样受到了西方浪漫主义和生命主义哲学以及两者对科学和机械自然观的批评的影响。因此,科学自然观和人文自然观的对立,从源头上都来自西方思潮内部的对立,不能简单理解为东西方文明的对立③。对东西方文明的这种本质主义的理解倾向,确实在很大程度上遮蔽了我们对于西方文明复杂性的认识,同时也阻碍了我们对中国传统思想更加深入的分析和思考。该书对这一问题的细致梳理和澄清,有助于消除我们长期以来在东西方文明观上存在的误解。

---

① 张岱年:《中国哲学中“天人合一”思想的剖析》,《张岱年全集》第五卷,石家庄:河北人民出版社,2003年,第620页。

② 同上书,第625页。

③ 王中江:《自然和人:近代中国两个观念的谱系探微》,第68—69页。

三

现代文明在几百年的时间里,就创造出人类社会在过去几千年间都未能达到的高度发达的物质文明。但与此同时,它也不可避免地造成了自然与人的矛盾和冲突,并日益成为人类社会可持续发展的重大问题,就此而言,该书的写作有着强烈的现实关怀。作者在全书的结束语中也指出,近代中国思想家们在融会贯通东西方文化的基础上,围绕着自然与人的关系,提出了一系列新观念和新学说,这些对于我们解决当今时代问题有着重要的参考和借鉴意义。由于该书的体裁限制,作者对这一问题的思考并未充分展开,但仍然在分析和评述中有所体现。在本文的结尾,我们尝试接续近代思想家的思考,对这一问题给出自己的理解。

在反思现代文明造成的生态问题时,金岳霖认为根本原因在于人类欲望的无限扩张。现代科学技术使人类在自然面前获得了空前的主动性,可以随心所欲地利用和改造自然——只要稍微留意一下不断扩张的现代城市建设对地球表面的巨大改造,我们就会不由自主地被自身的能力所震撼。这一方面更好地解决了人类生存问题,另一方面也在不断制造更多的人类生存问题。但是,这并非科学技术之过,“知识和技术都是中性的,它们本身既不是问题的根源,也不是解决问题的根本途径”①。问题的根源仍然在于人类自身,“人类在征服自然的过程中却又被自己的‘自然’征服了”②。人类的自然欲望被无限放大,远远超出了生存所必需的限度,由此导致原本作为满足人类生存需要的手段的生产活动,现在却异化成为目的本身,而人类生存反而成为生产的手段。社会变成了一台巨大的机器,个人则是这台生产机器上的零部件,人类成为被自身欲望牢牢束缚的自我奴役者。这正是马克思早已指出的“异化”现象,也是韦伯所忧虑的“钢铁牢笼”。

与金岳霖类似,张岱年也对人类的自然人性所释放的巨大能量感到担忧。他继承了中国哲学重视人性改造的传统,区分了两种意义上的“自然”,

① 王中江:《自然和人:近代中国两个观念的谱系探微》,第251页。

② 同上书,第252页。

并指出:“人性常在改进之中,亦常在创造之中,人不惟应改造物质自然,更应改造其自己的自然。人类不惟是自然的创造物,且应是自己的创造物。人所以异于禽兽,在于能自觉地创造自己的生活。”①人类需要改造的不仅是外在的客观自然,还有我们自身的动物性自然;而我们已经看到,后者的改造更为困难。

金岳霖和张岱年都将现代文明中自然和人的冲突归结于人性欲望的无限扩张。他们主张,应该充分发掘中国传统的“天人合一”理念的价值,以此来约束和改造人性,建立人与自然的高度和谐。不过,在该书作者看来,他们对问题根源的分析很有意义,但提出的解决方案过于理想化了。这或许是因为他们忽视了对于现实政治、经济运行逻辑的考察,仅从形而上学的层面指出改造人性的必要性;就现实而言,这种做法太过抽象而不具有现实的可操作性,毕竟我们不能将希望完全寄托于虚无缥缈的人性改善上面。

作者进而提出他的意见:

> 我们以为可行的是,人类必须达成共识并且采取共同行动。但这首先要求人类改变把各个经济体的利益、每一个国家的利益与“人类利益”对立起来的观念,改变以无限刺激人的自然欲望为目标的经济增长观念,进而在此基础上形成全球性的约束机制,逐渐减少来自人为原因的人与自然的冲突。②

从这段话中,我们可以看到作者思考的关注点所在。由此出发,我们可以分析出造成当代环境问题的至少两方面原因。一是资本主义的生产方式和消费方式。从生产方式来看,由于资本主义社会基本矛盾的长期存在,资本主义生产在整个社会层面处于无政府状态。为了追逐利润最大化,资本主义生产过程向自然界过度索取资源,并大量排放生产废物,由此造成自然资源的迅速枯竭和生态环境的全面破坏。从消费方式来看,随着资本主义的自我调适,消费社会逐渐形成,资本主义为了实现增长的目标,通过广告等大众传媒不断刺激和生产着人们的自然欲望。于是,消费不再是为了满足维持自身生

① 张岱年:《真与善的探索》,济南:齐鲁书社,1988年,第278页。转引自:《自然和人:近代中国两个观念的谱系探微》,第383页。

② 王中江:《自然和人:近代中国两个观念的谱系探微》,第267页。

存和生活的需要,而是为了满足对奢侈品的欲求,这导致了消费的异化。异化消费成为资本主义再生产的唯一动力,但也进一步加重了生态危机。

二是资本全球化和民族国家之间的复杂关系。随着“冷战”结束,资本全球化进程急速推进,资本在世界范围内配置生产过程和消费市场,由此造成生态危机在全球的蔓延。资本的全球化和生态危机的全球化客观上要求国际社会达成共识,采取共同行动进行应对。然而,民族国家仍是当今世界最主要的政治实体,国际社会长期处于非民主状态和无政府状态。为了保护本国的生态环境,发达资本主义国家凭借自己强大的经济、技术和军事等方面的优势,不断向发展中国家转移污染性产业,输送有害有毒废弃物,甚至把发展中国家变为其生态垃圾场,并通过对广大发展中国家进行生态掠夺,转嫁和缓和国内的生态矛盾。而令人沮丧的是,这种“生态殖民主义”正是通过资本全球化实现的。

以上对于当代生态危机原因的粗略分析已然超出了这本观念史著作的讨论范围。但从另一个角度来说,这或许恰恰延续和回应了该书作者的现实关切。在很大程度上,对思想史的研究正是为了从过去的伟大头脑中寻找面对和解决现实问题的思想资源。在任何时代,只要人类存在,自然和人的关系(天人关系)就是我们必须面对和思考的基本问题,而该书无疑给我们带来了诸多启示。

(吕存凯,中央社会主义学院讲师)

俄罗斯哲学的远与近[①]

——兼评"当代俄罗斯哲学译丛"

一　俄罗斯哲学的合法性问题

俄罗斯哲学(Русская философия)对于国内哲学界乃至世界哲学界来说,都是一个颇不好拿捏的术语。在俄罗斯哲学史家看来,"俄罗斯哲学"(Русская философия)与"俄罗斯的哲学"(Философия в России)是有分别的,前者是具有独特个性的"俄罗斯哲学",后者是中性意义的"在俄罗斯的哲学"。同样,"俄罗斯哲学"这一问题在中国学术语境中也另具复杂性。按照国内学科分类,俄罗斯哲学或曰苏俄哲学属于外国哲学,且此研究方向又与马克思主义哲学等有着特殊的历史联系,对现代中国哲学之发展历程也影响至深。然而对于此一国别哲学门类,我们对其似乎常有"熟知",未必实有"真知"。我们知道,尽管古希腊哲学、德国哲学、英美哲学、法国哲学也是按国别分类,但毕竟讲的是由概念范畴构成的一般意义的、普遍意义的形上学,各国别哲学有着相同的话语体系,相互之间也便于沟通。然而,俄罗斯哲学与中国哲学类似,一直面临一个合法性的危机及除魅的境遇。简单地说,俄罗斯哲学到底是不是哲学?俄罗斯究竟有没有哲学?(中国哲学也常遭遇类似的追问。)人们最终似乎对"何为俄罗斯哲学"都心生疑窦。其实不单单中国学

---

① 本文为国家社会科学基金一般项目"俄罗斯东正教人学思想演变及其当代意义研究"(17BZJ026)和国家社会科学基金重大项目"当代俄罗斯哲学研究"(18ZD018)阶段性成果。

者有这个疑问,连俄罗斯哲学家都自我反思,认为非理性之俄罗斯与理性之哲学天然冲突,甚至连俄罗斯哲学奠基人索洛维约夫都说"哲学绝不可能是俄罗斯的"①。无独有偶,"在西方人心目中,俄罗斯哲学要么是一种不可理解的声音,要么是一种文学、政治、历史和宗教的大杂拌"②。无可讳言,俄罗斯哲学与俄罗斯文学、俄罗斯艺术、俄罗斯宗教、俄罗斯政治等等比较起来确实名头不响。严格意义的俄罗斯哲学只是从19世纪才开始的,而且从产生之日起就带有先天的合法性危机。因为俄罗斯哲学过分强调特殊的民族性,与一般的共性的普遍的形上学意义之哲学形态有殊异之处。如果说一般意义的哲学可以称得上"时代精神的精华",那么俄罗斯哲学和中国哲学等更强调的是民族精神的精华,"俄罗斯哲学的一个重要主题就是民族世界观问题"③,俄罗斯哲学家们都很迷恋"俄罗斯世界观"(русское миросозрецание)、"俄罗斯理念"(русская идея)、"俄罗斯精神"(русская душа)、"俄罗斯民族性"(русский национальный характер)等关键词。另外,俄罗斯哲学保留了哲学的批判性传统,但是解构有余而建构不足,并没有形成类似于德国古典哲学那种体系性哲学,或者说"俄罗斯哲学是不系统的、非体系化的、未完成的"④。还有一个因素是俄罗斯的文学、艺术、政治和宗教过分强大,遮蔽了哲学的独立性,甚至俄罗斯哲学总是要借助于俄罗斯文学、政治或宗教等表达形式来诉说自己的理念性主张,这样势必掺杂了太多宗教或政治的要素,或者消失在文学的烟波浩渺中。比如,苏联之前,俄罗斯哲学被过多的东正教神学空气所笼罩,"俄罗斯的哲学历程正是哲学与东正教的相遇"⑤,苏联时期哲学又受了诸多政治因素的影响,而且自始至终又与文学分不开。陀思妥耶夫斯基是被俄罗斯乃至西方公认的最具哲学洞察力的文学家,其文学作品表达的哲学思考深不可测。如上所述,俄罗斯民族本身是一个非常感性的民族,哲学这种理性工具似乎天然与之隔膜,其哲学常常通过诗意和隐喻来表达。当

---

① 马寅卯:《何为俄罗斯哲学?》,《哲学动态》,2006年第9期,第56页。

② 同上书,第59页。

③ 尼克利斯基:《俄罗斯文学的哲学阐释》,张百春译,北京:北京师范大学出版集团,2017年,第1页。

④ 普鲁日宁、谢德琳娜:《认识论与俄罗斯哲学》,张百春译,北京:北京师范大学出版集团,2017年,第106页。

⑤ С. С. Хоружий. О стором и новом. СПБ. :Алетейя,г. С. 62.

然,现代西方哲学的反传统之非理性主义倒是与此颇为契合。但是,据此能否认俄罗斯哲学的合法性吗?能抹杀俄罗斯哲学的丰富性和独特性吗?能漠视俄罗斯哲学对于世界哲学,特别是对于中国哲学的客观影响吗?答案是否定的,因为梳理俄罗斯哲学史,我们能够清晰地看到俄罗斯哲学不管多么独特,依然接续的是古希腊以降西方哲学的道统。如果从哲学源流讲,俄罗斯哲学是顺着古希腊哲学、教父及中世纪哲学、近代西欧哲学、德国古典哲学、现代哲学这一线索接着讲,俄罗斯哲学并没有抛弃欧美哲学公认的理论体系框架,可以说是道统有序。当然,俄罗斯哲学话语中的范畴概念体系同样是欧美哲学主流的话语体系,许多所谓独特的范畴总能找到古希腊哲学或者教父哲学的渊源。另外,俄罗斯语言文字本身依然属于印欧语系,而且俄罗斯语言文字之源头基里尔文字与古希腊语文渊源更为密切,不存在语言文字的隔阂。俄罗斯哲学与现代西方哲学可以相互印证,只是俄罗斯的哲学主题和哲学问题在哲学公共话语之外有自己的独特声音,其哲学提问方式没有走中国哲学的诠释学传统的路径,而是更多保留了古希腊的哲学童年时代就有的批判、否定、对话和辩难等哲学表达形式,其哲学虽然不苛求体系化,但到处灵光乍现。正如当代俄罗斯哲学家霍鲁日(С. С. Хоружий)所言:“俄国哲学属于西方哲学或欧洲哲学范畴,但又有其独特性。近现代俄国哲学的特点是以重新解释的基督教-东正教精神为基础,来回应西方近代理性主义所遇到的现代问题,力图‘把这两种真理结合为一个活生生的思想’或‘完整知识’。俄罗斯哲学家对一些重要的哲学问题提出了自己的观点,他们的思想探索是世界哲学史的一个篇章。”[①]如果说俄罗斯哲学属于西方哲学,那么俄罗斯哲学的个性就消失了,“Русская философия”的独特意义就大为折损,这似乎是俄罗斯哲学合法性的内在悖论。

俄罗斯哲学发展到今天,到底是哪般模样呢?这不能从旁观者的角度进行所谓的理论设定以及理论解析的抽象问答,而是要通过其哲学作品本身来自证种种问题,自解如上疑惑。所幸,2017 年伊始,“当代俄罗斯哲学

① 徐凤林:《俄国哲学》,北京:商务印书馆,2013 年,第 I 页。

译丛"①中文版陆续问世,俄罗斯哲学界老中青三代的代表作品都悉数登场,全景地展现俄罗斯哲学的发展史,同时呈现给中文读者丰赡而独特的思想成果。丛书中既有俄罗斯老一辈院士级的哲学家列克托尔斯基(В. А. Лекторский)、古谢因诺夫(А. А. Гусейнов)等人的作品,也有苏联解体后成长起来的中青年学者丘马科夫((А. Н. Чумаков)、波鲁斯(В. Н. Порус)、谢德琳娜(Т. Г. Щедрина)等学术新锐的作品。前者与西方哲学传统特别是马克思主义哲学传统渊源深厚,后者接受了欧美哲学最新成果并进行创造性转化,视野更加开阔。丛书中系列作品回答了俄罗斯哲学合法性问题,可以帮助中文读者真切地了解俄罗斯哲学发展所经历的"飞行的中断"、马克思主义哲学的俄国命运、俄罗斯哲学的独特问题方式和话语体系等。

二 "两次飞行的中断"?

按照黑格尔的判断,哲学就是哲学史,有生命力的哲学必然呈现为一种内在逻辑的历时性展开,俄罗斯哲学也有其内在逻辑的历史延展和不断丰富的过程。厘清一个国别哲学史,不外乎起点和节点,及其发展过程中的代表作和独特的哲学观点。津科夫斯基(В. В. Зеньковский)的《俄国哲学史》将俄

① 这套丛书是由北京师范大学张百春教授独立翻译的。从2004年开始,张百春教授每年邀请俄罗斯哲学家来北京师范大学做讲座,每年都有一到两位著名俄罗斯哲学家应邀来北京师范大学举办系列学术讲座,每次五至八讲。这些演讲者包括俄罗斯科学院哲学所所长斯焦宾院士(2007年)、著名哲学家霍鲁日教授(2009年)、长期担任俄罗斯最高级哲学杂志《哲学问题》主编的列克托尔斯基院士(2011年)、哲学所前任副所长尼克利斯基(2011年)、俄罗斯哲学协会第一副会长丘马科夫教授(2012年)、现任《哲学问题》杂志主编普鲁日宁(2012年)、国立列宁师范大学(莫斯科)教授谢德琳娜(2012年)、俄罗斯科学院哲学所所长古谢因诺夫院士(2013年)、当代著名哲学家波鲁斯(2013年)、莫斯科大学哲学系教授马斯林(2014年)、美国埃默里大学教授爱普斯坦(2014年)、俄罗斯科学院通讯院士扎别索斯基(2014年)、莫斯科大学哲学系主任兼俄罗斯科学院通讯院士米龙诺夫(2015年)等。张百春先生作为联络人和译者,也是最可与这批哲学家对话的人,他细心收集起所有讲座的音像资料,整理成文稿,如此经年,累累可观。在当代俄罗斯哲学家中国演讲的基础上,经过长期筹划,并列入"十二五"国家重点出版物出版规划项目,2017年北京师范大学出版集团和安徽大学出版社联合出版了《当代俄罗斯哲学译丛》,先期出版《俄罗斯哲学与欧洲文化危机》《认识论与俄罗斯哲学》《俄罗斯文学的哲学阐释 》这3部专著,2018年又在海外出版《哲学伦理问题》《从哲学的观点看全球化问题》《科学哲学与当代俄罗斯哲学》3部,加上之前在香港出版的《协同人学与俄国哲学——霍鲁日在北京师范大学讲演》,共计7部,成为中文哲学界全景展现新世纪以来俄罗斯哲学发展成果的最集中的文献。

罗斯哲学起点定位于18世纪[①]，洛斯基（Н. О. Лоскй）的《俄国哲学史》则认为"独立的哲学思想在19世纪的俄罗斯开始形成"[②]，21世纪以来出版的马斯林（М. А. Маслин）主编的《俄国哲学史》也认为18—19世纪是俄罗斯哲学接受西方哲学后开始独立思考的开创时期。[③] 但是无论如何，索洛维约夫（В. С. Соловьёв）之前俄罗斯还没有出现体系性的哲学。而19世纪末和20世纪初著名的"白银时代"哲学可以说是俄罗斯哲学的真正高潮，各种思潮粉墨登场，经典作品层出不穷，其高潮的标志就是1909年出版的《路标》文集。之后俄罗斯哲学却经历了两次"飞行的中断"（преванныйполёт），这两次经停的时间节点分别是1922年和1991年，即1922年的著名的"哲学船事件"（Философский пароход）和1991年的苏联解体后的哲学急转弯，两次经停既有时代诸要素之原因，也有俄罗斯哲学自身发展的内在逻辑，但这两次"飞行的中断"绝不是中性意义的判断，而应该被定性为"悲剧"[④]。

对于1922年之前的俄罗斯哲学发展，不同版本《俄国哲学史》划分的方式略有不同，但归纳起来大致可分为三个时期：18世纪之前的民族意识觉醒和俄罗斯哲学萌芽期，18世纪至19世纪上半期西方派与斯拉夫派双峰并立的俄罗斯哲学形成时期，19世纪中期至20世纪初百花齐放的俄罗斯哲学繁荣期。第一个时期的历史哲学和民族意识觉醒还主要是在东正教修道院背景下开始的哲学探索，其表述形式更多的还是圣言圣训之类，这里就不做展开论述。第二个时期才可以说是俄罗斯哲学的真正开始，真正有哲学意义的著述应该从拉吉舍夫（А. Н. Радищев）的《论人，人的死与不死性》算起。其后，基列耶夫斯基（И. В. Киреевский）、霍米亚科夫（А. С. Хомяков）等为代表的斯拉夫派和恰达耶夫（П. Я. Чаадаев）、别林斯基（В. Г. Белинский）、赫尔岑（А. И. Герцен）等为代表的西方派开始了持续论战，并且这两种主义一直深刻影响着俄罗斯哲学发展史。19世纪下半叶，俄罗斯哲学逐渐步入高潮，这一判断是基于伟大哲学家和伟大作品，这位哲学家就是俄罗斯哲学真正奠基

---

① 瓦·瓦·津科夫斯基：《俄国哲学史》，张冰译，北京：人民出版社，1999年，第2页。

② 洛斯基：《俄国哲学史》，贾泽林等译，杭州：浙江人民出版社，1999年，第6页。

③ М. А. Маслин. История русской философии. Москва. : Республика. 2001. С. 7.

④ 普鲁日宁、谢德琳娜：《认识论与俄罗斯哲学》，张百春译，北京：北京师范大学出版集团，2017年，第6页。

人和开创者索洛维约夫(В. С. Соловъёв),他的才情和著述直到今天都代表着俄罗斯哲学的高度。索洛维约夫敏锐地抓住西方哲学危机的命门,全力开辟"一切统一"(всеединство)的宇宙论、索菲亚学、神人类学等一系列形上学问题场域,这些都影响了其后的俄罗斯哲学历程。与索洛维约夫相继出现的一批哲学家还有别尔嘉耶夫(Н. А. Бердяев)、弗洛连斯基(П. А. Флоренский)、布尔加科夫(С. Н. Булгаков)、弗兰克(С. Л. Франк)等,这些哲学家及其哲学作品的蓬勃而出构成了白银时代哲学的一个独特现象(非常类似于我国学术界的新文化运动现象),而且这批哲学家的一个思想履历就是:一开始醉心于马克思主义,其后转向德国唯心主义,最后回归东正教为背景的宗教哲学。当然需要交代的是,当时俄国还流行马克思主义、无政府主义、人格主义、新康德主义、实证主义、科学主义等种种哲学思潮,而且这些思潮相互影响,甚至交织在一起,而1909年的《路标》(Вехи)是这个哲学思想百舸争流进入高潮的重要标志。在这个时期,各种思潮不断涌现,大哲学家的著名哲学经典作品也都问世,各类哲学刊物纷纷出版,引领各自的主义,这批哲学家在著书立说的同时还积极参与社会活动,将自己的哲学观和方法论用于改变俄罗斯命运的真理和道路。然而,1922年"哲学船事件"(Философский пароход)之后一切都在改变,苏联哲学主要就是马克思主义哲学,"辩证唯物主义是苏联恩准的唯一哲学"①。对于1922—1991年这一飞行的中断时期,俄罗斯哲学家的评价也不尽相同,因为这时俄罗斯哲学以被动的方式一方面已经超越苏联国境而走向世界,别尔嘉耶夫、布尔加科夫、洛斯基等人纷纷将独特的俄罗斯哲学带到了欧美国家,反而起到了推广俄罗斯哲学的作用,让西欧和美国哲学界更好地了解俄罗斯哲学。另外,生于苏俄,成长于欧洲,但依然保有俄罗斯气质的一批哲学家在欧美成长起来,并以其原创性成果而影响巨大,这批人包括科耶夫(A. Kojève)、以赛亚·伯林((Isaiah Berlin)等,甚至包括列维纳斯(Emmanuel Levinas)。即使是苏联国内,在斯大林诠释马克思主义的大背景下,哲学家们依然能够创造性地理解马克思主义,他们借助各种资源开出自己独特的原创性研究成果,例如马克思主义活动论、唯物辩证系统论、社会主义之人道主义、生命美学等方面都有开拓,

---

① 洛斯基:《俄国哲学史》,贾泽林等译,杭州:浙江人民出版社,1999年,第520页。

并达到世界级水准。1991 年俄罗斯哲学界又风向逆转,或向西方寻找,或向传统复归。具体而言,就是一方面大量引进以前被批判的西方哲学尤其是现代西方哲学,另一方面是回到苏联之前的“白银时代”寻找与东正教密切相关的宗教哲学传统,重新审视索洛维约夫、别尔嘉耶夫、布尔加科夫等人的哲学思想。此外,与此动向相配合,出版界开始大量发行所谓“被遗忘的哲学家们”的著作,即十月革命前的哲学家以及流亡哲学家的作品。一直到近些年,俄罗斯哲学界才又开始重新审视苏联哲学这一特殊形态,认为“苏联哲学并不仅仅是教条的马克思主义。而且,从时间上来说,苏联哲学是离我们最近的”[①]。于是,有识之士开始组织出版大型丛书《20 世纪下半叶的俄罗斯哲学》和《20 世纪上半叶的俄罗斯哲学》,试图弥合这种所谓的哲学传统之“中断”和“悲剧”。

俄罗斯哲学传入中国不过百年,传播和接受过程中留下的印象几经变换,其称谓也很微妙,例如俄罗斯哲学有苏联哲学、苏俄哲学、俄国哲学等别称。发轫之初,俄罗斯哲学是伴随着十月革命一声炮响,夹在马克思列宁主义中传播而来的。当时,我们并没有自觉地将哲学从马克思主义中抽离出来,也没有将列宁与马克思、恩格斯的思想进行明晰区分,直到 20 世纪 40 年代,延安一批理论家才自觉地将列宁哲学独立出来。20 世纪 50 年代以后,我国基本是拷贝苏联的马克思主义理论体系,准确厘定了马克思主义哲学的来源和组成部分。在我们直观的印象中,苏俄哲学就是马克思主义哲学的一部分,具体讲就是列宁、斯大林哲学,稍有拓展也不过是包括车尔尼雪夫斯基(Н. Г. Чернышевский)、别林斯基、杜勃罗留波夫(Н. А. Добролюбов)、赫尔岑、普列汉诺夫(Г. В. Плеханов)、巴枯宁(М. А. Бакунин)等在内的哲学形态,这个情况一直延续到 20 世纪 90 年代苏联解体之前,国内学界对苏俄哲学的认识未有太大变化。苏联解体后,先是留学俄罗斯的哲学研究生以及学者,他们亲身经历了那个风云变幻的转型时代,受到的触动非常大,他们开始随着俄罗斯哲学内部的转向而转型。但是相对而言,国内很长一段时间大部分学者对俄罗斯哲学依然停留在旧有的苏联哲学层面上。20 世纪末至今,国

① 普鲁日宁、谢德琳娜:《认识论与俄罗斯哲学》,张百春译,北京:北京师范大学出版集团,2017 年,第 4 页。

内一批留学苏俄的学者开始引介俄罗斯哲学的转向和新成果,与此同时邀请俄罗斯哲学家来中国讲学。从2004年开始,北京师范大学张百春教授邀请俄罗斯哲学家来华授课,人数最多,周期最长,国内外影响也较大,本文讨论的重点——《当代俄罗斯哲学译丛》就是在一系列俄罗斯哲学家来华讲座的基础上修订而成的。

三　当代俄罗斯哲学的独特主题及问题

《当代俄罗斯哲学译丛》系列专著是当代俄罗斯哲学家的代表作品,在阐释其自身理论观点的同时,恰好也折射出俄罗斯哲学的独特主题,这些独特的哲学主题和问题也正是俄罗斯哲学的特色所在。下面就结合译丛的系列专著,我们具体说明一下个性与自由问题、哲学文学及民族世界观、交往问题、协同人学、道德黄金规则、全球化的哲学反思、马克思主义哲学的当代境遇等。

个性与自由问题。俄罗斯文化中对于个性自由的推崇确实令人瞠目,与西方存在主义传统相比自有其独特之处。波鲁斯(В. Н. Порус)曾是俄罗斯科学院哲学所研究员,思想敏锐,对于俄罗斯哲学发展历史及内在结构的判断可谓目光如炬,其《俄罗斯哲学与欧洲文化危机》一针见血地指出白银时代俄罗斯哲学的关键,即哲学的悲剧(трагедия философии)与悲剧的哲学(философия трагедии)之分野。以索洛维约夫、布尔加科夫等为代表的是哲学的悲剧,他们认为哲学自身面临着理性与信仰的内在冲突,但是最终哲学的使命以及实践还是要将两者统一起来,他们强调普遍性的"一切统一"是基础。而以舍斯托夫(Л. И. Шестов)为代表的是悲剧哲学,是从人的存在角度出发,认为个体人的存在充满悲剧感,强调的是特殊性的个性与自由。索洛维约夫把"一切统一"当作自己哲学体系的基础,这是索洛维约夫的原创性成果。布尔加科夫对此高度认同,甚至将之改造成索菲亚智慧(София)这一实体性存在,而一切个性和个体自由只有在"一切统一"的人类中才能实现。相对而言,对于舍斯托夫来说,"与个体人无关的哲学都是不能接受的","自由是人类生命存在的必要条件",他强调个体、个性以及自由的优先性。关于这一点,别尔嘉耶夫与舍斯托夫是相近的。如果视野再进一步延拓,到了列宁时代所遵从和实践的原则，正是马克思恩格斯《德意志意识形态》中提出的集体自由（也翻译为“共同体自由”）优先于个体自由。然而，俄罗斯民族性中强调个性自由的传统依旧很强大，几乎达到“不个性，毋宁死”的地步，甚至为了给自由与个性拓展地盘，而走向了与宗教、道德和法律的对立。这样的冲突不仅仅是哲学中个性与共性的分野，更主要的还是俄罗斯民族性的内在张力，甚至也是人类社会永恒的纠结。

哲学、文学及民族世界观。俄罗斯哲学的一个重要特质就是与文学剪不断理还乱的关系，俄罗斯传统文学不以娱乐消遣为主要旨趣，而是深埋着反思人类命运等终极问题，有着浓烈的哲学思辨和宗教情怀。尼克利斯基（С. А. Никольский）的《俄罗斯文学的哲学阐释》指出俄罗斯哲学的一个重要主题就是民族世界观，而这种民族世界观更生动丰富地彰显在文学中，“俄罗斯哲学思考的文学形式恰好是俄罗斯哲学传统的一个特点”①。哲学家弗兰克就曾指出：“在俄罗斯，最深刻和最著名的思想和观念没有表达在系统的学术著作里，而是表达在文学形式里。”②俄罗斯伟大的诗人、小说家恰恰也是伟大的哲学家，因为在其作品里不但有民族的世界观、“民族灵魂”，还有世界和宇宙情怀，有对上帝存在、普世价值等的反思与追问。“一个诗人，不但想对自己的民族说话，而且想对全人类说话……即其创作的民族性只是全人类观念精神和无肉体的世界的形式、身体个性。”③当然这些文学家的哲学倾向也有分化，如倾向于斯拉夫派俄罗斯哲学传统的陀思妥耶夫斯基和托尔斯泰等，还有倾向于西方派俄罗斯哲学传统的屠格涅夫、契诃夫等。俄罗斯文学中的许多主人公和角色探讨的都是哲学命题，例如《卡拉马佐夫兄弟》中阿廖沙和伊万的对话与古希腊的柏拉图对话录何其相似，且在反思的深度上有过之无不及，其中的上帝为何存在、为面包而活、为多数牺牲少数直到如今都是伦理哲学不倦的话题。此外，果戈里《夜话》中的“恐惧”，陀思妥耶夫斯基的“地下室人”等文学经典形象和主题中都有着明显的伦理学特征，而以标题党的隐喻特征来观照，《罪与罚》《复活》《怎么办》《谁之罪》《谁在俄罗斯能够过上好

---

① 尼克利斯基：《俄罗斯文学的哲学阐释》，张百春译，北京：北京师范大学出版集团，2017年，第10页。
② 同上。
③ 同上书，第28页。

日子?》等题目具有浓烈的追问、反思和批判的意向性。

交往问题。认识论是俄罗斯哲学乃至苏联哲学中的一个重要领域,人才辈出,成果不凡。普鲁日宁(Б. И. Пружинин)与谢德琳娜(Т. Г. Щедрина)夫妇的《认识论与俄罗斯哲学》清晰地爬梳了俄罗斯认识论哲学的传统和发展趋势。在苏联哲学传统中,认识论(эпистемология)属于科学哲学(философиянауки)序列,因为研究认识论需要心理学、医学、生物学等一系列自然科学的助力。所以普鲁日宁将俄罗斯认识论传统分为列克托尔斯基的活动认识论和追随库恩的社会认识论两种主要趋势。进一步溯源,俄罗斯认识论在白银时代即有施佩特(Г. Г. Шпет)、舍斯托夫和别尔嘉耶夫三种立场,在认识论中彰显出强烈的宗教性和伦理性的特质,但是三种立场又有其内在的通约性,即出于内心需求的直接交往,最终追求获得现实的完整知识。所以说,认识论核心范畴是"交往","俄罗斯认识论的基础是直接交往"①。施佩特等哲学家们开始围绕交往阐释语词、现象和意义等范畴以及其背后的哲学原理。

协同人学。人学研究是俄罗斯哲学的重要传统之一,这一传统即使在苏联时期也并没有断绝,甚至在20世纪70年代末为苏联人道社会主义的时代变革提供了理论支撑。霍鲁日(С. С. Хоружий)是当代俄罗斯最具原创力的人学哲学家之一,2009年霍鲁日来北京师范大学做了系列讲演,在讲演里霍鲁日展现了其著名的"协同人学"思想,后结集出版了《协同人学与俄国哲学——霍鲁日在北京师范大学讲演》。霍鲁日原本是位科学家,后转向哲学研究,他在哲学探索过程中发现拜占庭时期的宗教哲学是一座思想的富矿,开始重新审视、提纯、吸纳和转化晚期拜占庭的帕拉马之静修主义,聚焦于能(energeia)这个核心范畴,创造性地建构起了协同人学理论。协同人学认为,每一位存在者都有能,甚至最高存在者也有本质与能的区别。所谓的协同就是指最高存在者的能与人的能之间的协作。在协同人学里,最高存在者被他者取代,因此这里的协同是指人能与他者的能之间的协作。霍鲁日认为,协同人学是不同于亚里士多德至康德的西方古典人学的新人学,西方古典人学

① 普鲁日宁;谢德琳娜:《认识论与俄罗斯哲学》,张百春译,北京:北京师范大学出版集团,2017年,第105页。

关注人的本质的抽象规定性,而不能说明人的精神的真正演进及其具体丰富的内涵。所以,聚焦于人的本质,还是人的能,这是人学的两种不同进路,一个静态,一个动态;一个抽象,一个具体;一个普遍,一个特殊;一个强调因果性的推理,一个强调隐德莱希的实现。霍鲁日看来,古典人学着力于人的本质,可以概括一般的人性,但是对于人的个性的阐释则捉襟见肘,这恰恰是20世纪以来存在主义所要迫切解决的问题,而这个难题在协同人学这里则能够迎刃而解。霍鲁日协同人学的思想形成以来,对于欧美哲学界也产生了积极的影响。

道德的黄金规则。古谢因诺夫(А. А. Гусейнов)曾任俄罗斯科学院哲学所所长,是俄罗斯科学院哲学领域四大院士之一,世界著名伦理学家,俄罗斯非暴力伦理学创始人,著述等身,代表作有《道德的社会本质》《道德的黄金法则》《否定伦理学》《语言与良心》《哲学:道德与政治》《哲学:思想与行为》等。在中文版《哲学伦理问题》里,古谢因诺夫从《斯书亚希卡训导》《论语》《法句经》《圣经》等不同文化和宗教的经典出发,梳理出不同文化同时出现的“己所不欲,勿施于人”的伦理学“黄金规则”,并认为这是全人类视野中普世价值之基础性(элементарность)内容。并针对康德用绝对命令对黄金规则的批判提出了再批判,指出“黄金规则不回答这样的问题,个人或者一般人应该做什么。它回答的问题是,自己应该做什么,应该如何做。只有在这个意义上,带着这个目的,它才能要求人用他人的眼光看待处境”。对于道德黄金规则,其后美籍俄罗斯哲学家爱普施坦(М. Н. Эпштейн)又将之推进到道德“钻石规则”,既考虑道德主体的共性,又要考虑道德主体的个性和差异。[①] 这些都是俄罗斯哲学家对世界伦理学的重要贡献。

全球化的哲学反思。丘马科夫(А. Н. Чумаков)是当今俄罗斯著名哲学家,俄罗斯科学院哲学研究所研究员,俄罗斯哲学协会第一副会长,国际跨学科百科全书《全球学》主编之一,主要研究环境哲学及全球化问题,代表作有《全球问题的哲学》《全球化:完整世界的轮廓》《全球化的形而上学:文化文明背景》,此次收入译丛的是丘马科夫的《从哲学的观点看全球世界》。丘马科夫主要从文化与文明的角度纵向梳理全球环境演化史,并用系统论为方法

---

① 爱普施坦:《从黄金规则到钻石规则——论天赋差别的伦理学》,张百春译,《世界哲学》,2015年第3期。

论,立足人学基础,凝练出自己的全球化观点。其中,他特别提到了,哲学对于全球化问题的世界观和方法论意义:一是哲学能够提供普遍的全球世界观;二是哲学整体的系统的方法论对于全球化问题最有实效。

马克思主义哲学的当代境遇。列克托尔斯基(В. А. Лекторский)是俄罗斯科学院院士,也是哲学领域的四位院士之一,他还是国际哲学研究院(巴黎)院士,也是中国社会科学院(北京)荣誉研究员,长期担任俄罗斯最重要的哲学杂志《哲学问题》主编(1987—2009),主编大型丛书《20 世纪下半叶的俄罗斯哲学》,此次《当代俄罗斯哲学译丛》收录了他的《科学哲学与当代俄罗斯哲学》。在这部著作中,他既阐述了自己长期致力于的科学哲学以及科学认识论的研究内容,更重要的是总结了当代俄罗斯马克思主义哲学的最新成果。长期以来,列克托尔斯基利用自己在俄罗斯哲学界的地位,特别是《哲学问题》主编这一职务,坚决地为马克思主义鼓与呼,本着为往圣继绝学的坚毅,号召引导哲学家继续深入研究马克思主义哲学,于是"马克思主义死了吗?"就变成"回到真正马克思主义"。当然,他自身就是在继承马克思主义的过程中反本开新,提出立足活动的科学认识论,这是当今世界哲学界科学认识论的重要成果。列克托尔斯基指出,1991 年后马克思主义哲学在俄罗斯官方意识形态的地位结束了,但是对马克思主义哲学真正价值的挖掘才刚刚开始,特别是对于苏联马克思主义中斯大林解读模式之外的哲学还需要再认识和重新评价。他在书中特别详尽且深入地分析了巴赫金(М. Бахтин)、谢苗诺夫(В. С. Семёнов)、奥伊则尔曼(Т. И. Ойзерман)等马克思主义背景下的苏联哲学家及其重要的理论贡献,以及苏联解体后马克思主义理论家们的历史反思。

四 俄罗斯哲学的中国意义

国内俄罗斯哲学研究是小众的,但是不能因为小众就抹杀其应有的理论地位和学术价值。相关研究对于中国哲学来说起码有两点贡献:一是理论层面的,即俄罗斯哲学主题、问题和成果可以丰富我们的理论研究内容;二是方法论层面的,俄罗斯哲学对于西方哲学批判式吸收和改造对我们消化吸收欧美哲学具有他山之石的意义。

《当代俄罗斯哲学译丛》浓缩了当代俄罗斯哲学之最新成果,其哲学研究领域涵盖俄罗斯哲学从白银时代到21世纪以来的形上哲学、马克思主义哲学、西方哲学、科学哲学、宗教哲学、文化哲学的方方面面。俄罗斯哲学百余年的发展史,正是吸收和转化欧美哲学的过程,是结合自己的宗教神学传统和民族性传统而反本开新地创生出独特的理论成果。俄罗斯哲学对西方哲学的消化吸收有其天然优势,毕竟俄罗斯语言乃至文化重要源头之一就是古希腊,同时在情感上他们更推崇东方教父及东正教的思想传统。俄罗斯哲学的思想渊源上有着西方派和斯拉夫派的分野,决定了其哲学主流尽管属于西方传统,却最具东方特色;其哲学虽然要吸收东方资源和表达东方主题,但话语模式是西方的。同时,与西方传统有别,俄罗斯哲学更多地与宗教相伴而生,更多地与文学、艺术、民族性等内容进行着深层纠缠。当然,由于语言和文化传统,俄罗斯哲学对德国古典哲学的引介、吸收和消化程度也远高于中国哲学界,而年青一代哲学家对于英美分析哲学以及法国哲学吸纳和研究得很深入。但是更为重要的是,俄罗斯哲学家有一种天然的理论自信,他们吸收任何外来哲学的同时,总能够吸纳转化后提出自己的原创观点,完成创造性转化,而不是鹦鹉学舌。他们传承古希腊哲学但不是要回到古希腊,他们钻研德国古典哲学也不是顶礼膜拜之,而是批判性地吸收其营养。纵观俄罗斯哲学之发展历程,从白银时代到苏联再到苏东剧变后,尽管有阶段的历时性特征,也有一以贯之的共时性特质,即或隐或现地存在着形上学特质、神学特质、美学特质和人学特质,即使在苏俄哲学时期这些特质也都存在,只是表征形式上有所变化。同时,对于宇宙世界、人类命运、终极关怀、个性自由等宏大叙事的孜孜以求,也是其固有的特色。按照尼·洛斯基的话说,俄罗斯哲学核心主要在伦理学上,而且表现出人格主义的特征和倾向,其余比如宇宙论上呈现"一切统一"和智慧学(索菲亚主义)特色,认识论上是直觉主义特色,形上学则强调共实体性(консубстанцальность)、聚和性(соборность)和整体性等。[1] 概而言之,俄罗斯哲学一方面极目远大、视野恢弘,另一方面又在拷问灵魂深处,总是有股子脱俗不羁的精神气质。对于中国哲学而言,俄罗斯哲学在传承东方教父、拜占庭东正教思想乃至德国古典哲学的基础上又

① 洛斯基:《俄国哲学史》,贾泽林等译,杭州:浙江人民出版社,1999年,第513—517页。

形成了自己别具一格的思想特色与问题维度;同时俄罗斯哲学有着坚定的文化自信而不是虚骄表面的文化自大,不因国家和民族的偶遇困顿而颓废,却总是有勇气敢于当“哲学第一小提琴手”,并坚定地奏出面向未来世界的新乐章。俄罗斯哲学不仅仅是世界哲学一个重要组成部分,有其独特的学术形态与特色,更主要的是俄罗斯哲学与中国哲学有着相似的境遇,以及一直难以摆脱的合法性危机,二者也都与马克思主义哲学等有着千丝万缕的联系。所以,对俄罗斯哲学的历时性考察,更能使我们感同身受地去直面中国现时代的时代境况和学术症候,“以俄为镜”地传承和发展中国马克思主义哲学[①],放眼未来的中国哲学与哲学的中国未来。

(景剑峰,内蒙古大学哲学学院)

① 郑忆石:《当代中国马克思主义哲学:何以、如何“以俄为镜”》,《江海学刊》,2014年第5期。

陈肖生:《辩护的政治:罗尔斯公共辩护思想研究》

众所周知,罗尔斯的政治哲学可以分为前后两个阶段:第一个阶段以《正义论》为核心,主要工作是提出一种契约论式的正义原则;第二个阶段以《政治自由主义》为核心,主要工作是解释自由主义如何能够成为一种免于立场的(freestanding)主张。尽管有部分学者认为,这两个阶段的工作依然是融贯的,但大部分人都承认,罗尔斯的后期哲学已经发生了一种研究上的转向,后人争论的只是这种转向的实质究竟是什么。近来,越来越多的研究者们开始提出,罗尔斯是为了使正义原则得到公共的辩护(public justification)才转向政治自由主义的立场的,他的后期哲学因此代表了一种公共辩护的转向。陈肖生博士的《辩护的政治》就是在这样的背景下出版的一部解读、澄清和捍卫罗尔斯公共辩护思想的最新作品。在这部缜密、严谨的著作中,作者不仅对罗尔斯本人的主张进行了系统的考察和梳理,而且深入参与到围绕罗尔斯后期哲学产生的一系列学术论辩之中,捍卫了一种罗尔斯式的公共辩护理论。本文试图介绍《辩护的政治》一书的主要观点和核心论证,并指出书中存在的一些不足,以及由此引发的更加深入的问题。

一

公共辩护是罗尔斯为了回应现代社会合理多元论提出的一种主张,其核心是要求“政治生活里的根本原则,必须取得自由而又平等、理性而又合乎情理的公民的接受,才算是有辩护的"[①]。在《辩护的政治》中,陈肖生首先对公共辩护的理念本身进行了考察。按照他的理解,公共辩护既有别于命题间逻辑关系的理论推演,也不同于策略性的游说或宣传,是公民们运用自己的实践理性,就正义原则进行彼此辩护的事业。辩护的主体和对象都是自由而平等的公民,并且,它预设了这些公民们是具有正义感和愿意参与公平合作的合乎情理的(reasonable)人。辩护的目标则是双重的:一方面,它试图为正义原则提供好的理由;另一方面,它又希望这些理由能够得到合乎情理的公民们的共同接受。在这里,陈肖生特别指出,公共辩护的这两个目标并不分离,因为合乎情理的公民们的接受对好的理由而言乃是构成性的,不需要另外一个独立的标准来判断辩护的理由究竟是不是好的。最后,陈肖生还讨论了公共辩护在何种意义上是公共的,他认为,公共性不仅指正义原则的实践本身能够得到公共的知晓,而且要求对正义原则的整个论证也能被合乎情理的公民们接受。

在考察过罗尔斯公共辩护的基本内涵、主题、对象和目标后,作者开始研究公共辩护的基础是什么。在这里,他采用拉莫尔(Charles Larmore)的观点,认为公共辩护的道德基础是尊重公民的理念。但同时他也承认,这种理念本身是有待解释的,不同理论家往往可以从中得出不同的结论。比如,完善论者们(perfectionists)会认为,尊重公民意味着尊重他们的自主选择能力和自主选择的善观念,而公共辩护则要求国家不加区分地包容所有合乎情理的善观念,并不符合尊重公民的理念。针对这种批评,陈肖生论证说,罗尔斯所理解的尊重公民乃是把公民视为自由平等的人来尊重,而自由平等的人又是依据两种道德能力来定义的。两种道德能力意味着,公民不但有出于正义原则而行动的正义感的能力,而且有自由地选择善观念的能力。所以,在罗尔斯那里,尊重公民就是尊重他们所拥有的与正义原则相容的善观念,不论那些善观念是否是他们自主选择的。不仅如此,陈肖生还对完善论自由主义和政治自由主义的自主观进行了区分。根据他的分析,完善论自由主义主张的是一种道德中立的个人自主观,要求公民们的善观念必须经过他们的批判性反思;政治自由主义虽然也蕴含了对公民们理性自主能力的推崇,但却并不要

① 陈肖生:《辩护的政治》,北京:生活·读书·新知三联书店,2018年,第2页。

求他们的善观念是自主形成的,它因此不会向国家施加推行个人自主的生活方式的责任。在澄清了两种自由主义的不同之后,陈肖生进一步指出,完善论的观点预设了个人自主的生活观念,但这种观念本身却是有争议的,无法得到所有合乎情理的公民们的接受,只有政治自由主义能够公平地对待所有合乎情理的良善生活观念,回应现代社会合理多元论的事实。

如果说完善论还是对公共辩护的外在批评的话,那么作者接下来讨论的是对公共辩护的内在批评。按照罗尔斯,公共辩护要采取认知节制的立场,避免使用有争议的哲学真理。但罗尔斯似乎没有注意到,合乎情理本身要求的只是人们参与公平社会合作的能力,并不意味着他们的信念一定是理性的,所以,给定认知节制的立场,公共辩护将无法避免这样的情形:公民 A 可以诉诸公民 B 所持有的虚假、错误信念来为正义原则辩护。显然,这种形式的辩护其实是不真诚的,因此,高斯(Gerald Gaus)主张,公共辩护不应该采取认知节制的立场,它"寻求的其实不是合乎情理的公民们的共识,而是与他们合乎情理的信念不冲突的论证"①。面对这样的指控,陈肖生论证说,罗尔斯在后期哲学中使用的是分阶段的辩护策略,他在不同阶段的辩护中都不会出现不真诚的情形。具体来说,公共辩护的第一个阶段是特定阶段的辩护(*pro tanto* justification),在那里,罗尔斯通过政治建构主义的方法,把合乎情理的公民们各自拥有的不同整全学说都予以屏蔽,基于他们共同分享的政治观念来确定正义原则的实质内容。这一阶段是以一种人为构造的公共视角来为正义原则辩护的,因此不会出现不真诚的问题。公共辩护的第二个阶段是充分的辩护(full justification),它要求现实的社会成员们依据合乎情理的整全学说来检验第一阶段被确定的正义原则,看看能否从中发展出支持正义原则的理由。表面看来,第二阶段的辩护由于涉及各种不同的整全学说,所以无法回避高斯的指责。但其实不然,因为罗尔斯要求的是人们各自考察自身的整全学说,不涉及不同公民之间交换理由的过程,自然不会出现不真诚的情形。最后,公共辩护的第三个阶段是狭义的公共辩护,它指的是正义原则已经得到所有合乎情理的整全学说的支持,成为它们重叠共识的焦点。这个阶段的

---

① Gerald Gaus, "Reasonable Pluralism and the Domain of the Political", *Inquiry: An Interdisciplinary Journal of Philosophy*, vol. 42, 1999, p. 275.

辩护实际上只是对正义原则的猜想和预判,并不要求人们去评估和测算其他合乎情理的公民所持有的整全学说,也不会引发高斯所担心的情形。公共辩护的理念因此依旧可以坚持认知节制的立场,反对诉诸有争议的哲学真理。

二

通过捍卫认知节制的立场,陈肖生对罗尔斯的辩护策略进行了梳理,指出罗尔斯后期哲学中的公共辩护思想主要是由特定阶段的辩护、充分辩护和狭义的公共辩护这三个阶段构成的,因此,顺理成章地,他也把研究的重点放在了对这三个阶段的辩护的考察上。首先是特定阶段的辩护,罗尔斯在这一阶段主要使用的是政治建构主义的方法,这种方法要求合乎情理的公民屏蔽自己原先持有的各种整全学说,采取公共的视角,通过平衡各种政治价值来确定正义原则的实质内容。陈肖生认为,之所以要通过政治建构主义的方法确定正义原则,是因为合理多元论的事实。合理多元论意味着,现代社会中存在大量互不相容但又合乎情理的整全学说,没有任何一个能得到所有公民的认可。在这里,陈肖生对于合理多元论进行了非常深入的分析,他特别针对努斯鲍姆(Martha Nussbaum)取消合理多元论与一般多元论的主张提出了十分有力的反驳。努斯鲍姆认为,假如罗尔斯只把符合认知理性的整全学说看作是合乎情理的,并要求国家只尊重合乎情理的整全学说,不考虑不合乎情理的整全学说的话,那么许多强调启示与奇迹的宗教学说就会被不恰当地排除在公共辩护的视野之外,遭到压制。为了避免这种情形,最好主张合乎情理的整全学说也可以是非理性的,而由此带来的结论就是,公共辩护要尊重的其实不是合理多元论的事实,而是一般多元论的事实。对于这种观点,陈肖生提出,罗尔斯认为合乎情理的整全学说是人类理性行使的结果,这既可以被理解为合乎情理的整全学说是基于人类理性的行使形成的(形成说),也可以被理解为人们对这些学说的认肯是理性的(认肯说)。努斯鲍姆的观点预设了对合理多元论的“形成说”的解释,但更符合罗尔斯原意的却是“认肯说”的解释。基于后一种解释,许多宗教学说即使不是人类理性自由行使的产物,也可以被理解为合乎情理的整全学说,并因此得到国家的尊重。

合理多元论的事实为政治建构主义提供了土壤,但政治建构主义难道不也是一种有争议的哲学方法吗?在澄清了合理多元论的事实之后,陈肖生开始以政治建构主义的方法进行考察。他首先在道德哲学的谱系中对作为一种道德哲学方法的道德建构主义进行了考察;接着分析了罗尔斯从康德式的道德建构主义到政治建构主义的转变,提出这种转变的核心是摆脱对康德哲学的依赖,确保建构得来的正义原则获得自由而平等的公民的接受;最后,陈肖生解释了政治建构主义在什么意义上是一种公共辩护的方法。按照他的描述,政治建构主义诉诸的那些政治观念"不是自明的真理也非独立的观念,而是自由社会里公民们实践理性的观念,并且这些观念潜藏于自由社会的公共文化中,为所有合乎情理的公民共享"①。政治建构主义通过原初状态的设置也展示了合乎情理的公民们在理想条件下能够共同接受的正义原则,因此符合罗尔斯关于公共辩护"不仅是有效的推理,更是面向他人给出的论证:它从我们接受并认为他人也可以合乎情理接受的前提出发,正确地产生我们认为他人也可以合乎情理接受的结论"②的主张,是一种公共辩护的方法。

解释政治建构主义是公共辩护的方法是一回事,论证它成功地为正义原则提供了公共辩护则是另外一回事,因此,接下来,陈肖生用大量篇幅来捍卫政治建构主义的方法。他首先指出政治建构主义不是循环论证,因为它建构的起点和建构的结果并不相同。接着,他论证说政治建构主义虽然把现代民主社会公共政治文化中的政治观念作为建构的起点,但却不会导向保守主义、传统主义和相对主义的结论,因为这些观念本身就是合乎情理的公民们运用自己的实践理性对民主社会中公民观念的道德化诠释。"自由民主社会的政治实践与政治文化,只是对'实践理性的观念'进行构想与诠释的实践经验来源,并不是这些实践理性观念的规范性来源。"③最后,陈肖生重点讨论了奥尼尔(Onora O'Neill)对罗尔斯的批评。按照奥尼尔,政治建构主义采取的那种公共视角蕴含了自由主义的价值,会不恰当地排除许多相关的行动者,因此并不真正具有普遍效力。更为可取的进路是设定一个更加基本的实践主体,通过康德式的可普遍化原则来建构一些真正普遍的正义原则。对此,

---

① 陈肖生:《辩护的政治》,第153页。

② John Rawls, "The Idea of Public Reason Revisited", in *Political Liberalism*, New York: Columbia University Press, 2005, p. 465.

③ 陈肖生:《辩护的政治》,第165页。

陈肖生认为,即便奥尼尔的普遍主义建构方法是成功的,罗尔斯也无需接受她的批评,因为政治建构主义处理的不是关于正义的一般思考,而是民主社会中公民依据什么样的政治原则进行公平合作的实践问题。但与此同时,他也承认,罗尔斯的确需要一种更加根本的普遍性规范作为对正义理论的补充,这种普遍性规范可以作为最低限度的正义条件来约束所有人类社会。

三

与特定阶段的辩护相比,陈肖生对罗尔斯后期哲学中的充分辩护和公共辩护的考察要相对简略一些,但他同样提出不少富有新意的解释。充分辩护的阶段主要是由罗尔斯对正义原则的稳定性论证构成的。稳定性论证的目标是展示正义原则在应用于良序社会后能培养起公民出于正义原则而行动的能力,并使之击败不正义行动的倾向。在《正义论》中,罗尔斯主要是通过正当与善的契合来论证正义原则的稳定性的。但这种论证预设了许多有争议的哲学主张,因此无法得到所有合乎情理的公民们的接受。为了贯彻公共辩护的原则,罗尔斯在政治自由主义中使用了一种新的稳定性论证,认为合乎情理的公民们可以从各自不同的整全学说出发得到支持正义原则的理由,使正义原则成为不同合理整全学说重叠共识的焦点。陈肖生认为,这种论证能够使在政治建构主义中通过公共视角出发确立的正义原则得到现实社会中个体公民的充分认可,因此构成了对正义原则的充分辩护。

不过,作者显然更关心的是稳定性论证的成效如何。而在这个问题上,他注意到,罗尔斯其实没有足够的资源表明,合乎情理的公民一定会在正义原则与自己的整全学说冲突时选择服从正义原则。因此,陈肖生承认,罗尔斯的论证缺乏定言的力量(categorical force)。但与此同时,他也指出,“定言力量”的缺失问题给罗尔斯造成的困难并没有那么棘手,因为政治的正义观念虽然无法指定合乎情理的整全学说应该追求的最高理想,但却为人们追求合乎情理的整全学说奠定了恰当的政治条件,所以依旧可以在弱的意义上期待得到它们的支持,罗尔斯在充分辩护阶段的论证依旧是成功的。

如果说在充分辩护阶段,罗尔斯面临的最大困难是定言力量的缺失,那么在(狭义的)公共辩护的阶段,最大的威胁就来自哈贝马斯(Jürgen Habermas)的挑战。哈贝马斯认为,即便各种合乎情理的整全学说能围绕正义原则形成共识,也只是表明正义原则得到了事实上的接受,而公共辩护要求的却是规范意义上的接受,因此重叠共识不能真正构成对正义原则的辩护,它"只是一种效用指标,不能确立正义理论的正确性"[①]。对于这一指控,陈肖生回应说,罗尔斯要求不仅仅是合乎情理的公民们从各自不同的整全学说出发接受正义原则,而且也要求他们理性地接受正义原则。"必须进一步从实践理性的另一个方面,即理性(rationality)方面考察:决定公民善观念的整全性学说,从其学说本身出发理性地思考,是否也能接受那个政治性正义观念呢?"[②]据此,重叠共识的理念所主张的不是对正义原则的事实接受,而是规范的可接受性,它与公共辩护的要求最终是一致的。

四

在介绍了《辩护的政治》一书的主要内容之后,我希望指出其中的一些问题和值得进一步思考的地方。首先是作者对 reasonable 的翻译。在罗尔斯的后期哲学中,reasonable 是一个非常重要的术语,对于这个术语,陈肖生主要是用"合乎情理的"来翻译的。但令人困惑的是,他在翻译"reasonable pluralism"时却通篇把它译作了"合理多元论",在解释公共辩护的内涵时也经常说它要求正义原则得到公民们的"合理接受认可",甚至还说"有可能存在多个合理的正义原则"(第 216 页),这不仅无法与"合乎情理的"的译名对应,更严重的是,陈肖生在有些地方也把"rational"翻译为"合理的"(比如第 93 页"无论公民们持有什么特殊的善观念或认识论意义上合理或不合理的信念"),由此便造成了 reasonable 和 rational 之间的混淆。诚然,这种失误更多的是技术性的,因为作者十分清楚并且也相当准确地指出了 reasonable 和 rational 的不同,但它的确伤害了《辩护的政治》一书的严谨性,并给读者带来了不必要的困扰。

其次,作者在处理公共辩护的基础问题时,重点反驳了完善论的观点。

① Jürgen Habermas, "Reconciliation through the Public Use of Reason", *The Journal of Philosophy*, vol. 92, 1995, pp. 121-122.

② 陈肖生:《辩护的政治》,第 283 页。

他的论证虽然十分精细,但却存在两个问题:第一,作者讨论的主要是加德鲍姆(Stephen Gardbaum)的主张,按照他的理解,加德鲍姆认为国家应该推行个人自主的生活方式,而个人自主又"是一种对个人利益或福祉的描述——选择自己生活的自由,它本身是一个道德中立的观念"①。这虽然符合加德鲍姆本人的立场,但却忽视了大部分完善论者不仅要求国家推行个人自主的生活方式,还要求国家推行道德上良善的生活方式。事实上,为了调和这两种生活方式之间的潜在冲突,完善论者们通常会主张个人自主并非是道德中立的,"自主只有当被应用于追求善时才是有价值的,自主的理念只要求能够获得那些道德上可接受的选项"②。所以,当陈肖生开始把道德中立的个人自主作为完善论的核心观点进行批评时,他其实已经错失了完善论的真正力量。第二,作者把完善论作为公共辩护的外在批评进行反驳,但却没有注意到,许多公共辩护的支持者也认为国家应该推行一些有价值的生活方式,而非在各种良善生活观念之间保持中立。比如,马塞多(Stephen Macedo)就认为,公共辩护的原则并不会产生中立性的结论,自由主义国家应该主动地培养公民的恰当美德,鼓励他们选择特定的良善生活观念。③ 从这个角度来说,作者对加德鲍姆的反驳也不能构成对完善论的完整回应。

最后,陈肖生在处理高斯对认知节制立场的批评时,也存在一些误解。按照他的描述,高斯主要是通过公共辩护的不真诚情形来批评罗尔斯的。但高斯对罗尔斯的批评是从两个不同的角度进行的。首先,高斯认为罗尔斯的主张代表了一种认知的民粹主义,因为他把合乎情理的公民们在公共政治生活中实际形成的共识当作是确定的结论。但实际上,罗尔斯自己在建构正义原则时使用的许多观念就没有得到合乎情理的公民们的实际接受。④ 所以,

---

① 陈肖生:《辩护的政治》,第56页。

② Joseph Raz, *The Morality of Freedom*, Oxford: Oxford University Press, 1986, p. 381. 完善论的另外一个思路强调个人自主只是国家应该推行的诸多良善生活观念中的一种而已,不具有优先地位,对此可参见 Thomas Hurka, *Perfectionism*, Oxford: Oxford University Press, 1993, pp. 148-15; Robert George, *Making Man Moral*, New York: Oxford University Press, 1993, pp. 176-178。加德鲍姆本人亦属于这一思路的代表。

③ Stephn Macedo, *Liberal Virtues*, Oxford University Press, 1991, p. 263. Amy Gutmann 在"Rawls on the Relationship between Liberalism and Democracy", in *Cambridge Companion to Rawls*, edited by Samule Freeman, New York: Cambridge University Press, 2003, pp. 168-199 中也提出了类似的主张。

④ Gerald Gaus, *Justificatory Liberalism*, New York: Oxford University Press, 1996, pp. 130-136.

罗尔斯应该修改自己民粹主义的立场,接受一种规范的道德知识论主张。接着,高斯认为罗尔斯主张一种共识的辩护模式,这种模式要求合乎情理的公民们诉诸彼此共同接受的公共理由进行集体推理,但他认为,公共辩护也应该接受殊途同归的聚合(convergence)模式,允许合乎情理的公民们基于各自不同的私人理由进行集体推理,只要最终产生的结论是他们都能接受的就行。在为聚合模式进行申辩时,高斯注意到,允许人们诉诸不同的私人理由可能产生欺诈的情形:公民A诉诸公民B的错误信念为有利于自己的主张进行辩护。所以,高斯提出要给公共辩护增加一个真诚性条件,要求公民A诉诸的理由必须是他认为对公民B来真正说能够得到辩护的理由。显然,高斯所说的公共辩护的不真诚情形只有在聚合模式中才可能发生,它本身只是聚合模式的一个附带情形,不是对罗尔斯认知节制立场的直接批评。陈肖生对高斯的反驳因此也是错位的,即便他成功地解释了罗尔斯对正义原则的辩护不会引发不真诚的情形,也只是相当于重申了罗尔斯对公共辩护的共识模式的主张,不能真正回应高斯的批评。

五

尽管存在一些不足,《辩护的政治》依然是一部相当出色的作品,它不仅十分准确地把握到罗尔斯后期哲学的精髓,而且还为其提供了非常有力的阐释和新的论证。比如,作者在批评完善论者的观点时,把拉莫尔所谓的“尊重人”的理念和罗尔斯自由平等人的观念结合在一起,不仅弥补了拉莫尔的不足,也更深入地揭示了罗尔斯自由平等人观念的规范内涵;在回应努斯鲍姆取消合理多元论与简单多元论的区分的主张时,提出了罗尔斯是依据人们对各种整全学说的认肯方式来确定其合理与否的,非常具有洞见和新意;在分析罗尔斯重叠共识的理念时,一方面揭示了其中的确存在定言力量缺失的不足,但另一方面又论证了这种不足并没有构成根本的缺陷,持论公允、令人信服。这些富有原创性的论证在书中还有很多,相信会给后来者的研究提供非常好的资源和基础。

更难能可贵的是,作者为罗尔斯的申辩是建立在对其批评者立场的同情理解之上的,他并没有遮蔽或贬低那些人论证中的光芒,相反,在呈现他们观点合理性的同时,对其进行了批判性的分析,找到了他们与罗尔斯的根本分歧和罗尔斯能够用以进行反击的资源。在我看来,这种建立在尊重和理解之上的理性捍卫本身就体现了一种公共辩护的精神。它虽然并不以解决实践问题为直接目标,但却充分表达了对持不同立场的他者的尊重,和通过公共说理来寻求共识的良好意愿。尽管罗尔斯本人的许多政治主张能否成立依然是个开放的问题,这种公共说理的精神却非常值得学习,《辩护的政治》在这个意义上也提供了很好的借鉴,值得学界同仁们的更多关注和研讨。

(惠春寿,华东师范大学思勉人文高等研究院)

《哲学门》稿约

为了不断提高我国哲学研究的水准、完善我国的哲学学科建设、促进海内外哲学同行的交流，北京大学哲学系创办立足全国、面向世界的哲学学术刊物《哲学门》，每年出版一卷二册（每册约30万字）。自2000年以来，本刊深受国内外哲学界瞩目，颇受读者好评。

《哲学门》的宗旨，是倡导对哲学问题的原创性研究，注重对当代中国哲学的"批评性"评论。发表范围包括哲学的各个门类，马克思主义哲学、中国哲学、西方哲学、东方哲学、宗教哲学、美学、伦理学、科学哲学、逻辑学等领域，追求学科之间的交叉整合，还原论文写作务求创见的本意。目前，《哲学门》下设三个主要栏目：论文，字数不限，通常为1—2万字；评论，主要就某一思潮、哲学问题或观点、某类著作展开深入的批评与探讨，允许有较长的篇幅；书评，主要是介绍某部重要的哲学著作，并有相当分量的扼要评价（决不允许有过度的溢美之词）。

为保证学术水平，《哲学门》实行国际通行的双盲审稿制度。在您惠赐大作之时，务必了解以下有关技术规定：

1. 本刊原则上只接受电子投稿，投稿者请通过电子信箱发来稿件的电子版。个别无法电子化的汉字、符号、图表，请同时投寄纸本。
2. 电子版请采用Word格式，正文5号字，注释引文一律脚注。
3. 正文之前务请附上文章的英文标题、关键词、摘要、英文摘要和作者简介。
4. 通过电邮的投稿，收到后即回电邮确认，3个月内通报初审情况。其他形式的投稿，3个月内未接回信者可自行处理。

在您的大作发表以后，我们即付稿酬；同时，版权归属北京大学出版社所有。我们欢迎其他出版物转载，但是必须得到我们的书面授权，否则视为侵权。

《哲学门》参考文献的格式规范

第 1 条 正文中引用参考文献,一律用页脚注。对正文的注释性文字说明,也一律用页脚注,但请尽量简短,过长的注文会给排版带来麻烦。为了查考的需要,外文文献不要译成中文。

第 2 条 参考文献的书写格式分**完全格式**和**简略格式**两种。

第 3 条 **完全格式**的构成,举例如下(方括号[ ]中的项为可替换项):

著作:作者、著作名、出版地、出版者及出版年、页码

吴国盛:《科学的历程》,长沙:湖南科学技术出版社,1995 年,第 100 页[第 1—10 页]。

R. Poidevin, *The Philosophy of Time*, Oxford University Press, 1985, p. 100 [pp. 1-10].

译作:作者、著作名、译者、出版地、出版者及出版年、页码

柯林武德:《自然的观念》,吴国盛等译,北京:华夏出版社,1990 年,第 100 页。

Martin Heidegger, *Being and Time*, trans. by John Macquarrie & Edward Robinson, Harper & Row, 1962, p. 100[pp. 1-10].

载于期刊的论文(译文参照译作格式在译文题目后加译者):

吴国盛:《希腊人的空间概念》,《哲学研究》,1992 年第 11 期。

A. H. Maslow, "The Fusion of Facts and Value", *American Journal of Psychoanalysis*, 23(1963).

载于书籍的论文(译文参照译作格式在译文题目后加译者):

吴国盛:《自然哲学的复兴》,载《自然哲学》(第 1 辑),吴国盛主编,北京:中国社会科学出版社,1994 年。

T. Kuhn, "The History of Science", in *International Encyclopedia of the Social Sciences*, ed. by D. L. Sills, Macmillan, 1968.

说明与注意事项:

1. 无论中外文注释,结尾必须有句号。中文是圆圈,西文是圆点。
2. 外文页码标符用小写 p. ,页码起止用小写 pp. 。

3. 外文的句点有两种用途：一种用做句号，一种用做单词或人名等的简写（如 tr. 和 ed.），在后一种用途时，句点后可以接任何其他必需的标点符号。

4. 书名和期刊名，中文用书名号，外文则用斜体（手写时用加底线表示）；论文名无论中外一律用正体加引号。

5. 引文出自著（译）作的必须标页码，出自论（译）文的则不标页码。

6. 中文文献作者名后用冒号（：），外文文献作者名后用逗号（，）。

7. 中文文献的版本或期号的写法从中文习惯，与外文略有不同。

第 4 条　简略格式有如下三种：

第一种　只写作者、书（文）名、页码（文章无此项），这几项的写法同完全格式，如：

吴国盛：《科学的历程》，第 100 页。

Martin Heidegger, *Being and Time*, p. 100.

吴国盛：《自然哲学的复兴》。

T. Kuhn, "The History of Science".

第二种　用"前引文献"（英文用 op. cit.）字样代替第一种简略格式中的书名或文章名（此时中文作者名后不再用冒号而改用逗号），如：

吴国盛，前引文献，第 100 页。

吴国盛，前引文献。

Martin Heidegger, op. cit., p. 100.

T. Kuhn, op. cit..

第三种　中文只写"同上。"字样，西文只写"ibid."字样。

第 5 条　完全格式与简略格式的使用规定：

说明与注意事项：

1. 参考文献在文章中第一次出现时必须用完全格式。

2. 只有在同一页紧挨着两次完全一样的征引的情况下，其中的第二次可以用第三种简略格式，这意味着第三种简略格式不可能出现在每页的第一个注中。

3. 在同一页对同一作者同一文献（同一版本）的多次引用（不必是紧挨着）的情况下，第一次出现时用第一种简略格式，以后出现时用第二种简略格式。下面是假想的某一页的脚注：

① 吴国盛:《科学的历程》,第 100 页。

② M. Heidegger, *Being and Time*, p. 100.

③ 吴国盛,前引文献,第 200 页。

④ 同上。

⑤ M. Heidegger, op. cit. , p. 200.

⑥ T. Kuhn, "The History of Science".

⑦ Ibid.

4. 在同一页出现对同一作者不同文献(或同一文献的不同版本)的多次引用时,禁止对该文献使用第二种简略格式。

编辑部联系方式:

电子信箱:pkuphilosophy@ gmail. com

通信地址:100871　北京大学哲学系《哲学门》编辑部

传真:010-62751671

北京大学哲学系

北京大学出版社